SPÄTLESE, TROCKEN.

Siegfried Stephan

SPÄTLESE, TROCKEN.

Die Evangelien, der Römerbrief des Paulus sowie das
ökologische Erbe der Israeliten als Quellen der Ethik

Bibliografische Information der Deutschen Nationalbibliothek:
Die Deutsche Nationalbibliothek verzeichnet diese Publikation
in der Deutschen Nationalbibliografie; detaillierte bibliografische
Daten sind im Internet über https://portal.dnb.de/ abrufbar.

© 2020 Siegfried Stephan
Satz, Umschlaggestaltung, Herstellung und Verlag:
BoD – Books on Demand, Norderstedt

ISBN: 978-3-7519-3334-6

Inhalt

Vorwort

Aus wissenschaftlicher Neugier, aber auch als Beitrag zur Bewältigung der Probleme unseres Lebens und Tuns, hatte sich 2016, für mich selbst unerwartet, aus dem Themenkreis Naturgeschichte und menschliches Verhalten ein Beitrag zur Ethik entwickelt. Nun zeigte sich, dass die Religionen eine viel reichere Quelle der Ethik und damit eine wichtige Aufgabe sind. Mit dem jetzigen Text kann ich Ihnen, lieber Leserin und lieber Leser, die Ergebnisse von fast drei weiteren Jahren Lesen und Nachdenken vorlegen, und zwar vor allem aus der Hauptquelle der christlichen Religion, aus dem »Neuen Testament«.

Dies ist eine späte Suche – sie bestimmte mein 83. Lebensjahr, und da drängt die Zeit. Es ist wie im Weinberg, wo man im Spätherbst nicht weiß, wie viele der letzten überreifen Beeren noch gepflückt werden können – Spätlese eben. Zu sichten sind hier aber keine Trauben, sondern es geht um die Worte Jesu und seiner Jünger, wie sie vor rund zweitausend Jahren »abgefüllt« worden sind – erst recht Spätlese.

Jeder Bibelleser wird von den charaktervollen, doch ziemlich herben Texten überrascht, die man insoweit als trocken bezeichnen kann. Dem Leser soll das zugute kommen: durch ausgiebiges Zitieren aus der erlesenen Übersetzung des Fridolin Stier. Und ich darf es weitgehend beim Neuen Testament belassen, denn das Judentum steht hinter Jesu Lehre. Wer dazu mehr sucht, lese Franz Rosenzweigs »Stern der Erlösung«. Die anderen Religionen konnten mich nur da überzeugen, wo sie ebenfalls zum Dialogischen gelangt sind. Bei den profanen Kulturen aber werden die Verhaltensnormen viel zu stark durch Interessen bestimmt, sie erscheinen mir zu befangen.

Zwei Klarstellungen sind im Voraus notwendig. Die erste betrifft das Verhältnis zwischen Ergebnissen der Philosophie und der Erfahrungswissenschaften. In der Philosophie hat sich »Ockhams Rasiermesser« als nützlich erwiesen, das Sparsamkeit bei Schlussfolgerungen verlangt, während in den Erfahrungswissenschaften allein die Befunde zählen, auch dann, wenn sie komplizierter sind.

Ein einfaches Beispiel: Sigmund Freud (und nicht erst er) hat auf philosophischer Grundlage allem Liebevollen und allem Erotischen den gemeinsamen Namen Libido gegeben. Die Physiologie unterscheidet dabei jedoch mindestens nach den im Hintergrund wirksamen Hormonen zwischen dem Bereich der Wohlfühlhormone und dem Bereich der Geschlechtshormone und verlangt zu Recht eine entsprechende Korrektur (siehe unten!).

Die zweite Schwierigkeit kommt aus der Bewertung der Tradition. Tradition kommt nicht erst aus der Religion, weil entsprechende Überdauerungsinstrumente für alle Generationenfolgen – bis weit ins Tier- und Pflanzenreich – unverzichtbar sind. Der Vererbung in der Biologie entsprechen in der Kultur Tradition und Schrift. An die Stelle der Mutationen aber treten in den Kulturen andersartige Veränderungen, und auch die Ausleseprozesse funktionieren anders. Notwendig sind aber auch hier entsprechende Möglichkeiten, weil sonst keine Evolution möglich wäre, und auch in den Kulturen, einschließlich der Religionen, sind Lernprozesse zur Anpassung und Entwicklung notwendig.

Aber wer den Reden Jesu zugehört hat, dem musste nicht nur die Aufforderung auffallen, dass wir uns ändern sollen. Natürlich zeigt er zunächst betont auf unsere Abweichungen von göttlichen Geboten, vom rechten Weg; doch da gibt er auch Lehren der Form »Moses hat euch gesagt ... ich aber sage euch«, jeweils mit Begründung. Also kann nicht jede Schrift des Alten und des Neuen Bundes wörtlich fixierte, unverrückbare Tradition sein, und so ist vieles hinterfragbar. Was ist da noch sicher? Göttliche Gebote und den Propheten anvertraute Gottesreden stehen jedenfalls fest: Gott führt uns nicht in die Irre!

Menschliche Rede aber, so wichtig sie auch für alles geistliche Leben ist, ist immer als Gespräch angelegt mit der Möglichkeit von Irrtum und

Korrektur. Wir sind schließlich alle nur Menschen und nur ausnahmsweise spricht Heiliger Geist »wörtlich« aus Menschen. Und weil das so ist, sind unsere Traditionen veränderlich, dürfen reifen, sind kein Besitzstand und Ruhekissen und keine Oase in einer Welt, die sich rapid verändert.

Wollen wir uns über das vergewissern, was da theologisch heute (und von Anfang an) weitgehend gilt, bieten sich die Ergebnisse des Zweiten Vatikanischen Konzils an, und man findet sie bei Rahner & Vorgrimler (z. B. 1966) in der »Dogmatischen Konstitution über die göttliche Offenbarung«. Was das Konzil über das zu sagen hat, was man von Gott und der Welt erkennen kann, hat schon der Apostel Paulus im Römerbrief geschrieben, und das Konzil zitiert im 1. Kapitel – Die Offenbarung: »... dass Gott, aller Dinge Ursprung und Ziel, mit dem natürlichen Licht der menschlichen Vernunft aus den geschaffenen Dingen selber erkannt werden kann.« (Römerbrief 1, 20). Es lehrt weiter: »... seiner Offenbarung sei es zuzuschreiben, dass, was im Bereich des Göttlichen der menschlichen Vernunft an sich nicht unzugänglich ist, auch in der gegenwärtigen Lage des Menschengeschlechtes von allen leicht, mit sicherer Gewissheit und ohne Beimischung von Irrtum erkannt werden kann.«

Zum Thema der Ethik aber sagte das 2. Kapitel unter Punkt 7. aus: Was Gott zum Heil aller Völker geoffenbart hat, das sollte unversehrt erhalten bleiben. »Darum hat Christus der Herr ... den Aposteln geboten, das Evangelium, das er als die Erfüllung der früher ergangenen prophetischen Verheißung selber gebracht und persönlich öffentlich verkündet hat, allen zu predigen als die Quelle jeglicher Heilswahrheit und Sittenlehre und ihnen so göttliche Gaben mitzuteilen.« Das ist für mich die Grundlage aller Bemühungen.

Werfen wir einen Blick auf die Verhaltensregeln, die von Jesus gelehrt und in der frühen Kirche tradiert worden sind, dann erfahren wir, dass Jesus und seine Jünger sich zunächst zum jüdischen Volk, in Palästina und in den zahlreichen jüdischen Gemeinden im Nahen Osten, gewendet hatten. Und es zeigte sich, dass in den meisten Synagogen der Weg der Christen abgelehnt und sogar heftig bekämpft wurde. Aus der Apostelgeschichte des Lukas werden wir erfahren, dass nicht nur die Beschneidung der Knaben, sondern auch die »dem Gesetz« im Laufe der Zeit hinzugefügten Gebote den Menschen »aus den Völkern«, also auch uns, erlassen wurden. Von den älteren Reformatoren sind die einen oder anderen Gedanken aus dem Alten Testament wieder aufgegriffen worden, während in den letzten Jahrhunderten eher um alttestamentliche Lehren zur Geschichte der Natur und der Menschen gerungen wird. Wenn nun aber das Anliegen dieses Büchleins der Beitrag des Christentums zu einer rettenden Ethik ist, kann der geschichtskundliche Beitrag des Alten Testaments hier weitgehend unbedacht bleiben.

Die folgenden Sätze ergeben sich aus den hier betrachteten Teilen des Neuen Testaments: der Guten Botschaft nach Matthäus, nach Markus, nach Lukas und nach Johannes, der Apostelgeschichte des Lukas und dem Brief des Paulus an die Römer. Die meisten konkreten Differenzen zu den Vorgaben des allgemeinen Menschenverstandes und auch der jüdischen Schriftgelehrten erklären sich allein schon aus Jesu Lehre, dass das Böse aus dem Inneren des Menschen kommt und weniger von außen. Wir können in vielen der jüdischen Reinheitsgebote, wie schon in der Beschneidung der Knaben, in erster Linie Alleinstellungsmerkmale sehen, die der Verbreitung der Botschaft und dem gemeinsamen Erreichen des Gottesreiches entgegenstehen. Nach Jesu Lehre sollen sich die Christen vor allem durch ihre Geschwisterlichkeit und Nächstenliebe von den Anderen absetzen.

Das ist nun auch schon der im Neuen Testament entfaltete Kern der christlichen Ethik, und der ist positiv und nicht negativ. Das Gegenteil, die Absonderung, wie sie manche Sekten lehren, ist demnach unchristlich und langt auch nicht zur Ökumene. Und wer seine Ethik nicht aus dem Neuen Testament ableiten kann und dann irgendwo im Alten Testament oder sogar sonst wo nachgräbt, bewegt sich auf unsicheren Pfaden.

Wird also festgestellt, dass etwas eine Tradition ist, so ist zwar durchaus unsere Aufmerksamkeit angesprochen. Es ist jedoch nicht schon per se unantastbar!

Die Tradition als solche ist also ein legitimes Kind der menschlichen Natur und immer kommt es auf ihren Inhalt an. Sie hat aber außerdem oft Verbindung zu zwei zentralen Begriffen der christlichen Ethik, auf die unbedingt zu achten ist. Das sind die Treue und die Verantwortung, beide mit engster Verbindung zur Liebe.

Das Erbe der Israeliten werde ich den vorzüglichen modernen Quellen entnehmen. Es findet nämlich seine wichtigste Quelle in der Verbindung von Religion und Ökologie.

Um keinen Leser durch zu viel Philologie abzuschrecken, habe ich den Abschnitt, der sich auf die Herkunft und Auslegung der Bibel bezieht, als Anhang an den Schluss gestellt, vor die Liste der verwendeten Literatur.

Teil 1,
JESUS VOLLENDET DIE MENSCHWERDUNG

Bemerkung zur Überschrift: Mit Menschwerdung ist gemeint, dass erst in Jesus von Nazareth die Erschaffung der Menschen ihr Ziel erreicht hat. Das meint aber nicht, die Menschheit sei nun als solche perfekt – das kann sie nur zusammen mit Ihm sein –, und sie ist auch insofern nicht komplett, als ihre gesamte Geschichte einschließlich ihrer natürlichen Entwicklung und kulturellen Entfaltung dazu gehört. Und dass die Geschichte weitergeht, das erleben wir täglich.

Auf zum Neuen Testament

Nun hält mich nichts mehr von dem Versuch ab, die ethisch relevanten Texte aus den großen Evangelien zu einem Büchlein zusammenzufassen. Wie kann das gehen? Ich werde sie wohl hintereinander lesen müssen, in der üblichen Reihenfolge von Matthäus über Markus und Lukas, den sogenannten synoptischen Evangelien, bis zu dem besonders eigenständigen des Johannes. Damit ist klar, dass das Matthäus-Evangelium den Rahmen abgibt, in den dann auch das einzutragen ist, was bei den anderen hinzukommt, zum Beispiel gleich zu Beginn Zitate aus den Erhebungen des Lukas.

Wir begeben uns nun, auf der Suche nach Offenbarungen Jesu, zu den von seinen Jüngern und ihren unmittelbaren Schülern mit so großer Mühe und Sorgfalt niedergeschriebenen Texten, die oft unter erheblichen Gefahren von Leser zu Leser und von Gemeinde zu Gemeinde weitergegeben worden sind, damit ja nichts Wichtiges verloren geht, insbesondere nichts von dem Auftrag, mit dem Jesus zu uns gekommen ist. Ich will nicht von dem abgehen, was der Text darlegt, treffe aber gerade so auch auf Aussagen, die in unserer Zeit leicht übersehen werden.

Wir müssen tatsächlich nicht lange nach einem Programm für Jesu Leben und Lehre und so für die christliche Ethik suchen, denn indirekt beginnt schon Lukas damit seinen Bericht. Sowohl die Verkündigung durch den Engel Gabriel als auch Mariens »Magnifikat« sind programmatisch! Was also sagen uns diese adventlichen Texte? Nehmen wir die sensiblen Worte von der Grenze zwischen Himmel und Erde wörtlich aus Fridolin Stiers Übersetzung.

Gottes Initiative bei der Inkarnation Jesu

Verkündigung des Engels und Lobpreis Mariens

Die Sendung des Engels zu Maria beschreibt Lukas (1, 26 bis 38) so:
»... ward der Engel Gabriel von Gott her entsandt in eine Stadt Galiläas namens Nazaret zu einer Jungfrau, die angetraut war einem Mann namens Josef aus dem Haus Davids. Der Name der Jungfrau war Maria. Und er trat bei ihr ein und sprach: Sei gegrüßt, Hochbegnadete, der Herr ist mit dir. Sie aber erschrak sehr bei dem Wort und machte sich Gedanken, was dieser Gruß bedeute. Da sprach der Engel zu ihr:
Ängste dich nicht, Maria!
Denn Gnade hast du gefunden bei Gott.
Und da! Du wirst im Schoß empfangen
und einen Sohn gebären,
und du sollst seinen Namen Jesus rufen.
Er wird ein Großer sein
und Sohn des Höchsten gerufen werden:

Und geben wird ihm der Herr Gott –
den Thron seines Vaters David.
Und König wird er sein über dem Haus Jakob
die Weltzeiten hin.
Und seines Königtums wird kein Ende sein.

Sprach Maria zum Engel: Wie soll das geschehen, da ich keinen Mann erkenne? Und der Engel hob an und sprach zu ihr:

Heiliger Geist wird über dich kommen,
und Kraft des Höchsten dich überschatten.
Darum wird auch, was nun gezeugt wird,
‚heilig‘ gerufen werden: Sohn Gottes.«

Eine Ergänzung dieser Erklärung erfährt Josef, als auch ihm die bevorstehende Geburt angekündigt wird (Matthäus 1, 20-21), und der Bericht ist erfreulich konkret:

»Da! Ein Engel des Herrn erschien ihm im Traum und sagte: Josef, Sohn
Davids, ängstige dich nicht, Maria, deine Frau, zu dir zu nehmen. Denn:
Das in ihr gezeugte – aus Gott ist es, dem Heiligen. Einen Sohn wird sie
gebären, und du sollst seinen Namen Jesus rufen, das heißt: ‚Gott rettet.‘
Denn: *Retten wird er sein Volk aus seinen Sünden.*«

Wer damals diese Worte des Engels kennengelernt hat: »Geben wird ihm
der Herr – Gott – den Thron seines Vaters David. König wird er sein über
dem Haus Jakob die Weltzeiten hin. Seines Königtums wird kein Ende
sein«, der konnte daraus die Erwartung bestätigt sehen, die das Volk an den
Messias hatte. Doch durch das Lukas-Evangelium, schon auf der nächsten
Seite, als vom Besuch der schwangeren Maria bei ihrer Cousine Elisabeth
berichtet wird, öffnet sich die Sicht auf ein Programm für die Menschheit
überhaupt, ohne aber etwas von der rettenden Zusage an Israel wegzunehmen. Damit wird, ethisch gesehen, sichergestellt, dass die Juden gar nie als
»Freiwild« behandelt werden dürfen; und ganz im Hintergrund steht immer auch das Verfahren Gottes dem Brudermörder Kain gegenüber, den

Gott (nach Aussage des Alten Testaments) mit dem Kainszeichen geschützt hatte.

Auf Elisabeths Gruß: »Selig ist, die geglaubt hat, dass zur Vollendung komme, das ihr vom Herrn Gesagte!«, antwortet Maria, was nun als »Magnifikat« zu einem Grundtext der Christenheit gestaltet wurde und in der Brisanz der Aussage den Psalmen nicht nachsteht und in dem Maria vielleicht einen alten Hymnus aufgreift (Lukas 1, 46-55):

»Groß rühmt mein Leben den Herrn,

und mein Geist jubelt ob Gott, meinem Retter,

weil er die Niedrigkeit seiner Magd angeblickt.

Denn da! Von nun an preisen alle Geschlechter mich selig,

weil Großes mir getan der Kraftvolle.

Und heilig ist sein Name.

Und sein Erbarmen: Geschlecht für Geschlecht

über denen, die ihn fürchten.

Gewaltiges tut er mit seinem Arm,

zersprengt die im Herzen hochmütig gesinnten.

Machthaber stürzt er von Thronen

und Niedrige erhöht er.

Hungernde füllt er mit Gutem

und Reiche sendet er leer weg.

Er nimmt sich Israels an, seines Knechtes,

des Erbarmens gedenkend,

so wie er unseren Vätern zugesprochen,

dem Abraham und seinem Gespross auf Weltzeiten hin.«

Maria, Trösterin der Erniedrigten

Das Magnifikat enthält einen wesentlichen Teil der trösteten Botschaft, die sich aus dem Alten Testament die Zeiten hindurch als ein wichtiger Faden durch das Gewebe der Theologie zieht und von Jesus betont wird. Dieser Teil der christlichen Lehre, mit dem die Lehre von Menschenwürde und Gerechtigkeit und die Möglichkeit einer humanen Ökologie stehen und fallen, ist heute wieder ein ganz akutes Anliegen der Sozialethik, das sich in diametralem Gegensatz zur kapitalistischen Ideologie befindet. Sehen wir darin nicht sogar schon den Kern von Jesu Bergpredigt aufleuchten?

Damit bildet Mariens Antwort auf die Verkündigung des Gottessohnes zugleich einen Abschluss für das alttestamentliche Buch der Preisungen, den »Psalter«, und den Übergang zum Neuen Bund – und das erste Wort bekommt eine Frau. Da ist es absurd, dass noch über 2000 Jahre danach die Männer ein Verkündigungsmonopol in der Kirche beanspruchen.

Wir nehmen also zur Kenntnis, dass Maria schon hier die Aufwertung der benachteiligten Menschen durch den Sohn angekündigt hat; aber auch ihre bleibende Verehrung in der Kirche, denn: »Von nun an preisen alle Geschlechter mich selig.« Und wer von der »Frömmigkeit« her keinen Zugang zu Maria hat, der bekommt ihn, wenn er sich dem Magnifikat anschließt.

Da ist also eine enorme Offenbarung in der Gestalt Mariens einer Frau anvertraut worden. Den Schriftgelehrten von damals hätte schon das, obwohl es ganz auf der Linie der alttestamentlichen Prophetie liegt, ihr Konzept verdorben; aber sie haben es ja nicht erfahren. Nun gut, ihresgleichen hatten sich auch schon mehrmals mit Prophetinnen herumgeschlagen und sie nur als von Gott bewirkte Ausnahme akzeptiert. Was dabei schwerer wiegt, ist die Tatsache, dass hier eine Frau zur Offenbarung auch die theologische Deutung geliefert hat. Wie das? Eigentlich geht es beim Magnifikat um Mariens Anteil an zwei Dialogen: Erst ist es die Antwort an Elisabeth, dann aber kann das Magnifikat nur seinen Weg in die Bibel gefunden haben, indem es durch eine der beiden Frauen – und sehr wahrscheinlich durch Maria selbst – direkt oder indirekt bis zu Lukas gelangt ist. Dieser Evangelist berichtet also von der Verkündigung einer grundlegenden Jesus-Botschaft durch eine Frau, ja durch dessen Mutter Maria selbst, zu der er sich damit bekennt, als Ergebnis ihres Dialogs (wenn auch nicht unbedingt als unveränderten Text) mit »der Kirche«, und als Hinweis auf die Rolle der Frau und der Frauen in der jungen Kirche. Dass dieser Hymnus seine Geschichte hat, zeigt sich schon daran, dass er der etwa 20jährigen werdenden Mutter zugeschrieben wird, aber den Jüngern erst zu einer Zeit kundgetan wurde, als Maria schon an die 50 Jahre alt war. Und diese Geschichtlichkeit des Hymnus zeigt auch, dass sich Maria noch nach Jesu Auferstehung dazu bekennt. Wir dürfen also auch ihn in Jesu Lichtschein betrachten.

Lukas adressiert seinen Bericht an den römischen Beamten Theophilus und beginnt mit der Information, dass es schon mehrere solcher Projekte gibt. »Und auch mir – der ich allem von vorn an nachgegangen bin – ward der Entschluss: Es für dich ... der Reihe nach niederzuschreiben, damit du die Sicherheit der Worte erkennst, über die du unterrichtest wurdest« (Lukas 1, 3-4). Er, der nicht aus dem Judentum kommt, gibt klare Auskunft über Ziel und Art seiner Botschaft und weitgehend über die beteiligten Personen.

Die Inkarnation des Göttlichen und die Geburt Jesu

Wenn ich die Mitteilung der Evangelien über Jesu Leben von der Ankündigung durch den Engel Gabriel bis zu seinem Tod und Auferstehung überblicke, so hat es sich jedenfalls um eine Inkarnation des Göttlichen gehandelt. Am Anfang hat sich Gott-Vater des Erzengels Gabriel bedient, um Maria nach Menschenart zu kontaktieren; und die Erscheinung von Engeln war zweifellos bei den Semiten bekannt, wie Jahrhunderte später auch die Verkündung des einen Gottes an den arabischen Propheten Mohammed zeigt.

Die Zeugung des Knaben durch göttliche Kraft – die eigentliche Inkarnation des Göttlichen als einer selbstständigen Person – bleibt für uns eines der undurchschaubaren Wunder der Überwindung der Grenze zwischen dem Welt-Transzendenten und dem Welt-Immanenten. Wir verstehen davon nur etwas Biologisches: Die lange Evolution bis zum Menschen und da bis zu einer Frau, die das geeignete Erbgut hat, ist wohl eine notwendige Vorbedingung. Das weitere Geschehen ist unbekannt und soll es auch bleiben.

Aber wir wissen inzwischen, dass ein Mensch mit seiner Geburt noch nicht komplett ist. Körperlich wird er sowieso nicht fertig geboren, aber auch sein ganzes Denken und Verhalten kommt nur zustande im Zusammenspiel vom Realisieren der Erbanlagen und der Erziehung. Erziehung aber heißt hier: Lernen all der Verhaltensweisen des Lebensprozesses, Übernahme von Kulturgütern wie Sprache und Religion, Berufsausbildung (jeder Zimmermann war umfassend ausgebildet). Da haben Maria und Josef jedenfalls viel investiert, und wir wissen auch, dass die Israeliten ein leistungsfähiges Unterrichtssystem hatten, mit dem zu rechnen ist. Nicht zugänglich ist uns der direkte Kontakt mit Gott dem Vater, zu dem mindestens die Entwicklung eines intensiven Gebetslebens gehört haben muss.

Als die Geburt ihres Kindes herankam, war Josef mit Maria von Nazareth in Galiläa nach Bethlehem in Judäa gereist, um einer Volkszählung nachzukommen. Dort war die Heimat König Davids gewesen, von dem Josef abstammte. Sie fanden aber keine Bleibe dort und konnten nicht einmal ein geeignetes Wochenbett vorbereiten und schon gar keine Wochenstube »zu Hause« haben. Gebären, wo und wie es eben möglich war. Stall und Krippe, Ochs und Esel als Symbole von Bedürftigkeit mitten zwischen umsorgten Leuten. Welcher Gegensatz zwischen Hirten und Heu einerseits und Magiern mit Gold und Weihrauch andererseits, von Engeln arrangiert. Letztlich doch elende Wirklichkeit zum Empfang, ohne Vorratshaltung, Pampers und Feinstaubverordnung. Und noch Jahrzehnte später lässt Johannes der Täufer – sein Prophet – Jesus fragen: »… oder sollen wir auf einen anderen warten?« Dass dieses Kind der Messias sein wird, mit dieser Nachricht schickten Engel eine Schar armer Hirten zum Stall. »Und alle, die es hörten, staunten über das, was von den Hirten zu ihnen gesagt wurde. Maria aber hielt all diese Worte verwahrt und fügte sie in ihrem Herzen zusammen« (Lukas **2**, 18-19). Von der Ankündigung des Engels an bis zum Schluss hat die Mutter Jesu genau dies getan, und es scheint, dass Lukas von ihr selbst wichtige Details erfahren hat, die sein Evangelium, zusätzlich zu seiner unbestechlichen Achtsamkeit, zu einer besonders wichtigen Quelle machen.

Die Eltern taten dem Gesetz Genüge und stellten Jesus als Mariens erstgeborenen Knaben mit Dank und Opfer im Tempel dar, womit die Beschneidung des Knaben verbunden war – beides, weil es sich um ein männliches Kind handelte. Simeon, ein heiliger Greis, betete dort zu Gott:

»Nun entlässt du deinen Knecht, Gebieter,

nach deinem Wort in Frieden.

Denn meine Augen haben dein rettendes Tun gesehen,

das du bereitet hast vor aller Völkerstämme Angesicht.

Enthüllendes Licht: den Völkern!

Und Herrlichkeit: deinem Volk Israel!

Sein Vater und die Mutter waren erstaunt über das, was über ihn gesagt ward. Und Simeon pries sie und sprach zu seiner Mutter Maria: Da! Dieser ist bestimmt zu Fall und Auferstehen Vieler in Israel und zu einem Zeichen, dem widersprochen wird. Und dein eigenes Leben wird ein Schwert durchdringen – so sollen sich die Gedanken vieler Herzen enthüllen« (Lukas **2**, 29-35).

Anfang der Heilsbotschaft nach Markus

Ab jetzt muss ich auch Stellen aus dem Bericht des Markus einfügen, der als die ursprünglichste Sammlung gilt. Auch das wäre ein sinnvoller Anfang, denn es waren Propheten wie Johannes der Täufer, die Jesu Wirken vorbereitet hatten.

»Anfang der Heilsbotschaft von Jesus, dem Messias, Gottes Sohn. Wie geschrieben ist bei dem Propheten Jesaja:

> Da! Ich sende meinen Boten vor deinem Angesicht her,
>
> damit er deinen Weg wird rüsten.
>
> Eines Rufenden Stimme in der Ödnis:
>
> Bereitet den Weg des Herrn;
>
> gerade macht seine Straßen

– so geschah es, dass Johannes der Täufer in der Ödnis Künder wurde einer Taufe auf Umkehr hin – zum Nachlass der Sünden. … Nach mir kommt, der stärker ist als ich« (Markus **1**, 1-4+7).

Jesus – Sohn Gottes …

Dass Jesus selbst sich schon früh als Sohn Gottes weiß, wird klar, wenn er als Zwölfjähriger in Jerusalem im Tempel bleibt und von den Eltern gesucht wird. »Was brauchtet ihr mich zu suchen? Wusstet ihr nicht, dass ich bei der Sache meines Vaters sein muss?«, antwortet er seiner Mutter (Lukas **2**, 49). Im Zusammenhang mit der Taufe durch Johannes den Täufer erreicht ihn Gottes Stimme mit den Worten:

> »Du bist mein Sohn, der Geliebte. An dir habe ich Gefallen«
>
> (Markus **1**, 11).

Als Johannes der Täufer zu Jesus schickte und fragen ließ, ob er der Kommende sei, war Jesu Antwort: Berichtet, was ihr gesehen und gehört habt.

»Blinde blicken auf, Krüppel gehen.

Aussätzige werden rein und Taube hören.

Tote werden erweckt,

Armen wird die Heilsbotschaft gebracht.

Und selig ist, wer an mir kein Ärgernis nimmt« (Lukas 7, 22-23).

Wie unsinnig die Bewertung durch die Leute ist, das stellt Jesus so fest: »Ja, gekommen ist Johannes der Täufer. Er aß nicht Brot und trank nicht Wein, und nun sagt ihr: Er hat einen Abergeist. Gekommen ist der Menschensohn. Er isst und trinkt, und nun sagt ihr: Da! Ein Schlemmer und Weintrinker. Ein Freund von Zöllnern und Sündern. Doch gerechtfertigt wurde die Weisheit von all ihren Kindern« (a.a.O. 33-35).

Was es heißt, Menschensohn und zugleich Gottessohn zu werden, das ist von unserer Seite der Transzendenzschwelle aus kaum erschließbar. Deutlich wird immer mehr, dass dieses Sein (wie jedes) schließlich weit mehr ist, als sein Werden erklären könnte, womit ich mich im Wissen um meine und unsere begrenzte Erkenntnisfähigkeit begnügen muss.

Obwohl Jesus schon früh Ablehnung und Tod vor Augen hatte, sah er sein Leben keineswegs als ein »Sein zum Tode« an, wie es Heidegger (Sein und Zeit § 49 ff.) und andere vor und nach diesem kennen, sondern sein bevorstehendes »Ende« ist durch die Ablehnung diktiert und wird durch die Auferstehung aufgehoben. Es verwandelt sich, so berichtet das Neue Testament, in der Himmelfahrt zum eigentlichen Gottes-Sohn-Sein. Viele wird er nachziehen. Manche werden ihm nachgeopfert, andere durch Nacheifern hinübergerettet werden. Wie und wann auch immer das geschieht: Es setzt Heideggers Interpretation außer Kraft.

... und Menschensohn

Jesus war aber auch Mensch wie wir, und das zeigt sich an den Berichten über seine Befindlichkeit. Sein Suchen nach Jüngern und seine Sehnsucht nach den Menschen ist zwar eine Konsequenz aus seiner Sendung. Die Berichte zeigen aber auch ein Rufen aus der Unheimlichkeit des Alleinseins heraus und ein Verlangen nach Freundschaft und Brüderlichkeit und danach, verstanden zu werden, wie es dem Menschen als sozialem Wesen entspricht. Dieses Sehnen wurde allerdings immer wieder frustriert. »Wie lange soll ich es noch bei euch aushalten?« (Matthäus 17, 17) ist seine Klage über Verständnismangel und Unachtsamkeit seiner Jünger sowie über Rechthaberei, Heuchelei und Selbstsucht bei anderen Zuhörern und besonders bei jenen, denen die Heiligen Schriften anvertraut waren.

Die Abkunft von Gott selbst glauben wir auf Grund der Zeugnisse nicht nur Mariens. Dass es sich hier um mehr handelt als um Gottes Urheberschaft für alles Leben, das drücken wir aus in den Sätzen »gezeugt – nicht geschaffen« und »eines Wesens mit dem Vater«. Aber was ist Wesen, was ist Zeugung? Es ist zwar verständlich, dass man dies gern mit Begriffen des neuzeitlichen Weltbildes sagen möchte und dass sich besonders seine Feinde bemühen, die Annahme der »Jungfrauengeburt« zu unterstellen, um dann ihre Möglichkeit zu widerlegen, was der Biologe mit einem Kopfschütteln abtun kann, ohne über die Sache selbst zu urteilen; vielmehr bleiben uns nämlich Aussagen in unseren Begriffen verwehrt, wenn es um Transzendentes geht.

Kurze Bemerkung für neugierige Leser: Eine »Jungfrauengeburt« ist eigentlich biologisch kein Problem, wohl aber, dass allein aus einer Eizelle oder überhaupt aus einer Frau ein Knabe entsteht: Woher käme dann das Y-Chromosom? Zwar hätte die weibliche Variante (zwei X-Chromosomen im Zellkern) einen Vorteil, da sie die aggressiven Y-Eigenschaften vermeidet, aber die Darstellung –

und die damit verbundene Beschneidung Jesu – im Tempel zu Jerusalem verbietet die Spekulation, Jesus sei kein Mann gewesen. Wenn wir überhaupt begründete Vermutungen suchen wollen, dann wohl so: Gott ist Geist und nicht Leib. – Die Zeugung ist Gottes Wille und ihr Ort eine Eizelle. – Es ist nicht ausgeschlossen, aber auch nirgendwo geschrieben, dass sogar der biologische Bestand der männlichen Frucht komplettiert wurde; denn der Engel sprach zu Josef: »Ängstige dich nicht, Maria, deine Frau, zu dir zu nehmen. Denn: Das in ihr Gezeugte – aus Geist ist es, dem Heiligen« (Matthäus 1, 20). Die biologische Vaterschaft Josefs ist damit nicht ausgesagt, aber ein Ansatz zu anderen Mutmaßungen findet auch keine Grundlage.

In der Wüste klärt sich Jesu Aufgabe

Der Anfang der Geschichte Jesu liegt demnach bei Gott. Über sein Hineinwachsen in seine Sippe, seine Umgebung, seine Kultur erfahren wir mancherlei: Die Fürsorge der Eltern nimmt durch Bedrohung von König Herodes her und Flucht nach Ägypten dramatische Züge an. Die berufliche Ausbildung als Zimmermann erfolgt in den Spuren Josefs. Zusätzlich zu seiner Mutter befragt er schon als Zwölfjähriger in Jerusalem Theologen des Tempels. Aus den weiteren Berichten des Neuen Testaments über Jesus lässt sich dann jener Faden herauslösen und herauslesen, der uns durch das Programm Jesu führen kann.

Am Beginn seines eigenen Wirkens lässt er sich von Johannes taufen, und dabei bestätigt ihm Gott seine Gottessohnschaft und Berufung. Nun ist Jesus fest im JA zu seiner Sendung verankert – und zieht sich erst einmal in die Wüste zurück. Dort setzt sich seine eigene Sendung ab gegen das, was die Juden vom Messias erhoffen. Der Kampf zwischen seinem Auftrag und dem, was die Menschen von ihm erwarten, gerät zur Versuchung. Er spielt sich als Gespräch zwischen ihm und dem Satan in der Wüste ab. Jesus selbst muss seinen Jüngern darüber berichtet haben – wie anders kann es in die Bibel gekommen sein? –, und der Bericht darüber bringt seinen Jüngern und schließlich auch uns Klarheit über unverzichtbare Hauptpunkte seiner Lehre. Das sollten wir genauer betrachten:

Markus beschreibt, dass Jesus nach der Taufe vom Geist in die Ödnis getrieben und dort vom Teufel versucht wird. Matthäus gibt einen ausführlicheren Text, und ich würde die ersten beiden Versuche des Teufels am liebsten übergehen, um schnell zur dritten zu kommen, in der sich für mein Empfinden auch die ganze Problematik unserer eigenen Lebensführung und sogar der Politik sammelt. Aber bei genauem Hinsehen wird doch klar, dass auch wir zunächst die Schwierigkeiten des Alltags bewältigen müssen, um überhaupt für Ansprüche (von »ansprechen«!) Gottes frei zu sein. Jedenfalls ist auch hier Achtsamkeit gefragt.

Matthäus (4, 1-4) schreibt also: »Dann wurde Jesus vom Geist hinaus in die Ödnis geführt, um vom Teufel versucht zu werden. Und als er vierzig Tage und vierzig Nächte gefastet hatte, war er hungrig hinterher. Und der Versucher trat heran und sprach zu ihm: Wenn du Gottes Sohn bist, so sprich, dass diese Steine Brote werden! Er aber hob an und sprach: Es ist geschrieben:

> Nicht vom Brot allein lebt der Mensch,
>
> sondern von allem Wort,
>
> das aus dem Mund Gottes kommt.«

In dieser ersten Versuchung zeigt sich den Lesern die normale Situation nach langem Fasten. Jesus – und nur er selbst kann ja den primären Bericht gegeben haben – sieht den Sinn des Fastens also nicht im Fasten selbst, sondern darin, von irdischen Interessen frei und für Gott und seinen Auftrag offen zu werden, anstatt mit einem »Endlich geschafft« die geistigen Früchte dieser Zeit abzuschütteln und unvermittelt zu fröhlich-irdischem

Treiben zurückzukehren. Jesus selbst stellt sich der Frage, was nun auf ihn zukommt – das Fasten war Vorbereitung auf die Sendung. Eine ähnliche Situation wird uns kurz vor der Leidenszeit Jesu wieder begegnen, als im Hause der Marta diese den Küchendienst für primär wichtig hält und ihre Schwester davon abhalten will, stattdessen Jesus zuzuhören. Wir werden an der entsprechenden Stelle erläutern, dass dieses Gespräch für Maria als künftige Zeugin und damit für den Herrn wichtiger ist.

Der Teufel bohrt weiter, Matthäus **4**, 5-7 berichtet: »Darauf nimmt ihn der Teufel mit in die Heilige Stadt und stellt ihn auf die Zinne des Heiligtums. Und er sagt zu ihm: Wenn du Gottes Sohn bist, so stürze dich hinab. Denn es ist geschrieben:

Seinen Engeln gibt er Weisung deinethalben.

Und: Auf Händen tragen sie dich,

damit du mit deinem Fuß nicht stößt an einen Stein.

Sprach Jesus zu ihm: Abermals ist geschrieben:

Versuche nicht den Herrn, deinen Gott.«

Teufel, Diabolo, ist der, der den begonnenen Lauf durcheinanderwerfen will. Der Gedanke an eine solche Probe legt einen Rückfall in den Zweifel nahe. Ihm nachzugeben wäre aber Abkehr vom begonnenen Weg.

Es folgt der direkte Angriff auf das Ziel der Sendung: das Reich Gottes (Matthäus **4**, 8-11): »Abermals nimmt ihn der Teufel mit auf einen sehr hohen Berg. Und er zeigt ihm alle Königtümer der Welt und ihre Herrlichkeiten. Und er sprach zu ihm: Das alles gebe ich dir, wenn du dich niederwirfst und dich tief vor mir verneigst.

Darauf sagte Jesus zu ihm: Weg da, Satanas! Denn es ist geschrieben:

Tief verneigen sollst du dich vor dem Herrn, deinem Gott,

und ihm allein den Dienst tun.

Darauf lässt ihn der Teufel. Und da! Engel traten heran und dienten ihm.«

Die Erwartung der Juden an den Messias und demnach an Jesus ist, dass er die Fremdherrschaft beendet, das sehr irdisch verstandene Reich Davids wieder aufrichtet und zum Sieg führt. Kraft seiner Sohnschaft und der bereits sichtbaren, auf ihn gerichteten Zustimmung der vielen ist es eine reale Versuchung, sich darauf einzulassen und sich die Mitwirkung Satans durch die offene Bewunderung dessen besonderer Macht zu erkaufen. Eine solche Versuchung war den Juden nicht fremd und auch Christen neigen, wie wohl alle nicht ganz abgestumpften Menschen, angesichts der Ungerechtigkeit in der Welt dazu, solche Gelegenheiten aufzugreifen und es nicht beim Warten auf Gott zu belassen. Dieser Bitte widmet Rosenzweig im »Stern der Erlösung« übrigens eine lange Betrachtung. Aber es ist in allen solchen Fällen, und so auch bei Jesus, deutlich sichtbar, dass sie nicht zum Reich Gottes führen, sondern immer zur Herrschaft böser Mächte.

Der Bericht darüber bringt seinen Jüngern – und schließlich auch uns – Klarheit über unverzichtbare Hauptpunkte:

Keineswegs genügt den Leuten die Erfüllung der Jesaja-Prophezeiung:

»Er hat unsere Krankheiten weggenommen

und unsere Gebrechen hat er weggetragen« (vgl. Matthäus 8,17).

Ihnen ist an den je eigenen Interessen gelegen, und sie unterstützen nur den, der ihre kurzsichtigen Wünsche aufgreift – die meist nicht die Wünsche Gottes sind. Aber regelmäßig gibt es die politische Macht nicht ohne die Verbeugung vor dem, der jeden guten Ansatz ins Böse kehrt – den Teufel. Alle Geschichte, und die der letzten Jahre besonders deutlich, ist voll von Beispielen. Die Antwort Jesu auf diese Versuchung ist vielleicht die wichtigste Grundentscheidung am Beginn seines Wirkens – und auch die der Kirche. Mohammed hat Jahrhunderte später bewusst den anderen Weg gewählt, und auf atheistischer Grundlage taten das zum Beispiel auch die Marxisten und die anderen Diktatoren des 20. Jahrhunderts, wie viele vorher und danach. Wir erfahren aus diesem Dialog, dass die Grundentscheidung im Leben fallen muss, wenn der Punkt erreicht ist, an dem sich die Machtfrage an die tiefe Verbeugung vor Gottes Gegnern bindet, und das bedeutet die Einsicht: ohne das Böse ist die Macht nicht zu haben.

Mit diesem Programm beginnt Jesus zu lehren

Als Johannes der Täufer an Herodes ausgeliefert war, »kam Jesus nach Galiläa, um zu künden die Heilsbotschaft Gottes. Er sagte: Erfüllt ist die Zeit, und genaht das Königtum Gottes. Kehrt um! Glaubt der Heilsbotschaft!« (Markus 1, 14-15). Mit seinen ersten Jüngern zieht er in Kafarnaum ein. »Und gleich am Sabbat ging er in die Synagoge und lehrte. Da waren sie bestürzt ob seiner Lehre. Denn: Er lehrte sie als einer, der Vollmacht hat, und nicht wie die Schriftgelehrten« (Markus 1, 21-22).

Nach dem Lukas-Evangelium (4, 18-19) bekommt Jesus gleich zu Beginn seiner Lehrtätigkeit in der Synagoge von Nazareth das Buch mit Reden des Propheten Jesaja gereicht, er schlägt es auf und liest vor:

»Geist des Herrn ist auf mir,

weil er mich gesalbt:

Armen Heilsbotschaft zu bringen,

hat er mich gesandt.

Gefangenen Freilassung zu künden,

Blinde aufblicken zu lassen,

Unterjochte in Freilassung zu senden,

anzukünden das Jahr, das willkommen ist dem Herrn.«

Aber kein Prophet ist willkommen in seiner Heimatstadt, und so ist es den Leuten ein Ärgernis, dass Jesus sich mit dem gleichsetzt, von dem Jesaja da spricht. Jedenfalls stellt er sich auch hier als der vor, der keine Gewalt anwendet und für die Unterdrückten, Armen und Kranken da ist. Auch hier gehört der Verzicht auf Zwang zu den Grundlagen seines Programms. Der Steinigung entgeht er ganz knapp.

Jesus lehrte und heilte dann in Kafarnaum und blieb im Haus des Simon, dessen Schwiegermutter er geheilt hatte. Am Morgen zog er weiter, und als ihn die Leute zum Bleiben aufforderten, sagte er ihnen: »Auch den anderen Städten muss ich die Heilsbotschaft vom Königtum Gottes bringen; denn dazu wurde ich gesandt. Und weiterhin verkündete er in den Synagogen Galiläas« (Lukas 4, 43-44).

Eine erste Begründung dafür, dass wir von Jesu Lehre Rettung erwarten

Ein Grundproblem der so offensichtlichen Resistenz des Menschen gegen das Gut-Sein kommt aus seinem biologischen Erbe (Stephan 2016), und so weit ist der Zusammenschau durch van Schaik und Michel (2016) zuzustimmen. Noch immer fällt es uns schwer, frei genug zu werden von den »postfaktischen« Anschauungen unserer sozialen Umgebung: vom »man« als des Teufels treuem Helfer sowie von den ererbten und nun »wissenschaftlich« uminterpretierten Belohnungssystemen (siehe unten); sondern dass wir uns stattdessen mit Hilfe des dialogischen Verhaltens einerseits vom überholten Erbe lösen und uns andererseits den Notwendigkeiten so weit anpassen, wie es das gemeinsame Überleben der Menschheit und der Ökumene erfordert.

Laufen unsere Entscheidungsprobleme nicht regelmäßig auf den Gegensatz von Macht und Liebe hinaus? Das hat auch Jesus erlebt; er bezeichnet die Gegenposition als Satan, berücksichtigt damit, dass sie weitgehend von Personen getragen wird, und er betont so die Machtfülle und den meist irgendwie personalen Charakter dieses bösen Prinzips, dem er seine Lehre entgegensetzt. Biologisches Erbe und soziale Verführung werden meist dem uns Menschen neu gegebenen dialogischen Verhalten vorgezogen. Das bringt schon das Alte Testament auf den Begriff der Sünde, und seit Jesus Sirach (nach C. van Schaik & K. Michel, 2016: um 135 v. Chr.) sogar als Erbsünde. Doch ob die Lösung dieses Problems ein von unserer Art erwarteter Fortschritt der Evolution sein wird? Das ist unwahrscheinlich, es geht nicht gleichsam von selbst, ohne die Gute Botschaft.

Die göttliche Offenbarung, ohne die eine menschenwürdige Ethik wohl nicht auskommt, ist innerhalb des Judentums nur punktuell zum Ziel gekommen. Der Grund ist rätselhaft, aber sicher spielt die Übermacht der außerjüdischen Umgebung dabei eine Rolle, da sich die göttliche Offenbarung so stark auf die Nachkommen Jakobs konzentriert hat. Auf der Grundlage von Propheten wurde dieses Problem zunächst nicht gelöst. Erst Jesus bringt, und das bestätigt ihn als Sohn Gottes, die Erkenntnis und die Macht mit, die christliche Religion aus der Bindung an die jüdische Kultur so weit zu lösen, dass sie auch in sämtlichen anderen Kulturen (mit Schwierigkeiten bei den Mohammedanern) und Ethnien praktiziert werden kann. Seine Lehre steht damit über den Einzelkulturen.

Mit Jesu Lehre wird deutlich, dass es nicht Gottes Ziel ist, nur »sein« Volk zu retten und all die anderen Zweige der Menschheit vom Lebensbaum abzuschneiden, so dass man folgern kann: Gott ist durchaus an der Vielfalt und Differenzierung der Menschheit gelegen.

Während in unseren Tagen Menschen aus fremden Stämmen und Gesellschaften immerhin oft unseren Glauben an den einen Gott teilen, waren die Nachbarn Jesu und der Israeliten damals weitgehend Heiden, die an Götzen glaubten und denen opferten, so dass Jesus ein tieferes Problem hatte, was wir nicht übersehen sollten. Andererseits machen uns die Befreiungstheologen darauf aufmerksam, dass auch in unseren eigenen Gesellschaften Götzendienst tief eingewurzelt ist: Sie sprechen von »Idolatrie«, dem »Dienst an Bildern« = Abgöttern, vor allem Besitz (insbesondere als Kapital), Macht, Vergnügen oder anderen Ideologien, was ja sprachlich auch nichts anderes als Idole meint.

Jesus geht es nicht allein um eine rein menschliche Sozialethik, dahinter gibt es nicht nur die Notwendigkeiten der Natur und stehen nicht allein Menschenziele, sondern der Dialog mit dem persönlichen Gott. Eine Sozialethik in Jesu Sinn setzt den Glauben an einen transzendenten Vater (»im Himmel«!) voraus, der sehr wohl weiß, was uns fehlt, und der zu uns steht wie Vater und Mutter zu den Kindern.

Warum ist wohl für uns Jesus der zuverlässige Lehrer und der einzige glaubhafte Heiland? Er hat selbst das gelebt, was er als Gottes Wille kennt und was er auch uns als göttlichen Willen einsichtig machen will. Von ihm ist nichts bekannt, was man ihm als Untreue zu diesem Auftrag zur Last legen könnte. Und Jesu Liebe zu seinen Schülern – also auch zu uns – ist so groß, dass ihr und unser Glaube damit belohnt wird, selbst Kinder Gottes zu sein und Gott als Vater anreden zu dürfen.

Die Relevanz biologischer Phänomene (Vaterschaft) kann an der Grenze zwischen Natur und Transzendenz nicht eigentlich beurteilt werden, da hier unsere (weltimmanenten) Begriffe versagen. Wir dürfen uns aber an folgende Indizien halten: an die Zeugnisse für Jesu eigenen Glauben, an seine Bestätigung durch die Zeugnisse seiner Auferstehung und an die Glaubwürdigkeit seiner Zeugen.

Auch der vorliegende Text ist weitgehend beschränkt auf das, was »mit Bordmitteln«, nämlich mit dem für uns Wahrnehmbaren und Sagbaren dargestellt werden kann. Die Möglichkeit dazu gibt uns schon der Anfang der Bibel mit der Aussage, der Mensch sei nach dem Bildnis Gottes geschaffen. Wohl ist uns allen klar: Darauf können wir uns nicht berufen und gar ausruhen, sondern es ist Ziel und Auftrag, ja es ist damit die dichteste Zusammenfassung aller Ethik. Jesus von Nazareth aber ist die erlebbare, gelungene Verwirklichung dieses Vorhabens. Mit seiner Lehre und seinen Reden vom Reich Gottes gibt er uns das Nahziel an: »Ihr seid das Salz der Erde.« Und wenn wir dieses Entwicklungsziel und die gesamte Kulturgeschichte in den Blick nehmen, können wir trotz aller Defizite sagen: »Gestützt auf die Lehre Jesu können wir inzwischen mündig sein und Verantwortung übernehmen.«

Jesus beruft Jünger

Jesu Verkündung des nahenden Gottesreiches und seine sichtbaren Siege über Not und Tod führte unmittelbar dazu, dass sich Menschen um ihn sammeln. Wenige schließen sich auf Dauer an, andere begleiten ihn eine Zeit lang, manche wenden sich bald ab, aber ab jetzt hat er es schwer, etwas Ruhe zu bekommen und zum Vater zu beten. Seine ersten Jünger sind Fischer, die er selbst auswählt und von ihrer profanen Arbeit wegholt, um sie zu Menschenfischern zu machen, wie er selbst sagt. Über sie wusste er schon im Voraus Bescheid, diese haben ihn begleitet und wurden danach auch zur Keimzelle der Kirche. Aber das heißt nicht, dass Berufene nicht ausweichen konnten; offenbar hatten sie diese Freiheit, und das wird später deutlich bei der misslungenen Berufung eines Jünglings, der es nicht fertigbrachte, sich von seinem Reichtum zu trennen und diesem ungesicherten Wanderprediger zu folgen. Es ist bis in unsere Tage so geblieben, dass die Nachfolge zwei Bedingungen hat: den Ruf, der ganz unterschiedlich ergehen kann, und die jedenfalls von Jesu Seite aus freigestellte eigene Zustimmung. Dass es in der Kirche zeitweise Zwänge gegeben hat, ändert daran nichts: Jünger Jesu zu werden, das war und ist ein dialogisches Geschehen.

Die universale Ethik Jesu

Meine Begründungen sind vielleicht schon lästig, denn nur von der Botschaft selbst können weder der Glaube an ihre Wahrheit noch die Hoffnung auf ihre Wirksamkeit kommen. Und so widmen wir unsere gemeinsame Aufmerksamkeit nun einem bekannten Gleichnis: dem vom »verlorenen Sohn«, wie es meist benannt wird.

Ein Fest für den verlorenen Sohn?

Jesus erweist sich uns Menschen vor allem als der Heiland, und so richtet sich unser Bitten an ihn und unser Hoffen auf seine Hilfe oft zu weitgehend darauf, uns als je Einzelne durch das Erdenleben hindurch zu retten. Entsprechend kann man die Kirche leicht für eine ganz primär auf die Erfüllung privater sozialethischer Anliegen gerichtete Veranstaltung halten. Bevor auch diese Zeilen, die ja mit der Sozialethik verknüpft sind, diese so verbreitete wie verengte Sicht auf das Christentum propagieren, will ich den Lesern gestehen, dass sie der Botschaft Jesu nicht gerecht werden. Jesus selbst hat unsere Augen für eine viel weitere Perspektive geöffnet, was sich beim vollständigen Lesen des allen Christen wohl bekannten Gleichnisses vom verlorenen Sohn zeigt.

Es geht zuerst um den Vater im Gleichnis vom verlorenen Sohn

Früher sollte ich einmal gerade zu diesem Gleichnis ein begleitendes Bild liefern, und das erforderte eine Meditation des Textes. Denn jeder Text erzählt eine Geschichte und hat eine zeitliche Dimension, das Bild ist dagegen eine Momentaufnahme und muss erst mit Hinweisen zum Ablauf ausgestattet werden. Das Nachdenken darüber kann zu erstaunlichen Ergebnissen führen.

Dabei hatte mich dieses Gleichnis sehr überrascht (Lukas **15**, 11 ff.): Jesus hatte es weder am Wunsch des Bruders nach Gerechtigkeit ausgerichtet noch an der knirschenden Reue des Rückkehrers, denn beides nahm der Vater offenbar nicht besonders wichtig. Vielmehr war auf einmal das Ziel des Vaters erreicht: eine gemeinsame und nachhaltige Zukunft mit den Söhnen war wieder möglich, und das wollte er mit ihnen zusammen feiern. Diese Feier im Gleichnis ist ein Bild für das »Himmelreich«, das allerdings auch die Versöhnung der Brüder erfordert. Es fällt auf, dass der »verlorene« Sohn nun nach einem Leben im Hause des Vaters verlangt, während der Vater im Denken des zu Hause gebliebenen Sohnes zunächst kaum eine Rolle spielt, der lieber mal mit seinen Freunden zusammen gefeiert hätte.

Wenn aber das Fest eigentlich das Himmelreich meint, dann zeigt sich, wieso das Verlangen nach der rückwirkenden Gerechtigkeit viel zu kurz greift. Da bildet das Leben auf dem Gehöft das Leben in der Welt ab: unvollkommen und schließlich mit tödlichem Ausgang. Und dagegen steht das Fest – das Himmelreich: vollkommen, im Angesicht des guten Gottes und ohne Tod – und ewig, was immer das bedeutet, wenn doch die uns bekannte Zeit eine Eigenschaft der vergänglichen Natur ist.

Dass Gott beim Aufbau seiner Schöpfung nach vorn arbeitet, wundert den nicht, der die Naturgeschichte ernst nimmt. Unser Verlangen danach, gerecht behandelt zu werden, kann sich im Rahmen der Natur und der menschlichen Gesellschaft keineswegs erfüllen; Einspruch bleibt meist erfolglos, und man kann folgern, dass die Optimierung der Schöpfung Opfer erfordert, die deshalb für Tier und Mensch oft schmerzlich sind, weil gerade der Schmerz die biologische wie die kulturelle Evolution antreibt. Unser eigenes Nachsinnen endet bei der vagen Hoffnung auf eine grandiose, aber unwahrscheinliche Optimierung ohne Weltuntergang. Zu der hat die Evolution schon angesetzt. Sie kann aber nicht aus der Natur heraus und nicht einmal durch die Einsicht der Menschen zu so etwas wie einem Himmel auf Erden führen. Viel wahrscheinlicher ist ein, vielleicht unrühmliches, Ende unserer Welt.

Aus dieser Lage gibt es ein Entrinnen nur dadurch, dass Gott uns alle in sein Reich hinüberretten will, sofern wir dazu bereit sind. Das Himmelreich aber hat eine andere Struktur als die Welt. So wird dort nicht geheiratet (wie Jesus den Sadduzäern entgegenhält), und das bedeutet wohl: Das Gottesvolk wird komplett sein. Ernte eben, auch wenn zu der nicht jeder Mensch bereit ist.

Jesus betet für alle, die das Wort annehmen – aber nicht für die Welt

Weitere Kunde von der Endzeit brachte das Johannes-Evangelium mit den Worten Jesu, in denen die Lage der Menschen durchaus bedacht ist. Für die Jünger, welche die Worte angenommen haben, die der Vater ihm gegeben hat, bittet Jesus den Vater im Gebet: »Denn die Worte, die du mir gegeben, habe ich ihnen gegeben. Und sie nahmen sie und erkannten wahrhaft, dass ich von dir ausging. Und sie wurden glaubend: dass du mich gesandt hast.

Ich bitte für sie – und nicht für die Welt bitte ich, sondern für sie, die du mir gegeben – weil sie dein sind« (Joh. **17**, 8-9).

Wir erfahren auch, wie die Jünger – und damit auch alle späteren Boten – verfahren sollen, wenn sie und ihre Botschaft nicht angenommen werden. Das hat Jesus schon angeordnet, als er die ersten Jünger ausgesendet hat: »In dem Haus, in das ihr kommt, da bleibt. Und von da aus zieht weiter. Und alle, die euch nicht aufnehmen: Zieht fort aus jener Stadt und schüttelt den Staub von euren Füßen – zum Zeugnis gegen sie« (Lukas **9**, 3). Von Sanktionen ist da allerdings nicht die Rede.

Aus alledem ist wohl zu schließen, dass sich der von Jesus gelehrte Weg auf das Himmelreich richten soll, nicht aber auf eine Umwandlung der Welt selbst, von der wir ja wissen, dass sie sich nicht als Ganzes ändert. Was aber ist dann mit den Bemühungen der Christen um Ökologie für unseren Planeten und um eine Sozialethik für die Menschheit? Wird das nur gefordert, um der Welt ihre Schuld vorzuhalten? Es ist aber nicht zu übersehen, dass unsere Welt nicht schon gut würde, wenn einfach alle menschliche Schuld wegfällt. Nach Jesu Predigt besteht das Ziel der Schöpfung stattdessen darin, dass das Himmelreich durch eine reinigende Katastrophe hindurch erreicht wird und nicht aus einer kontinuierlichen Weltgeschichte heraus. Einerseits ist also das ethische Verhalten die Grundlage einer sinnvollen Gestaltung der uns geschenkten Lebenszeit und die angemessene Antwort auf die Einladung zum Himmelreich, andererseits aber ist von Ewigkeit und gelingender Nachhaltigkeit für die Welt als solcher nicht die Rede! Demnach könnte der gelingende Weg etwa so sein:

- Grundlage sind auf Jesu Seite seine Botschaft und Nächstenliebe und auf unserer Seite die Bereitschaft.
- Wenn das zusammenkommt, kann Gemeinde entstehen.
- Das ist eine Gemeinschaft mit Liebe und Gebet.
- Jede Gemeinde ist auf Ökologie angewiesen. Sie trifft auf die Probleme der Welt.
- Nicht konsensfähig ist eine Wirtschafts- und Gesellschaftsordnung, die auf Wachstum, Gewinn und Macht fixiert ist. Daher ist es auch falsch, den Konzernen die Vordenkerrolle zu überlassen, wie es die Vizepräsidentin des Internationalen Fonds für landwirtschaftliche Entwicklung, Cornelia Richter, behauptet. Markt braucht Aufsicht.
- Die Gesellschaft, nun als Wirtschaft und Politik, kann das nur leisten, wenn sie dafür Leiter heranbildet, die nicht herrschen, sondern dienen, wie Jesus selbst es getan hat. Seine Belehrung geht bis in die Sozialethik und Politik, und da geradewegs zum Königsweg der Gerechtigkeit (siehe Matthäus **20**, 25-28).
- Selbstverständlich müssen die Betriebe und Organisationen auf erprobte und ideologiefreie Grundlagen achten.
- Es ist allerdings nicht zu erwarten, dass andere Personen oder Gruppen ihre Privilegien einfach aufgeben. Was mindestens angestrebt werden muss, sind parallel zu den kapitalistischen zunehmend andere Strukturen, die auf der genannten Grundlage arbeiten.
- Natürlich bedeutet dies harte Auseinandersetzungen, aber sie sind nicht zu vermeiden, denn sonst beenden Katastrophen und Verteilungskriege die Wachstumskonzepte.

Ob wir Jesu Botschaft vom Himmelreich glauben oder nicht, für unsere Ethik können wir darin auf jeden Fall wichtige Forderungen finden zu einer menschenwürdigen Gestaltung unserer Lebenszeit – als Individuum, als Volk, als Kultur und Menschheit. Falls wir uns nicht überhaupt ganz dem von Jesus gezeigten Weg anschließen. Vor allem in Gleichnissen wollte Jesus uns zeigen, dass sich der Tausch des irdischen Wohlbefindens gegen das himmlische allemal lohnt, auch wenn dabei schließlich die irdische Gerechtigkeit auf der Strecke bleiben kann, wenn sich doch die Menschheit nicht im Ganzen zum Guten bekehrt und ihre Entwicklung zwar zum Besseren weist, sich dabei aber auch als eine Summe verpasster Gelegenheiten darstellt.

Gottesliebe zusammen mit Nächstenliebe …

Die Jünger hatten Jesus gefragt, warum er seine Lehre nur in Gleichnissen an die Leute weitergibt. Tatsächlich verlangt die voll verständliche Lehre schon ein so großes Maß an Zustimmung, wie sie selbst die Jünger erst nach dem Erlebnis der Auferstehung Jesu aufgebracht hatten. Dem direkten Verständnis steht außerdem die Sehnsucht der Leute nach vergangenen »guten Zeiten« im Wege. Aber auch für die Jünger sind Gleichnisse der notwendige Zugang, weil sie die Übersetzung in unsere Sprachen sind und keine Wörter oder Bilder aus dem Jenseits. So ist im hier behandelten Gleichnis die Differenz von Arbeitswelt (begrenzt) und Fest (ewig) angesprochen, aber schon da kann die Liebe zum Nächsten und zu Gott aufleuchten.

Mit dieser Ausweitung verstehe ich nun, was Romanus Lawetzki OFM gemeint hatte, als er uns eine bestimmte Aktion in Sachen »Dritte Welt« mit einem Fragezeichen versah. Die Leute sind letztlich doch nur durch ihre Hinwendung zu Gott wirklich zu retten. Also hilft die Nächstenliebe den Nächsten erst richtig durch ihre Verknüpfung mit der Bekehrung zur Gottesliebe, und so kann erst diese Verknüpfung das Ziel der Ethik sein – so dass die Gottesliebe an erster Stelle steht. Darin waren sich nach Matthäus 22, 34-40, Jesus und sein Gesprächspartner, ein Gesetzeslehrer, einig.

... aber stets bedroht durch Eigeninteressen

Zwar hat die helfende Zuwendung des Menschen zum »Nächsten« in der herrschenden Wirtschaftstheorie einen Nutzen, obwohl es da nur auf die Nutzung von Arbeitskraft und -willigkeit ankommt. Eine freundliche Gesinnung ist hilfreich, denn wer gut schmiert, der fährt gut. Aber Wachstum, Konkurrenz, Gewinnmaximierung, Herrschaft, das sind die eigentlichen Wirtschaftsziele im Kapitalismus. Dieses System hat allerdings kuriose Unstimmigkeiten erzeugt; denn es gestattet nur dann ein Zusammenleben, das uns nicht allesamt in Kriegen vernichtet, wenn sich die Kulturen zum Ausgleich, und unter Einsatz großer Steuerbeträge aus eben jener Wirtschaft, beachtliche Sozialsysteme leisten, zu deren wichtigsten Motoren – und das ist eigentlich ganz systemfremd – der selbstlose, ja selbstvergessene persönliche und finanzielle Einsatz vieler Personen und Gruppen gehört, die religiös, humanistisch, durch Einsicht oder einfach durch erbarmende Liebe motiviert sind. Schließlich ist dieser Kapitalismus eine Denkstruktur, die als Maßstab ihrer Bewertungen aus den zahlreichen wichtigen Dingen nur eines herausstellt, nämlich das Geld, mit dem sich alles irgendwie messen lässt. Diesen Denkfehler des Reduktionismus auf die multifaktoriellen Systeme anzuwenden, mit denen sich die Welt präsentiert, ist nicht nur unwürdig, es gestattet auf unserem begrenzten Planeten insbesondere auch keine funktionierende Regierung und schon gar keine nachhaltige Versorgung.

Weil das so ist, ist die Hoffnung leider ganz unbegründet, dass eine kapitalistische Welt ohne humane und auch ohne ökologische Katastrophen funktionieren kann. Das ist oft gezeigt worden, so auch von Papst Franziskus in seinem Rundschreiben »Laudato si. Über die Sorge für das gemeinsame Haus« (Rom, 24. Mai 2015; siehe auch unten in diesem Text). Unsere Einsicht in die Zusammenhänge erfordert es übrigens, daran zu erinnern, dass die Solidarität nicht auf die Subsidiarität verzichten kann – zusammen mit der Personalität eine der drei Grundlagen der christlichen Ethik.

Darüber hinaus ist den Biologen bekannt, dass der Darwinismus weder die einzige Triebkraft noch der hinreichende Gestaltungsmodus der Evolution ist (Stephan 2016). Es gibt, wie Portmann (zum Beispiel 1956) herausgearbeitet hat, im Bereich der Formen und Verhaltensweisen der Organismen vieles, das man nicht durch den Zwang des Lebenskampfes erklären kann. Da zeigt sich eine sehr große Gestaltungsfreiheit, ein unerschöpflicher Mehrwert aus der Evolution.

Mehr über Jesu Gleichnisse

Große Hindernisse beim Unterbauen der Ethik mit realem Wissen kommen aus der Spezialisierung – eine Folge unseres begrenzten Wissens von der so komplexen Welt. Hinzu kommen Ideologien, meist durch Macht und Kontrolle zur Herrschaft von Schulen und Parteien genutzt. Auch daher baut Jesus seine Lehren auf den Erfahrungsgrund der Gleichnisse. Die Gleichnisse sind auch ein Ort, an dem die profane Welt ihr Wesen in die Lehre einbringt. Dieses Wissen kommt aus der Schöpfung und ihrer Entwicklung, enthält so auch die Beiträge von Natur und Kultur – und ist schier unentwirrbar überprägt durch die Dialoge zwischen den Menschen und zwischen Mensch und Gott, deren Beiträge nicht trennbar sind. (Bemerkung: »profan« ist kein Schimpfwort, sondern sagt, dass der betreffende Gegenstand *vor* dem Heiligen, dem Zelt der Erscheinung angesiedelt ist – und nicht darin.)

Das verlangt aber, immer erst nach den eigenen Mängeln zu blicken und erst diese zu beseitigen, bevor unsere Aufmerksamkeit den Fehlern des Nächsten gilt. Jesu wählt da als Beispiel etwa den Balken im eigenen Auge und den Splitter in dem des Nächsten. Es ist sehr nützlich, das zu beherzigen. So will Jesus von uns, dass wir im Guten wachsen, und dass er nicht immer frustriert sagen muss: »Was ruft ihr mich: Herr, Herr, und tut nicht, was ich sage?« (Lukas 6, 46) Diese Belehrungsresistenz ist so gefährlich, dass Lukas gleich anschließend noch deutlicher wird und berichtet, was der Baumeister Jesus dazu sagt:

»Jeder der zu mir kommt,
meine Worte hört und sie tut –
ich will euch zeigen, wem er gleicht:
Er gleicht einem Menschen, der ein Haus baute:
Und er hatte geschachtet und ausgetieft
und den Grundstein auf den Fels gelegt.
Als aber Hochwasser kam,
brach sich die Strömung an jenem Haus
und war nicht stark genug, es zu erschüttern,
denn gut war es gebaut.
Wer aber gehört und nicht getan –
er gleicht einem Menschen, der ein Haus ohne Grundstein
auf die Erde gebaut:
Daran brach sich die Strömung
und gleich fiel es zusammen.
Und der Niederbruch jenes Hauses war groß.«

Wahrscheinlich ist das Gleichnis, bei dem die meisten Hörenden und Lesenden sich auf Jesu ethische Forderungen hingewiesen wissen, das Gleichnis vom barmherzigen Samariter. Auch wir übergehen es nicht. Nach dem 10. Kapitel des Lukas-Evangeliums suchte ein Gesetzeslehrer Ausflüchte aus dem gemeinsamen Gebot der Nächstenliebe mit der Frage, wer denn der Nächste sei. Das gibt Jesus Gelegenheit, einen für den Juden theoretisch extremen, aber geografisch naheliegenden Fall an einem Gleichnis zu klären: Auf dem Weg von Jerusalem durch Samaria nach Jericho wurde ein Mensch von einer Räuberbande ausgeraubt und halbtot liegen gelassen. Ein Priester und dann ein Levit gingen vorbei. Beide sahen ihn – und gingen weiter. Einem Samariter aber tat das Opfer leid, er pflegte die Wunden, goss Öl darauf und desinfizierte mit Wein, hob ihn auf sein Reittier und nahm ihn mit zur nächsten Herberge. Am nächsten Morgen gab er dem Wirt zwei Denare für die Pflege und versprach, bei seiner Rückkehr das zu bezahlen, was der Wirt weiterhin aufwendet. Der Frager antwortete: Der, der das Werk des Erbarmens an ihm getan hat. »Und Jesus sprach zu ihm: Geh und tu auch du desgleichen« (a.a.O. Vers 37). Das nehmen die Christen seitdem als klare Anweisung, alle Menschen entsprechend zu behandeln – ohne Rücksicht auf Herkunft und Religion. Allerdings kann man die Anweisung wohl kaum beliebig ausweiten und anderen Menschen ein Tun befehlen, das auf undurchsichtige Weise anderen Menschen zugutekommen soll, aber vielleicht zum eigenen oder zum Schaden anderer gerät.

An dieses Gleichnis schließt sich unvermittelt am Schluss dieses 10. Kapitels das bekannte Geschehen – Realität und nicht Gleichnis – um Maria und Marta an. Daran werde ich im Zusammenhang mit der Behandlung von Frauen in der Kirche erinnern müssen, aber falls Sie die Stelle gerade zur Hand haben, achten Sie vielleicht schon hier auf deren auffallend nachrangige Behandlung im Text des Evangeliums.

Wanderprediger: Heilungen, Wunder, Aussendung der Jünger

Aus dem Gleichnis vom »verlorenen Sohn« folgern wir, dass Jesus uns gemeinsam auf seinen Weg in die Zukunft und bis in sein Reich mitnehmen will und dass Defizite in der irdischen Gerechtigkeit dabei kein Hindernis sein dürfen. Das geht nur, wenn wir »beim Pflügen nicht zurückschauen«. Zu groß ist ja der Wertunterschied zwischen irdischem und himmlischem Angebot, wie Jesus mit anderen Gleichnissen ausdrückt. Doch nun versuchen wie erst einmal, Jesu Lebens- und Ausdrucksweise zu charakterisieren.

Und da ist eine Stelle wichtig, die wir nicht übergehen dürfen, ein erratischer Block mitten in den Berufungsberichten, bei Markus 2, 21-22: »Keiner näht auf ein altes Obergewand einen Flicken ungewalkten, neuen Tuchs, sonst reißt das Füllstück von ihm ab, das Neue von dem Alten, und noch schlimmer wird der Riss. Und keiner schüttet neuen Wein in alte Schläuche; sonst zerreißt der Wein die Schläuche, und der Wein geht zugrunde samt den Schläuchen. Nein, neuer Wein in neue Schläuche!« Damit rechtfertigt Jesus nicht nur seinen notwendig unkonventionellen Umgang mit Bräuchen und Normen, sondern zugleich Unterschiede der Kirche, ihrer Apostel und Gemeinden gegenüber der Synagoge.

Nach der Gefangennahme Johannes des Täufers wohnte Jesus zunächst in Kafarnaum auf der Nordostseite des Sees Genezareth.

Matthäus 4, 17: »Von da an begann Jesus zu künden und zu sagen: Kehrt um! Denn genaht ist das Königtum der Himmel.«

Nach der Berufung der Brüderpaare Petrus und Andreas sowie Jakobus und Johannes zog er »in ganz Galiläa umher, lehrend in ihren Synagogen, kündend die Heilsbotschaft vom Königtum und heil machend alles Gebrechen und alle Behinderung im Volk« (Matthäus 4, 23). Also vorwiegend Wandlung der Jünger von erfolgreichen Fischern in Menschenfischer und Teilhabe an der Heil-, Lehr- und Sättigungstätigkeit für das Volk. Dabei schließen sich an die Belehrung der Leute Erklärungen für den engeren Kreis der Jünger an, wozu die gemeinsamen Wanderungen und Bootsfahrten sehr geeignet sind. Dennoch wurde niemand von der ernsthaften Nachfolge ausgeschlossen. Nicht nur die Berichte über die junge Kirche machen deutlich, dass es ein langsames Weiter-Wirken gab (so etwas, worauf auch heute mancher Lehrer seine Hoffnung setzen muss), bis in die Reihen der Schriftgelehrten hinein, was die Menge der »Judenchristen« in der jungen Kirche mit erklären kann. Dass Jesu Anliegen gerade die Rettung für viele war, lesen wir bei Matthäus 9, 36-38: »Als er die Scharen sah, ward ihm weh um sie, weil sie geschunden waren und preisgegeben wie Schafe, die keinen Hirten haben. Da sagte er zu seinen Jüngern: Die Ernte ist groß, Arbeiter sind wenige. Fleht also zum Herrn der Ernte, dass er Arbeiter hinausschicke in seine Ernte.«

Die Situation kennen wir gut, sollten aber nicht zu laut flehen, ohne vorher die Möglichkeiten der Gemeinden auszuschöpfen, inklusive Frauenpower und die Potentiale von Verheirateten, Familien und Gruppen . Lassen Sie mich für einen Augenblick weit voraus blicken, bis in unsere Jahre: Da lehren Befreiungstheologen, dass auf die Initiativen der Unterdrückten und Armen große Erwartungen zu setzen sind. Wenn wir aber die Lage nüchtern betrachten wollen, genügt es, an das soeben zitierte Jesus-Wort zu denken: Der Herr sah die Armen preisgegeben wie Schafe, die keinen Hirten haben – eine Ernte, für die wir Arbeiter erbeten – und selbst Mitarbeiter sein sollen. Jesus lehrt Realismus und keine Utopie! Und so hat hier wie anderswo die Ermutigung Früchte gebracht. Mich hat beeindruckt, wie überrascht die Steyler Missionare in Esperanza, Argentinien, bei unserem Wiedersehen einige Jahre nach dem Konzil berichteten, was alles möglich war, seitdem sie die Eigeninitiative der Gemeinden erlauben und fordern.

Die von Jesus berufenen Jünger selbst werden die ersten dieser Arbeiter sein – und von den Menschen oft nicht besser behandelt als Jesus selbst. Es gibt übrigens eine Bestätigung dafür, dass Jesus den Jüngern keine Geheimlehre mitteilen wollte: »Was ich euch im Finstern sage, das sprecht im Licht, und was ihr ins Ohr gesagt hört, das kündet von den Dächern.« Freilich auch: »Und ängstet euch nicht vor denen, die den Leib töten, das Leben aber nicht töten können. Ängstet euch vielmehr vor dem, der Leben und Leib in der Hölle zugrunde richten kann« (Matthäus 10, 27-28).

Die Heilungen

Von alters her werden die Menschen in vielen Kulturen von Krankheiten bedrängt und suchen da nach Hilfe, wo sie ein höheres Wissen erwarten und möglichst sogar Menschen finden, die Kontakt zu Göttern und Dämonen haben. Meist ist die Heilkunst die Aufgabe von Magiern und Schamanen, oder sie wird von den Priestern ausgeübt. Uralte Heilpraktiken, Kenntnis von heilkräftigen Pflanzen und bisweilen auch von Tieren, Mineralen und Gewässern werden von Generation zu Generation weitergegeben, was zugleich persönliches Ansehen verschafft, aber eine hohe und lang anhaltende Lernbereitschaft voraussetzt.

Bei Jesus, dem Wanderprediger, ist das mehr als nur eine Facette seines Wirkens. Van Schaik und Michel (2016) haben darauf aufmerksam gemacht, dass nach der Theologie des Alten Testaments Krankheit und Unglück, wie überhaupt alles Ungemach, als von Gott gesandte Strafen galten; aber das lässt sich von Menschen nicht nachweisen: Es kann durchaus auch zum Nachweis von Jesu Krafttaten dienen. Ein Beispiel: In Kafarnaum wurde ein Gelähmter durch das Dach zu Jesus hinabgebracht. »Als Jesus ihren Glauben sah, sagte er zum Gelähmten: Kind, jetzt sind deine Sünden nachgelassen. Einige der Schriftgelehrten aber saßen dort und dachten in ihren Herzen: Was! So redet der! Er lästert! Wer kann Sünden nachlassen außer einem: Gott? Gleich aber erkennt Jesus in seinem Geist, dass sie so bei sich denken, und er sagt zu ihnen: Was denkt ihr da in euren Herzen? Was ist leichter, zum Gelähmten zu sprechen: Jetzt sind deine Sünden nachgelassen, oder zu sprechen: Auf, und nimm deine Bahre und geh einher? Damit ihr aber wisst, dass der Menschensohn Vollmacht hat, auf Erden Sünden nachzulassen, sage ich dir – sagt er zum Gelähmten: Auf, nimm deine Bahre und geh nach Haus! Und der richtete sich auf und nahm gleich die Bahre. Er ging hinaus vor aller Augen, so dass alle außer sich gerieten, Gott verherrlichten und sagten: So etwas haben wir nie gesehen! (Markus **2**, 5-12).

Fragen wir zwischendurch kurz nach Verdiensten, die man als Zugangscode zum Heiland braucht. Offensichtlich nicht mehr, als das kleine Fünkchen Hoffnung: Als er Levi vom Zoll heraus beruft, wird er samt seiner Entourage eingeladen. »Als nun die Schriftgelehrten der Pharisäer sahen, dass er mit den Sündern und Zöllnern aß, sagten sie zu seinen Jüngern: Mit den Zöllnern und Sündern isst er! Jesus hört es und sagt zu ihnen: Nicht die Starken brauchen den Arzt, sondern die übel dran sind. Ich bin nicht gekommen, Gerechte zu rufen, sondern Sünder!« (Markus **2**, 16-17).

Jesus wusste sich zunächst zu den verlorenen Schafen des Volkes Israel gesandt, aber bald wurde ihm gezeigt, wie sehr alle Menschenvölker auf ihn warten. Im Kleinen war es erst recht so: »eine große Menge. Hörend, was er alles tut, kamen sie zu ihm. Da sprach er zu seinen Jüngern, ein Boot solle für ihn bereitliegen, damit die Leute ihn nicht bedrängten. Denn viele macht er heil. Und so stürzte man sich auf ihn, damit ihn festhalten könnten all die Geplagten. Auch die unreinen Geister, wenn sie ihn schauten, stürzten auf ihn zu, schrien und sagten: Du bist der Sohn Gottes! Aber streng herrschte er sie an, ihn nicht zum Aufscheinen zu bringen« (Markus **3**, 8-12). Denn die Pharisäer und Herodianer lauerten ihm auf, um ihn auszuschalten, doch sein Auftrag zum Heilen und Lehren war noch nicht erfüllt.

Als Nächstes geht es um sein »Team«: »Er steigt den Berg hinauf und ruft zu sich, die er selber wollte. Und sie gingen weg, zu ihm hin. Da bestellte er zwölf – die er auch Sendboten nannte – dass sie mit ihm seien und dass er sie sende zum Verkünden und mit der Vollmacht, die Abergeister auszutreiben. Und so bestellte er die Zwölf« (a.a.O. 13-16; dann nennt Markus deren Namen).

Jesus lehnte es aber ausdrücklich ab, alle Krankheiten als Sündenstrafen zu deuten. Ihm waren die einzelnen Menschen wichtig, seine (und unsere) Nächsten, die ihm und uns geradezu als Aufgaben in den Weg gestellt werden.

> Das letzte Wort in dieser Sache konnte das zwar nicht sein; denn nicht erst die neuzeitliche Wissenschaft, sondern schon Jesu Blick auf die Kranken als Aufgabe führte zu einer differenzierteren Betrachtung. Erst später kamen mit dem Wissen um die Mikrobiologie Möglichkeiten zum Selbstschutz in den Blick, so dass Hygiene ein Thema wurde; wohl kamen mit der damit verbundenen Verantwortung auch echte Fälle menschlicher

Schuld in den Blick. Prominentes Beispiel ist Aids. In unserem Zeitalter wurde klar, dass für eine umfassende Gesundung die Armut bekämpft und Volksbildung ernst genommen werden muss. Hier beschränken wir uns aber auf Jesu Wirken.

Jesus war zweifellos mit besonderen Kräften begabt. Andeutungen darüber, dass ein bestimmter Dämonentyp von den Jüngern noch nicht besiegt werden kann, zeigen, dass er die Jünger vor ihrer Aussendung über Grundzüge der Diagnose und Therapie belehrt hatte; doch mehr wissen wir darüber nicht.

Einerseits ist es ein Glück, dass der Evangelist Lukas besonders nach Heilungsberichten gesucht hatte und so gut Bescheid weiß, dass man in ihm selbst einen Heilkundigen sehen mag. Andererseits sind seine Berichte wegen seines Fachwissens voll von orientalischer Heilpraxis, was uns hier und heute irritieren kann. Wenige Beispiele können uns vielleicht zu besserem Verstehen verhelfen. Zuerst muss man aber bei Jesus immer damit rechnen, dass der Ursprung seiner Heilkraft die Liebe ist. Nur ein Beispiel (Matthäus 20, 34): Auf dem Weg nach Jerusalem flehen zwei Blinde um Heilung, und: »Da wurde es Jesus weh ums Herz. Er berührte ihre Augen. Und sogleich konnten sie wieder etwas erblicken. Und sie folgten ihm.«

Weil es eher selten zu Aussagen über Sozialethik führt und auch meine Kompetenz überschreitet, hatte ich ursprünglich keine Berücksichtigung der Heilungen beabsichtigt. Doch nun macht mir sogar ein Fall von Wahnvorstellungen Sorgen, und wenn ich diesen Problemen sowieso nicht aus dem Weg gehen kann ... Übrigens hatte mich 1955 ein Mitschüler zur gemeinsamen Unterhaltung einer Suggestion unterworfen: Wir stellten fest, dass ich die alte deutsche Sütterlinschrift überhaupt nicht mehr kannte, doch nach einer kurzen Hypnosesitzung war sie wieder präsent und ist es heute noch. Am selben Abend lernten wir auch noch die Tücken der Methode kennen. Ein Mädchen stellte sich zur Verfügung, der Hypnotiseur legte ihr ein Kissen in den Arm, und als sie in Trance gefallen war, ließ er sie im Kissen ihr Baby erkennen. Nur wollte das sensible Mädchen ihr Baby säugen, was unserem braven Freund einen Schreck einjagte und ihn die Notbremse ziehen ließ. Er tat das ärgste Mögliche: »Mary, das ist ein Krebs!« – Ihr Schreck war gewaltig und wir waren alle entsetzt. Erst in den 1980er Jahren wurde ich abermals hypnotisiert, diesmal durch die Frau eines Heilpraktikers, die in einem norddeutschen Krankenhaus entsprechende Erfahrungen erworben hatte. Es handelte sich um das Wegschicken einer Warze – nur zur Demonstration der Methode – und die Prozedur war erfolgreich. Natürlich gehörte dazu das »Besprechen«, das ich aber zulassen konnte, weil ich ihre Formel, welche auch immer, nicht hören konnte und sollte. Mit der Formel hatte ich also nichts zu schaffen, sie diente ihrer Konditionierung. Mir genügte das Vertrauen in ihre bekannte Heilkraft.

Ich will nicht etwa andeuten, dass die jedem Menschen zugänglichen geistigen Möglichkeiten genügen, solche Heilungen selbst zu leisten, wie Jesus das gekonnt hat. Dazu gehört außer der richtigen Methode seine ganz tiefe Kenntnis von den Menschen sowie bei Jesus die Sicherheit, dass Gott ihm – dem Sohn – immer helfen wird, und die Gewissheit, im Sinne des Vaters zu handeln und ihn nicht zu versuchen. Immerhin war es ihm möglich, Jünger auszusenden und sie dabei Heilungswunder tun zu lassen, wie wir das auch später in der Kirche von Petrus und anderen heiligen Jüngern kennen gelernt haben.

Mit der Austreibung von Dämonen konnte Jesus viele Menschen heilen; und solche seelischen Störungen waren damals in Palästina verbreitet, versetzten die Betroffenen in Angst und Schrecken und schlossen sie vom normalen Leben aus. Ich schließe aus den Berichten, dass es sich um Projektionen aus dem Unbewussten in den Vorstellungsraum handelt, die Suggestionen prinzipiell zugänglich sind. Von den Beispielen im Neuen Testament kann man lernen, dass Jesus die Dämonen nicht zu Wort kommen ließ, außer vielleicht ihren Namen zu nennen (eine wichtige Sorgfalt). Der Therapeut würde sonst eine gefährliche Schleuse für Wünsche oder gar

»Befehle« aus dem Unbewussten öffnen, die berüchtigte Büchse der Pandora, mit unerwarteten Folgen. Ein Beispiel für eine Dämonenaustreibung stelle ich hier vor, um auch das historische Umfeld zu beleuchten.

Ein Wahn namens *Legion*

Jesus und seine Jünger gingen bei den Gerasenern an Land, gegenüber von Galiläa. Dort vegetierte in den Grüften ein Mann, von dem Lukas berichtet: »Oftmals hielt er [der Dämon] ihn gepackt, und er wurde mit Ketten und Fußeisen gefesselt und bewacht gehalten. Doch er zerbrach die Fesseln und wurde von dem Abergeist in die Ödnisse gejagt.« Ja, ja, ich weiß auch, dass diese Heilungsgeschichte von Matthäus (**8**, 28 ff.) etwas anders berichtet wurde, mit zwei Besessenen, aber sonst gut entsprechend. Das sollte uns nicht irritieren, und es ist mir kein weiteres Grübeln wert. Ich berichte nach Lukas: Der Besessene flehte Jesus an, ihn nicht zu quälen – wer weiß, welche Therapieversuche ihm schon zugemutet wurden. »Jesus fragte ihn: Wie heißt du? Er sprach: Legion! Denn viele Abergeister waren in ihn eingefahren. Und sie ermutigten ihn, ihnen nicht zu befehlen, in den Abgrund zu fahren.« Jesus verbannte sie in eine Schweineherde, die in den See hinabraste und ersoff.

Die Sache mit der Schweineherde war zweifellos spektakulär und ein enormer Machtbeweis. Vor allem aber war sie therapeutisch wichtig: Wenn wir richtig gelernt haben, dass solche Dämonen krankhafte Reflexionen aus dem Unbewussten in den Repräsentationsraum, also in die geistige Sphäre sind, dann muss deren Verschwinden zwecks Beendung der Angst dem Patienten demonstriert werden. Bei einer so starken Besessenheit und schwachem Heilungsverlangen muss das schon ein sehr starkes Ereignis sein! Unter diesem Blickwinkel ist der offenbar beängstigende Schweinsgalopp in den See hinunter nicht übertrieben – wenn man die nötige Macht über die Schweine ausüben kann. Dass Jesus dies kann, ist ein starkes Zeichen göttlicher Macht.

Zugleich wird der Vermutung vorgebeugt, dass »eigentlich« gar nichts geschehen sei. Auch kann diese Macht, via Dämonen auf verbal nicht erreichbare Schweine ausgeübt, mit menschlicher Psychologie nicht erklärt werden.

Wenn wir das hören, dann denken wir aber auch von unserer Kultur her und sehen den ganzen Reichtum eines Dorfes in den Fluten verschwinden. Aber Vorsicht! Es geschah nicht in Judäa. Erst am anderen, dem nördlichen Jordanufer galt: Schweine sind nach dem Gesetz des Moses unreine Tiere und den Juden ein Gräuel. Und nicht umsonst gilt auch uns die Schweinehaltung als schmutzig. Es ist nicht nur der Gestank, sondern dem Biologen fällt dazu mehr ein: Die Schweine als kurzbeinige Primärkonsumenten suhlen sich gern im eigenen Kot. Der enthält sogar noch reichlich nahrhafte Stoffe, gut für Allesfresser wie Schweine. Im Mittelalter wurden unsere eigenen Vorfahren mehrmals von Hungersnöten geplagt, dabei kommen sich die Arten näher, die Pestflöhe der Schweine gehen auf Hunde über und weiter auf Menschen, und dann kann es zu den grausamen Pestepidemien kommen. Ganze Ortschaften sind so von der Landkarte verschwunden. Es waren vielleicht die Ägypter in ihrer dicht besiedelten, warmen und feuchten Flussoase, die um diese Gefahr der Schweinezucht wussten, und bei ihnen hatte Moses gelernt. Von ihm her waren für Juden Schweine tabu, für Gerasener waren sie es nicht.

Auch die Christen unterstanden anfangs dem Gesetz des Moses, das aber in vielen anderen Umgebungen so nicht notwendig ist. Konnte man die Ausbreitung ihres Glaubens, mit allen seinen Errungenschaften, der Reinheitsgebote wegen aufheben? Da wurde dem Petrus in einem Traum befohlen, Unreines zu essen, was ihm eine große Überwindung kostete. Im Nachhinein betrachtet wurde das unbegründete Gesetz viel später, nach und nach, durch Ursachenforschung je nach Gebiet von den jeweils wirklich nötigen Schutzmaßnahmen abgelöst. Nun kann man wiederum über die Eigenmächtigkeit von Petrus und dem noch schneller bereiten Paulus nachdenken, aber da hat Jesus schon vorgesorgt: Er nahm die Heuchelei der Schriftgelehrten zum Anlass, ihnen und uns mitzuteilen, dass das Unreine von innen kommt, aus bösem Herzen, und nicht von außen (Matthäus 15, 11). Erstaunlich, welche Konsequenzen eine solche Heilung haben kann. Jesus und seine Jünger wurden übrigens von den Gerasenern ausgewiesen, aus Angst, wie Lukas schreibt, aber wohl auch im Interesse der Schweinezüchter.

Wenn wir noch einen Moment bei der Mitteilung Jesu bleiben, dass das Unreine von innen kommt, dann ist es hilfreich, etwas über dessen Herkunft nachzudenken, weil wir uns dann besser davor schützen können. Zwei Quellen erkennen wir sofort: unser biologisches Erbe als das Auftauchen oft längst überholter Verhaltensformen, und aus der umgebenden Kultur manches, was »man« so tut, obwohl es schlecht ist. Als ein Drittes ist es wahrscheinlich, dass der Satan, der Versucher, sich in unsere Gedankenwelt einmischt.

Sie sehen, es geht da nur um Fehlverhalten; denn das gute Verhalten kommt ja immer wieder, seiner Bedeutung entsprechend, in Gleichnissen und als Klartext zur Sprache.

Die meisten Krankheiten, mit denen sich Menschen an Jesus wandten, sind aber eher organischer als psychischer Natur. Die Heilung, ob sie nun auf Bitten hin oder nach heimlicher Berührung durch Kranke erfolgte, brauchte jedenfalls gläubige Erwartung, dann aber meist nicht mehr als Jesu Zustimmung und oft eine Behandlung; denn das Gefühl einer Heilungstat kann wichtig sein. Danach folgte die Aussage Jesu: »Dein Glaube hat dir geholfen.« Während die beobachtenden Schriftgelehrten die Heilung trotzdem als Handlung durch Jesus interpretierten, sind wohl Jesu Heilungswille und der Glaube der Kranken maßgeblich, eben so, wie Jesus das gesagt hat. Verlangen nach und Hoffen auf Heilung sind aber die Folge von Jesu überzeugender Predigt: »Das

Himmelreich ist nahe herbeigekommen«, zusammen mit der wachsenden Überzeugung, dass Jesus selbst der erwartete Messias ist. Hilfe durch Jesus und gleichzeitig starkes Zeichen seiner Macht, das ist allemal die tatsächliche Ankunft des Himmelreichs. Weil die Thora im Grunde alle bekämpften Übel als göttliche Strafen deutet, haben die Schriftgelehrten des Tempelkultes die gesamte von Jesus vollbrachte Therapie als Eingriff in göttliches Wirken und Aberglaube denunziert – zumal wenn sie am Sabbat geschah.

Wer sich in Erwartung einer medizinischen Erklärung von Heilungen durch Jesus verwandten Therapien annähert, die uns als »alternative Heilverfahren« nicht ganz fremd sind, der wird feststellen, dass Jesus über eine Heilkraft gebietet, die alles übertrifft, was damals und heute Menschen möglich erscheint. Ich zweifle deshalb nicht daran, dass seine Wunder und Heilungen immer auch Zeichen sind, Zeichen göttlicher Kraft, die seine Sendung bestätigen und uns den Weg zum Glauben ebnen.

Aussatz

Eine besondere Rolle spielt dabei der Aussatz (in unserer Zeit die Lepra, damals nach van Schaik & Michel, 2016, oft durch andere Erreger verursacht), eine schwere, den Menschen entstellende und aus der Gesellschaft ausschließende Infektionskrankheit, die im Orient verbreitet war und immer noch ist. Jesus musste diese Keime nicht fürchten und konnte diesen Kranken ohne Berührungsangst helfen. Aber Heilung Ausgeschlossener ist sozial immer erst wirksam, wenn sich die Geheilten den Priestern als rein präsentieren und daraufhin wieder in die menschliche Gemeinschaft aufgenommen werden. Also wurde jede Heilung vom Aussatz der Obrigkeit bekannt.

Die Heilung von Lepra und die durch die Erforschung der Krankheit inzwischen mögliche Vorbeugung (besonders Hygiene!) wird, wie auch andere Werke der Barmherzigkeit, in der Nachfolge Jesu noch heute in erheblichem Maß von Christen geleistet, und es ist mir ein Anliegen, auf diese so hilfreichen Dienste aufmerksam zu machen. Für deren Bereitstellung nehmen weltweit um diese Helfer herum sehr viele arme und auch reiche Christen ein Menge Geld in die Hand, und die Christen setzen sich dabei der Gefährdung durch andersgläubige Eiferer aus. Das sollten die nicht vergessen, die einen Niedergang des Christentums lautstark verkünden.

Anders erging es Jesus, als er mit seinen Jüngern am Sabbat in der Synagoge von Nazareth war und dort lehrte. Die Leute, die seine Herkunft kannten, und zwar so oberflächlich, wie Leute zu sein pflegen, nahmen »Ärgernis an ihm. Jesus sagte zu ihnen: Verachtet ist ein Prophet nur in seiner Vaterstadt, bei seinen Stammesgenossen und im eigenen Haus. Und er vermochte dort nicht eine einzige Krafttat zu wirken – außer dass er einige Kranke heil machte, indem er ihnen die Hände auflegte. Und er staunte ihres Unglaubens wegen« (Markus **6**, 3-6).

Wunder als Zeichen von Glauben und Macht

Die Heilungen geschehen vor allem aus Erbarmen und Liebe. Die Heilungen geschehen durch Glauben und wecken den Glauben. Die Heilungen geschehen als Zeichen, in denen das herangekommene Heil aufscheint. Diese drei Aspekte gehören meist zusammen. Jesus ist der Heiland; doch darin erschöpft sich sein Handeln nicht. Von der Verwandlung von Wasser in Wein bis zur wunderbaren Brotvermehrung bringt uns Jesus immer wieder durch starke Wundertaten zum Staunen.

Hier soll es nicht darum gehen, diese Wunder nach naturwissenschaftlicher Art in etwas aufzulösen, das wir verstehen. Das gelingt nur selten, und es bleibt in jedem Fall ein unerklärtes Geheimnis übrig; und gerade darin zeigt sich die göttliche Kraft, die uns zum Glauben bringen will. Sinn dieses Glaubens ist beides, die Verherrlichung Gottes und die Bestätigung der Lehre. Diese Zusammenfügung der Lehre mit dem Erlebnis des Heilwerdens und überhaupt des Guten, das ist der Weg zum Himmelreich. Wir suchen Sinn für unser Leben und, voilà!, das ist er: das Himmelreich. Die Zeichen sind also ein Mittel dazu, heil zu werden in der Weise, dass wir auch gut werden, und das ist der Mehrwert, der zu Jesu Heilungen und Wundern gehört. »Dein Glaube hat dir geholfen« bezieht sich nicht nur auf die Krankheit, sondern auf das Böse insgesamt. Der Mensch hat die Fähigkeit, durch Glauben heil zu werden – durch Jesus und auch durch seines Geistes Gabe, soweit sie in der Kirche wirkt. Die jüdischen Schriftgelehrten aber sahen das Heilen als Job, ohne die Ganzheit des Kranken und die Ganzheit des Heilens in den Blick zu bekommen.

Das evolutionäre Weltbild kommt nicht um die Einsicht herum, dass sich der Mensch und in geringerem Grad die Lebewesen insgesamt interaktiv entwickelt haben, also mit aktiver eigener Beteiligung. Lässt sich das mit biblischem Glauben vereinbaren? War uns nicht eine passivere, eine fatalistische Rolle zugedacht? Zwar scheint die Sicht des Alten Testaments schwer entwirrbar mit den regionalen Überlieferungen der mediterranen Kulturen verquickt zu sein, aber ich wollte mich ja sowieso auf die Jesus-Überlieferung beschränken.

Überraschenderweise laufen viele Heilungen auf Jesu Feststellung hinaus: »Dein Glaube hat dir geholfen!« Bloßes *Understatement*? Das kann doch wohl nicht sein, denn die Aussage ist deutlich und sie findet sich an zahlreichen Stellen: solchen vor allem, die ihn als Heiland zeigen; dann jenen, bei denen deutlich ist, dass unser Glaube und unser Mittun nicht nur zu eigenen Gunsten erforderlich sind, sondern dass darauf das Wachsen des Himmelreichs gründet. Jesus selbst erinnert daran, dass doch niemand ein Licht anzünden würde, um es unter einen Eimer zu stellen (siehe Matthäus 5, 13-16). Den Christen wird außerdem ganz klar eine interaktive Rolle zugedacht. Sie sind die erbetenen »Arbeiter im Weinberg«. Sie haben den

Missionsauftrag – als Auftrag, Menschen zum Glauben und zum Mittun zu führen, interaktiv, wie sie sowieso angelegt sind.

Unsere Menschenwelt ist schrecklich, wir sind dabei, einander und die Natur zu vernichten, den Ast abzusägen, auf dem wir sitzen, die Gefahr ist groß und nicht zu leugnen. Und nun stelle ich mir vor, es hätte nicht zweitausend Jahre hindurch und in zunehmender Zahl Menschen gegeben, die den Auftrag bekommen und angenommen haben, Gott zu lieben und den Nächsten wie sich selbst – und diesen Auftrag weiterzugeben. Ich würde in einer solchen Welt nicht leben wollen, ist doch schon die vorhandene unfertige schwierig und gefährlich genug. Und so sehe ich, dass es Jesu großer und allgemeiner »Missionsauftrag« ist, der eigentlich unser bisschen Hoffnung begründet.

Übrigens erlaubt die Geschichte des Islam die Vermutung, dass Mohammed, zu dessen Gefolge Christen gehörten, ein Prophet mit christlicher Grundlage war. Die mehr Erfolg versprechende Abkehr von der bei den Arabern verachteten und verlachten Position der Nächstenliebe ließ ihn dann zum Straßenräuber (unter der Fahne des schwarzen Gewandes seiner Frau) und schließlich zum politischen Führer werden: Die Ausbreitung seiner Religion und seines Staates mit Feuer und Schwert war eine Gegenposition zu Jesus, die Gelegenheit aber bot der byzantinisch/persische Bürgerkrieg von 602 n. Chr. Wurde hier ein riesiges Stück Menschheit aus Gottes großem Heilungsauftrag herausgerissen?

Das Gesetz Christi – zunächst eine Ethik für die Jünger

Das Ziel von Jesu Lehre war es von jeher, die Völker zu Jüngern zu machen. Es gibt aber keine Möglichkeit für eine Version »Jünger light«, und so geht der Weg zum Jünger häufig durch Fallen und wieder Aufstehen und Wachstum. Weil die Kirche aus der Gemeinde der Jünger hervorging, ist das folgende Zitat so etwas wie ihre Gründungsurkunde; Johannes zitiert in seinem Evangelium (Kapitel 15), wie Jesus am Beispiel des Weinstocks das Jünger-Sein beschreibt, und dieses Bild gilt immer noch:

>Ich bin der wahre Weinstock, und mein Vater ist der Winzer. Jede Rebe an mir, die keine Frucht trägt: Die reißt er weg. Und jede, die Frucht trägt: Die reinigt er, dass noch mehr Frucht sie trage. Schon seid ihr rein – kraft des Wortes, das ich zu euch gesagt habe. Bleibt in eins mit mir, und ich in eins mit euch. Wie die Rebe aus sich nicht Frucht tragen kann – es sei denn, sie bleibe am Weinstock – so auch ihr nicht; ... ... Wenn ihr in Eins mit mir bleibt, und meine Worte in euch bleiben, so erbittet, was ihr wollt, es wird euch geschehen. Dadurch wird mein Vater verherrlicht, dass viel Frucht ihr tragt und meine Jünger werdet. Wie mich der Vater geliebt, so habe auch ich euch geliebt. Bleibt in meiner Liebe.

... ... Das ist meine Weisung: Liebt einander, wie ich euch geliebt! Größere Liebe hat keiner, als wer sein Leben gibt für seine Freunde.

... ... Der Knecht weiß nicht, was sein Herr tut. Euch aber habe ich Freunde genannt, denn alles, was ich gehört von meinem Vater her: Euch habe ich es kundgetan.«

Eine wichtige Aufgabe seiner ersten Jünger nennt Jesus hier noch: Nicht nur der vom Vater ausgehende Geist wird für Jesus Zeugnis geben – »auch ihr bezeugt, weil ihr von Anfang an bei mir seid«.

Aussendung der Jünger

Jesus hat seine Jünger, auf die ja viel Arbeit im Weinberg des Vaters wartet, durchaus auf diese Arbeit vorbereitet, und zwar nicht nur durch Unterweisung und Beispiel beim gemeinsamen Wandern, sondern auch ganz praktisch durch Aussendung zum Abenteuer der selbstständigen Arbeit in den Orten. Die Rede Jesu von der so wichtigen Arbeit in Gottes Weinberg ist weit mehr als eine Ankündigung, und diese Arbeit beginnt schon während seiner Anwesenheit mit einer Aussendung der Zwölf. Denen gab er »Kraft und Vollmacht über alle Abergeister und zum Heilmachen von Gebrechen« (Lukas **9**, 1) und einige Anweisungen. So sollten sie weder Speise noch Geld mitnehmen und das Königtum Gottes verkünden. »Sie zogen hinaus und zogen von Dorf zu Dorf, die Heilsbotschaft bringend und überall heil machend« (Vers 4) – und waren erfolgreich.

Während der Wanderung nach Jerusalem hatte sich sein Gefolge erheblich vermehrt, und zwar nicht nur durch zufällige Jerusalem-Pilger, sondern es hatten sich auch neue Schüler angeschlossen. Da schickte er nochmals Jünger aus, nach Lukas (**10**, 1) deren zweiundsiebzig. »Die Zweiundsiebzig kehrten zurück, voll Freude sagten sie: Herr, sogar die Abergeister sind uns untertan in deinem Namen. Er aber sprach zu ihnen: Ich schaute, wie gleich einem Blitz der Satanas aus dem Himmel stürzte. Da! Ich habe euch die Vollmacht gegeben, auf Schlangen und Skorpione zu treten und über alle Kraft des Feindes, und nichts wird euch je schaden. Jedoch: Nicht darüber freut euch, dass die Geister euch untertan sind. Vielmehr freut euch, dass eure Namen aufgeschrieben sind in den Himmeln.

In eben dieser Stunde jubelte er im Heiligen Geist und sprach: Hoch preise ich dich, Vater, Herr des Himmels und der Erde, dass du dieses vor Weisen und Klugen verborgen, Unmündigen aber enthüllt hast. Ja, Vater du, so hat es Gefallen gefunden vor dir. Alles ist mir von meinem Vater übergeben. Und keiner kennt, wer der Sohn ist, denn der Vater – und keiner, wer der Vater ist, denn der Sohn, und je wem der Sohn es mag enthüllen.

Und zu den Jüngern gewandt – abseits – sprach er: Selig die Augen, die erblicken, was ihr erblickt. Denn ich sage euch: Viele Propheten und Könige begehrten zu sehen, was ihr erblickt – und sie sahen es nicht. Und zu hören, was ihr hört – und sie hörten es nicht« (Lukas **10**, 17-24).

Eine Zwischenfrage: Wie reagiert Jesus auf offenbare Sünder?

Eher nebenbei bekommen wir Antwort auf die Frage, wie Jesus mit Menschen umgegangen ist, die man geradezu als Beispiele für Sünder kennt und von vornherein nicht als Zielgruppe seiner Botschaft und als Anwärter für das Himmelreich ansieht. Das erledigt sich schnell, denn jeder Christ kennt einige der Beispiele, mit denen Jesus zeigt, dass er gerade diesen »verlorengegangenen Schafen« nachgeht. Wir erfahren auch, dass er sich zum Ärger frommer Juden bei Zöllnern zum Essen einladen lässt und seine Hilfe sogar Offizieren und Soldaten der verabscheuten Besatzungstruppen zuwendet. Sein zukünftiger Verräter ist ihm bekannt, und er schließt ihn, den Judas Iskariot, nicht einmal von dem Passahmahl aus, bei dem er selbst das Sakrament der Eucharistie einsetzt. Jesus schickt niemanden weg, der sich ihm öffnet.

Ist also keine Grenzziehung notwendig? Aber tatsächlich ist es nicht mit der Zuweisung der Funktion des Bindens und Lösens an die Jünger getan und in der Folge an die Kirche; denn einerseits ist die Möglichkeit zur Vergebung geradezu ungeheuer, weil Jesus so viel auf sich nimmt; andererseits markiert die Ablehnung dieser Gabe eine Grenze.

Darüber lesen wir bei Markus 3, 28-30:

»Wahr ists, ich sage euch: Alles wird den Menschenkindern nachgelassen,

die Versündigungen und die Lästerungen, wieviel sie lästern mögen.

Wer aber gegen den Heiligen Geist lästert, bekommt auf Weltzeit hin keinen Nachlass,

sondern unendlicher Versündigung ist er schuldig

– das: nachdem sie sagten, er [Jesus] habe einen unreinen Geist.«

Christlichen Gemeinden gelingt es nicht immer, über ihren Schatten zu springen. Es ist aber auch eine schwierige Frage, wann die Klugheit gebietet, schlechte Einflüsse von Gemeinden fernzuhalten. Manchmal ist das eine

Aufgabe oder eine zu leistende Vorbereitung für Einzelne. Das kann dann durchaus eine erfolgreiche Rettungstat sein, obwohl keine ohne Risiko. Eine Warnung kommt aus unserer Lebenserfahrung: Es ist regelmäßig eine gefährliche Vorleistung, die Bekehrung eines Kirchenfeindes anzustreben, indem man ihn heiratet. Die Sehnsucht nach der einen Person kann für alle anderen Beziehungen blind machen.

Was uns Jesus sonst noch über Gott und Himmel verrät

Jesu Reden über das nahe gekommene Himmelreich führt dazu, dass man sich über das konkrete Sein dort Gedanken macht. Zwar ist da jene schier unüberwindbare Schwelle, die das Leben in irdischer Vergänglichkeit dagegen abschirmt, aber manchmal sprechen wir trotzdem darüber, und eine wiederkehrende Frage ist dann, ob man seine Lieben dort wiederfinden wird. Oder mir ist aus der Studentengemeinde die Vorstellung geblieben, dass der Himmel wie das gemeinsame Singen der Komplet sein könnte. Natürlich gibt es da keine Antwort. Nur ein Vorgang ist bekannt, der die Schwelle überwinden kann, und der heißt OFFENBARUNG, Offenbarung vom Vater her seit der Genesis, von Engeln und Propheten, vom Gottessohn und später vom Heiligen Geist durch das Medium Kirche oder durch direkte Begegnung. Die vielleicht früheste Aussage über den Menschen, nämlich dass er als Bild Gottes gemeint sei, ist zugleich auch eine Aussage über Gott, die ein Nachdenken lohnt. Wir aber gehen hier einigen Botschaften Jesu nach, die den Weg ins Neue Testament gefunden haben. Wenn wir diesen Aspekt herausstellen, dann finden wir, dass im Zusammenklingen mit viel verzeihender Gnade die rechtzeitige Umkehr zu Gott ganz folgerichtig der notwendige Schlüssel zum Himmelreich ist. Das herauszuarbeiten ist vielleicht einer der wenigen Einsätze rationaler Methodik in der Theologie.

Unter den Gnadengaben ist die Vernunft gewiss nicht die geringste. Und auch das Nachdenken über den Himmel ist keine unnütze Beschäftigung, ist doch nach Jesu Aussage »dein Herz da, wo dein Schatz ist« (Matthäus 6, 21).

Trotz Taufe, Lehre und Geistspendung haben wir nicht den Eindruck, aus unserem Glauben heraus besonders viel über Gott zu wissen, und so sehen viele Gott suchende Menschen in der Theologie sogar ihre Lebensberufung oder machen sie als Beruf zur Grundlage ihres Lebenswandels; und bei den Schriftgelehrten des Alten Bundes war es auch nicht anders. Was also studieren die christlichen Theologen? Sie befragen die Bibel und als verbriefte und gesiegelte Botschaft die Schriften der ersten Jünger, und wenn sie es genau wissen wollen, lernen sie zum vertrackten Latein seit der Renaissance (als die byzantinischen Gelehrten scharenweise vor den Osmanen flohen und nun auf Jobsuche waren) Altgriechisch, wenn nicht Hebräisch. Und sie befragen sich gegenseitig.

Was aber erfährt man aus den Berichten über Jesus und seine Lehre von Gott selbst, von dem wir doch wissen, dass er im »unzugänglichen Licht« wohnt und jedenfalls von unserer Erkenntnis nicht erreichbar ist – transzendent? Alles, was Jesus uns aufgetragen hat, ist das ewige Anliegen Gottes an die Menschen und wovon Jesu Herz und Rede voll ist: das »Reich Gottes« als Zielvorgabe für uns. Ganz direkt ausgedrückt ist es im »Vater unser«. Da steht als Anrede nicht »O Gott Abrahams, Isaaks und Jakobs« oder »der Väter«, sondern da sind zwei Bestimmungen. Eine bezieht sich auf Gottes Verhältnis zu Jesus und dann zu uns: Vater unser. Die andere heißt »Du im Himmel«. Was Vater heißen kann, wenn es bei Menschen gut läuft, das wissen wir alle. Am Inhalt der Ortsbezeichnung »Himmel« arbeiten wir uns hingegen ein Leben lang ab. Wenn wir also wirklich Interesse haben an Gottes Wesen und Jesu Offenbarung, dann kann uns wohl nur Jesu Reden über das Reich Gottes und »wie es damit ist« weiterhelfen.

Die beiden Schöpfungen

Für viele Christen ist die Schöpfungsgeschichte aus dem Alten Testament eine wichtige Glaubensgrundlage, und zwar ausgerechnet die detaillierte von beiden Versionen (die mit dem Sechstagewerk Gottes), obwohl sie weitgehend mit der Auffassung der ganzen Region übereinstimmt, allerdings mit Ausnahme der Naturgottheiten. Das erlaubte andererseits den Atheisten der Aufklärungszeit, besonders Ernst Häckel, diese Geschichte mit Hilfe der Ergebnisse der beginnenden Evolutionstheorie ad absurdum zu führen. So kann man ja das antike Weltbild leicht ausheben. Trifft man damit aber auch das Christentum?

Bei der für den vorliegenden Text notwendigen Lektüre der Evangelien ist mir kein einziger Ausspruch Jesu vor Augen gekommen, der dieses statische Weltbild zur Grundlage nimmt. Dass etwa das »Sechstagewerk« in der Liturgie der Kirche eine geeignete Festtagsskala gibt, das irritiert niemanden. Wir brauchen dergleichen. Jesu Thematik ist aber, wie wir sahen, auf das kommende Gottesreich gerichtet, und mehrfach werden wir darüber belehrt, dass dafür die alte Welt einer neuen Schöpfung, genauer sogar einem neuen Himmel und einer neuen Erde Platz zu machen hat. Wie die neue Welt gebaut ist und wie weit die alte Welt dafür noch wesentlich ist, das erfahren wir nirgends. Wohl sieht der Messias Jesus seine Sendung darin, möglichst vielen Menschen, erst aus dem Judentum und dann aus allen Völkern, die Sehnsucht nach dem Reich Gottes und das angemessene Verhalten für ein Leben dort ins Herz zu legen.

Jesu Lehre vom Himmelreich

Wir waren bis jetzt mit Jesus und seinen Jüngern am östlichen Ende des Mittelmeers unterwegs, vorwiegend in Galiläa und Judäa und dazwischen auch mal in Samaria und am anderen Ufer des Jordans und des Sees Genezareth, jedenfalls durchaus auf dieser Erde. Hätten wir die Hinweise auf das Jenseits dieser Welt überhaupt gebraucht? Doch gerade dieses (vielleicht topografisch gar nicht so ferne) Jenseits, das unseren Sinnen nicht zugänglich ist, sondern der Offenbarung bedarf, ist der Ort des Himmelreichs. Und das Himmelreich ist der Inhalt von Jesu Lehre und Offenbarung. Die Juden erwarteten den Messias, den Gesalbten Gottes, der das Reich (und sie meinten das Königtum Davids) wieder errichten und hier auf Erden eine ewige, gerechte Herrschaft begründen würde, ohne den Einzelnen von dessen Tod zu erlösen. So glaubten es etwa die Sadduzäer, denen zur Zeit Jesu der Tempel anvertraut war. Andere erwarteten darüber hinaus das ewige Leben der Frommen, so die Pharisäer. Jesu Auftrag aber war es, den Juden die Kunde vom bevorstehenden Himmelreich zu bringen, in dem der Tod keine Macht mehr haben wird. Aber dieses ewige Gottesreich muss erhofft und erbetet werden. Die Einzelnen, die zu unterschiedlichen Zeiten leben, erreichen es zu ihrer Zeit unter bestimmten Bedingungen. Jesus predigt von Gottes Reich und dass sich der Einsatz dafür lohnt. Dieser Einsatz aber ist zugleich Einsatz für das Leben im Diesseits – und damit wird Jesu Lehre, die auch als das Gesetz Christi bezeichnet wird (so die Überschrift eines Buches von B. Häring), eine reiche Quelle der Sozialethik. Wir sind im Zentrum unseres Themas angekommen.

Als Jesus vom See aus zu sehr vielen Menschen vom Himmelreich und dem Zugang gesprochen hatte, da wurde er nach dem Sinn der unterschiedlichen Präsentationsweisen gefragt und erläuterte dafür das bekannte Gleichnis mit dem unterschiedlichen Schicksal von Saatkörnern, was ich hier wegen offensichtlicher Beziehungen zur Praxis zitiere (Markus **4**, 10-

20): »Als er allein war, fragten ihn jene, die mit den Zwölf um ihn waren, nach den Gleichnissen. Und er sagte zu ihnen: Euch ist das Geheimnis des Königtums Gottes gegeben; jenen aber, denen draußen, ereignet sich alles in Gleichnissen, auf dass sie:

umherblicken und umherblicken – und doch nicht sehen,

hören und hören – und doch nicht verstehen,

es sei denn, sie wendeten sich um,

und es würde ihnen nachgelassen.

Und er sagte zu ihnen: Dieses Gleichnis versteht ihr nicht? Wie wollt ihr dann überhaupt die Gleichnisse begreifen? Der Sämann sät das Wort. ‚Die am Wege‘ aber – das sind die, bei denen das Wort gesät wird. Doch sobald sie es gehört, kommt gleich der Satanas und nimmt das ihnen eingesäte Wort weg. ‚Die auf den Felsgrund gesäten‘ – das sind die, welche das Wort, sobald sie es hören, sogleich voll Freude ergreifen, aber keine Wurzel in sich haben, sondern Menschen des Augenblicks sind. Dann aber, wenn Drangsal und Hetzjagd um des Wortes willen entsteht, nehmen sie sogleich Ärgernis. Andere sind ‚die unter die Disteln Gesäten‘ – das sind die, die das Wort gehört haben, aber die Sorgen dieser Weltzeit und das Geblend des Reichtums und die Begierden nach den übrigen Dingen dringen ein und ersticken das Wort, und es wird fruchtlos. Und jene, ‚die auf die rechte Erde gesät sind‘ – das sind die, die das Wort hören und aufnehmen und Frucht tragen, dreißigfach, ja sechzig- und hundertfach.«

Dieses Gleichnis ist so bekannt, weil es unmittelbar einleuchtet; aber wir wollen auch beachten, dass es, alles Theoretisieren unterlassend, eine vollständige Analyse der verschiedenen Reaktionen der Zuhörer bietet und zeigt, wie vier unterschiedliche Reaktionen auftreten, aber nur eine davon positiv und nachhaltig ist – eine Phänomenologie, eine jener kostbaren Bibelstellen, die einen immer aufs Neue an das Wesentliche erinnern und um derentwillen wir für die Erfindung Gutenbergs und die Arbeit der Übersetzer so dankbar sind. Wir könnten daraus folgern, dass eine dieser

Reaktionen stattfindet, je nach Randbedingungen. Da es aber um das Heil jedes einzelnen Hörers geht, ist es vielmehr eine Warnung und eine Aufforderung, daran zu arbeiten, die richtige Einstellung zu finden und zu erhalten. Möglich ist es ja, auch wenn man es vielleicht nicht aus sich heraus schafft.

Ausdrücklich fügt Jesus hinzu, dass der Sinn seiner Lehren nicht absichtlich versteckt wird, denn sein Licht soll allen leuchten: »Nichts ist verborgen, es sei denn, dass es aufscheine. Und nichts wird verborgen gehalten, außer damit es zum Vorschein komme.« Und zur Ermutigung setzte er hinzu: »So ist es mit dem Königtum Gottes: Wie wenn ein Mensch den Samen auf die Erde wirft, und schläft und aufwacht, nachts und tags. Und der Same sprosst und macht sich lang, wie – er weiß es nicht. Von selbst trägt die Erde Frucht, erst Halm, dann Ähre, dann in der Ähre volles Korn. Wann die Frucht es gewährt, gleich sendet er die Sichel, denn die Ernte ist da. ... In vielen solchen Gleichnissen redete er ihnen das Wort, je wie sie es hören konnten. Ohne Gleichnisse redete er nicht zu ihnen. Abseits aber mit seinen Jüngern, löste er ihnen alles auf« (Markus 4, 26-34).

Das Himmelreich und sein doppelter Advent

Jesus meint das Himmelreich zunächst als je persönlichen Erwartungshorizont. Wie wertvoll es ist, zeigt er in Gleichnissen, in denen er es zum Beispiel mit einer wertvollen Perle vergleicht, für die sich jeder Einsatz reichlich lohnt. Sofern es um den Einzelnen geht, wird im Neuen Testament einerseits der Beginn des Himmelreichs auf »sofort« gestellt. Andererseits wird aber angesagt, dass das Himmelreich kommt, wenn Jesus in seiner Herrlichkeit erscheint – und das weltweit, unübersehbar und unüberhörbar, als Sieger und Vollender.

Momentan ist es üblich, die vorher notwendige, vielleicht aber regional geprägte und noch wachsende Ankunft des Reiches zu übersehen, was eine eher profane Erwartung weckt.

Unsere positiven Bemühung gibt es sozusagen doppelt: Einmal weist uns Jesus auf den Weg der Weltverbesserung (dessen Ziel uns nicht erreichbar zu sein scheint!), und zum anderen versucht er, möglichst viele Menschen für das Leben im Himmelreich fit zu machen – ein etwas verwirrender, aber schließlich doch plausibler Dualismus. Den einen Weg können wir Politik nennen, im anderen erkennen wir die Nachfolge Jesu. Das ist, wie gesagt, schon von Jesus so gezeigt worden und nicht etwa eine Erfindung des Augustinus (vgl. Lauster S. 125). Insofern besteht ein Gegensatz zwischen den überlieferten Worten Jesu und der auf klassischer Philosophie gründenden Theologie.

Blickst du heute um dich, kannst du dich glücklich preisen, wenn du irgendwo bist, wo du unangefochten als Christ oder wenigstens einfach als Mensch leben darfst. Jedenfalls wirst du wenig Grund zum Sofort-Optimismus finden. Im Gegenteil, bei allen Differenzen im Detail findest du die beängstigenden Voraussagen Jesu voll bestätigt: »Dann wird man euch der Drangsal ausliefern, und töten wird man euch, und ihr werdet gehasst sein von allen Völkern – um meines Namens willen. Und dann werden viele Ärgernis nehmen. Und sie werden einander ausliefern; und hassen werden sie einander. Und viele Trugpropheten werden sich erheben und werden viele in die Irre führen. Und ob dem Anwachsen der Gesetzlosigkeit wird erkalten die Liebe der Vielen. Wer aber ausharrt bis ans Ziel, der wird gerettet. Es wird verkündet werden diese Heilsbotschaft vom Königtum in der ganzen bewohnten Welt – zum Zeugnis für alle Völker. Und dann wird kommen das Ende.« So der Bericht bei Matthäus 24, 9-14. Das NT ist realistischer als wir. Jesus war sich der Notwendigkeit bewusst, dass es zunächst hier und da aufkeimen muss und hier und da ungeschützt die Welt zu durchdringen hat: nach seinen Worten wie die Hefe den Teig oder das Salz die Speisen. Auch wenn das ein Opfergang wird – es gibt keine andere Möglichkeit. Sein zu Pfingsten in Gang gesetzter Weg ist die Kirche, die hier »unten« der Ankunft von »oben« her entgegengeht.

Jesu Realismus geht übrigens noch in Richtung der Weltsicht weiter, wir erfahren es im Anschluss an die Ankündigung des Weltendes als Antwort auf die Frage der Jünger nach dem Zeitpunkt, woraufhin die Jünger und wir erfahren, dass selbst der Sohn das nicht weiß und dass Jesus stattdessen darauf drängt, immer (während einer als nur kurz angenommenen Frist) wachsam zu sein, um nicht überrascht zu werden. Dennoch wird ihnen aber ein Hinweis gegeben, den fast gleichlautend Matthäus in Kapitel 24, Markus in Kapitel 13 und Lukas in Kapitel 21 mitteilen: »Vom Feigenbaum aber lernt das Gleichnis: Wenn sein Zweig schon saftweich wird und sprießen die Blätter, so erkennt ihr, dass nah ist der Sommer. So auch ihr: Wenn ihr das alles [jenes angekündigte Geschehen] seht, so erkennt, dass er nah ist am Tor« (Matthäus 24, 32-33). Uns erreicht damit nicht nur die dringende Aufforderung, beständig zu sein in Wachsamkeit und rechtem Verhalten. Wir können an dem so naturnahen Beispiel auch erkennen, dass Jesus die Realitäten dieser Welt, als der Schöpfungswirklichkeit, ernst genommen hat. Wir wissen ja auch, dass er erstens Lebensklugheit hatte und sie zweitens fordert. Das ist eine ethische Forderung, die uns »erden soll« und von religiösen Phantasien fernhält.

Zugleich ist damit vielleicht eine gewisse Entscheidung über die Rangordnung zwischen Überlieferung und Lebenswirklichkeit gefallen. Soweit Überliefertes aus anderen orientalischen Kulturen kommt, kann es fremde Denkergebnisse enthalten und damit auch von deren religiösen Quellen gespeist sein, bis hin zum Götzendienst.

Was die Endzeit selbst angeht, ist auch diese bereits zitierte Stelle ernsthaft zu betrachten: »Und viele Trugpropheten werden sich erheben und werden viele in die Irre führen. Und ob dem Anwachsen der Gesetzlosigkeit wird erkalten die Liebe der Vielen.« Wie leicht geraten vor allem unsere Jugendlichen ins Netz trügerischer »Autoritäten« und damit in die Irre, manchmal sogar aus Enttäuschung über ihre müde gewordenen Kirchen. Und die Verwechslung von Gesetzlosigkeit mit konstruktiver Freiheit untergräbt die Liebe, was unsere Weltzeit deutlich prägt.

Das Hineinwachsen des Christentums in die Menschheit muss durch Missionieren geschehen und bedeutet Verbreitung der Lehre und Praxis Jesu; denn das Himmelreich erfordert die Mitarbeit von Menschen, von voll engagierten Helfern. Dabei sollen sich die Christen in der Welt bewähren, indem sie das Gebot der Gottes- und Nächstenliebe erfüllen und auf diese Weise in der Nachfolge des Heilands stehen, so dass die Kirche dem Heil der Menschheit dient. Wenn Jesus sagt, dass der Heilige Geist seine Lehren noch ergänzen wird, so darf man das im Sinne der Mitwirkung am Aufbau des Himmelreichs wohl auch auf die inzwischen mögliche und notwendige Mitgestaltung der stark veränderten Welt ausdeuten, die nur auf dem Boden seiner Lehre einen »humanen« Charakter bekommen kann oder vielleicht selbst doch noch zum Himmelreich reift. Wer weiß?

Gerade deshalb ist das eine schwierige Zeit, von der Jesus sagt, dass seine Jünger nicht besser verstanden und behandelt werden als er, der Herr. Wie frustrierend für den Herrn sogar der Umgang mit den ausgewählten Jüngern sein konnte, zeigt eine Episode, die Matthäus berichtet (17, 14-21): Ein Mensch »bat ihn kniefällig und sagte: Herr, erbarme dich meines Sohnes, denn er ist mondsüchtig und übel dran. Oft fällt er nämlich ins Feuer, oft ins Wasser. Und da habe ich ihn zu deinen Jüngern gebracht, doch vermochten sie nicht, ihn heil zu machen. Jesus hob an und sprach: O ungläubiges und verkehrtes Geschlecht! Wie lange noch soll ich bei euch sein? Wie lange noch euch ertragen? Bringt ihn her zu mir. Und Jesus herrschte ihn an. Und heraus fuhr der Abergeist aus ihm. Und heil gemacht ward das Kind seit jener Stunde. Da traten die Jünger heran und sprachen abseits zu Jesus: Warum vermochten denn wir nicht, ihn auszutreiben? Sagte er zu ihnen: Eures Kleinglaubens wegen. Denn wahr ists, ich sage euch: Wenn ihr Glauben wie ein Senfkorn hättet, so würdet ihr zu diesem Berg sagen: Geh weg von da! Dorthin! Und weggehen wird er. Und nichts wird euch unmöglich sein. Doch diese Art fährt nicht aus, es sei denn durch Gebet und Fasten.« Diesen Bericht teile ich hier mit, weil er uns, seltene Gelegenheit in so komprimierten Texten, einmal detailliert berichtet und die enorme Spanne zwischen dem selbstverständlichen Heilswissen Jesu und der Imitation seiner Heilungspraxis durch die Jünger zeigt, denen nur möglich ist, auf die Krankheit zu sehen und auf die Therapie zu setzen, weil sie den geistigen Hintergrund des Geschehens nicht erfassen können. Ja, sie sind guten Willens, aber noch sind sie wohl nicht viel anders als wir. Im Umkehrschluss erfahren wir aber auch, dass wir zwar nicht die Glaubenstiefe Jesu teilen, wohl aber die Hoffnung der Jünger auf Wachstum.

Seither, ja manchmal schon früher, gibt es ständig Inseln des Gottesreiches neben den vielen entgegengesetzten Strukturen der menschlichen Gesellschaft, mit denen es alles gibt, was zwischen Feindschaft und Koexistenz möglich ist. Schon über 2000 Jahre lang geht das nun so, und von hier aus gesehen verwundert Jesu Seufzerfrage nicht, ob er bei seiner Wiederkunft wohl noch Glauben vorfinden wird.

Und wir erfahren durchaus noch mehr: »Befragt von den Pharisäern, wann das Königtum Gottes komme, hob er an und sprach zu ihnen: Das Königtum Gottes kommt nicht in beobachtbarer Erscheinung. Auch wird man nicht sagen: Da – hier ist es! Oder: Dort ist es! Denn da! Das Königtum Gottes ist mitten unter euch« (Lukas 17, 20-21). Hatte Jesus doch wie als Beweis zuvor zehn Aussätzige geheilt. Wie Lukas aber anschließend schreibt (Verse 22-36), sagt er den Jüngern schon mehr darüber: dass sich einst der Menschensohn enthüllen wird, als ein universelles Ereignis. Und dass dann von zweien die/der eine mitgenommen, der/die andere aber zurückgelassen wird, vergleichbar dem Ereignis in den Tagen des Noah. Über die Auslesebedingungen wird später noch etwas zu sagen sein, doch im Kern steht es schon im vorigen Absatz, aus dem wir wohl auch schließen dürfen, dass eine enge, echtes Wachstum, Freiheit, ja Liebe ausschließende Vorausbestimmung, Prädestination, nicht zum Schöpfungsbegriff Jesu gehört.

Lob der Zugänge zum Himmelreich

Leicht zugänglich sind uns die Seligpreisungen der Bergpredigt sowie die Eigenschaften des Himmelreichs, ja da zeigt sich geradezu die Umgebung, für die wir Menschen geschaffen zu sein scheinen und in der wir nicht nur wegen der Gottesnähe unsere Erfüllung fänden. Wir werden ja auch aufgefordert, dahin zu streben, wie jemand einen Acker kaufen würde, der einen Schatz birgt, und wie man vieles weggibt, um die eine wunderschöne Perle zu erwerben, für die sich das lohnt.

Aber wir müssen uns da auch mit der Souveränität Gottes abfinden, der zwar überreich schenkt, aber gerade deshalb zwischen seinen Kindern nicht nach irgendwelchen Verdiensten unterscheidet. Der innere Friede des Himmelreichs beruht darauf. Neid gilt dort nicht. Irritieren kann das Gleichnis in Matthäus **25**, das mir erst plausibel wurde, als ich es sprachlich weiter auflöste, was mir mangels Kenntnis der Ursprache nicht leichtfiel. »Jeder, der hat, dem wird gegeben« – das klingt ungerecht. Aber da ist zu unterscheiden zwischen dem anvertrauten Geld und dem Zugewinn. Es geht hier um den Zugewinn, der erforderlich ist. Ein Angestellter darf nicht faul sein. Da er im und vom Hause des Herrn lebt, hat er ja Aufgaben, und für deren Erfüllung, die zwar im Gleichnis einfach als Zugewinn für den Herrn erscheint, aber in der Lebenspraxis auch einem Einsatz für das gemeinsame Haus und die Hausgenossen entspricht, muss unter Verwendung der anvertrauten Mittel gearbeitet werden. Wir müssen im Zugewinn die Ausbreitung des Himmelreichs und die Annäherung an dessen Lebensart begreifen, als unseren Anteil an der Wiederkunft des Herrn.

Für die Erde gut – und Voraussetzung für den Himmel?

Jesus muss also doch mehr Ernst und Einsicht verlangen, als sowieso in jeder irdischen Gesellschaft von allen dazu Fähigen erwartet werden muss. Die Regeln des Himmelreichs sind nämlich dieselben, ohne die es nicht gelingen wird, unsere Lebensräume – die auf unserer alten Erde – zu erhalten. Es geht also schon immer zugleich um die Not-wendige Sozialethik, die sich genau genommen auf 2000 Jahren Christentum gründet – und schon unter Moses ging es durchaus um eine **nachhaltige Ökologie** (siehe unten). Den ganzen Problemkreis hat uns, aus großer und akuter Sorge um die Menschheit heraus, Papst Franziskus in seinem Rundschreiben »Laudamus si'« beschrieben. Auch unsere vom Christentum überprägte Ethik kann schon ein Leben gewähren, das man als human bezeichnen möchte. Der Unterschied zum erwarteten Himmelreich ist aber noch immer gewaltig: Der Tod bleibt ein natürlicher und sogar notwendiger Bestandteil des irdischen Lebens. Ewiges Leben gibt es wirklich nur als Geschenk Gottes.

Das vollkommene Himmelreich gehört also zum Transzendenten, das unserer Kenntnis nur durch Offenbarung zugänglich ist. Was Jesus aber in Bezug auf unser Verhalten lehrt, das zeigt er in sehr irdischen Bildern. Es ist zwar auch gar nicht anders möglich – wir sind auf unsere Sprachen angewiesen. Und wenn er »Klartext« redet, dann mahnt er eine Moral an, die dem dialogischen Verhalten auf der Erde entspricht. Und schließlich: Unsere eigene Auferstehung wird uns zwar ganz neu machen, doch es handelt sich um jeweils »mich selber«. Und so gibt Jesu Lehre die Richtung an, mit der wir zugleich hier bessere Menschen werden und für dort schon die richtige Einstellung haben. Was die Ethik angeht, so ist es egal, ob das Himmelreich hier hereinbricht oder an noch unzugänglichem »transzendentem« Ort. Und damit mögen zwar alle hiesigen Untaten verziehen und gar vergessen werden können, aber wir folgern aus Jesu Reden, dass wir hier doch zuletzt zu einer Grundeinstellung REIFEN müssen, die schließlich der Beschreibung »Gottes- und Nächstenliebe« genügt.

Das Himmelreich ist so nah und so fern

Die große Aufgabe der Kirche – die im Weinberg des Herrn – ist eine Folge der Schöpfungsordnung: Eine große Generationenfolge von inzwischen über zwei Jahrtausenden stand zur Zeit Jesu erst noch bevor, und mit ihr die Geschichte des zweiten Hauptteils der menschlichen Kultur, mit Jesus und seinen Jüngern als Übergang. Die Ethik muss aber auch in der Neuzeit in vielen Details neu geschrieben werden, nachdem das biologische Erbe, die kombinierten Wunder von Schöpfung und Evolution in den Blick kamen. Da hat das Zweite Vatikanum, vor allem mit »Gaudium et Spes«, die Richtung angegeben, auch wenn nun Teile des klassischen Bildungskanons als abendländischer Beitrag ins Museum gehören. Im Vertrauen darauf, dass der Heilige Geist das gibt, was er jeweils von Jesus hat, dürfen wir uns immerhin weitgehend auf der richtigen Spur fühlen. Immer noch irritiert es, dass Jesus das Weltende sehr nah erwartete und seine Vision vom Weltende so beschloss: »Wahr ists, ich sage euch: Dieses Geschlecht wird nicht vergehen, bis all das geschieht. Der Himmel und die Erde werden vergehen. Meine Worte aber werden nimmer vergehen. Jenen Tag aber und die Stunde weiß keiner. Auch die Engel des Himmels nicht. Auch der Sohn nicht. Nur der Vater allein« (Matthäus 24, 34-36). Das genügt uns als Mitteilung über die Unsicherheit in Jesu Vision, mit der bei der Nähe zu Jesu Tod und so nahe am Übergang von Welt und Transzendenz allemal zu rechnen ist.

Einerseits ist Jesus der Heiland, der mit menschlichen Gebrechen souverän umgeht und die Leute heilt. Zusammen mit der Warnung vor den großen Versuchungen zeigt seine Lehre vom Himmelreich, wie ein gelingendes Leben in einer entsprechenden Gesellschaft gehen soll. Andererseits sieht er voraus, dass dieses Reich ohne ihn, ohne sein Wiederkommen zu einer Stunde, die Gott bestimmt, nicht einfach als folgerichtige Entwicklung aus Welt und Kirche kommen wird. Wenn man die Ankündigungen wörtlich nimmt, wird es ein Ende geben, an dem die zum Reich bekehrten Menschen herausgesammelt werden und die anderen, die es ablehnen, vergeblich gelebt hatten.

Die zusätzliche Zeit aber füllt sich mit der wachsenden Aufgabe der Jüngergemeinde, die zur Kirche wird. Jesus aber steht bei seinem Abschied etwa wie Moses im Angesicht des gelobten Landes, das er zwar wirklich bald erreicht, aber zunächst als Einzelner. Den folgenden Generationen ist die volle Nutzung des kulturellen Ertrags dieser 2000 Jahre geschenkt, einschließlich der Aufklärungen. Die Verzögerung passt zu der Ankündigung Jesu, dass der von ihm ausgehende Heilige Geist überall verkünden werde, was erst später relevant wird. Eine sehr frühe Erklärung steht schon im Zweiten Petrus-Brief 3, 8-10: »Geliebte, dies eine darf euch nicht verborgen bleiben: dass für den Herrn ein Tag wie tausend Jahre sind und tausend Jahre wie ein Tag. Der Herr verzögert nicht die Verheißung, so wie einige das für Verzögerung halten. Er ist vielmehr langmütig euch gegenüber; er will ja nicht, dass einige zugrunde gehen, sondern dass alle zur Umkehr gelangen. Denn: Kommen wird der Tag wie ein Dieb.«

Kreationisten und die verzögerte Parusie

Sollte uns nicht die Verzögerung der angekündigten Neuschöpfung eine Warnung sein, wenn wir im Schöpfungsbericht von Gottes Sechstagewerk lesen oder wenn gar spätchristliche Theologen aus der Bibel, weil sie deren wörtliche Inspiration annehmen, ein bestimmtes Alter der Schöpfung errechnen? Was doch von der Bibel, wie eben zitiert, nicht gestützt wird. Und obwohl das Gesetz Christi nicht daran hängt. Zwar hat das wohl irritiert, so dass der 2. Petrus-Brief 3, 8-10, betont: »... dass für den Herrn ein Tag wie tausend Jahre sind und tausend Jahre wie ein Tag.« Aber eigentlich müssen uns solche Daten nicht mehr berühren, und es lohnt sich nicht, dafür Zeit und Nerven zu opfern, da sich an der Vergangenheit nichts ändern lässt. Denken wir lieber darüber nach, was jetzt zu tun ist, also auf die Ethik hin.

Naherwartung und Messianische Ära

Zur Schöpfung des Lebens gehört die Endlichkeit der Einzelwesen in der Generationenfolge. Sie ermöglicht die Evolution, bringt es aber mit sich, dass – bei aller messianischen Zurückhaltung – hinreichend viele Christen das Leben weitergeben und gestalten und eben jede neue Generation hegen und pflegen müssen. Die Frustration der Naherwartung brachte für die Generation derer, die von Jesus und seinen Jüngern selbst noch ins Himmelreich eingeladen wurden, die Chance, noch eigene Nachkommen als Christen zu sehen. Ja der Unmut darüber musste als Egoismus empfunden werden. Und alsbald zeigte sich auch, dass Jesu Predigt jede Menge Hinweise auf eine Zeit danach mit irdischem Milieu enthält, von den Grundlagen einer menschenfreundlichen Mission über das Ertragen anderer Kulturen bis zum Beistand durch den Heiligen Geist, was besonders durch den Einsatz des Apostels Paulus bekannt wurde (Römerbrief, siehe unten!), der den Herrn nicht mehr erlebt hatte.

Die Lebensweise der Christen konnte – und da sind wir unmittelbar bei der Ethik – nicht einfach weiter weltlich bleiben, jedenfalls nicht für alle. Wohlmuth (2016, S. 16 oben) schreibt dazu: »Man sollte meinen, für ein alterndes und letztlich sterbliches Subjekt sei die Sorgestruktur des Daseins, die in Martin Heideggers *Sein und Zeit* einen so zentralen Stellenwert hat, das letzte Wort. Das ist es aber nicht. Zur conditio humaine gehört vielmehr jene ‚Kernspaltung‘ im Innersten, die den Käfig der Endlichkeit sprengt und das Gute hervorbrechen lässt, das alle Grenzen sprengt. Levinas beschreibt diesen Durchbruch zum Guten als ein ‚Jenseits des Seins‘, das ein Jenseits der Ontologie und auch einer traditionellen Metaphysik zur Erscheinung bringt.« Um kurz bei Heidegger zu bleiben: Im Zusammenhang mit dem »man« teilt er seine eigene Lebenserfahrung als typisch mit, was ich nicht unberührt gelesen habe: dass nämlich man selbst ständig in der Sorge lebt, von den Leuten der Umgebung überholt zu werden, was man als unerträglich erlebt. Aber das gehört zur typischen Erfahrung für den, dessen Interesse seiner Karriere gilt, und außerhalb der Konkurrenzsituation wird das eher nicht erlebt. Die beunruhigende Sorge um die Karriere ist eine der von der heutigen christlichen Ethik mit Besitz und Macht zusammen gesehene Haltung, die es zu überwinden gilt – schon zu Gunsten des Lebensglücks.

Für die messianische Zeit selbst weist Wohlmuth (S. 24) mit Verweis auf Agamben hin auf den 1. Brief Pauli an die Korinther, 7, 29-31. Ich zitiere nach Fridolin Stier: »Das aber spreche ich aus, Brüder: Die Zeit ist zusammengedrängt. Künftighin seien jene, die Frauen haben, als hätten sie keine; die da weinen, als weinten sie nicht; die sich freuen, als freuten sie sich nicht; die kaufen, als behielten sie nicht; und die mit der Welt umgehen, als wenn sie nicht in ihr aufgingen. Denn vorüber geht die Gestalt dieser Welt.« Allerdings ist gerade dieses »Als ob nicht« wegen seiner, einem Rest von Naherwartung geschuldeten, Übertreibung für mich ein Grund, mich weitgehend auf Jesus-Zitate zu beschränken. Freude in der Welt und Dank dafür an Gott gehören zusammen, und da stellen wir doch sicher fest, dass differenziert werden muss und das »Als ob nicht« für Liebe und Freude nicht gelten kann, für das Haben- und Behaltenwollen aber sehr wohl.

Um ein Extrem anzudeuten: Erfreue ich mich als Mann der Zuneigung einer schönen Frau, so wäre ein »Als ob« eine glatte Lüge. Die Grenze ist erst mit dem Verlangen nach Macht und Besitz erreicht; dann aber ist ein »Nicht« statt nur »Als ob« gefordert. Eine entsprechende Einstellung lässt sich üben, und wer das tut, der gewinnt unerwartete Freiheiten.

Diese Grenze, die für ein humanes Verhalten so wichtig ist, sie ist übrigens eine Frucht der Evolution. Sie hat einen vor-ethischen materiellen, einen biochemischen und sogar der Säuglingspflege gewidmeten Hintergrund. Für mich ist das eines der Argumente dafür, dass ich des Zusammenspiels von göttlicher Schöpfung und biologischer Entwicklung so sicher bin, aber auch des Zeitbedarfs der Umsetzung von Absicht und Einsicht in ein entsprechendes Verhalten. Das ist die Hoffnung eines Christen, wenn er auf die Naturwissenschaft schaut.

Als Richtung aber ist wohl festzuhalten: Es gilt eine neue Ethik! Ja, die Jünger hatten mit Jesus zusammen schon sehr anders gelebt. Und die Lebensweise, die von den Urgemeinden und ihren Führern entwickelt wurde, die gehört zu einem neuen und sehr anderen Zeitalter: dem »messianischen«. Wohl ist ihre Ethik im Grunde nichts anderes als konsequente Anwendung von Jesu Reden. Seitdem muss es die Gemeinde selbst ausrichten. Die damals von Paulus wahrgenommene Zusammendrängung der Zeit erleben wir aber etwa 2000 Jahre nach Jesus eher als einen Zugewinn, eine Zeitdehnung, mit allen Chancen und Risiken.

Es ist wohl angebracht, gerade auch im Zusammenhang mit der Zeit über die Praedestinations-Behauptung nachzudenken, konkret darüber, ob sich in den hier sondierten Worten ein Hinweis darauf zeigt, dass der Schöpfer vor Urzeiten jeden Menschen erdacht habe und unabänderlich festgelegt habe, ob er nur ein Geschöpf mit endlichem Leben sein wird oder ob er für das ewige Leben vorgesehen ist. Nach den Worten Jesu lohnt es sich, wie ein Hirt jedem verirrten Schaf nachzugehen; freuen sich die Freundinnen mit der Hausfrau, wenn sie ihre Scheckkarte (na ja, im Gleichnis war es eine Münze) wiedergefunden hat; und die Engel freuen sich über jeden geretteten Menschen. Jesus selbst wünscht sich vom Vater, dass er seine Freunde (außer seinen Verräter) im Himmel bei sich haben wird, und nach seiner Aussage hat niemand eine größere Liebe als der, der sein Leben hingibt für seine Freunde. Und auch das Gebot der Nächstenliebe wäre ohne eine Aussicht auf deren Rettung sinnlos. Und schließlich ist eine allgemeine Selbstfestlegung Gottes absurd.

Übrigens ist die Zeit eine problematische Kategorie

Von der Schöpfungsordnung her kann man diesen Zeitgewinn verstehen als Konsequenz der Entdeckung der Größe des Planeten, der Menge der noch wartenden Völker und der sicher eintretenden Katastrophen. Der biologisch unvermeidliche Tod bedeutet für den Einzelmenschen die persönliche Naherwartung mit ihrer ganzen, wenn auch so unterschiedlichen Härte, und für seine Generation ist es entsprechend. Es ist auch zu bedenken, dass »die Zeit« zwar eine für jedermann täglich erfahrbare, damit aber keineswegs eine klare Kategorie ist. So ist sie etwa durch Martin Heideggers Werk »Sein und Zeit« einmal mehr in die philosophische Diskussion geraten, und seine Schülerin Hannah Arendt schließt sich einer Dichtung Kafkas an, der (nach Wohlmuth, 2016, S. 12) sein Subjekt von vorn und hinten von zwei Kräften so heftig bedrängt sieht, dass es zwischen beiden zermalmt zu werden droht: zwischen Vergangenheit und Zukunft. Das diskutiert Wohlmuth; aber ich kann ihm da nicht folgen. Für mich ist die Zukunft, weltimmanent gesehen, leer; und sie bleibt es selbst in dem Moment, da ein nächstes Stück Vergangenheit zur Gegenwart wird. Und das ließe sich zwar vorhersagen, aber nur durch jemanden, dem die Vergangenheit total bekannt ist. Wenn – ja wenn in dem Moment »Gegenwart« keine Freiheit Gottes da wäre und auch keine Entscheidungsfreiheit von Menschen diese oder jene Wahl zu treffen hätte aus den Möglichkeiten, die noch in der Vergangenheit bereitliegen.

Damit kann man, wenngleich unscharf, in der Menschenwelt rechnen; doch in kosmischen Dimensionen betrachtet wird sogar, so paradox es im ersten Moment klingt, die erforschbare Zukunft unvermittelt zur

Naturgeschichte, nämlich in die Vergangenheit zurückgeschoben. Alle kosmischen Signale (vielleicht mit Ausnahme von verschränkten Teilchenpaaren) müssen vom Ort eines Ereignisses zu den Instrumenten der Forscher Raum durchqueren, manchmal viel Raum, manchmal viele Millionen Einheiten, und weil es keine schnellere Übermittlung gibt als mit Lichtgeschwindigkeit (300.000 km/sek), wählen wir im Kosmos die Einheit Lichtjahr. Was also heute am Sternenhimmel geschieht, bis hin zu kosmischen Katastrophen, von denen das Schicksal der beteiligten Sterne oder Schwarzen Löcher »vorhergesagt« werden kann, das ist eigentlich oft vor unsäglich langen Zeiten geschehen (einige Beispiele s. Stephan, 2016). Astronomen erfahren nichts wirklich Neues! Albert Einstein hat nicht nur die limitierende Bedeutung der Lichtgeschwindigkeit gefunden, sondern unter Weiterem auch die Relativität von Zeit und Raum, insbesondere die Abhängigkeit jeder Zeitmessung von der Geschwindigkeit des jeweiligen Systems. »DIE Zeit«, so für ein Ereignis betrachtet, die gibt es nicht. Da werden wir uns doch besser in unserer Menschenwelt mit unseren irdischen Zeitansagen bescheiden, die sich nicht transzendieren oder gar absolut setzen lassen.

Um unterschiedliche historische Zeitangaben müssen wir uns zwar nicht kümmern, und sie sollten vor allem nicht kontrovers-theologisch eingesetzt werden. Anders ist die Lage freilich für den Ökologen: Die Messung radioaktiver Isotope kann da sehr wichtig werden, etwa beim Kohlenstoff und Tritium im Grundwasser, die es möglich machen, Grundwasserreserven auszumessen, um bei deren Erschöpfung Alarm zu schlagen. Auf dieser Grundlage musste man für eine Stadt in der argentinischen Pampa deren weiteres Wachstum stoppen. Wohl ist in solchen Fällen der Klimawandel eine ganz fatale Unbekannte.

Zu einer eigentlichen Metaphysik führt uns also die Bibel nicht, aber die ethischen Anforderungen sind umso deutlicher. Mit diesem Wissen wollen wir uns wieder den Einzelheiten widmen.

Versuch einer direkten Annäherung an das, was »Himmelreich« meint

Es kann uns irritieren, dass Jesus einerseits die göttliche Gnade als schier un-fassbar groß darstellt, andererseits aber davor warnt, dass mit dem abrupten Weltende das Tor ins Schloss fällt und gar nichts mehr geht. Das wäre zwar hinreichend begründet durch die Souveränität Gottes und unser immer volles Sündenkonto. Aber die folgenden, nach Lukas (**18**, 20-27) an einen reichen Jüngling gerichteten Sätze sind doch viel deutlicher: »Du kennst die Weisungen: Brich die Ehe nicht; morde nicht; stiehl nicht; gib kein Trug-zeugnis; ehre deinen Vater und die Mutter! Er aber sprach: Auf das alles habe ich von jung auf geachtet. Als Jesus das hörte, sprach er zu ihm: Noch eines übrigt dir: Alles was du hast – verkauf und verschenk an Arme. So wirst du einen Schatz in den Himmeln haben. Dann auf, folge mir! Als der aber das hörte, wurde er tief betrübt, denn er war sehr reich. Jesus sah ihn an und sprach: Wie schwer doch die Reichbegüterten in das Königtum Gottes hineinkommen! Denn leichter ist es für ein Kamel, durch ein Nadelöhr zu kommen, als für einen Reichen, in das Königtum Gottes hineinzukommen. Sprachen die Zuhörer: Ja, wer kann gerettet werden? Er aber sprach: Das bei Menschen Unmögliche – möglich ist es bei Gott.«

Jesus hat nicht etwa gefordert, dass man dem jungen Mann seinen Reich-tum nehme; denn »christlich« geht nur in Freiheit. Aus Freundschaft hat er ihm geraten, alles wegzugeben und so sein Jünger zu werden, was nicht möglich war, ohne den Reichtum (mit all seinen Verpflichtungen) loszulassen. Wenn aber jemand den Weg der Jünger geht, dann sollten wir das nicht als abnorm darstellen, sondern als Notwendigkeit achten. Das Gleichnis bedeutet aber nicht, der Jüngling sei verloren. Er taucht zurück ins große Volk Gottes, und das ist immer noch Segen und nicht Fluch.

Das ist wirklich ein harter Brocken, wenn man es eins zu eins in verbindliche Ethik umsetzen wollte; und so sind gerade diese Sätze über die Jahrtausende

Grund für Diskussionen geblieben. Sie regen aber auch immer wieder zum Nachdenken an, über die Defizite der auf Erden möglichen Gerechtigkeit genauso wie über die eigenen Möglichkeiten zum moralischen Wachstum, aber auch darüber, dass wohl viel von unserem Ungenügen mit Jesus »ans Kreuz geschlagen werden musste«. Die Situation zeigt aber auch den Gegensatz dieses Wohllebens zum Wirken der Jünger. Und das berichtet Lukas anschließend in Kapitel 18, 28-30, das zugleich als Modell des Lebens der Jüngergemeinde gelten darf: »Sprach aber Petrus: Wir da! Wir ließen die Heimat fahren und sind dir gefolgt. Er aber sprach zu ihnen: Wahr ists, ich sage euch: Da ist keiner, der Haus oder Frau oder Brüder oder Eltern oder Kinder hat fahren lassen – um des Königtums Gottes willen – der nicht ein Vielfaches empfinge in dieser Zeit und in der kommenden Weltzeit: unendliches Leben.«

Über unser Nichtwissen um die Grenze zwischen Welt und Transzendenz hinaus deckt Jesus Strukturen auf, die von Menschen, die ihre Auferstehung erhoffen, zu beachten sind. Denken wir daran, dass Jesus dieses »Danach« vergleicht mit einer wertvollen Perle im Acker, die jeden Einsatz lohnt. Man kann in das Himmelreich kaum ohne Achtsamkeit und voraussetzungslos hineinschlüpfen. Diese Voraussetzungen aber haben vielleicht etwas mit dem Leben »drüben« zu tun, über das zwar unser Sachwissen nichts sagen kann, aber das für uns notwendige Heilswissen in Form von Gleichnissen mitgeteilt wird. Jesus gibt damit zunächst unserem Erdenleben Richtung und Sinn (das nennen Bernhard Häring und andere eine Zielethik), verknüpft seine Forderungen aber deutlich mit einer Vorbereitung auf das ewige Leben; denn so soll ja das Leben im Gottesreich sein. Uns wird da also gesagt: Der von uns erreichte Zustand ist nicht gleichgültig.

Damit öffnen sich zwei Fragen: Welchen Zustand müssen wir erreicht haben, um dann »dabei zu sein«? Wie trifft uns dieses Ende? Die Antwort auf die erste Frage ist genau der Inhalt von Jesu Lehre. Die zweite ist komplizierter, weil das Ende für uns individuell eintritt, und der Termin kommt oft nicht aus uns selbst, sondern wie ein Dieb in der Nacht, so dass eine immerwährende Wachsamkeit nötig ist. Das allgemeine Weltende kündigt sich zwar an, die Zeichen reichen aber nur eben zur Warnung. Einen Hinweis auf den Entwicklungsstand der menschlichen Gesellschaft, deren Ziel zuletzt auch erreicht ist, gibt Jesus ebenso wenig wie auf den Reifegrad des Einzelnen, sondern er erwartet, dass Gott selbst und souverän diesen Punkt setzt. Also werden wir belehrt und gewarnt und erfahren: Es geht um den Ernstfall, die Heilsordnung ist konkret (vgl. Häring, Bd.1, S. 43), worauf die entsprechenden Gleichnisse hinweisen.

Das Verhalten, zu dem uns Jesus ermuntert, sollen wir ganz offensichtlich nicht nur für ein besseres Erdenleben einüben; denn alles irdische Dasein ist nicht nur je einzeln sterblich, sondern nach Jesu Worten geht alles insgesamt seinem (für die Nutzer allen unguten Herrschaftswissens recht unrühmlichen) Ende entgegen. Daraus werden Menschen nur je einzeln gerettet. Dann hat das angemahnte gute Verhalten seinen vollen Sinn ganz sicher nicht im Diesseits, es sei denn für den Nächsten. Wenn aber die Auswahlkriterien einen Sinn über die irdische Gerechtigkeit hinaus haben, dann zur Vorbereitung auf die neue, die Existenz im Himmelreich.

Daher vermuten wir, dass die wiedergeschaffenen Menschen zu ihrem dem Gottesreich gemäßen Leben eine Verhaltensgrundlage brauchen, die sie aus ihrer Erdenzeit mitbringen. Alle diese Eigenschaften zu realisieren, alles was man mit »Liebe« oder vielleicht »dialogischem Verhalten« beschreiben kann, das deutet aber auf ein eher aktives Leben im Jenseits hin. Das wäre allerdings mehr, als wir aus unserer Welt heraus ins Jenseits projizieren können, mehr noch als Gotteslob, ewige Betrachtung, Freudenmahl. Statt einer statischen Ewigkeit, für die eine »Zeitachse« ganz unnötig wäre, könnte uns eine sehr dynamische Ewigkeit erwarten.

Gern mache ich meine Leser noch auf folgenden Zusammenhang aufmerksam: Sehr zeitnahe Untersuchungen haben ergeben, dass die beim Altwerden so gefürchtete Demenz nicht nur zu tun hat mit den berüchtigten Eiweißablagerungen im Gehirn, sondern auch sehr viel mit den bleibenden Möglichkeiten zur eigenen und sinnvollen Lebensgestaltung (in Deutschland besonders dargestellt von Prof. Dr. Gerold Hüther, Göttingen). Die Demenzfalle ist vielleicht kein unvermeidbares Schicksal. Und das passt sehr gut zu der Vermutung, dass die Vorbereitung unseres Verhaltens – und besonders eines gut entwickelten dialogischen Verhaltens – auf ein Leben nach dem Tod entsprechend der Vorstellung Jesu gleichzeitig auch ein guter Weg in ein erfülltes Altern ist. Zugleich bedeutet das erwartete neue Leben, dass die Menschheit im Himmelreich ganz ohne Tod auskommen muss. Im Zusammenhang mit Jesu Predigt erfahren wir demnach durchaus Details, die weit in die Zukunft reichen und über die ich eigentlich keine Auskunft erwartet hatte.

Selbstverständlich ist es mit irdischen Mitteln unmöglich, himmlische Phänomene auch nur zu ergreifen. Und doch stehen wir nicht mit ganz leeren Händen da. Jedenfalls wird das himmlische Leben alles andere als langweilig. Mag auch die Umschreibung als Vollendung der Evolution zu kurz greifen, so stehen die heiligen Texte dem doch auch nicht entgegen. Noch konkretere Kunde bringt uns das Gleichnis vom verlorenen Sohn (Lukas 15, S. 11 ff.): Das Fest des Vaters ist für die Söhne ein singuläres Ereignis, und unser eigenes Ableben sehen wir – wegen unseres Nichtwissens – vielleicht unter dem Bild eines großen Tores völlig ohne zeitliche Dimension. Doch können wir in beiden Fällen annehmen, dass es vom Vater her den Charakter eines Neubeginns hat, und es ist sogar von Neuschöpfung die Rede. Die Söhne im Gleichnis und wir sind noch ganz von dem erfüllt, was hinter ihnen bzw. hinter uns liegt. Dabei öffnet der Vater die Chancen eines neuen Lebens, für das er das Gewesene abhaken kann, wenn – und das ist eben die kritische Bedeutung dieses Übergangs –, wenn und soweit die Söhne bzw. wir uns auf das beginnende ewige Leben, auf das Himmelreich einstellen.

Der Botschaft Jesu entnehmen wir, dass er selbst der Herr des Neubeginns ist, das Gericht aber weitgehend an die Menschen delegieren will, die auf uns angewiesen gewesen waren, und dass in deren Hand das Urteil über unsere Eignung liegt, die aber wir selbst verantwortet haben. Auf diese Weise ist eben doch unser Verhalten, obwohl es sich auf das zurückliegende irdische Leben richtet und über weite Strecken diesen grauen Charakter von vergeblicher Liebesmühe hat, alles andere als unnütz, indem darin für uns und manchen anderen Menschen Startbedingungen für den Neubeginn enthalten sind. Aus dem Wissen für unsere Zeit soll Wissen für die Ewigkeit werden? Das ist sehr naheliegend, allerdings nicht für das Seinswissen, wohl aber für das Heilswissen. Das sollte keine leere Phantasie sein, wenn doch der Mensch als Bild und Gleichnis Gottes konzipiert ist. Dieses Konzept sollte in den Menschen erfüllt sein, die – mit Jesu Zutun – in Gottes Reich gekommen sind. In dieser erworbenen Sinnhaftigkeit äußert sich, unter der Voraussetzung aller eingesetzten Gnade, das notwendige »Ja«, ohne das es wohl nicht geht.

So vorbereitet entwickelt sich das neue Leben nicht in die Statik einer starren Hierarchie hinein, sondern es gibt da wohl eine Freiheit, in der sich die Liebe auf unvorhersehbare Weise ausdrücken kann.

Wenn ich nun einsehen muss, dass der Verlust einer großen Zahl von Menschen am Ende nicht zu vermeiden ist, weil eben auch das Leben im Himmelreich mindestens eine innere Zustimmung benötigt, dann weiß ich nichts anzufangen mit der heute (zum Beispiel in CiG 38/2016) verbreiteten Ansicht, dass alle Menschen gerettet werden. Wo kommt nun diese her? Ist es nur Gutmenschen-Phantasie? Ich sehe ja nur zu gern ein, dass bei Gott alles möglich ist. Aber in Jesu Worten sind die Gerichtsreden so dominant, dass ich dann an seiner göttlichen Einsicht zweifeln müsste. Da überwiegt mein Vertrauen in sein Wort, soweit es authentisch ist. Es genügt auch nicht, Arroganz und Neid ins Spiel zu bringen. Die Aussage, dass einer mitgenommen wird und der andere nicht (Lukas 4, 34-36) ist ja bei Lukas nicht mit konkreten Merkmalen verbunden. Und so verbreiten sie Angst und Schrecken und nicht etwa Genugtuung!

Das alles passt zu unserer Erwartung, dass der Mensch von seinem Wesen her, als Bild Gottes nämlich, an der Schöpfung beteiligt bleibt, und dies übrigens – der Liebe wegen – sogar mit einer gewissen Ausdrucksfreiheit. Damit haben wir ein gutes Argument mehr für die Erwartung der Auferstehung der Toten und das Leben im Himmelreich.

Wohl ist das alles kein Beweis, kann es ja nicht sein; aber der Nachweis eines tiefen Sinnes stellt unsere Vernunft doch so weit zufrieden, dass daraus kein Glaubenshindernis erwächst. Wir können uns auf Grund wichtiger Worte Jesu ein christliches Bild von Welt und Transzendenz machen, als Hintergrund der in meinem Buch von 2016 vorgelegten, sehr irdisch begrenzten Ergebnisse. Handelt es sich um einen verbotenen Versuch der Überschreitung der Transzendenzschwelle? So lange nicht, als über die je entsprechenden Verhaltensgrundlagen nichts Konkretes gesagt wird. Das nämlich geht gar nicht: Zeit, Raum, Materie und Energie gehören zu dieser Welt, und in unserem Vorstellungsraum gilt das hiesige »Alphabet« so lange, wie wir noch von keinem anderen wissen. Selbst Gottes Wort, den Logos also, verstehen wir trotz aller Übersetzungen nur gleichnishaft, sobald es vom Himmelreich handelt.

Jesu »Bergpredigt« lehrt eine Ethik neuer Art

Die Bergpredigt fasst das zusammen, was als das Gesetz Christi zum Grundgesetz der Kirche geworden ist. Hier findet sich im Kern, was Jesus in einem jahrelangen Prozess, als wandernder Lehrer und Heiler unter den oft bösartigen Blicken der beamteten Hüter der heiligen Überlieferungen und unter der ständigen Präsenz der Vorstellung von einer Rettung aus römischem Joch, möglichst vielen Menschen unterbreitet und durch starke Zeichen bestätigt hatte.

Die meisten Schwierigkeiten macht uns der strenge Charakter der Bergpredigt. Van Schaik und Michel (2016) vermuten sogar, dass sie in ihrer

Härte geradezu für den Endkampf gegen das Böse ausgelegt ist – entsprechend der Naherwartung des Himmelreichs. Da ist aber zu bedenken, und die moderne Moraltheologie betont es, dass christliche Ethik nichts über das Knie brechen muss, sondern auf Wachstum und Entwicklung zielt (Bernhard Häring, 1989). Das nimmt den Forderungen nicht ihren Ernst, aber es berücksichtigt unsere beschränkten Möglichkeiten.

Den Kern dieses Kerns bilden für uns die »Seligpreisungen«, die uns – wie damals die Jünger – gut fassbar an die Grundlagen eines Lebens unter den Augen Gottes heranführen. Wenn wir als Warnung noch das Gleichnis von den ausgestreuten Samenkörnern beachten, die in viel zu vielen Fällen kein geeignetes Saatbett finden oder vom Unkraut überwuchert, ja auch schlicht vernachlässigt werden, haben wir die christliche Ethik zusammen und wissen, was »gut sein« heißt.

Das Gute und die Politik

Als Erben des Abendlandes und damit einer fast zwei Jahrtausende alten Kultur christlicher Prägung stehen wir ständig unter der Aufforderung, gut zu sein, und wer hier herrschen will, der erhebt den Anspruch, sich um dieses Gutsein zu bemühen (oder das wenigstens vorzugeben). Reden wir von Politik und den Politikern, dann haben wir es ganz vorwiegend mit diesem Anspruch zu tun, egal ob sie sich als Christen vorstellen oder sich weder auf einen transzendenten Gott berufen noch auf Jesus, den Christus. Ja viele geben vor, aus ihrem gottlosen Weltbild heraus das Gute sogar besser zu verwirklichen; einen Erfolg dieses Anspruchs sehe ich allerdings höchstens dann und wann einmal.

Wir Christen versuchen jedenfalls, uns unter Jesu Lehre zu stellen, und viele lassen sich fast sonntäglich daran erinnern. Der Mensch richtet sein gesellschaftliches Tun weitgehend nach Traditionen, und unter diesen kann und muss er wählen. Aber da geht es ganz zentral darum, selbst Gutes zu tun. Große Strömungen der Politik, vor allem auf ihrer »linken« und »rechten« Seite, lehren und handeln stattdessen nach dem Motto, man müsse die Menschen zum Guten zwingen. Sie sehen nicht ganz falsch, dass Politik effektiver ist, wenn sie viele Leute zu einem bestimmten Verhalten zwingt. Dann kommt es nicht mehr darauf an, Gutes zu tun, sondern dass Gutes geschieht. Wenn man freilich auf die Resultate sieht, dann entdeckt man gewöhnlich, dass nur ein kleiner Grat das geforderte Gute von den vielfältigen Irrtümern und Missbräuchen trennt – wie eine Wasserscheide, von der aus die Energien teils zum Guten hin, teils aber auch zur Seite des Bösen fließen. Die Geschichte ist ja randvoll von entsprechenden Fehlleistungen. Oft trennt nur angewandte Gewalt Gutes von Bösem. Und noch wenn jemand auf Anwendung von Gewalt verzichten will, versuchen seine Mitstreiter das Vorhaben durchzusetzen. Jesus selbst hatte es immer schwer, seine Jünger vom Weg der Gewalt abzubringen. Und vergessen wir nicht, dass diese Versuchung für ihn selbst am Anfang seines eigenen Wirkens gestanden hatte.

Gerade im Moment entstehen ständig neue Leistungen für die Allgemeinheit, etwa wenn der Mann seine Verpflichtungen aus der Vaterschaft auf die junge Mutter überwälzt, die diese dann möglichst der Allgemeinheit abfordert. Oder auch im Zusammenhang mit der neuen Völkerwanderung, wo die Hilfsleistungen nicht etwa der Güte realer Personen anheimgestellt werden, sondern den arbeitenden Menschen einfach aufgebürdet werden. Wenn das als Christenpflicht deklariert wird, so halte ich es für Schwindel: Bei Jesus ist von eigenen guten Werken die Rede, nicht von deren Erzwingen von anderen, für die sie im Einzelfall durchaus untragbar sein können und kaum am Erreichen von Gerechtigkeit gemessen werden.

Mit der Zuordnung von Gabe und Geber: »Was du einem dieser Kleinen getan hast, das hast du mir getan«, erkennt Jesus in extremer Weise den Geber selbst als Mit-Erfüller seines Willens an. Er reklamiert dafür weder die Motivation der Pflichterfüllung noch die moralische Anstrengung.

Daneben nimmt sich die Ethik, die wir von Kant lernen, wie ein Rückschritt aus. Wer jemandem aus Zuneigung hilft und vielleicht sogar noch Freude daran hat, dass es dem Empfänger guttut, der ist Jesus willkommen. Nebenbei bemerkt: Dass dieses Mitfreuen auf einer Leistung der Spiegelneuronen aufsetzt, das mag uns einmal mehr daran erinnern, dass die Evolution zum Menschen eine wichtige Voraussetzung des Himmelreichs ist. Das Himmelreich hat unverzichtbare Voraussetzungen im Fortschritt der Schöpfung.

Mit der Feststellung, dass es für jeden Menschen darauf ankommt, das notwendige Gute selbst zu tun, können wir nun wohl nicht einfach »Gutes tun lassen« und die Kosten auf andere abwälzen. Sollte das etwa als Markenzeichen einer »christlichen Obrigkeit« gelten? Da sehe ich mit Schaudern die Bemühungen von allerlei »Roten und Grünen und Braunen«, die im Namen des Guten oder sogar Gottes zum Teufel komm raus umverteilen, enteignen und Wahlgeschenke auf fremde Kosten machen. Dass dies nicht das Übel aus der Welt nimmt, sondern es vergrößert, das hat uns die jüngste Geschichte anhand von Lenins Weltreichexperiment gezeigt. Das alles verlangt Macht, und Jesus hat schon richtig gesehen, dass die Macht über die Menschen, wenn man sie sich selbst aneignen will, nur durch immer wieder neu nötige Unterwerfung »unter den Teufel« gelingt (siehe Jesu Bericht über seine Versuchungen). Solche Beispiele begleiten die Geschichte und Gegenwart ständig und unübersehbar. Ich selbst bin schon lange dazu gekommen, die politische Bitte um finanzielle Hilfe gegen etwas »ganz Schlimmes« mit der Frage nach dem konkreten Vorhaben der Petenten zu beantworten, die ich damit regelmäßig in Verlegenheit bringe.

Natürlich gilt meine Schelte nicht denen, die uns an die Botschaft erinnern, und jenen, die mit viel Mut und Arbeit entsprechende Aktionen durchführen, für die sie unser Mittun erbitten. Sie treten damit auch für uns ein, organisieren unsere gemeinsame Hilfe und machen so tatsächlich Kirche zu einem Leib aus vielen unterschiedlichen Gliedern. Aber die Entscheidung zum Guten können und dürfen sie uns nicht abnehmen, die Freiheit müssen sie uns lassen!

Wir sind unversehens in einer Grundproblematik der Sozialethik angekommen. Das ist wohl eine Folge des besonderen Status der Menschen, die zwar Naturwesen sind, aber zunehmend zur Freiheit heranreifen und herangeführt werden. Mir scheint es sehr wichtig und hat mich im letzten Jahrzehnt in Anspruch genommen, unser natürliches Erbe – und damit die Schöpfungswirklichkeit – als eine der Quellen der Sozialethik zu sehen (Stephan 2016).

Gehorsam und Freiheit

Wie zufällig hat sich eine Grundfrage der Moraltheologie hier aufgetan, die zunächst einen inneren Widerspruch anzuzeigen scheint. In dem dreibändigen Werk »Frei in Christus« von Bernhard Häring ist sie ständig als »Freiheit und Treue« präsent und dadurch in ihrem Bezug zur Pflicht abgemildert. Wenn wir aber genau hinsehen, dann wird deutlich, dass mancher moderne Theologe dabei ist, unter der Flagge des Heiligen Geistes Modellen der Theologie den Vorzug zu geben vor der Treue zu Worten und Gedanken Jesu. Ein Beispiel werden wir später bezüglich der mangelnden Würdigung der Maria Magdalena erörtern müssen.

Denn die christliche Freiheit findet spätestens da ihre Grenze, wo es um Wort und Tat Jesu geht. Eigentlich ist es undenkbar, da eigenmächtig einzugreifen, und doch ist das gerade im Fall des Apostolats der Frauen bis in die Evangelien-Texte hinein nachzuweisen, und erst Franziskus I. hat 2016 der Maria aus Magdala den Rang einer Heiligen zurückgegeben.

Im Christenleben ist die Notwendigkeit schmerzhaften Gehorsams immer wieder gegeben, aber keineswegs immer und überall; und wenn, dann ist es eine Folge feindlicher Angriffe. Sonst ist Freiheit zunächst einmal die ungehinderte Möglichkeit, Gutes zu tun in Form von Liebeserweisen und Zuwendungen aller Art. Niemand aber sollte seine eigene Freiheit beanspruchen, um Jesu Freiheit zu verkürzen und dessen so deutliche Intentionen zu verbiegen. Aber seit seinen eigenen Lebensjahren gibt es diese Tendenz, seinem Machtspruch eine Tradition vorzuziehen.

Schließlich ist noch das wichtige Verbot von Handlungen auf Grund des biologischen Erbes zu betonen, die gegen humanes oder speziell christliches Verhalten verstoßen. Hier sind wir alle besonders auf Nachsicht und auf die Chance zum moralischen Wachstum angewiesen, weil doch das biologische Erbe so hartnäckig ist. Aber solche Verbote müssen sein, wenn es dem übernatürlichen Ziel der Entwicklung entgegensteht, dem Himmelreich.

Die Seligpreisungen

Wie schon angedeutet, beginnt die Bergpredigt mit den Seligpreisungen von der Struktur »Selig sind die …, denn sie werden …«, und zwar mit dem Satz: »Selig sind die aus dem Geiste Armen, denn ihrer ist das Königtum der Himmel.« So findet man sie bei Matthäus 5, 3-10. Gepriesen werden die aus dem Geiste Armen, die Trauernden, die Sanften, die nach Gerechtigkeit Hungernden und Dürstenden, die sich Erbarmenden, die im Herzen reinen, die Friedensstifter und die um der Gerechtigkeit willen Gejagten.

Dabei steht keine Anweisung zum Handeln im Vordergrund, sondern ein Wesensmerkmal, das für das Verhalten seines Trägers besonders wichtig ist, und Jesus unterscheidet nicht zwischen Merkmalen, die vom »Naturell« des Trägers begünstigt sind, wie die Sanftmut, oder vor allem Frucht seines Bemühens sind wie Erbarmen und Reinheit, und sie können passiven Charakters sein wie die Trauer oder einem starken Verlangen entspringen wie der Durst nach Gerechtigkeit. Selig wird man demnach nicht durch eigenes Bemühen, und um den unterschiedlichen Eigenanteil geht es nicht vorrangig. Der Handelnde ist Gott, denn es sind Gottes Gnadengaben, und wenn sie aufgegriffen werden, führen sie zu: Anteil am Himmelreich, Erben des Landes, Ermutigung, Gerechtigkeit, Erbarmen, Anblick Gottes, Annahme als Kinder Gottes – Gaben, die auf das Verlangen antworten. Und daher muss man nicht meinen, dass jeweils nur ein bestimmtes Defizit ausgeglichen wird, denn schließlich kann wohl allen all das zuteilwerden, und Jesus erwähnt hier nur, was ihm besonders am Herzen lag. Eine letzte Seligpreisung aber gilt denen, die von den Menschen verflucht und gejagt werden um Jesu willen: »... denn groß ist euer Lohn in den Himmeln« (Matthäus 5, 11-12).

Wohl geht es nicht an, diese Gaben zu genießen, sondern sie sollen wirken. Dann »erstrahle euer Licht vor den Menschen, auf dass sie sehen eure guten Taten und verherrlichen euren Vater – den in den Himmeln« (Matthäus 5, 13-16).

Bestätigung und Erhärtung des Gesetzes

Nach Matthäus 5, 17-20, geht es darum, das Gesetz Gottes nicht aufzulösen, sondern zu erfüllen und entsprechend zu lehren. Zwar besteht immer die Schwierigkeit der Unterscheidung zwischen Gottes Gesetz und den eifrigen Zutaten von Schriftgelehrten; aber da gibt es immerhin den Maßstab . der Gerechtigkeit, eine Messlatte, die jedenfalls höher hängt als bei den Schriftgelehrten und Pharisäern. Bezüglich der alten Texte wird manches deutlicher, wenn man die jeweilige Literaturgattung und deren Anspruch bedenkt. Hat etwa Predigerliteratur denselben Rang göttlicher Inspiration wie ein ausdrückliches Gebot Gottes? Andere Stellen beziehen sich auf bestimmte Anlässe, und so weiter.

Die Höhe der Messlatte zeigt sich gleich anschließend (Matthäus 5, 21-22): »Ihr habt gehört, dass gesagt ward den Alten: Morde nicht! Wer mordet – verfallen ist er dem Gericht. Ich aber sage euch: Wer seinem Bruder zürnt – verfallen ist er dem Gericht. Wer seinen Bruder aber einen ‚Hohlkopf‘ heißt – verfallen ist er dem Synedrium. Und wer ihn einen ‚Aberwitzling‘ heißt – verfallen ist er der Feuerhölle.« Auch das ist »Bergpredigt«. Und ich bin darüber gestolpert, wie wohl schon so mancher heutige oder damalige Hörer. Und schon diese wenigen Worte schreien nach einer Klärung. Gewiss, man kann sagen, dass Jesus uns daran klarmacht, wie groß Gottes Gnade ist und wie viel Sünde Jesu Tod von uns nehmen wird. Aber wenn Jesu Worte auch hier seine Wahrheit sind, dann muss ich nun ganz ehrlich sagen: Ich empfinde jetzt genau wie die Hörer von damals, dass manche Worte so hart sind, dass man sie kaum anhören kann.

Jedenfalls verstehe ich sie keineswegs, verstehe hier das Anliegen des Herrn nicht. In dieser eisigen Januarnacht glaube ich nicht, dass ich das vorliegende Projekt weiterbringen werde. Dabei hatte ich noch nachmittags einen Artikel von Johannes Röser mit dem Titel »Unsere ‚bösen‘ Gefühle« gelesen (CiG 3/2017, S. 31–32), der die weichgespülten Sprachregelungen, die Political Correctness der veröffentlichten Meinung als unecht, unmenschlich und gefährlich entlarvt und dass überdies die Unterdrückung aller Protesthaltung unser Verhalten schädigt.

Mit schwacher Hoffnung, dass nun Gott helfen sollte, habe ich mich ins Bett verkrochen. Meine Gedanken gingen einmal mehr zum »Engel mit dem abben Flügel«, einer alten Steinfigur an der Friedhofsmauer, von mir benannt nach der Wortschöpfung eines Kindes für einen einarmigen »Mann mit abbem Arm«. Es ist ein Grabstein, an dem meine Gedanken hängen bleiben, sooft ich dort vorbeikomme. Na dann gute Nacht?

Um morgens mit den notwendigen Ideen ausgestattet zu erwachen und zu bedenken, dass Jesus ein ganz bestimmtes Anliegen hatte und sich eher nicht um unsere mehr oder weniger netten Umgangsformen sorgt. Was also will, was braucht Jesus so dringend? Mitarbeiter. Er sucht Arbeiter für den Weinberg Gottes. Wenn jemand diesen Auftrag annimmt und hat in der Folge – wohlgemerkt im Rahmen seiner Sendung – gegen die andere Ansicht eines Gesprächspartners anzukämpfen, ärgert er sich über diesen und ranzt ihn an, er sei ein Hohlkopf. Was erreicht er? Dass dieses Gespräch nicht mehr auf das Himmelreich gerichtet ist. Wahrscheinlich beendet es der oder die andere oder wendet sich ab; oder antwortet auf den Ärger mit Ärger. Jedenfalls hat man sich als miserabler Jünger erwiesen, seinen Ärger herausgelassen, die Sache selbst aber ohne Not aus dem Auge verloren.

Hier sei daran erinnert, dass viele Mitglieder des Hohen Rates sich um ganz anderes sorgten als um Gottes Herrschaft, dass es ihnen um Politik ging, um ihr Ansehen vor Herodes, die Besänftigung der Römer und den irdischen *Status quo*. Da es sich bei Jesu Lehre immer darum handelt, sich oder andere aus dem Schlaf zu reißen und in Richtung Himmelreich in Trab zu setzen, was er selbst ja gerade auch mit der Bergpredigt tut, ist bei solchen Gesprächen immer mit Widerstand zu rechnen, aus Bequemlichkeit, auf Grund der allgemeinen Meinung (»Das tut **man** nicht!«) und mangels Einsicht. Aus Sicht der großen Aufgabe, für deren Mitwirkung die Bergpredigt wirbt, ist das getadelte Verhalten wirklich kontraproduktiv. Und so hat auch Röser recht; denn an der Sache selbst hat der Jünger sich abzuarbeiten, ist der Wahrheit verpflichtet und oft geradezu zu einer gewissen, allerdings sachbezogenen Härte gezwungen. Unter diesem Gesichtspunkt sind die genannten Strafen das Maß für den an der Sache, am Auftrag jeweils angerichteten Schaden.

Ob Jesus zum Zeitpunkt der Bergpredigt schon weiß, wie tief seine Hörer in der Sünde bleiben werden und dass er sie schließlich selbst auslösen, für sie sühnen muss? Das muss ja nicht unbedingt alles vorbestimmt sein – wenn doch die gemeinsame Arbeit für das Himmelreich interaktiv ist.

Unter diesem übergeordneten Gesichtspunkt des Auftrages und bedenkend, dass die Evangelien die gewiss länger dauernden, anstrengenden Unterweisungen Jesu stark zusammenfassen mussten, befassen wir uns nun mit den anschließend angesprochenen Regeln.

Die Versöhnung untereinander

Wir erfahren weiter bei Matthäus 5, 23: Wenn wir zum Opferaltar treten und uns wird bewusst, dass jemand etwas gegen uns hat, so sollen wir erst für dessen Versöhnung sorgen. Das gilt genauso für den Abendmahlstisch oder Altar (Einzelheiten zur Theologie des Eucharistischen Mahls bei Wohlmuth, 2016, S 128 ff.). Anzumerken ist wohl wie immer, dass Jesu Begründung es wert ist, sie ernst zu nehmen. In diesem Fall ist es so, dass es sich immerhin um Streitfälle handelt, für die der Richter zuständig ist und Jesus von harten Strafen spricht. Wieder wäre es übertrieben, dies als eine Moralpauke gegen banale Entgleisungen anzusehen. Da würde Jesus vielleicht (wie an anderer Stelle geschehen) darauf hinweisen, dass er nicht zum Richten unserer Streitfälle gekommen ist.

Ehe: Sakrament und Lebensform

Zur Ehe aber bezieht er Stellung. Viele haben von Martin Luther übernommen, dass die Ehe ein weltlich Ding sei – also kein Sakrament. Dem kann ich nicht folgen; doch ist der Unterschied wohl nicht fundamental, und zwar wegen der allgemeinen Würde der Schöpfung und der besonderen der Menschen. Doch zunächst eine Bemerkung zur Zölibatspflicht der katholischen Priester, die in der Theologie keine nachvollziehbare Stütze mehr zu finden scheint. In dieser Sache gibt es von Jesus nur eine Empfehlung, und die kann man sogar unter der unerfüllten Voraussetzung der Naherwartung des Weltendes sehen. Der Verzicht auf Ehe und Familie kann allerdings durchaus und besonders im Fall eines Missionsauftrages geradezu rettend sein. Insbesondere kann ein solcher Priester kaum erpresst werden, indem die Angehörigen als Geiseln genommen werden. Auch die Verfügbarkeit ist einfacher und flexibler. Umso größere Bedeutung hat dann aber die

Freundschaft, etwa real als eine gute Einbindung in die Gemeinde, das Pastoralteam oder einen Orden. Doch zeigt uns schon das Neue Testament die Unterschiede innerhalb der jungen Kirche: Petrus war in derselben Funktion mit seiner Frau unterwegs, als Paulus dies nicht tat und nicht empfehlen wollte.

Wohl gibt es, seit sich im vierten Jahrhundert, unter dem römischen Kaiser Konstantin, Kirche und Staat sehr nahe kamen, einen besonderen Grund, Klerikern mit Leitungsfunktionen die Ehe zu untersagen. Da bestand die Gefahr, dass sich Dynastien bilden und um hohe Posten gekämpft wird, und das war unter allen Umständen zu verhindern. Es war schlimm genug, dass solche Kämpfe zwischen Politikern bis hinauf zu den Kaisern vorkamen.

Probleme bereiten die Ehen seit alters her, wenn sie zerbrechen. Zu unterschiedlich sind aber die Lebensumstände hier und dort, damals und heute, als dass sich die Lebensverhältnisse und damit moralische Regeln leichthin übertragen lassen. Nur gelegentlich ist ein Wort Jesu klar zu verwenden, so in Matthäus **5**, 28: »Wer eine Frau lustbegehrend anblickt, hat in seinem Herzen mit ihr die Ehe gebrochen.« Da hängt alles am Wörtchen »lustbegehrend«. Es kann ja nicht sein, dass einem ein Mensch nicht gefallen dürfte, weil er vom anderen Geschlecht ist. Mir sind meine weiblichen Freunde lieb und wert, und das dürfen sie auch erfahren. Da ist also die Grenze kurz vor dem geschlechtlichen Verlangen zu ziehen, vor unserer Begehrlichkeit. Wie klar der Unterschied aus biologischer Sicht inzwischen ist, zeigt Stephan, 2016 (S. 158) nach von Hirschhausen, 2012. Wohl besteht das auch (nicht nur) stark von der körperlichen Verfassung abhängige Problem, mit aufkommendem Verlangen umzugehen. Genügt die Wachstumsfähigkeit des persönlichen Ethos? Jedenfalls lässt auch da unser biologisches Erbe grüßen! Wohl erinnert Jesu Ausspruch daran, wie nahe vielen von uns dieses und anderes sündhaftes Verlangen ist, so dass wir wenig Grund zur Überheblichkeit haben. Einklagbare Verdienste hat wohl kaum ein Mensch vor Gott; Gott aber begnügt sich, so hoffen wir, mit unserem Dank und mit Fürsorge für die Nächsten.

Bemerkung zur Ehe zwischen gleichgeschlechtlichen Partnern (»Homoehe«): Es ist ja wahr, dass ein Zusammenleben gleichgeschlechtlicher Paare in einem gemeinsamen Haushalt aus vielen Gründen geradezu notwendig ist, was aber nicht auf geschlechtliche Aktivitäten hinauslaufen muss. Doch die Bezeichnung »Ehe« für gleichgeschlechtliche Paare ist ein Missgriff der Politiker: Viele Liberale und Linke wollen damit die Familie entwerten. Es ist zwar unvermeidlich und oft auch erwünscht, dass eine Ehe kinderlos bleibt, aber das hindert nicht daran, den mit der Ehe verbundenen Schutz möglichst intakter Familien zu erhalten, weil nun mal Existenz und Überleben der Menschheit auf der Generationenfolge beruht, der sie sich sogar mit verdankt. Im Übrigen wäre eigentlich die Frage nach der Zahl beteiligter Personen offen, es sei denn, es geht um das Menschenpaar mit seinen Kindern.

Geht es um eine neue Generation, so kann diese auch durch Adoption gesichert werden. Das kann man sich im Fall weiblicher Partner vorstellen, während bei Männern die verhaltensmäßige Eignung im Allgemeinen nicht gegeben ist, die Gefahr sexueller Übergriffe jedoch sehr groß – letztlich schon vom biologischen Erbe her. Wie so oft messen auch da die Medien mit zweierlei Maß, denn der Horror vor derartigen Übergriffen ist mit Recht erheblich, aber den Unterhaltungsmedien geht es vor allem – um Unterhaltung.

Sexualität findet selbstverständlich jeweils in einem biologischen Kontext statt. Aber die Einzelheiten des homosexuellen Verhaltens sind nicht nur unterschiedlich, sie stehen unter Tabu. Auch ich sehe keine Notwendigkeit, hier besonders deutlich zu werden. Einiges aber ist zu bedenken: So ist zu beachten, dass nur als Sexualität bezeichnet ist, was diesen Titel verdient, und nicht etwa andere Formen von Zärtlichkeit. Dass die sachlichen Grenzen gern übersehen werden, bedient simple familienfeindliche Interessen. Weiterhin ereignet sich die Sexualität bei Frauen und Männern unterschiedlich, und zwar schon aus anatomischen Gründen. So war es, wie man liest, in alten Zeiten weder notwendig noch üblich, sexuell abweichendes Verhalten bei Frauen zu bedenken. Bei Männern aber wird homosexuell meist der Enddarm statt der Scheide eingesetzt. Nun mag man ja darauf hinweisen, dass in der gesamten Biologie ein Funktionswechsel häufig ist – da sind zum Beispiel aus dem Kiefergelenk der Echsen bei den Säugetieren, also auch bei uns, die Gehörknöchelchen geworden, und das neue Kiefergelenk erlaubt zusätzliche Bewegungen. Pech nur, dass der Darm immer ein von Verdauungsbrei und Bakterien erfülltes, hochgefährliches Milieu darstellt. Wenn es um Homosexualität geht, ist jedenfalls der Vollzug der sexuellen Befriedigung nicht wichtiger als der hygienische, sozialethische oder religiöse Aspekt.

Die Probleme der Ehe nach der Thora hat Jesus (nach Markus **10**, 11-12) für die Jünger so zusammengefasst: »Wer seine Frau entlässt und eine andere heiratet, bricht ihr gegenüber die Ehe. Entlässt sie aber ihren Mann und heiratet einen anderen, bricht sie die Ehe.« In Matthäus **5**, 32, wird Jesus so zitiert: »Wer eine Frau entlässt – außer im Fall der Unzucht – der macht, dass sie zum Ehebruch genommen wird. Und wer eine Entlassene heiratet: Der bricht die Ehe.« Hier baut sich als Folge der nach dem alten Gesetz erlaubten Trennung mit Scheidebrief eine Folge von Verfehlungen auf, woran Jesus seinen Hörern erklärt, wie wichtig die Treue zum Ehepartner ist, weil man auch die Folgen der Trennung bedenken muss. An anderer Stelle wird an die Folgen für den Partner erinnert, für den man in besseren Tagen Verantwortung übernommen hatte. Es fällt nicht nur hier auf, dass Jesus vom Gesetz (hier vom Verbot des Ehebruchs) ausgeht, dann aber die Folgen für die Nächsten in den Vordergrund stellt und von theologischen Begründungen absieht. Jesus lehrt also eine primär menschenfreundliche Ethik und vergisst nie die Lage der Opfer von »persönlichen« Entscheidungen, seien es Kinder, Frauen oder Männer. Alles betrachtet er aus seiner Perspektive als Heiland.

Die Folgen blieben bei Martin Luther unbedacht, wenn ihm die Ehe nur ein weltlich Ding ist. Wenn man nämlich erst einmal ihren sakramentalen Charakter aufhebt, dann mag man über die Bergpredigt selbst noch so zustimmend predigen, es fehlt der Biss, der Ernst, es gehört nun zu den vielen guten Ermahnungen, die man eigentlich berücksichtigen sollte, aber … Wobei ich nicht übersehe, dass vielerorts die Ehe in lutherischen Gemeinden heilig gehalten wird und dass dies andererseits auch bei Katholiken oft nicht gelingt.

»Sagen seine Jünger zu ihm: Wenn es so um des Mannes Sache mit der Frau steht, empfiehlt sich das Heiraten nicht. Er aber sprach zu ihnen: Nicht alle fassen dies Wort, sondern nur die, denen es gegeben ist. Es gibt nämlich Entmannte, die aus dem Mutterleib so geboren sind; und es gibt Entmannte, die von Menschen entmannt wurden; und es gibt Entmannte, die sich selbst entmannten um des Königtums der Himmel willen. Wer das fassen kann, der fasse es!« (Matthäus **19**, 10-12). Die Übersetzung informiert nicht darüber, was Jesus mit »entmannt« genau meint.

Dies ist so eine Stelle, wo ich die Jünger kaum verstehen kann. Doch wir sollten vielleicht an den unterschiedlichen kulturellen Hintergrund denken. Sie hatten ja wenig Übung im Zusammenleben und Zusammenreden mit Frauen, selbst ihre Schwestern kannten sie wohl kaum. Viel einfacher ist das für uns. Wir waren gemeinsam in Kindergarten und Schule, vielleicht auch im Beruf oder in Studium und Praktikum. Nur wenn ich das bedenke, kann ich die enorme Skepsis der Jünger gegenüber den Frauen verstehen. Das erinnert an die Situation derer von unseren Lehrern, die aus einem Lehrerhaushalt kamen, den ganzen Bildungsweg ungestört absolvierten und selbst auch die Lehrerlaufbahn durchliefen – und das übrige Leben nur aus Büchern kennen.

Wir sind nun bei einem sensiblen Thema, das immer wieder interessiert, und dabei möchte ich zeigen, wie wichtig es ist, das Wissen über Natur und Mensch auf der Höhe der Zeit zu halten. Es ist über Freundschaft zu reden, mit einem Seitenblick auf die Sexualität.

Trennen wir zunächst einmal die Frage der menschlichen Vermehrung vom sonstigen Verhalten ab. Man kannte schon lange den Zusammenhang von menschlicher Vermehrung und Geschlechtsverkehr. Bis in die Neuzeit hinein glaubte man aber, dass beim Sex die Frau die materielle Voraussetzung für das Kind bereitstellt, gewissermaßen den Nährboden, während der Mann den eigentlichen Keim des neuen Lebens einbringt. Es schien auch klar zu sein, dass der Mann so durch je einen Samen für je ein Individuum sorgt und somit im Falle der Unterbrechung der Zeugung ein mögliches Kind einfach vernichtet. Dass dies einer Tötung nahekommt und entsprechend Sünde ist, das war konsequent gedacht. Aber wir mussten umdenken: Unter dem Mikroskop zeigt sich, dass »der Same« ein Sekret der Prostata ist, dem beim zeugungsfähigen Mann eine riesige Menge winziger Samenzellen, sogenannter Spermatozoen oder kurz Spermien beigegeben ist, die durch Lockstoffe zur Eizelle geleitet werden. Jedes besteht fast nur aus Erbgut (Chromosomen) und sogar ohne den für Energiegewinnung nötigen Anteil (Mitochondrien), den ausschließlich die Eizelle beiträgt – die Natur ist sparsam. Und als die Vererbung enträtselt wurde, zeigte sich, dass jede Keimzelle nur die Hälfte der Chromosomen einer Körperzelle enthält und von den zwei »Geschlechts-Chromosomen« entweder ein X-Chromosom, womit das eventuelle Kind ein Mädchen wird, oder ein Y-Chromosom für ein Bübchen (die Körperzellen des Mannes haben ein X- und ein Y-Chromosom und die Spermien entweder ein X- oder ein Y-Chromosom, die Körperzellen der Frau aber haben zwei X-Chromosomen und jede Eizelle demnach immer ein X-Chromosom. Immer ist die Lebenszeit fast aller Samenzellen nur kurz, und nur ganz wenige, die sozusagen das große Los gewonnen haben, erreichen eine Eizelle und gelangen dann in den Erbgang von Menschen. Damit erweist sich die Vorstellung von der Tötung »des Samens« als stark übertrieben: Es ist so eingerichtet, dass die Spermien des enthaltsamen Mannes wie beim Coitus interruptus insgesamt zugrunde gehen, aber die des Beischläfers auch fast immer alle, das ist ganz normal. Auch kann man es als ein Spiel der Kontingenz ansehen, wenn bei einem unterbrochenen Geschlechtsakt ein Spermium in der Harnröhre zurückbleibt und bei nächster Gelegenheit doch noch dazukommt, eine Eizelle zu befruchten und so ein ungewolltes Kind zu erzeugen.

Das ist insgesamt eine Aufklärung, die sich durchaus mit der Herunterstufung all der Göttinnen und Götter am antiken Himmel zu Himmelsleuchten, also zu Dingen, im Alten Testament vergleichen lässt und darin ein religionswürdiges Vorbild hat für die neue Erkenntnis, die auch ein sehr ängstliches Gewissen nicht belasten sollte (allerdings war die Entthronung der Himmelskörper eine notwendige Folgerung aus Monotheismus und Schöpfungsglaube).

Spätestens seit Augustinus hat es sich eingebürgert, die Sexualität abzuwerten und als notwendiges Übel zu betrachten. Von der profanen Seite kommend, gibt Freud das nunmehr gängige Stichwort zum Thema: Er fasst alle verwandten Phänomene zur *Libido* zusammen. Bewiesen wurde nie, dass es so etwas gibt; nun aber wurde es von der biochemischen Forschung widerlegt. Es hat sich ja gezeigt, dass nicht erst wir Menschen vom eigenen Körper besonders für wichtige körperliche Zuwendungen, wie Stillen, Trost und gegenseitige Umarmungen, durch das »Wohlfühlhormon« Oxytocin (nicht vom Alter abhängig) belohnt werden, die Vermehrung aber, soweit sie durch Sex gesichert wird, ihr eigenes Belohnungssystem hat. Eckart von Hirschhausen sagt es uns so: »Dopamin oder Oxytocin – macht mich etwas scharf oder ‚rührt mich etwas an‘.« Es ist auch sinnvoll, die Belohnungssysteme mit zwei Begriffen der Wissenssoziologie zusammen zu sehen, nämlich Herrschaftswissen (mit zugehörigen Kontrollfunktionen) und Heilswissen (mit zugehöriger Verantwortung). Die Realität ist allerdings komplizierter: So wird Wohlfühlen auch vom Serotonin belohnt, während beim Mann das Sexualhormon Testosteron hinzukommt, um Beispiele aus dem großen Hormonsystem zu nennen.

Vom Segen freundlicher körperlicher Begegnungen

Wem es gelingt, die unglückliche theoretische Verknüpfung von Sexualität und Freundschaft aufzuheben und dann noch Liebe und Machtwille zu trennen, der tauscht unsinniges Leid gegen Freude ein. Und wirklich ist Freundschaft die schönste Erscheinung in überschaubaren Gruppen. Für den engeren Jüngerkreis Jesu werden wir das später aufzeigen. Wo es keine Freundschaft gibt, da ist es nicht weit bis zu ernsten psychologischen Problemen, während wir uns bei unseren Freunden gut aufgehoben wissen.

Freundschaft braucht Diskretion

Wenn wir Wert und Würde der Freundschaft betonen, dann ist auf eine Bedingung hinzuweisen, die alles andere als eine Nebensache ist. Freundschaft bringt Nähe und damit Verletzlichkeit, und doch schließt eine bestimmte Freundschaft eine andere nicht aus. In diesem Fall bekommt aber die Treue eine neue Bedeutung: Sie äußert sich nun als Verantwortung für den Freund, die Freundin, und verpflichtet zum Schutz der Privatsphäre. Das Schlüsselwort für dieses zusätzliche Verhalten heißt »Diskretion«, das kluge Unterscheiden. Es ist sicher, dass da ein besonderes Feld für Sünden ist. Der Spanier José Maria Escriva mit seiner Kongregation »Opus Dei« und seinem Buch »Camino« hat den Finger in diese Wunde gelegt. Leider habe ich den Eindruck behalten, dass leitende Opus-Dei-Leute sehr dazu neigen, ein älteres Übel der Hierarchien zu übernehmen, nämlich die ihnen anvertrauten Menschen zwar als Freunde zu behandeln, aber gern unter dem Eindruck der Wichtigkeit von Kontrolle – und das bedeutet Macht – für das »Opus« auszuhorchen.

Das Schlimmste aber, was überhaupt aller Freundschaft blühen kann, das ist das Weitertragen persönlicher Geheimnisse, um sich bei anderen als unterrichtet und interessant darzustellen. Leider begünstigt unsere Kultur dieses allgemein menschliche Laster so stark, dass es auch für uns selbst schwer ist und Disziplin erfordert, in uns eine kräftige Gegenkontrolle aufzubauen und diese Falle zu vermeiden. Jesus kannte uns Menschen gut genug, um auch hier seine Mahnung zu sagen: Wie Bäume an ihren Früchten zu erkennen sind, so Menschen an ihren Worten. »Aus des Herzens Überschwall redet der Mund. Der gute Mensch bringt Gutes aus dem guten Schatz hervor, und der böse Mensch bringt Böses aus dem bösen Schatz hervor. Ich sage euch aber: Über jedes müßige Wort, das die Menschen reden – Rechenschaft müssen sie darüber geben am Tag des Gerichts. Denn: Aus deinen Worten wirst du gerecht gesprochen, und aus deinen Worten wirst du verdammt« (Matthäus **12**, 34-37). Wir spüren ja alle, dass Worte, die in eine böse Richtung weisen, wirksam werden können, und so manche Entgleisung wird der Herr uns verzeihen müssen, der uns ja retten will. Das sollten wir nicht bagatellisieren. Dabei ist es aber wichtig, welche Grundentscheidung sich ausdrückt. Und auf den Punkt gebracht hat er es so: »Alle Sünde und Lästerung wird dem Menschen nachgelassen, die Lästerung des Geistes aber wird nicht nachgelassen« (a.a.O. **12**, 31). Warum dann das krasse Urteil in **12**, 36? Weil bloßes Blabla in einer Werbung für das Himmelreich kontraproduktiv ist.

Epigenetik

Ein weiteres Phänomen, das erst kürzlich entdeckt wurde und dessen Kenntnis unser Leben und vor allem das unsere Nachkommen zunehmend von Krankheit befreien kann, führt die Menschheit vom Diktat der Vererbung zur Eigenverantwortung. Es ist die Epigenetik. Auch dazu habe ich anderswo Hinweise gegeben (Stephan, 2016, S. 110–113, nach Spork, 2010).

Es ist demnach wichtig, auch die neuen Erkenntnisse der Naturwissenschaft und Medizin aufzugreifen und zu nutzen. Statt sie aus der Volksbildung herauszuhalten, sind sie, wenngleich nicht unkritisch und naiv, doch intensiv auch in das Weltbild einzufügen und zu einer der Voraussetzungen der Ethik zu machen! Es kann doch nicht angehen, ja es ist gefährlich, dass wir uns aus Unwissenheit im Widerspruch zu gesichertem Wissen verhalten. Ja, »der Geist bildet«. Aber der Geist brachte uns zum Fragen, und das Fragen führte zum Wissen von der Natur. Und dann? Dürfen wir uns nun einfach wegducken?

Vergleichen wir also noch kurz einige ethische Folgerungen, wie sie sich einerseits aus der wörtlich aufgefassten Schöpfungsgeschichte und andererseits aus dem neuesten naturwissenschaftlichen Weltbild ergeben, so verträgt sich das alttestamentliche Predigtangebot stellenweise gut mit einem die Konkurrenz betonenden Kapitalismus, und man kann in den USA Wahlen damit gewinnen. Aber im Gegenteil dazu ist gerade die besonders aktuelle Biologie mit der Bergpredigt Jesu weitgehend kompatibel.

Darauf kann man schwören

Auch Matthäus 5, 33-37 liegt mir, als eine aus politischen Gründen ständig übergangene Forderung, so sehr am Herzen, dass ich die Verse zitiere: »Abermals habt ihr gehört, dass gesagt ward den Alten: Schwör nicht falsch! Halte dem Herrn deine Eide! Ich aber sage euch: Überhaupt nicht schwören! Nicht beim Himmel, denn er ist Gottes Thron; nicht bei der Erde, denn sie ist der Schemel seiner Füße; nicht bei Jerusalem, denn es ist die Stadt des gewaltigen Königs; noch bei deinem Kopf schwöre, denn nicht ein Härchen vermagst du weiß zu machen oder schwarz. Sondern so sei euer Wort: ,Ja' – ein Ja; ,Nein' – ein Nein. Was darüber ist – vom Bösen ists.« Das wird sich zwar im bürokratischen Bereich nicht durchhalten lassen, aber sonst ist das Schwören ein unnötiger Brauch, der zudem signalisiert: »Ich stehe keineswegs hinter meinen un-eidlichen Aussagen, nagelt mich nicht darauf fest.« Nun werde ich die Bemerkung einfügen müssen, dass zu jedem Eid zweierlei gehört: 1. wird etwas als wahr beeidet, und 2. wird die Wahrheit des beeideten Satzes an etwas »Todsicheres« geknüpft, und Jesus betont, dass dies etwas zu sein pflegt, über das wir gar nicht verfügen können.

Vom Amtseid

Dennoch können wir nicht immer auf Schwüre verzichten und merken beim Nachsinnen schnell, dass da von Unterschiedlichem die Rede ist. Für das, was ich nun beschreiben muss, werde ich gar keinen Widerspruch anmelden; vielleicht gibt es das Problem nur im Deutschen. Jesus spricht nur von Verteidigungsschwüren! Davon ist das zu unterscheiden, was man als Amtseid kennt. Da wird ein bestimmtes Verhalten versprochen und mit einer Aussage verknüpft, die regelmäßig die Form hat: »So wahr mir Gott helfe.« Und das ist eigentlich keine Behauptung, sondern im Kern wohl eher ein Gebet: Wenn und soweit es bei meinem Tun nicht um die Erfüllung der als Gegenstand des Eides genannten Pflicht geht, dann möge Gott mich und die Gesellschaft davor bewahren und mir eben nicht helfen. Darum geht es religiös gesehen, und das ist unabhängig von einer eventuell mit böswilligem Versagen verbundenen Bestrafung durch den Adressaten des Amtseides. Ist es nicht manchmal so, dass wir den wahren Charakter unserer Taten gar nicht erkennen und dass die Folgen sogar strittig sind? Daher ist eine solche Strafe eine politische und nicht unmittelbar mit der Eidesformel verknüpft.

Es ist wichtig, die Formel »So wahr mir Gott helfe« auf den Amtseid zu beschränken. Andere Eide, die ich (vielleicht etwas unglücklich) als Verteidigungseide bezeichne, dürfen um Gottes willen nicht mit dieser Formel verbunden werden, schon gar nicht zum Erreichen eines Geständnisses und der Klärung eines Falles. Das wäre ein Eingriff in Gottes Recht: Wenn sich etwa jemand in Unrecht verrannt hat, dann ist Gott sein letzter Retter, die

Instanz, die man dem Beklagten keinesfalls nehmen darf – auch um Gottes willen.

Ein Fall, der uns momentan betrifft, ist gegeben, wenn der Amtseid den Einsatz für Nation und Volk verspricht und wenn – aus wie edlen anderen Gründen immer – dieses Ziel verraten wird. Sicher stellt die Verletzung oder Gefährdung wichtiger Rechte der eigenen Bevölkerung eine Verletzung des Amtseides dar, für die man nicht Gottes Hilfe erwarten darf. Und Amtseide gehören selbstverständlich auch zum wörtlich anzuwendenden und einklagbaren positiven Recht.

Daran schließt sich notwendig ein Seitenblick auf den in der Demokratie nötigen politischen Diskurs an: Wenn im Volk Zweifel an Regierungszielen auftreten, die über das durch unvermeidliche Nörgler erzeugte »Rauschen« hinausgehen, dann muss das im offenen Gespräch geklärt werden und darf nicht unter dem Vorwand »Political Correctness« unterbunden werden. Die Sorgen darf man nicht kleinreden. Zwar ist zwischen Volkswohl und Volksegoismus abzuwägen, aber die Durchsetzung ohne Klärung ist nicht durch Amt und Amtseid gedeckt.

Wer ist eigentlich das Subjekt dieses Amtseides? Was meint überhaupt der Begriff »Volk«? Das muss und darf geklärt werden. Die Zugehörigkeit zu Rassen ist unscharf, die jeweilige Kultur ist kein stabiles Merkmal; aber gehört schon der Fremde dazu, der hereinwill? Sicher nicht. Also gehört die dafür gegebene Verantwortung nicht unter den Amtseid eines Regierenden. Einzig praktikabel scheint die Teilhabe an einem gemeinsamen System von Grundwerten zu sein, wenn ein solches definiert werden kann. Und schließlich ist vor einer großen Zuwanderung ohne zeitliche Verweilgrenze eine ehrliche Untersuchung der Aufnahmefähigkeit wichtig, weil ein dicht besiedeltes Land ein Ökosystem darstellt, dessen Ressourcen begrenzt sind. Die daraus folgende Nachhaltigkeit aber ist überlebenswichtig, wenn nicht die gesamte Gesellschaft in innerem Krieg und Chaos versinken soll.

Manchmal ist eine Alternative für Deutschland wenigstens auf Zeit wichtig – die herrschenden Parteien hatten vor den Erfolgen der AfD die drängenden Fragen und Sorgen der Leute trotz aller Gefahrensignale nicht aufgegriffen, sondern schlicht unter den Tisch gekehrt. Der jetzige Zustand der AfD mag gegen diese (keineswegs verbotene) Partei sprechen, aber unter den herrschenden Bedingungen extremen Mobbings war keine bessere Entwicklung zu erwarten. In Thüringen haben die anderen Parteien nun sogar einen perfekten Bruch der demokratischen Formen vorgeführt, als ein FDP-Politiker zum Ministerpräsidenten gewählt wurde, der nur den einen Mangel hatte, dass diese Wahl mit Stimmen demokratisch gewählter (!) AfD-Mitglieder zustande kam. Großen Ärger bekam ein Gratulant einer anderen Partei: Er hatte es gewagt, das dort gesetzte Tabu zu brechen, wo doch selbst Höflichkeitskontakte zu AfD-Kollegen in Parteien verboten wurden, die sich als demokratisch und teils sogar christlich bezeichnen. Das allerdings ist eine Beleidigung für die vielen Bürger, die ihnen in freier und geheimer Wahl ihre Stimmen gegeben haben. Die werden sich übrigens daran erinnern, wie sehr sie derartige Wahlen zu DDR-Zeiten vergeblich ersehnt hatten.

Zurzeit führt uns die Türkei einige Gefahren vor, denn sie betrachtet Türken trotz ihrer Übersiedlung nach Deutschland als muslimische Ableger und versucht sie bei der Stange und ihren mittelalterlichen Werten zu halten.

Problematisch: »Dem Bösen nicht widerstehen« (Feindesliebe)

Durch solche Worte wie in Matthäus 5, 38-42, fühlen sich wohl die meisten Menschen gegen den Strich gebürstet, und auch ich weiß einige nicht zu befolgen. Gerade deshalb werde ich sie hier ungekürzt wiedergeben: »Ihr habt gehört, dass gesagt ward: Auge um Auge und Zahn um Zahn! Ich aber sage euch: Dem Bösen nicht widerstehen! Sondern: Wer dich auf die rechte Backe schlägt – wende ihm auch die andere zu. Und wer dich gerichtlich belangen und dir den Leibrock nehmen will – ihm lass auch das Obergewand. Und wer dich zu einer Meile zwingt – mit dem gehe zwei. Wer dich bittet – dem gib. Wer von dir borgen will – den weise nicht ab.«

Dass »Auge um Auge« keine Problemlösung bringt, das sehen wir noch sofort ein; denn so wird zwar eine formale Gerechtigkeit erreicht, aber da Gewalt fast immer Gegengewalt erzeugt, kommt kein Friede, solange nicht alle Beteiligten vollständig ausgebrannt sind. Selbst die große Weltgeschichte mit ihren Kriegen bietet da zahlreiche Beispiele. Auch auf die Übererfüllung von Bitten lassen wir uns noch ein, wenn es eben geht. Aber ungerechte Forderungen werden zu leicht als Einladung dazu angesehen, den Geber auszunutzen, was mir nicht als stabile Grundlage des Zusammenlebens erscheint. Beim Borgen kommt es auch auf den Einzelfall an; denn wer für eine Familie oder für eine Firma verantwortlich ist, der ist zur sorgfältigen Abwägung verpflichtet. Und wenn mir jemand etwas nehmen will, dann kann ich das gerade noch verstehen, wenn er hofft, damit ein für ihn belastendes Ungleichgewicht ausgleichen zu können; aber etwa einem reichen Hausbesitzer zusätzliche Einkünfte zukommen zu lassen, darin sehe ich keinen positiven Sinn, und warum sollte ich ihm auch nur einen Cent mehr geben, als eine vielleicht ungerechte Rechtslage erzwingt? Aber da gibt es auch grundsätzliche Schwierigkeiten, auf die ich kurz eingehen muss.

Wenn wir die Evolution der Lebewesen aus einer Moral-analogen Sicht betrachten, dann können wir folgende Fälle unterscheiden: Erstens zeigen sich immer wieder Entwicklungsschritte, bei denen Organismen sich gegenseitig brauchen, aufeinander angewiesen sind und Einrichtungen ausbilden, die der gegenseitigen Hilfe dienen. Zweitens gibt es Entwicklungen, die dazu führen, dass die eine Art von der anderen lebt, was durchaus dazu führen kann, dass jene andere geschädigt oder sogar ausgerottet wird, so dass in der Natur regelrechte Feindschaftsverhältnisse häufig sind. Und damit besteht drittens bei allen Organismen eine wichtige Aufgabe der Evolution darin, die Abwehr solcher Angriffe durch andere zu verbessern. Ein großer Teil der biologischen Evolution ist der Verteidigung gewidmet. Immer wieder gelingt es entsprechend unserem ersten Fall, solche »Feindschaften« in »Freundschaften« umzuwandeln, und das ist in Gesellschaften intelligenter Menschen noch viel schneller und leichter möglich, wo die langsame biologische Evolution durch die jedenfalls prinzipiell sehr schnell mögliche kulturelle Entwicklung ergänzt oder ersetzt werden kann. Dann handelt es sich allerdings nicht mehr um den von Darwin bei Lebewesen gefundenen Modus – Kultur geht anders und in andere Richtungen. Einen Weg zur Verwirklichung des kulturellen Fortschritts bieten die Religionen, bei denen neue Wege von Personen vorgegeben werden, die sich als Propheten ausweisen und ihre Gebote von göttlicher Offenbarung ableiten. Dieser Weg zu Neuerungen ist eine evolutionär jüngere Konkurrenz zum uralten Weg von Versuch und Irrtum bzw. Erfahrung, und er ist von Vertrauen = Glauben abhängig. Das Christentum hat neben seinem ausgeprägten Eigenleben in Kirchen und dort in Gestalt von Riten, Gebeten und aufwendigen sozialen Maßnahmen, in denen sich die von Jesus geforderte Nächstenliebe ausdrückt, sowie ihrer wissenschaftlichen Eigenkultur (Theologie) und auch diversen Machtstrukturen das dafür nötige gesellschaftsprägende Potenzial. Natürlich übersehe ich nicht, dass sich gerade die Kraft der Kirchen zur inneren Festigung jener Gebote wie zur entsprechenden Prägung der Gesellschaft in einer tiefen Krise befindet.

Nun haben wir zwar den Anschluss an die Ergebnisse der positiven Wissenschaft gefunden, aber was Matthäus 5, 38-42, angeht, so half mir zunächst kein Traum und kein Engel zu einer voll befriedigenden Einsicht.

Vielleicht ist sogar die konsequente Wehrlosigkeit in dieser Welt auf Dauer unmöglich und wird Gott deshalb der Welt ihr Ziel setzen und eine neue Schöpfung heraufführen, wie von Jesus und dann von seinen Jüngern erwartet. Dann ist die Wehrlosigkeit als solche schon ein Verhalten für das Himmelreich – die Lehren Jesu sind ja immer auch Vorbereitung dafür. Wenn das so ist, dann wäre es ein Wachstumsziel, ohne aber schon jetzt zu einer funktionierenden Sozialethik zu führen. Jesus selbst musste für sich die absolute Wehrlosigkeit jedenfalls annehmen, um seinen Weg in der Welt zu Ende gehen zu können, und das war, wie wir glauben, die Voraussetzung für unsere Rettung.

Ich möchte Ihnen doch nochmals das Jesus-Wort vorlegen: »Dem Bösen nicht widerstehen! Sondern: Wer dich auf die rechte Backe schlägt – wende ihm auch die andere zu.« Darin geht es um den Feind, der mir »ans Leder will«, das spielt sich auf der persönlichen Ebene ab. Das ist der Kontext zum Gebot der Feindesliebe; und es ist nicht nur unser Problem, sondern es ist ganz konkret die Haltung, zu der sich Jesus selbst entschlossen hat – ein Bestandteil sogar seines Opfers für uns. Seine Aufforderung an uns steht auch nicht isoliert, sondern es ist die Bitte, ihn zu begleiten und nicht allein zu lassen. Wenn wir gemeinsam mit ihm den Lauf der Welt noch umkehren wollen, dann erinnern wir uns an seine Lehre, dass das Böse von innen kommt. Wir erleben zwar immer wieder, dass es von außen her angestoßen wird, aber auch, dass wir dieses Stimulanz aktiv aufsuchen. Verändern können wir daran nur uns, und genau das wird uns zugemutet.

Und nun sollten wir wohl den von Jesus angesprochenen direkten Angriff entkoppeln vom Bösen selbst, von himmelschreienden Ungerechtigkeiten und Grausamkeiten, wie sie sicher auch damals allen als das allgegenwärtige Unheil das Herz einschnürten, genau wie es uns heute geht. Wenn wir nachforschen, wie Jesus darauf reagiert, dann müssen wir hören, was er zu den oder über die Täter sagt. Und dann stellen wir fest, dass Jesus keinesfalls bereit ist, all dieses Unrecht unter den Teppich zu kehren. Genau in dieser Lage hören wir dann nämlich Worte wie »Der ist dem Hohen Rat verfallen«, ein damals oft tödliches Urteil.

Ein Beispiel erwähnten wir kurz nach den »Seligpreisungen« in der Bergpredigt (Matthäus 5, 21-22): »Ihr habt gehört, dass gesagt ward den Alten: Morde nicht! Wer mordet – verfallen ist er dem Gericht. Ich aber sage euch: Wer seinem Bruder zürnt – verfallen ist er dem Gericht. Wer seinen Bruder aber einen ‚Hohlkopf' heißt – verfallen ist er dem Synhedrium. Und wer ihn einen ‚Aberwitzling' heißt – verfallen ist er der Feuerhölle.«

Und diese schon zitierten Sätze können wir jetzt einordnen: Diese ungebremste Feindlichkeit der Sünde gegenüber gibt den Maßstab an, den Jesus seinen Hörern anlegt: als einer Gemeinschaft, die sich dem Aufbau des Himmelreichs widmen soll. Es schützt die Würde der Brüder und Schwestern. Es ist aber ganz deutlich ein Gebot, dessen Erfüllung schon ein Wachstum verlangt und eine fortgeschrittene humane Gesinnung anzeigt. Das steht nicht im Widerspruch zu Gottes Gnade, denn es wendet sich nicht an die nicht Eingeführten. Als Anordnung für das weltliche Zusammenleben gesehen, das noch nicht einmal auf dem Weg ist, nennt Jesus die Strafe nicht; aber so ins Allgemeine gewendet betrifft es immerhin die Tat, unterscheidet sie vom Täter und richtet sich mahnend an die Zuhörer. Also will Jesus all diese Ungerechtigkeiten und Grausamkeiten keineswegs verharmlosen, sondern an der Wurzel packen. Wir können die Besserung nur im eigenen Inneren erreichen, aber Er will darüber hinaus das Böse in der Einstellung seiner Hörer und dann der Leser packen. Gerade das ist der Grund für seine Predigt – und die der Kirche. Als eine der wenigen Möglichkeiten der Reinigung sollten wir sie pflegen und nicht als »Sonntagsreden« abtun. Wir selbst müssen Jesu Ermahnungen, die sich um mehr Liebe und Menschlichkeit zwischen den Menschen bemühen, in den Alltag tragen. Wer denn sonst?

Jesus verlangt also von denen, die zu ihm gehören wollen, ein eigentümliches Verhalten, und das soll die werdende Kirche auszeichnen. Wie weit meint er es auch als ein Verhalten für die Menschheit insgesamt? Dem Himmelreich zwingend eigen, für die Kirche schon bindend, sieht er darin vielleicht auch rettende Ziele für die allgemeine Ethik, erwartet aber nicht die grundsätzliche Besserung der Welt.

Was das Strafmaß angeht, so müssen wir heilsgeschichtlich bedenken, dass zur Zeit der Bergpredigt Jesu eigenes Sühneopfer noch aussteht! Aber gerade wenn wir uns nun unter diesen Schirm stellen, wissen wir, wie bitter er erkauft wurde: zu unserer Rettung – und des Reiches wegen.

Islam als Antithese

Nicht nur die politischen Mächte, sondern auch Religionen, und zwar oft auch Christen, machen Front gegen die Zumutung der Wehrlosigkeit. Das begleitete die Botschaft Jesu von Anfang an bis in unsere Tage. Eine besonders heftige Antwort auf Jesu Plan kommt als Islam daher, der ganz passend »Unterwerfung« heißt. Mohammed ließ seit seiner größten Wende seine Religion ganz offiziell mit Feuer und Schwert ausbreiten. Teils mit und teils ohne Abwehr kam so zeitweise der gesamte Mittelmeerraum in die Hände von arabischen Nomaden und Händlern und ihrer islamischen Religion. Dabei kannte Mohammed nicht nur etwas von Jesu und hatte auch Christen in seinen Reihen, sogar als Ehefrau (Aischa) und als Nachfolger (Abu Bakr). Ich beziehe mich übrigens gern auf das Buch von Zierer (1983), der noch nicht in einer politisch so aufgeladenen Atmosphäre geschrieben hat.

Dass die Mohammedaner bei der weltweiten Sklaverei eine Rolle gespielt haben, ist ein historisches Faktum. Das folgende Zitat gibt einen kleinen Blick in die Geschichte frei: »Ein wichtiger Grund, mit dem die christliche Mission und die europäischen Staaten ihr Auftreten in Afrika legitimierten, war die Bekämpfung des islamischen Sklavenhandels. Von Norden her fielen arabische Sklavenhändler organisiert in Zentralafrika ein und unterhielten mit Deportationen den Menschenhandel vorrangig ins Osmanische Reich. Die islamische Versklavung war unbestreitbar

eine Geißel Afrikas, dennoch war der europäisch-christliche Protest dagegen ein erstaunliches Phänomen. Redliche Abscheu vor der Sklaverei,
antiislamische Propaganda, aber auch moralische Scheinheiligkeit waren
unentwirrbar miteinander verwoben. Im Kongo war in den gut zwanzig
Jahren unter der Herrschaft des belgischen Königs Leopold III. Ende
des 19. Jahrhunderts die Sklaverei verboten, und doch galt die Epoche
aufgrund der Zwangsarbeit, die an die Stelle der Sklaverei trat, als eine
der grausamsten in der Geschichte des europäischen Imperialismus«
(J. Lauster, 2015, S. 549).

Einer Bewertung ist das Verhalten sehr vieler Muslime entzogen, weil sie
von Menschen abstammen, die in den Islam gezwungen wurden und samt
ihren Nachkommen durch den Zwang der Scharia unter Todesdrohung darin gehalten werden. Eine freie Entscheidung ist ihnen nach menschlichem
Ermessen kaum möglich.

Weiter lehrt Jesus (laut Matthäus):

Jesus sagt uns also, dass wir unseren Feind nicht hassen, sondern vielmehr
lieben und ihm den Friedensgruß bieten sollen: »Und betet für die, die hinter euch her sind. So werdet ihr Söhne eures Vaters – dem in den Himmeln«
(Matthäus 5, 43-48). Dieses Zielgebot steht nicht in Frage. Jesus betont
die Begründung dieser Sätze und sagt ganz ausdrücklich, dass es seinen
Jüngern durchaus um das gehen soll, was man als Gotteslohn bezeichnen
kann und was der Sohnschaft entspricht. Dafür muss man gerechter sein
als die Heiden und die Zöllner.

– Dem schließt er noch die Mahnung an, das Gute nicht als Schau für die
Anerkennung durch Menschen zu tun, sondern im Verborgenen: vor Gott
allein. Das sagt er besonders über das Almosengeben und über das Beten,
was damals soziale Anerkennung brachte (6, 1-6). Ohne weiteren Bezug

auf das Fasten sagt Jesus, dass man nicht den Menschen fastend erscheinen soll, wohl im Verborgenen dem Vater. Der nämlich wird es vergelten, also als Zuwendung ansehen (6, 16-18).

Mit geistlichen Leistungen anzugeben war zur Zeit Jesu durchaus ein ethisches Problem; denn man erwartete dafür etwas von der Gesellschaft, sei es Ehre, seien es Gaben und vor allem Gehorsam. Heute geht das nicht mehr; denn nun ist bei uns der Gottesglaube kein Allgemeingut mehr, und der Verlust von gegenseitigem Respekt ist auch schlimm.

– »... wenn ihr den Menschen ihre Verfehlungen nachlasst, wird euer himmlischer Vater auch euch nachlassen. Wenn ihr aber den Menschen nicht nachlasst, wird auch euer Vater eure Verfehlungen nicht nachlassen.«

Dürfen wir dagegen die verbreitete Meinung übernehmen, wir brauchten uns in dieser Sache nicht anzustrengen, Jesus habe doch für unsere Verfehlungen gesühnt? Im Gegenteil: Von Anfang an haben die christlichen Gemeinden die Liebe zu ihrem Herrn auch durch ethische Anstrengungen ausgedrückt und waren der Überzeugung, das seien sie ihm schon aus Dankbarkeit schuldig.

– »Richtet nicht, damit ihr nicht gerichtet werdet!« (7, 1). Richten ist unsere Sache nicht und auch nicht, den Splitter im Auge des Bruders zu suchen und den eigenen zu übersehen.

An diese Mahnung, die Jesus besonders ernst nahm, muss man auch denken, wenn die veröffentlichte Meinung im Zusammenhang mit dem Missbrauchsskandal über die kirchlichen »Oberen« der Täter herfällt. Diese kommen damit zwangsläufig in ein Dilemma, denn Jesus hatte sie eben nicht zum Richten bestellt. Hinzu kommt, dass sich die meisten mangels sexueller Erfahrung, ja unter der Weisung auch gedanklicher Enthaltsamkeit die Verletzung der Opfer nicht vorstellen konnten und dass die Täter selbstverantwortliche Erwachsene, ja oft regelrechte »Alphatiere« sind, bei denen man sich höchstens eine bedauerliche Entgleisung, aber kein verfestigtes Fehlverhalten vorstellte. Erst als mit den

113

Tabus aufgeräumt wurde und der Skandal voll ans Licht kam, standen alle Mitverantwortlichen vor je eigenem Versagen.

– Auf Erden sollen wir keine Schätze anhäufen, wo sie sowieso nicht sicher sind, sondern im Himmel! »Wo dein Schatz, dort ist auch dein Herz« (6, 19-21).

Kann auch ein Atheist, der nicht auf das Himmelreich wartet, diesen Rat nutzen?, frage ich im Sinne unseres Themas. Selbst für diese Menschen wäre eine an den Seligpreisungen orientierte Welt eine Wohltat; doch sie ist auf dieser Erde nicht in Sicht, Generation nach Generation sinkt ins Grab, ohne auf der Welt dieses Reich der Gerechtigkeit zu erleben, und nach Jesu Worten ist es ohne Tod und Auferstehung sowieso nicht zu erwarten.

Wohl versuchen immer wieder Menschen, das Böse mit Gewalt von der Erde zu tilgen – was stets nur Katastrophen erzeugt. Für Gewalt braucht man Machtmittel, also entsprechende Ressourcen, also »Mammon«, aber: »Ihr könnt nicht Gottes und des Mammon Knechte sein« (6, 24).

»Ihr Kleingläubigen! Sorgt euch also nicht und sagt: Was bekommen wir zu essen? Oder: Was bekommen wir zu trinken? Oder: Mit was gewanden wir uns? Denn: Nach all dem fragen die Völker. Es weiß ja euer himmlischer Vater, dass ihr all das braucht. Sucht doch zuerst nach seinem Königtum und dessen Gerechtigkeit, dann wird euch das alles hinzugelegt werden; … das Morgen wird um sich selbst sorgen. Genug dem Tag sein eigenes Übel« (6, 30-34).

– Matthäus 7, 12, gibt außerdem folgende Mahnung wieder: »Gebt das Heilige nicht den Hunden, und werft eure Perlen nicht vor die Schweine, dass die sie nicht mit Füßen treten, sich umwenden und euch zerreißen.«

Man kann dabei an die Eucharistischen Gaben denken. Dass wir sie als christliches Volk in christlichen Gegenden sogar durch die Felder tragen konnten, gehört ja inzwischen weithin zum Idyll unserer Kindheit, soweit keine romantische Folklore daraus wurde. Aber ich begreife schon nicht, wie man Fronleichnamsprozessionen als unverstandenes Brauchtum zur

Abendunterhaltung des Fernsehpublikums freigeben kann, notdürftig vor Hass geschützt durch Musik und volkstümliche Farbigkeit. Heilige Dinge und heiliges Wissen bedürfen des Schutzes vor Fremden aller Art, die vieles nicht verstehen können und wollen, als ungenießbar ansehen und sich, wovor Jesus warnt, gegen die Christen wenden, die ihnen so etwas zumuten. Man wird wohl keine Stelle finden, die berichtet, dass Jesus unvorbereiteten Menschen das zumutet, was er dem inneren Kreis der Jünger vorbehält.

Tradierte und von Jesus bestätigte Gebote

Zunächst ist es verwirrend zu lesen, dass Jesus lehrt, vom Gesetz werde nicht ein Iota wegfallen, dabei aber einige überkommene Gebote als unwichtig ansieht, besonders wenn sie gerade von Schriftgelehrten angemahnt werden. Nun werde ich mich nicht auf das Problem göttlicher oder menschlicher Gebote einlassen, schon um meine Kompetenz nicht zu überschreiten. Aber es soll das beispielhaft bedacht werden, was Jesus den nach Genezareth gekommenen Pharisäern und Schriftgelehrten und dann genauer seinen eigenen Jüngern erklärt (Markus 7).

Anlass ist die Frage, warum Jesu Jünger entgegen der Überlieferung mit ungewaschenen Händen essen. Jesus zitiert Jesaja: »Was an Lehren sie lehren, sind Menschengebote«, und er weist ihnen Heucheleien en masse nach. Er lehrt, was von außen in den Menschen kommt, kann ihn nicht gemein machen, aber – und da wird er konkret, und das nehmen wir ernst: »Alles Böse kommt von innen heraus und macht den Menschen gemein« (Matthäus 7, 23). Es ist ja inzwischen nicht leichter geworden, das Böse zu meiden. Was zu Jesu Zeit in der jüdischen Gesellschaft weniger bedacht werden musste, aber weltweit und besonders im Römischen Reich und bis zum Hof des Herodes schon damals üblich war: die Allgegenwart der Verführung; denn viel von Jesus abgelehntes Fehlverhalten kam und kommt ja wirklich aus der profanen Kultur und damit von außen.

Viele Überlieferungen der jüdischen Kultur, auch wenn sie religiös begründet sind wie die Beschneidung, gehören nicht zur christlichen Botschaft. Die Lehren aus harten Herzen werden von Jesus aber umso stärker abgelehnt.

Was geschieht, wenn Menschen den Unterschied zwischen dem Göttlichen und dem Profanen missachten, das zeigte sich übrigens, als Jesus den Tempel von Geldwechslern und Händlern reinigen musste und die Tempelverwalter erst einmal eine Berechtigung zu diesem Eingriff sehen wollen. Die Begründung Jesu ist einfach:

»Ist nicht geschrieben:

Mein Haus soll ein Bethaus für alle Völker gerufen werden.

Ihr aber habt es zu einer Räuberhöhle gemacht« (Markus **11**, 17).

Die Achtung vor Gottes Belangen hat absolute Priorität und kann nicht von anderen guten Werken überstimmt werden.

Jesus lehrte als einer, der Vollmacht hat

Nun waren es aber die Propheten Gottes, die Jesus als den Heiland, samt der Verstocktheit der Juden und seinem Leiden und Sterben, angekündigt hatten, und mit diesen Ankündigungen hatte er sich dem Täufer Johannes gegenüber erfolgreich ausgewiesen, was aber dann bei den »Schriftgelehrten« auf taube Ohren stieß – weil ja die Schrift erfüllt werden musste, wie Jesus selbst sagte. Und auch die Kirche begründet ihre Rede von Jesus als dem Christus und seiner Lehre mit der vollständigen Erfüllung der Schrift. Aber seither und noch immer gibt es bei den Theologen eine starke Tendenz, die Argumentation umzukehren und für Lehren Jesu als eigentliche und maßgebliche Quelle Stellen des Alten Testaments zu suchen. So kommt es vor, dass alten Predigten, zum Beispiel des Jesu Sirach, der Rang des Gotteswortes zugeschrieben wird – obwohl Markus (**1**, 21-22), wie bereits berichtet, schon seinen Rang klarstellt mit der Erfahrung der Galiläer in Kafarnaum: »Da waren sie bestürzt ob seiner Lehre. Denn: Er lehrte sie als einer, der Vollmacht hat, und nicht wie die Schriftgelehrten.« Wir entscheiden das mit der kurzen Frage danach, wer uns eigentlich erlöst und belehrt hat, seine Missionare bis an die Grenzen der bewohnten Welt und in ihre so unterschiedlichen Winkel ausgeschickt hat und so dem Heiligen Geist den Boden bereiten ließ. Irritierende Abweichungen vom Gesetz des Moses erlauben es, in verschiedenen Gegenden Christ zu sein. Das wird später in meinem Text deutlicher werden. Wie auch immer, es geht nicht an, zu oder mit Jesus zu beten und sich dabei auf deutlich vorchristliche Lehren zu berufen.

Für die Sendung braucht Jesus – wie alle Propheten – eine Sonderstellung

Wir springen zurück zu Markus' Bericht über die Berufung der Zwölf, denn da heißt es weiter: »Und abermals laufen die Leute zusammen, so dass sie nicht einmal Brot essen konnten. Als die Seinen es hörten, zogen sie aus, ihn zu greifen; denn es hieß, er sei außer sich geraten« (**3**, 20-21). Als man ihm diesen Besuch meldete, wies er auf seine Zuhörer und sagte: »Da sind sie – meine Mutter und meine Brüder! Wer den Willen Gottes tut: Der ist mir Bruder und Schwester und Mutter« (**3**, 34-35).

Wenn es um Empfang und Weitergabe der Offenbarung geht, ist die Befreiung von störenden Verpflichtungen notwendig. Das zeigt sich im Bericht bei Matthäus **12**, 46 ff., wo Jesus seiner Umgebung klarmachen muss, dass sich Mutter und Bruder nicht in die Verkündigung einmischen dürfen. Jesus betont, dass niemand zwei Herren dienen kann, was sicher in diesem Zusammenhang besonders wichtig ist. Ein solcher Einmischungsversuch ist keine Bagatelle, es geht um die Sendung, um das Himmelreich, und für die Zuhörer um ihr ewiges Heil.

Das heißt: Die Arbeit Jesu und seiner Jünger für die Offenbarung ist nicht irgendein Dienst, sondern dieser ist genau das, was man heilig nennt. Ob wir es wahrhaben wollen oder nicht, es ist für den einzelnen Hörer eine Sache auf Leben und Tod.

An wen richtet Jesu seine Mahnungen?

Während ich für diese Recherche die Texte kontinuierlich durcharbeite, richtet sich Jesu Predigt an sehr unterschiedliche Hörer. Ganz besonders sind es einerseits die Jünger, die er als »Menschenfischer« mit der Weitergabe des Glaubens und schließlich weitgehend mit seiner Nachfolge beauftragt, aber auch die vielen, die »nur« selbst zum Glauben geführt werden.

Den Jüngern (wir dürfen dabei Frauen wie seine Mutter und die Maria aus Magdala nicht vergessen) wird die Weitergabe der Offenbarung und die Formung der Gemeinden anvertraut, und sie müssen dabei besondere Weisungen beachten. Jesus nimmt sie sich meist noch besonders vor. Aber eigentlich dienen die Reden an die nicht eigens berufenen Gläubigen – also auch an uns alle – genau dem gleichen Ziel. Als Folge unserer Sterblichkeit bilden wir ja Geschlechterketten, in denen mit der gemeinsamen Kultur auch der Glaube weitergegeben wird – oder nicht. Gerade unsere Generation erlebt nach Faschismus, Kommunismus, Kapitalismus und Nihilismus, was es bedeutet, wenn der kostbare Schatz des christlichen Glaubens aus der gemeinsamen Kultur herausgedrängt wird und das Zusammentreffen der neuen Generation mit den berufenen Jüngern – und mit den Worten Jesu – verhindert wird!

Trotz der deutlichen Differenzierung in Jünger und andere Zuhörer bekommen sie daher keine unterschiedliche Ethik mit auf ihren Weg, wenngleich die Unterweisung, da sie einmal der Person, im anderen Fall aber von Anfang an der Zielgruppe (der Gemeinde) gilt, eine sehr unterschiedliche Tiefe hat, und dass sich sogar die Jünger selbst manchmal überfordert fühlen.

Und dann sind da Lehren für Pharisäer, die meist Antworten auf deren Provokationen sind und dadurch als harsche Kritik daherkommen. Auch das sind gleichzeitig Mahnworte an die Jünger und uns, und gerade sie gehen oft in die Tiefe der Theologie.

Reinheit und Unreinheit: ein entscheidender Beitrag Jesu zur Ethik

Wegen des Bezuges zu unserer Frage nach ethischen Beziehungen kann ich auch die überhebliche Belehrung durch die Schriftgelehrten nicht verschweigen, die Anstoß nehmen an Sitten, die für Jesus nicht der Rede wert sind. Was das Händewaschen betrifft, »so fragen ihn die Pharisäer und Schriftgelehrten: Warum gehen deine Jünger den Weg nicht nach der Überlieferung der Alten, sondern essen ihr Brot mit gemeinen Händen? Er aber sprach zu ihnen: Treffend hat Jesaja über euch Blender prophetisch geredet, wie geschrieben ist:

Das Volk ehrt mit den Lippen mich,

doch hält sein Herz sich fern von mir.

Umsonst sie mich verehren:

Denn was an Lehren sie lehren, sind Menschengebote.

Fahren lasst ihr Gottes Weisung, aber ihr haltet der Menschen Überlieferung. ... Mose sprach: Ehre deinen Vater und deine Mutter! Und: Wer Vater oder Mutter schmäht, der sterbe des Todes! Ihr aber sagt: Wenn ein Mensch zum Vater oder zur Mutter sagt: Tempelgut – das heißt Weihegabe – ist, was du von mir zu nutznießen hättest, so lasst ihr ihn nichts mehr für Vater oder Mutter tun. Und so entmachtet ihr Gottes Wort durch die Überlieferung, wie ihr sie überliefert habt. Und dergleichen Dinge tut ihr noch viele« (Markus 7, 5-13). Eine Antwort auf den Tausch eines lebenswichtigen Gebotes gegen eine unwesentliche Sitte.

Es geht nicht darum, Hygieneregeln auszuheben, sondern um die Werteordnung, und das sagt er den Jüngern noch deutlicher: »Begreift ihr nicht, dass alles, was von außen in den Menschen hineinkommt, ihn nicht gemein machen kann? Denn nicht in sein Herz, in den Bauch gehts hinein und hinaus in die Grube. So erklärte er alles Essbare für rein. Er sagte: Was herauskommt aus dem Menschen, das macht den Menschen gemein, denn von innen, aus dem Herzen des Menschen, kommen die üblen Gedanken: Hurerei, Diebstahl, Mord, Ehebruch, Habsucht, Bosheit, Arglist, Ausschweifung, neidischer Blick, Lästerung, Hochmut, Unverstand. All dieses Böse kommt von innen heraus und macht den Menschen gemein« (a.a.O. 18-23). Damit stellt er die Jünger – und das sind auch wir – allen beschämenden Übeln gegenüber, die von uns in die Welt kommen können. Zugleich aber wird schon hier ganz klar, dass der Unterschied zwischen reinen und unreinen Speisen im Vergleich damit nichts mehr zu sagen hat. (Dennoch hatte das Problem mit der Unreinheit sehr lange eine überragende Bedeutung in der Kirche; aber das beruhte weitgehend auf Kontrolle als Machtmittel. Von Jesus her hat die Diskretion einen höheren Rang.)

Erst nach dem Pfingstereignis wird deutlich, wie die Gemeinden zu einem lebendigen Glaubensleben eine Arbeitsteilung bekommen – Paulus von Tarsus wird sie mit Lebewesen vergleichen, deren Leben auf den Funktionen unterschiedlicher Organe beruht – und wir sehen, dass in dem so entstandenen ganzen Kosmos von Aufgaben und Lösungen jede Person ihr eigenes Mitwirkungsprofil hat, ihren persönlichen Lebenskontext und ihre eigene Berufung, was nur auf Grund einer prinzipiellen Gleichheit in Rang und Würde erträglich ist. Alle sind zumindest prinzipiell derselben Ethik verpflichtet – entsprechend der gleichen Lehre desselben Herrn, gleich in Bürde und Würde.

Nicht nur Juden suchen Jesus

Nun zog Jesus mit seinen Jüngern bis nach Phönizien ans Mittelmeer, nach Tyrus, konnte sich aber auch hier in der Fremde nicht verstecken, sondern geriet sogar in die nächste Aufgabe der Kirche – in Gestalt einer Frau mediterraner Herkunft, einer Heidin, die wohl an irgendwelche Götzen glaubte. »Und sie bat ihn, dass er den Abergeist aus ihrer Tochter austreibe. Er sagte zu ihr: Lass erst die Kinder satt werden! Es ist ja nicht recht, das Brot der Kinder wegzunehmen und den Hündlein hinzuwerfen. Sie aber entgegnete ihm und sagte: Ja doch, Herr! Auch die Hündlein unterm Tisch essen von den Bröseln der Kinder. Da sprach er zu ihr: Um dieses Wortes willen, geh – schon weggefahren ist der Abergeist aus deiner Tochter. Und weg ging sie, nach Hause, fand das Kind auf der Liege gestreckt, den Abergeist schon ausgefahren« (Markus 7, 26-30).

C. P. Thiede (2002, S. 117) erkennt im Zusammentreffen mit jener griechisch sprechenden Frau, die »Jesus im griechisch geführten Gespräch erklärte, dass auch Nichtjuden in der Lage waren, seine einzigartige Rolle zu erkennen. ... Spätestens hier sah Jesus, dass seine Botschaft nicht nur von Juden aufgenommen werden kann und er sich folglich auch seinerseits nicht länger auf ein jüdisches Publikum konzentrieren konnte. Die Konsequenzen sind in den Berichten der Evangelien schnell ersichtlich. Jesus lässt eine Großveranstaltung in der griechischsprachigen Dekapolis am Ostufer des Sees Genezareth folgen (Markus 7, 31, 8, 1-9), bei der es zur Speisung der Viertausend kommt.« Thiede erkennt darin eine wichtige Zeitmarke im Wirken Jesu: »Diese subtile Weiterentwicklung von der ‚kophinos‘-Speisung der Fünftausend vor der Begegnung mit der Syrophönizierin zur ‚spyri‘-Speisung der Viertausend danach [benannt nach den ethnisch unterschiedlichen Körben, in denen die Reste des Mahles gesammelt wurden] findet ihren Höhepunkt in der Entscheidung Jesu, den Jüngern die Frage, für wen sie ihn halten, nicht mitten im jüdischen

Kernland zu stellen, sondern bei Caesarea Philippi, im Herrschaftsbereich des Philippus, neben einem Pan-Heiligtum und einem Tempel des Kaisers Augustus.«

Lukas berichtet von Jesu Hilfe für einen (römischen) Offizier, dessen Knecht im Sterben lag. Im Wissen um die kultischen Reinheitsgebote der Juden kam der Offizier nicht selbst, sondern meinte, dass die Krankheiten Jesus ebenso gehorchen wie ihm seine Untergebenen. »Als Jesus das hörte, staunte er über ihn, wandte sich um und sprach zu den Leuten, die ihm nachfolgten: Ich sage euch, nicht einmal in Israel habe ich so großen Glauben gefunden. Und zurückgekehrt ins Haus fanden die Ausgeschickten den Knecht gesund« (Lukas 7, 9-10).

Die Begegnungen mit Samaritern referiere ich nicht; ihre Glaubenssituation liegt nahe am Judentum und eine entsprechende Lage, die für unsere Ethik zu berücksichtigen wäre, gibt es hier und heute wohl nicht mehr.

Teil 2,
JESUS IN SEINER
MESSIANISCHEN ZEIT

Jesus auf dem Weg nach Jerusalem

Vorbereitung der Jünger als Zeugen für Jesu Tod, Auferstehung und Himmelfahrt

Matthäus (Kapitel 16) führt uns einen großen Schritt weiter in Jesu Vorbereitung der unvermeidlichen »Zeit danach«. Der Herr stellt die Frage, als wen die Leute ihn ansehen, dann aber die Frage nach dem Glauben der Jünger selbst. Daraufhin bekennt ihn Petrus als den Messias, den Sohn Gottes. Das erkennt Jesus als Offenbarung vom Vater und behandelt es als ein Zeichen, ja, als das erwartete Zeichen. Daraufhin gibt er Petrus als dem Baugrund seiner Kirche deren Schlüsselgewalt und sogar die zum Königtum der Himmel – und die Gewalt zum Binden und zum Lösen. Zugleich gibt er den Jüngern die Zusage, dass die Tore der Totenwelt die Kirche nicht überwältigen werden. Es tut gut, darauf zu bauen.

Seinen Jüngern sagt Jesus: »Ich sende euch wie Schafe mitten unter die Wölfe: Seid aber verständig wie die Schlangen und arglos wie die Tauben. Hütet euch vor den Menschen! Denn: An Synedrien werden sie euch ausliefern und in ihren Synagogen euch auspeitschen. Und vor Statthalter und Könige werdet ihr geschleppt um meinetwillen, zum Zeugnis für sie und die Völker. Wenn sie euch ausliefern, sorgt euch nicht, wie oder was ihr reden sollt. Denn: Gegeben wird euch zu jener Stunde, was ihr reden sollt. Denn nicht ihr seid die Redenden, sondern der Geist eures Vaters ist es, der in euch redet« (Matthäus **10**, 16-21).

»Danach fing Jesus an, seinen Jüngern zu zeigen, es müsse sein, dass er nach Jerusalem gehe, viel leide, von den Ältesten, Hohenpriestern und Schriftgelehrten getötet werde und am dritten Tage auferweckt« (Matthäus **16**, 21). Diese klare Ansage ist nur der erste Schritt, durch den die Jünger unerwartet die Konsequenz der Konfrontation mit den Schriftgelehrten erfahren. Ihre Reaktion folgt unmittelbar, und wieder tut Petrus den Mund auf: »Da nahm ihn Petrus zu sich her und fing an, ihn anzuherrschen, und sagte: Er sei dir gnädig! Herr, das darf dir nicht geschehen! Er aber wandte sich um und sprach zu Petrus: Weg da, hinter mich, Satanas! Ein Ärgernis bist du mir! Du hast ja nicht Gottes Sache, sondern die der Menschen im Sinn!« (**16**, 22, 23).

Dass dieser Dialog selbst oft als ärgerlich empfunden wird, ist eine Folge seiner sprachlichen Schwierigkeit. Wird nämlich das »hinter mich!« übersehen, dann wäre Petrus weggeschickt worden, eine schwerwiegende Überreaktion, die dann von wohlmeinenden Auslegern wenig überzeugend in eine allzu menschliche Reaktion uminterpretiert zu werden pflegte. Doch von den schweren Folgen weiß der folgende Text so gar nichts, es handelte sich nach vielen Exegeten um einen Übersetzungsfehler. Wohl ist es ein ernster Ordnungsruf, wie er der fatalen Lage angemessen ist. Zumal wenn man »Satan« nicht als die Person des gefallenen Engels sieht, sondern allgemein als den Versucher, den Strauchelstein, der Jesus zu Fall bringen würde, indem er den Vorstellungen der Leute Rechnung trägt.

Die Ansage, dass dies sein müsse, stellt die Jünger auch vor ihre eigene Bedrohung. Davon wird nichts weggenommen, im Gegenteil, Jesus sagt ihnen vorher, dass auch auf sie schwere Zeiten warten. Die beklemmende Realität ist (nach Vers 25): »Wer sein Leben retten will, der wird es zugrunde richten. Wer aber sein Leben zugrunde richtet – um meinetwillen – der wird es finden.« Auch für uns heute ist das alles andere als harmlos. Und irgendwie entspricht wohl das, was auf Jünger Jesu zukommt, auch in seinen Augen dem Los des Ackerknechtes, das uns im folgenden Beispiel vorgelegt wird: »Wer von euch wird seinem Acker- oder Weideknecht, wenn der vom Feld hereinkommt, sagen: Komm gleich her und lass dich nieder. Wird er ihm nicht vielmehr sagen: Bereite mein Mahl, dann tu die Schürze um und bediene mich, bis ich gegessen und getrunken, und dann iss und trink auch du. Sollte er dem Knecht Gnade erweisen, dass er das Angeordnete getan hat? So auch ihr: Wenn ihr alles getan, was euch angeordnet, so sagt: Armselige Knechte sind wir. Nur was zu tun wir geschuldet, haben wir getan« (Lukas 17, 7-10). Dass zu unserer Zeit in fortgeschrittenen Regionen das hier vorgestellte Herr-Knecht-Verhältnis überwunden ist, das verdanken wir ganz wesentlich der Botschaft Jesu und können es keinesfalls überall voraussetzen, und unsere Arbeit in Gottes Weinberg verspricht sogar himmlischen Lohn. Aber Jesus will wohl, dass sich seine Jünger nicht im Kampf um Lebensqualitäten aufreiben, weil nur der viel wichtigere Weg zum Himmelreich eine solche Umwandlung auch schon des irdischen Miteinanders zur Folge haben kann – fast als Nebenerfolg.

Bei Matthäus 17, 1-9, lesen wir (und Christen hören es ja oft): Sechs Tage später nimmt Jesus die Jünger Petrus, Jakobus und Johannes mit auf einen hohen Berg. Er wird verwandelt: strahlend hell und mit leuchtend weißen Obergewändern, und »Mose und Elija ließen sich vor ihm sehen, wie sie mit ihm sprachen. Petrus aber hob an und sprach zu Jesus: Herr, gut ist es, dass wir hier sind« und bietet an, ihnen drei Zelte zu bauen. Schon aber legte sich eine helle Wolke auf sie, aus der eine Stimme sprach:

»Das ist mein Sohn, der Geliebte,

an dem ich Gefallen habe.

Hört auf ihn!«

Sie warfen sich in Angst zu Boden, und als Jesus sie aufrichtete, waren sie mit ihm allein. Beim Abstieg wies er sie an, zu niemandem darüber zu sprechen – »bis der Menschensohn von den Toten erweckt ist«. Was die eindrucksvolle Erscheinung des Mose und des Elija bedeutet, berichtet Lukas (**9**, 30-31) in der von GUARDINI benutzten Übersetzung so: »Und siehe, zwei Männer sprachen mit ihm – das waren Elias und Moses. Die erschienen in Herrlichkeit und sprachen von seinem Ende, das er in Jerusalem erfüllen sollte.« Dazu ROMANO GUARDINI (1961, S. 289): »Moses, der die Vergeblichkeit der Anstrengung erfuhr, das Volk aus der Gefangenschaft seines Herzens herauszureißen; Elias, der mit dem Geist und dem Schwert gegen satanische Finsternis anrennen musste. Ist es nicht, als ob die Last von anderthalb Jahrtausenden heiliger Geschichte herangetragen und auf den Herrn gelegt würde? Was in der langen Zeit hochgekommen ist; was sich da wider Gott gestellt hat: das Erbe der jahrtausendlangen Verhärtung und Verblendung wird auf Ihn gelegt, und Er soll alles zu Ende bringen.«

Nochmals treffen wir Jesus mit seinen Jüngern in Galiläa (Markus 9, 30 ff.), wo er mit ihnen allein sein wollte; denn nun galt es wieder, diese zu lehren. Es musste ihnen ja in den Kopf gehen, dass der Menschensohn den Menschen ausgeliefert werden muss, getötet wird, aber nach drei Tagen aufersteht. »Doch verstanden sie das Wort nicht und fürchteten sich, ihn zu fragen.« Stattdessen hatten sie darüber gesprochen, wer der Größte sei. »Und er setzte sich, rief die Zwölf und sagte zu ihnen: will einer erster sein, so sei er letzter von allen – und aller Diener. Und er nahm ein Kind, stellte es in die Mitte, und es in die Arme schließend, sprach er zu ihnen: Wer ein Kind, eines wie dieses, auf meinen Namen hin aufnimmt – mich nimmt er auf. Und wer mich aufnimmt – nicht mich nimmt er auf, sondern den, der mich gesandt hat« (a.a.O. 35-37).

Es fällt nicht immer leicht, Gott zu vertrauen

Jesus verlangt in den Seligpreisungen (siehe oben), dass man sich stark zurücknimmt. Und das fällt besonders schwer, wenn es uns aufhält und von solchen Aktionen abhält, die der Gerechtigkeit dienen sollen. Offenbar sollen wir, wenn keine friedlichen Mittel zum Ziel führen oder neben dem Ziel auch Arges erreicht wird, die Sache Gott überlassen. Wir haben gleich zu Beginn an die Versuchung zur Macht als Versuchung für Jesus erinnert. Er hat die Probe bestanden, aber nicht einmal seine engsten Freunde konnten ihm darin sofort folgen. Für Gott und sein Reich kämpfen, das ist wohl leichter, besonders für Männer. Dass es nicht zum Ziel führt, lehrt ein kurzer Blick in die Geschichte:

Selbst das Christentum bietet da einiges, und die bisherigen Zeilen haben das gezeigt. Petrus, der dem Herrn Vorhaltungen macht und versucht, ihn vom Weg des Leidens abzubringen, bietet wohl das auffälligste Beispiel, und es war viel Zeit zur entsprechenden Vorbereitung der Jünger nötig, für eine Saat, die allerdings nach Jesu Auferstehung und durch die Begegnungen bis zu seiner Himmelfahrt durchaus aufgegangen ist.

Dass es sich nicht um einen Sonderweg Jesu handelt, zeigt im Alten Testament die Erfahrung des Propheten Elias, der als Gotteskämpfer nicht mehr weiterkann und am Berg Horeb dann die milde und gütige Seite Gottes erkennen darf: Gott lässt sich erfahren. Nicht im Unwetter und nicht im Erdbeben, auch im Feuer nicht; vielmehr wird sein Erscheinen angekündigt von einem leisen Lufthauch – unerwartete Erfahrung für seinen Propheten. Die entscheidende Seite von Gottes Wesen ist, und dafür steht Horeb, der Berg der Erscheinung Gottes: Er ist da. Am Horeb hatte er ja einst dem Moses seinen Namen genannt: als der »ER ist da«. (Und wir werden auf solche Inhalte aufmerksam gemacht durch unsere Seelsorger, in diesem Fall Pfarrer Steffel, eine der wichtigen Ermutigungen, was bei dieser Gelegenheit auch einmal erwähnt werden darf.)

Das Gegenbeispiel hat weltgeschichtliche Bedeutung. Als der Prophet Mohammed den heidnischen Arabern die Lehre von dem einen mächtigen Gott, dem Schöpfer und Erhalter zu bringen hatte, da hat er schließlich doch ganz auf die eigene Kraft und auf seine Freunde gesetzt. Nicht die Stärke Gottes, sondern die Unterwerfung mit Feuer und Schwert war die Strategie der Muslime und ist es weitgehend geblieben (und wir müssen gestehen, Gewalt gehörte nach der »Gregorianischen Kirchenreform« sogar für viele Jahrhunderte zum Verhalten der Kirche). Dazu kam im Islam dann noch die Vorstellung eines Alleinvertretungsauftrages und der Unterwerfung sogar der Christen und Juden. Und so kam, was kommen musste, Gewalt zeugte Gewalt. Aber Milizen taugen nicht zur Befriedung, und die Reaktion waren Kreuzzüge der Christen, wiederum eine Quelle von Not und Tod. Die heutige Ausbreitung des Islam (und sein Name sagt Unterwerfung) ist wesentlich hinterhältiger, so dass sich die deutsche Regierung übertölpeln lässt, was Ungarn und Österreicher auf Grund ihrer geschichtlichen Erfahrung abwehren.

Noch eine kurze Bemerkung zu Mohammed: Während dessen prophetischer Glaube an den einen Gott durch den Auftrag des Erzengels Gabriel zu seiner Aufgabe wurde, ist die Ausbreitung in das orientalische Christentum hinein dadurch nicht gedeckt. Der nächste Schritt war bereits bei den Israeliten, nach langer Vorbereitung, von Gott aus durch Zeugung und Beauftragung Jesu getan worden, was dem Mohammed durchaus bekannt war; doch er verstand wohl weder die Inkarnation noch die Geistsendung, und die Beduinen waren auf die friedliche Lehre Jesu keineswegs vorbereitet und sind es noch heute nicht. So erlebte Mohammed schnell, dass ihm eine entsprechende Hinführung ebenso wenig gelingt wie vordem die Überzeugung der Jerusalemer Schriftgelehrten durch Jesus. Seine opportunistisch gestutzte Religion aber ließ sich in Staatsform gießen und wurde zur Weltmacht.

Zurück zum Christentum: Der geschichtliche Weg über Gottes Bund mit den Israeliten zur göttlichen Inkarnation in Jesu und über dessen Lehre und Aufopferung zum Christentum war notwendig.

Weibliche Zeugen: Maria und Marta

Es ist nur ein Absatz, ja erstaunlicherweise nur (oder nur noch?) ein Teil eines Absatzes bei Lukas 10, 38-42. Aber der hat es in sich, der ist jedenfalls ganz zu zitieren:

»Als sie weiterwanderten, kam er in ein Dorf. Eine Frau namens Marta nahm ihn in ihrem Haus auf. Sie hatte eine Schwester, die Maria gerufen wurde. Die hatte sich dem Herrn zu Füßen gesetzt und hörte sein Wort. Marta aber musste sich schinden mit vielen Diensten. Und sie trat auf und sprach: Herr, kümmert es dich nicht, dass meine Schwester mich allein dienen lässt? Sag ihr doch, dass sie mit mir zufasst. Der Herr aber hob an und sprach zu ihr: Marta, Marta! Du sorgst dich und regst dich über vieles auf; aber man braucht nur eins. Maria hat sich also den guten Teil gewählt, der ihr nicht genommen werden soll.«

Das ist eine Belehrung über die Rangordnung von Aufgaben, und das »Man braucht nur eins« kennen wir von der ersten Versuchung Jesu in der Wüste her. Es geht wohl nicht um das Wohl der Hausgemeinschaft, sondern die daran geknüpften Sorgen müssen schweigen, wenn der Kampf um das Reich Gottes es erfordert. Diese Belehrung hat grundsätzliche Bedeutung: Gemeinde ist zwar auch ein Ort, wo wir Freunde haben, Freude erleben, dem irdischen Leben dieser Gemeinde dienen, das ist schon richtig. Im Hintergrund steht aber immer der Auftrag, das Wort vom Reich Gottes und von der Erlösung zu verkünden. Das hat hier Vorrang, denn unsere Bemühungen um die Gemeinde wären sinnlos, wenn sie nicht schließlich zum ewigen Leben führen würden. Schon bei den drei großen Versuchungen Jesu gibt diese Ordnung den Ton an, später prägt sie die Belehrung der Jünger und wird nun in der Szene mit Maria und Marta thematisiert. Es geht in diesen entscheidenden Tagen für Jesus und die Kirche um den Weg zum Himmelreich; nicht um das eigene Wohl, sondern um die eigentliche Liebestat, das Führen zu einem guten Ende.

Auch in Jesu Lebensgeschichte ist da noch mehr, und das ergibt sich aus den besonderen Bedingungen von Jesu Weg nach Jerusalem. Die Möglichkeiten, die Jünger und Jüngerinnen vorzubereiten, kamen beängstigend schnell an ihr Ende, und Zeit wurde kostbarer denn je. Was dieser Weg bedeutet, hatte Jesus schon gesagt, doch die Jünger konnten und wollten es so gar nicht fassen. Und es kam doch darauf an, dass die zukünftigen Zeugen das Geschehen verstehen konnten oder wenigstens nicht missdeuten würden. Außerdem war wohl Jesu Denken, als des abgelehnten Messias, auch bei seinem schrecklichen Ende. Es war nicht mehr die Zeit des Lehrens, sondern Jesus kann zu Maria über »seine Stunde« gesprochen haben – um sie als Zeugin vorzubereiten.

Aber wie war nun die Sache mit Maria und Marta? Die Deutung des Textes können wir darauf beschränken, dass Maria ihre Stellung als privilegierte Zuhörerin Jesu behalten soll. Wir sollten aber nach dem Grund fragen, den der Evangelist (Lukas) übersehen haben könnte. Geht es darum, dass Jesus eine Zuhörerin braucht? Doch er war ja umlagert von wissbegierigen Hörern. Will er vor allem die Sehnsucht dieser Maria nach seinem Reich stillen und sie darauf vorbereiten? Ja, sicher; doch wir müssen uns wohl nicht um ihr ewiges Heil sorgen. Den vollen Sinn erhält ein solches Glaubensgespräch vielmehr erst durch die Aussicht auf Weitergabe, auf die vielfältige Fruchtbarkeit in Form der Verkündigung. Wohl werden wir später aus dem Lukas-Evangelium erfahren, dass die Jünger dieser Zeugin allein nicht glauben, sondern außerdem der leibhaftigen Erscheinung Jesu bedurften.

Wollte Jesus wirklich eine Hälfte seiner Zuhörer nicht als Hoffnungsträger für die beginnende Kirche gewinnen? Sollte der kluge Apostel Lukas, wenn er schon von dieser persönlichen Instruktion für eine Frau als Gegenentwurf für die frauliche Fürsorge berichtet, an nichts weiter gedacht haben als an Jesu Sorge für das persönliche Heil seiner Freunde? Ich kann diese Stelle nur als Ermutigung der Frauen zum Glauben und damit zur Verkündigung lesen! Und gewiss wünscht auch der Papst, dass möglichst viele seiner zahlreichen Leserinnen das Wort weitertragen, auch wenn darüber einmal der Herd kalt bleibt. Vielleicht kann man ja das Verkündigungsmonopol vom Priesteramt trennen – und zugleich das Nebeneinander von Priesteramt und allgemeinem Priestertum konkretisieren. Mission findet nicht nur im »Gottesdienst« statt.

Selbstverständlich ist die Verkündigung der göttlichen Offenbarung immer mit einer großen Verantwortung für das genaue Hinhören auf das Wort und für die authentische Glaubensvermittlung verbunden. Das wäre aber zunächst eine Frage der Unterweisung. Gerade dieses Problem wurde inzwischen durch die allgemeine Schulpflicht vom Geschlecht abgekoppelt, was heute übrigens eine besonders große Aufgabe der Entwicklungshilfe ist. Am Rande gesagt: Es gibt das dunkle Gefühl vom Eindringen weiblicher Eigenarten. Aber ob nicht auch männliche Kleriker ihre Besonderheiten in die Gemeinden tragen? Und wenn ja: Geht es in der Verkündigung nicht um den ganzen Menschen? (»Als Mann und Frau schuf er sie«, wie das Alte Testament weiß.)

Fraueninitiativen verschiedenster Art

Wie in der gesamten Heilsgeschichte, so ist auch hier in der Entwicklung für eine Mitwirkung der Menschen gesorgt, und dabei müssen die Fraueninitiativen erwähnt werden. Bei Adams Frau Eva können wir schwerlich entscheiden, ob ihre Kungelei mit der Schlange im Paradies nicht eher eine – vielleicht sogar ganz unfromme, nämlich schlicht frauenfeindliche – Sage ist. Die prominente Mitwirkung von Maria, der Mutter Jesu, am Heilswerk Gottes wurde eingangs geschildert. Machen wir einen Ausflug zum begin-

nenden Islam, so fällt die unersetzbare Rolle von Mohammeds Frau Cha-
didscha auf. Das sind alles Geschichten aus dem Orient. In unserem eigenen
Kulturkreis ist das Leben einerseits meist besser geworden, wenn Frauen die
Initiative ergriffen haben, soweit es die Landwirtschaft und den Kampf um
Bildung und Mitverwaltung betrifft. Andererseits gibt es starke negative In-
itiativen, die sich vor allem gegen Ehe und Familie richten, sowie die Parole
»Mein Bauch gehört mir«, wenn sie erst nach der Zeugung propagiert wird.
Alles in allem ist die Befreiung der Frauen sicherlich einer der wichtigsten
Fortschritte unserer Zeit, und zwar nicht nur für die Frauen, sondern für
die ganze Menschheit, und übrigens auch für die Religion. Die Aufwertung
der Frauen geht freilich nur, wenn sie ihre Aufgabe nicht darin suchen, die
Männer zu imitieren. Es geht ja gerade darum, auch die weibliche Wesensart
einzubringen! Und übrigens sind Frauen auch nur Menschen.

Die biologische Differenz kommt aus der primär weiblichen Sorge um
den Nachwuchs. Da hat die Frau auf einmal ein Kind im Bauch, und damit
beginnt der große Unterschied, nicht durch »den kleinen Unterschied«!
Übrigens kann ich nicht glauben, dass die Diskussion um die gerechte Rolle
der Frauen in der Kirche durch die Lehrentscheidung beendet werden kann:
Die Gedanken- und Redefreiheit lässt sich, wie sich inzwischen zeigt, in der
abendländischen Kultur nur noch schwer ausheben.

Auferweckung des Lazarus zur Vergewisserung der Jünger

Wir begleiten Jesus nochmals nach Betanien bei Jerusalem, denn von dort
berichtet der Apostel Johannes im 11. Kapitels seines Evangeliums. Der Text
ist so bekannt, dass eine Auswahl genügt.

Der Weg aller Menschen zu Gott geht durch den Tod. Auch der von Gottes Menschensohn, aber Jesus wusste, dass er nach drei Tagen auferstehen

wird. Während er sich schon von seinen Feinden zurückhielt, wurde Jesus zum kranken Lazarus gerufen, doch er zögerte. Zu den Jüngern sprach er: »Lazarus, unser Freund, ist eingeschlummert. Ich aber mache mich auf, um aus dem Schlaf ihn zu wecken. Sprachen nun die Jünger zu ihm: Herr, wenn er eingeschlummert ist, wird er gerettet.« »Nun sprach Jesus freimütig zu ihnen: Lazarus ist gestorben. Aber ich freue mich euretwegen – damit ihr glaubend werdet, dass ich nicht dort war. Doch nun wollen wir zu ihm gehen.« Als sie ankamen, lag Lazarus schon vier Tage lang im Grabe.

Jesus traf Marta an, und ihr Gespräch ist so überliefert: »Herr, wärst du hier gewesen – nicht gestorben wäre mein Bruder. Doch auch jetzt weiß ich: Was alles du von Gott erbittest: Gott wird es dir geben. Sagt Jesus zu ihr: Auferstehen wird dein Bruder. Sagt Marta zu ihm: Ich weiß, dass er auferstehen wird – bei der Auferstehung am Letzten Tag. Sprach Jesus zu ihr: Ich bin die Auferstehung und das Leben. Wer an mich glaubt: Auch wenn er stirbt – wird er leben. Und jeder, der lebt und an mich glaubt, nimmermehr stirbt er – nicht auf Weltzeit hin! Glaubst du das? Sagt sie zu ihm: Ja, Herr! Ich bin zum Glauben gekommen, dass du der Messias bist, der Sohn Gottes: Er, der in die Welt kommen soll.«

Dann holte sie Maria.

Wie Maria nun dahin kam, wo Jesus war, sah sie ihn, fiel zu seinen Füßen nieder und sagte zu ihm: Herr, wärest du hier gewesen, so wäre mir der Bruder nicht gestorben. Wie Jesus sie nun weinen sah und wie auch die mit ihr gekommenen Juden weinten, fuhr er im Geist jäh auf und geriet durcheinander. Und er sprach: Wo habt ihr ihn hingelegt? Sie sagten zu ihm: Herr, komm und sieh. Jesus weinte. Da sagten die Juden: Sieh, wie er ihm Freund war! Einige von ihnen aber sprachen: Hat er, der des Blinden Augen geöffnet, nicht machen können, dass dieser nicht sterben musste?

Abermals jäh auffahrend geht Jesus zum Grab. Es war eine Höhle und ein Stein lag darauf. Sagt Jesus: Hebt den Stein weg! Sagt zu ihm Marta, die Schwester des Gestorbenen: Herr, er riecht schon; es ist ja der vierte Tag.

Sagt Jesus zu ihr: Habe ich zu dir denn nicht gesprochen, du werdest, wenn du glaubst, die Herrlichkeit Gottes sehen? Hoben sie also den Stein weg. Jesus aber hob die Augen nach oben und sprach: Vater, ich danke dir, dass du mich erhört hast. Ich wusste wohl, dass du mich allezeit erhörst. Aber um der Leute willen, die herumstehen, sprach ich es aus, damit sie glauben, dass du mich gesandt hast. Und als er das gesprochen, rief er mit gewaltiger Stimme: Lazarus! Auf, heraus! Heraus kam der Tote, mit Streifen an Füßen und Händen gebunden, und sein Gesicht mit einem Schweißtuch umwunden. Sagt Jesus zu ihnen: Macht ihn los, und lasst ihn gehen. Viele von den Juden nun ... wurden glaubend an ihn. Doch einige von ihnen gingen zu den Pharisäern und sprachen zu ihnen von dem, was Jesus getan hatte.«

Diese Erfahrung des Sterbens und der Auferweckung des Lazarus ist von Jesus mit einer Bedingung verbunden worden, mit der gleichen, die er auch für das persönliche Erreichen des Himmelreiches nennt: »Du werdest – wenn du glaubst – die Herrlichkeit Gottes sehen« – hier zu Marta gesagt, wohl aber für alle gemeint. Für Lazarus führt die Auferstehung in eine Fortsetzung seines bisherigen Lebensweges, es kann noch keine Himmelfahrt sein. Aber auch das Himmelreich verbindet Jesus in diesem Text ganz ausdrücklich mit der Ewigkeit.

Um nochmals daran zu erinnern: Tod und Erweckung des Lazarus ist ein Schritt auf dem Leidensweg Jesu, und es ist für alle Beteiligten der Beweis: Das ist möglich, Jesus hat die Macht dazu, und er verlangt von ihnen keinen Glauben auf bloße Hoffnung hin. Ja das Gelingen mag auch für ihn selbst Trost und Stärkung sein. Real zu erfahren, was er zwar als Gottessohn wusste, das hilft vielleicht auch ihm.

Gleichnisse statt Gebote

Wieder in Judäa und auf dem Weg nach Jerusalem, kam es zu Konfrontationen mit Pharisäern und Sadduzäern, Männern aus zwei Parteien der Schriftgelehrten. Beide versuchten, Jesus in Fallen der Schriftauslegung zu locken, und Jesu Antwort drückt oft seinen ganzen Ärger über das Unverständnis seiner Feinde aus und über ihren Verrat am priesterlichen Amt. Diese Gespräche dienen aber, wie schon angedeutet, auch dem Verständnis des göttlichen Willens.

Unser natürliches Gerechtigkeitsgefühl verlangt einen Ausgleich zwischen Aufwand und Lohn, und so neigen wir dazu, als Anwärter auf das Himmelreich, Einsätze für das Himmelreich und unsere Nächsten als eines Lohnes wert zu finden. Obwohl er den Jüngern das Schielen nach Lohn ausdrücklich ausredet, legt es Jesus doch als Ausgangspunkt für seine Belehrung fest. Nun ist es aber für das Himmelreich notwendig, dass viele Erste Letzte werden und Letzte Erste – gewöhnungsbedürftig, aber unvermeidbar.

Das bekannte Gleichnis bei Matthäus **20**, 1-16, erklärt das anhand von Tagelöhnern, die im Lauf eines Tages ankommen, wobei sich die Ersten verdingen, um für eine lange, die späteren für eine zunehmend kürzere Zeit im Weinberg zu schuften. Mit jedem vereinbart der Hausherr den gleichen Lohn. Als dieser abends ausgezahlt wird, murren die Ersten – verständlicherweise. Der Hausherr könnte leicht sagen, dass eben jeder den vollen Lohn braucht, aber er lässt sich nicht auf Diskussionen ein. Es geht um seine Souveränität, es ist sein Weinberg. Jesus sagt: »Freund, ich tu dir kein Unrecht. Bist du nicht um einen Denar mit mir übereingekommen? Nimm das Deine und geh! Ich will diesem Letzten ebenso viel geben wie dir. Oder: Ist es mir nicht erlaubt, mit dem Meinen zu machen, was ich will? Oder: Ist dein Blick böse, weil ich gut bin?« Es ist also unsinnig, Vor- und Nachteile gegeneinander aufzurechnen.

Wegen der Tatsache, dass Menschen es aus verschiedenen Gründen nicht schaffen, ständig wie erlöste Bewohner des Himmels zu handeln (»Wir sind alle Sünder«), gebietet Jesus den Jüngern eine entsprechende Toleranz. Petrus fragt: »Wie oft darf sich mein Bruder gegen mich versündigen, dass ich es ihm erlasse – bis zu siebenmal? Sagt Jesus zu ihm: Nicht bis zu siebenmal, sage ich dir, sondern bis zu siebenundsiebzigmal« (Matthäus **18**, 21-22).

Das erläutert Jesus nach dem Gleichnis in Matthäus **18**, 24-35, so: »Mit dem Königtum des Himmels ist es gleich wie mit einem König, der mit seinen Knechten abrechnen wollte. Als er zu rechnen begann, ward ihm einer vorgeführt, der zehntausend Talente schuldete. Da er aber nichts hatte, um zurückzugeben, befahl der Herr, es sei zu verkaufen: er, die Frau und die Kinder und alle seine Habe – und dann sei zurückzugeben. Da warf sich der Knecht nieder, verneigte sich tief und sagte: Sei langmütig mit mir, und alles werde ich dir zurückgeben. Da ward dem Herrn weh um jenen Knecht, und er ließ ihn frei. Auch das Darlehen erließ er ihm. Als aber jener Knecht hinausgegangen war, traf er einen seiner Mitknechte, der ihm hundert Denare schuldete. Und er griff und würgte ihn und sagte: Gib zurück, was du schuldest! Da warf sich sein Mitknecht nieder, mutete ihm zu und sagte; sei langmütig mit mir, und ich werde es dir zurückgeben. Der aber wollte nicht, sondern ging und warf ihn in den Kerker, bis er das Geschuldete zurückgegeben habe.« Als empörte Mitknechte das dem König berichteten, ließ der ihn foltern, bis er seine eigene Schuld beglichen habe. »So wird auch mein Vater, der himmlische, euch tun, wenn ihr nicht von Herzen erlasst – ein jeder von euch seinem Bruder.«

Bei Matthäus **25**, 14-30, geht es um die Verwaltung anvertrauter Ressourcen. Der Herr überlässt seinen Mitarbeitern für seine Abwesenheit unterschiedlich viele Talente zur Bewirtschaftung, je nach ihrem geschätzten Können. Nach seiner Rückkehr wird abgerechnet, und er erhält sie verzinst zurück. Nur der, der lediglich ein Talent bekam, erzielte keinen Zugewinn – er hatte das Geld vergraben. Die Reaktion des enttäuschten Herrn: »Du böser und säumiger Knecht! Du wusstest, dass ich ernte, wo ich nicht gesät, und sammle, wo ich nicht ausgestreut habe. Du musstest also mein Geld bei den Bankleuten anlegen und – heimgekehrt – hätte ich das meine samt Zinsen geholt.** Nehmt ihm also das Talent weg und gebt es dem, der die zehn Talente hat. Denn: Jedem der hat – dem wird gegeben, ja überreich geschenkt. Wer aber nicht hat, dem wird auch das, was er hat, genommen. Und den nichtsnutzigen Knecht werft hinaus in die äußerste Finsternis!« Bei oberflächlicher Betrachtung mag man auch dieses Gleichnis als Zumutung ansehen; aber das ist schnell klar; denn es handelt sich nicht um Eigentum der Mitarbeiter, sondern um des Herrn Eigentum, das die Mitarbeiter zu verwalten hatten. Dennoch ist wegen der Behandlung des dritten Knechtes der Unmut bei vielen Christen groß; denn inzwischen ist, jedenfalls im Abendland, ein gewisses Maß an Psychologie fast die Regel, und in Predigten und Aufsätzen, wie im Text, wird sie diesem Knecht selbst in den Mund gelegt, mit Verweis auf die Angst als Ursache.

**Jüngeren Lesern wird auffallen, dass schon damals und noch bis vor Kurzem die Banken als Puffer dienten, in denen eingelegtes Geld gegen Zinsen an sichere Kunden verliehen wurden, denen so Investitionen und Fernhandel ermöglicht wurden. Das war der Geldmarkt zu allseitigem Nutzen und in der Regel unter staatlicher Aufsicht. Mohammed als Karawanenkaufmann untersagte in seinem Bereich das Verzinsen, und die Europäische Zentralbank hält heute die Zinsen bei null, weil das Wachstum des Geldes allein zu Gunsten von Regierungen, Banken und Betrieben geschehen soll, möglichst wenig aber zum Weiterreichen über die Generationengrenzen hinweg. Die EU hat ihre Pflicht zur Bankenaufsicht in ein Recht zur Ausbeutung, ein Nutzungsrecht verwandelt. Damit wurde die Gewaltenteilung ausgehebelt: Sie maßt sich an, Geld umzuverteilen zum Schaden vor allem für die in fortschrittlichen Gesellschaften auf Erspartes gegründete Altersvorsorge und zu Gunsten von Kapitalmarkt, Fiskus und Wertabschöpfung.

Jesus selbst gibt sich in einem anderen Gleichnis (s. Matthäus **18**, 12-14) als guter Hirte zu erkennen, der jedem einzelnen verirrten Schaf nachgeht und es zurückholt; und schließlich gibt er sogar sein Leben hin für die Schafe. Gewiss hat die Vielzahl an Gleichnissen einen Sinn: Wie sonst lässt sich die Vielfalt des Lebens erfassen? Man kann also keinesfalls die ganze Verhaltenslehre auf wenige einzelne Bibelsätze stellen.

Danach, bei Matthäus **25**, 31-46, verkündet Jesus in prophetischer Rede die Grundlage des erwarteten Verhaltens (hier gekürzt):

»Wenn der Menschensohn in seiner Herrlichkeit kommt und alle Engel mit ihm, dann wird er sich setzen auf den Thron seiner Herrlichkeit. Und alle Völker werden vor ihm versammelt, und er wird sie voneinander sondern, wie der Hirt die Schafe von den Ziegen sondert. Und die Schafe wird er zu seiner Rechten stellen, die Ziegen zu seiner Linken. Dann wird der König denen zu seiner Rechten sagen: Herbei, ihr Gepriesenen meines Vaters! Nehmt zum Erbe das Königtum, das euch bereitet ist seit Urbeginn der Welt. Denn hungrig war ich – und ihr habt mir zu essen gegeben. Durstig war ich – und ihr habt mich getränkt. Fremdling war ich – und ihr habt mich aufgenommen. Nackt – und ihr habt mich gewandet. Krank war ich – und ihr habt nach mir gesehen. Im Kerker war ich – und ihr seid zu mir gekommen. Dann werden die Gerechten anheben und sagen: Herr, wann haben wir dich hungrig gesehen und dich gespeist, oder durstig und dich getränkt? Wann haben wir dich fremd gesehen und dich aufgenommen, oder nackt und dich gewandet? Wann haben wir dich krank oder im Kerker gesehen und sind zu dir gekommen? Und der König wird zu ihnen sagen: Wahr ists, ich sage euch: So viel ihr nur einem meiner geringsten Brüder getan – mir habt ihr es getan. Dann wird er auch denen zur Linken sagen: Geht weg von mir, ihr Verfluchten!« Und er wiederholt die Aufzählung in der negativen Form, schließend mit: »So viel ihr einem dieser Geringsten nicht getan – mir habt ihr es nicht getan. Und die werden hingehen in unendliche Pein; die Gerechten aber in unendliches Leben.« Wohl fällt auf, dass dies alles nicht etwa auf die Jünger beschränkt wird oder wenigstens auf die Juden und die Kirche; sondern die Völker werden alle vor dieses Gericht gestellt! Es ist also ein sozialethischer Leittext für die ganze Menschheit!

Der Herr und die Kinder

In einen konkreten Zusammenhang stellt Jesus auch das Verhältnis unseres irdischen Ranges zum himmlischen. Fragten also die Jünger, wer wohl der größte sei im Himmelreich, stellte Jesus ihnen ein Kind als Maß hin: »Wenn ihr euch nicht umwendet und wie die Kinder werdet, kommt ihr nimmermehr in das Königtum der Himmel hinein. Wer also niedrig sich macht, der ist der Größte im Königtum der Himmel. Und wer ein Kind, eines wie dieses, auf meinen Namen hin aufnimmt – mich nimmt er auf« (Matthäus **18**, 3-5). Und er kommt zu einem für uns besonders peinlichen Punkt mit: »Wer aber einem dieser Kleinen, die an mich glauben, Ärgernis gibt ...«, und später: »Weh der Welt um der Ärgernisse willen! Es ist zwar notwendig, dass die Ärgernisse kommen – aber weh dem Menschen, durch den das Ärgernis kommt.« Wir werden uns nur auf die Kinder als Opfer beschränken, und da ist zu sagen: Es geht nicht nur um Verletzungen des Leibes, sondern auch um Verletzungen der Seele und auch des Verhältnisses zu Gott. Er wendet dann auch den Blick von den Opfern auf die Täter und rät allgemein, ein Ärgernis, das uns ein Körperteil gibt, durch Entfernung dieses Organs zu beenden; denn besser verkrüppelt in den Himmel als heil in die Hölle kommen. Damit wendet sich Jesus nebenbei auch gegen die Behauptung, Menschen mit beschädigtem Leib kämen nicht in den Himmel.

Erst neulich ist ja der entsetzten Öffentlichkeit bekannt geworden – und so lange waren wohl auch die meisten Kleriker ahnungslos –, dass nicht nur in profanen, sondern auch in kirchlichen Einrichtungen Kindern Arges angetan worden ist; und nicht nur Mädchen sind ja so verletzlich. Jesus hat wohl sein Urteil auch aus seinem Wissen um das mit sexuellen Übergriffen an Kindern verbundene Leid gefällt.

Damals wie heute werden viele Vorgesetzte der Sünder davon aber erst durch das Aufbrechen der Tabus erfahren haben; denn den Tätern war sehr an der Geheimhaltung gelegen, und die Opfer sahen keine Chance, mit ihrer Klage ernst genommen zu werden. Belesenen Leuten aber war seit der Renaissance die verklärte Liebe antiker Helden zu schönen Knaben geläufiges »Kulturgut«, kurioser heidnischer Brauch, dessen Karikatur in unseren Tagen man nicht erahnte. Nach der Aufdeckung der verbreiteten Vorgänge: dass zahlreiche Kinder auf diese Weise und teils über lange Zeit gequält worden sind, machte klar, dass Jesus keineswegs in orientalischer Übertreibung gesprochen hatte, sondern dass es dabei um wirkliche seelische und körperliche Verletzungen geht. Endlich wird die Verdammung durch Jesus ernst genommen, der für die Täter Mühlsteine an den Hals und viel Wasser über dem Kopf für eine angemessene Strafe hält (Matthäus **18**, 6; Markus **9**, 42-44). Das sagt Jesus in vollem Ernst!

Allerdings sind zwei Bemerkungen zu machen: Im Gegensatz zu dem Eindruck, den man aus den Medien gewinnt, sind nur etwa drei pro Mille der bekannt gewordenen Taten in christlichen Einrichtungen geschehen; und außerdem kommt auf je drei entsprechende Untaten eine Fehlanzeige. Da hat also die »Aufarbeitung« eine große Zahl von Rufmorden im Gefolge mit den zugehörigen zerstörten Existenzen: eine Art nicht aufgearbeiteter Hexenwahn.

Doch zurück zum Thema: Zu seelischer Verletzung führen vor allem sexuelle Übergriffe durch Ältere, wie inzwischen bekannt ist. Das ist nicht nur körperlich verletzend, sondern auch eine Machtausübung, eine Beleidigung des reifenden Körpergefühls, eine Demütigung und Vergewaltigung. Anders kann es übrigens sein, wenn Kinder im Rahmen ihrer Selbsterkundung auch einander erforschen.

Wie bei der Homosexualität ist auch hier die Rekrutierung, auch die von Tätern, ein nicht hinreichend durchdachtes Problem. Wohl zitiere ich nochmals den auch hier wichtigen Satz Martin Bubers, mit dem er den entscheidenden Moment am Beginn eines dialogischen Verhaltens oder dessen Verweigerung beschreibt: »Die Wirklichkeit tut sich ihm [dem Täter] an, was wird er tun? Er übertobt die Seele oder sein Trieb kehrt um.«

Wieder einmal zeigt sich, dass die überlieferten Jesus-Worte ernst zu nehmen sind (und dass im Zweifel die Übersetzung zu prüfen ist).

Vergiftete Atmosphäre durch verlogene Selbstdarstellung

Als Verallgemeinerung des gerade besprochenen Skandals will ich nochmals ein Verhalten benennen, wie es sich besonders deutlich zeigte, als eine Ehebrecherin vor Jesus geschleppt wurde. Er erlaubte den Start der Steinigung dem, der ohne Sünde wäre, was sich aber im Heiligtum keiner zu behaupten getraute. Jesu besondere »Freunde« waren nämlich die Heuchler, und Heuchler, das waren zunächst die Schauspieler selbst, aber dann auch jene Leute, die ihre öffentliche Erscheinung am Rollenspiel der damals so beliebten Schauspieler ausrichteten und ihr wahres Verhalten zu maskieren pflegen. Jesus rügt das besonders, weil sie den Menschen das inzwischen monströs aufgeblähte Gesetz als ein Joch auf die Schultern legten und ihr eigenes Fehlverhalten daher geheim halten mussten.

Glaubensschwäche?

Ebenso wie die damaligen Jünger wären auch wir heutigen überfordert, wenn Jesus erklärt, dass seine Jünger, sogar unabhängig von einer ethischen Notwendigkeit, sehr spektakuläre Wunder tun könnten. Für einen modernen Naturwissenschaftler ist das Folgende geradezu schockierend: Auf dem letzten Weg hinauf nach Jerusalem ließ Jesus einen Feigenbaum verdorren, der keine Frucht brachte, und provozierte die Jünger zu Fragen. Seine Antwort führte zu dieser Belehrung: »Wahr ists, ich sage euch: Wenn ihr Glauben hättet und nicht zweifelt, würdet ihr nicht nur das mit dem Feigenbaum wirken. Nein, wenn ihr zu diesem Berg da sprecht: Heb dich weg und stürz ins Meer – so wird es geschehen. Und alles, was ihr im Gebet glaubend erbittet – ihr werdet es empfangen« (Matthäus **21**, 21-22). Nun muss ich bekennen, dass ich diese Glaubenskraft nicht habe. Ich werde das aber nicht verallgemeinern, sondern nehme an, dass auch die Aufklärung dahintersteckt. Denn die notwendige Vorstellungskraft ist bei Menschen mit neuzeitlichem Wissen blockiert durch die moderne Naturkunde. Dieselbe aber hat andersartige Heilungsmethoden entdeckt und verallgemeinert, dass wir mit den jetzigen Möglichkeiten zufrieden sein können, deren Erwerb ja auch vom vielfältigen Wirken der Christen mitgetragen wurde. Mit Rätseln dieser Art werden wir, etwas Demut vorausgesetzt, leben können.

Bei euch sei es nicht so!

Die Belehrung geht bis in die Sozialethik und Politik, und da geradewegs zum Königsweg der Gerechtigkeit: »Jesus aber rief sie [die Jünger] heran und sprach: Ihr wisst, die Anführer der Völker herrschen auf sie herunter, und ihre Großen lassen sie ihre Vollmacht spüren. Bei euch sei es nicht so! Sondern: Wer bei euch ein Großer werden will, sei euer Diener. Und wer bei euch der Erste sein will, sei euer Knecht, wie auch der Menschensohn nicht gekommen ist, um sich dienen zu lassen, sondern um zu dienen und sein Leben zu geben als Lösepreis für viele« (Matthäus **20**, 25-28).

Jesus lässt den Jüngern aber auch keine Illusion über ihr eigenes mögliches irdisches Schicksal. Wohl bleibt dies im Rahmen der Gewalttaten, die allem Volk drohen können, mit der Ausnahme, dass das besondere Leiden der Jünger durch ihre Sendung Sinn bekommt. Bei Markus im Kapitel 13 wird zunächst der unumgängliche Untergang von Tempel und Stadt, dem Leiden der Zivilbevölkerung, den Verführungsversuchen durch Lügenpropheten sowie Krieg zwischen den Völkern angekündigt. Erst vor dieser Kulisse muss man sehen, was den Jüngern droht: »An Synedrien werden sie euch ausliefern und in Synagogen werdet ihr gepeitscht, und vor Statthalter und Könige werdet ihr gestellt, um meinetwillen – zum Zeugnis für sie. Doch zuerst muss allen Völkern die Heilsbotschaft verkündet werden. ... Sorgt euch nicht vorher, was ihr reden sollt. Vielmehr was immer euch gegeben wird in jener Stunde, das redet. Denn nicht ihr seid die Redenden, sondern der Heilige Geist« (Markus **13**, 9-11). Es ist dann das große Anliegen Jesu, dass die Jünger im Bewusstsein des bevorstehenden Endes wachsam bleiben und nicht vom Ende überrascht werden; und diese Warnung geht an alle (i.a.O., Vers 37), sollen doch möglichst viele gerettet werden. Dass das Ende zwar unvermeidlich ist, aber sehr lange auf sich warten lässt, hatte sich erst viel später ergeben.

Antworten – verbal oder durch Taten

Kritik an den Schriftgelehrten und zugleich Belehrung für alle gibt Jesus in Form des folgenden kleinen Gleichnisses (Matthäus **21**, 28-32). »Was meint ihr: Ein Mann hatte zwei Kinder. Er ging zum ersten und sprach: Mein Kind, geh, wirke heute im Weinberg! Der aber hob an und sprach: Ja, Herr – ging aber nicht. Er ging zum zweiten und sprach dasselbe. Der aber hob an und sprach: Ich mag nicht! Hinterher aber gereuig, ging er doch. Wer von den beiden hat den Willen des Vaters getan? Sie sagten: Der letztere. Sagte Jesus zu ihnen: Wahr ists, ich sage euch: Die Zöllner und die Huren kommen vor euch in das Königtum Gottes. Denn: Johannes kam zu euch mit dem Weg der Gerechtheit, doch geglaubt habt ihr ihm nicht. Die Zöllner und die Huren haben ihm geglaubt. Ihr aber habt es zu sehen bekommen und doch hat es euch nicht einmal hinterher gereut, so dass ihr ihm geglaubt hättet.« a.a.O. Verse 43-46 kommt dann die harte Drohung: »Euch wird entrissen das Königtum Gottes und einer Volksgemeinschaft gegeben, die ihre Früchte bringt. ... Als die Hohenpriester und die Pharisäer seine Gleichnisse hörten, erkannten sie, dass er von ihnen redet. Und sie suchten ihn zu greifen, doch fürchteten sie sich vor den Scharen, denn die hielten ihn für einen Propheten.«

Überall in den Texten aber spürt man die ernste Sorge Jesu um die vielen, die sich so schwer damit tun, das jeweils von ihnen Erwartete, Mögliche und dringend Nötige zu tun. Und zweitausend Jahre später kann man bei uns vielen Leuten, wie auch unseren Regierenden, noch immer dasselbe Etikett anheften, selbst wenn sie ein C im Parteinamen haben. Er geht uns allen weiter nach wie der Hirte dem abgeirrten Lamm, befürchtet aber deutlich, dass manche das Ziel verfehlen werden – vom gemeinsamen Beitrag zum Himmelreich ganz abgesehen.

Das Leitbild

Das folgende Ereignis fasst zusammen, wie Jesus die Aufgabe sieht, die eigentlich allen Menschen als Geschöpfen gestellt ist. Um ihm eine Falle zu stellen, wurden Jünger der Pharisäer zusammen mit Herodianern mit folgender Frage gesandt: »Ist es erlaubt, dem Kaiser Steuern zu zahlen – oder nicht? Jesus aber kannte ihre Bosheit und sprach: Was versucht ihr mich, ihr Blender! Zeigt mir die Steuermünze! Sie brachten ihm einen Denar. Und er sagte zu ihnen: Wessen Bild und Aufschrift ist das? Des Kaisers, sagten sie. Darauf sagte er zu ihnen: Zahlt also, was des Kaisers, dem Kaiser zurück, und was Gottes ist, Gott! Als sie das hörten, staunten sie, ließen ihn stehen und gingen fort« (Matthäus 22, 17-22).

Selbstverständlich hatten sie eine gängige Münze dabei, obwohl sie als gläubige Juden theoretisch das Bild des als göttlich geltenden römischen Kaisers nicht haben durften. Neben diesem Götzendienst ist dann das Tributzahlen selbst geradezu harmlos, und das Geld dient wenigstens teilweise den üblichen Staatsausgaben. Aber Jesu Lehre zielt nicht auf diese Fragen; damit lässt er sie eigentlich im Regen stehen.

Die Botschaft heißt vielmehr: Zahlt Gott, was Gott gehört! Der Mensch, jeder Mensch, ist als Bild Gottes geschaffen und soll in dieses Format hineinwachsen. Das hätte nun einem fertigen Schriftgelehrten sofort einfallen müssen und ihn bloßgestellt, doch waren ja nur deren Jünger gesandt worden. Diese Botschaft ist nämlich der Anspruch Gottes an die Menschen von Anfang an, und eine positive Antwort darauf zu finden, das ist der Sinn und die Hoffnung der Einzelmenschen wie der Gesellschaft, es ist das Ziel der Evolution und der Kulturgeschichte, scheint zugleich so fern und ist doch von Anfang an hier und da erreicht worden – und perfekt von Jesus, dem Messias. Dieses Ziel begründet die allgemeine Menschenwürde. Der Weg dahin kann nur im Dialog gegangen werden, aber wie anfangen? Gerade da kommt uns Jesus entgegen, zum Beispiel mit dem »Vaterunser«.

Hier wird uns beigebracht, dass es nicht um große Vermögen geht und nicht einmal um Denare. Jesu Moral ist keine Moral der großen Leistungen, sind doch die meisten Menschen eher arm und sind sie auch sonst nicht vermögend. Und er zeigt es ganz praktisch: »Dem Opferstock gegenüber sitzend, schaute er zu, wie die Leute Kupfergeld in den Opferstock einwerfen. Und viele Reiche warfen viel hinein. Auch eine arme Witwe kam. Sie warf zwei Kleinmünzen ein, einen Pfennig wert. Und er rief seine Jünger her und sprach zu ihnen: Wahr ists, ich sage euch: Diese Witwe, die arme, sie hat mehr hineingeworfen als alle, die in den Opferstock einwerfen. Denn alle haben aus ihrem Überfluss, sie aber hat aus ihrer Darbnis ihre ganze Habe eingeworfen – alles, was sie zum Leben hatte« (Markus 12, 41-44).

Welten liegen dazwischen, aber das Verhalten der armen Witwe ist der gültige Maßstab.

Gott hat die Menschen als sein Bild geschaffen, dass sie ihm also mehr entsprechen als andere Geschöpfe, und wir müssen nicht lange überlegen – was damit gemeint ist, wissen wir doch: Deus Caritas – Gott ist die Liebe. Jesu Ausführungsbestimmung dazu ist uns auch bekannt: Wir sollen Gott über alles lieben und unseren Nächsten wie uns selbst. Das ist aber ein Gebot, dessen Erfüllung nicht ohne eine gewisse Freiheit geht, denn nur aus freiem Willen entfaltet sich Liebe. Als Erdenbürger müssen wir aber das Liebesgebot, wie jedes andere auch, in ein entsprechendes Verhalten umsetzen, und Jesus gibt uns auch dafür Hinweise, sozusagen die Praxis zur Theorie; und das tut er auch im Hinblick auf das Lebensziel »Himmelreich«. Ein Anlass ergab sich (entsprechend dem Bericht bei Matthäus **22**, 23-33) nach dem Steuerproblem, denn nun kamen die Sadduzäer, die nicht an das ewige Leben glauben. Sie machen ein Beispiel nach Art der griechischen Sophisten, nach dem einer Frau der Reihe nach sieben Ehemänner sterben und zuletzt sie selbst. Nach dem Gesetz muss sie jeweils der nächste Bruder jedes verstorbenen heiraten – so ist ihre Versorgung gesichert. Und nun fragen sie, die vom Himmelreich nichts wissen und nichts wissen wollen, wessen Frau sie dort sein wird. Jesu Antwort klärt dies, vor allem aber zeigt er, wie die Bibel die Ewigkeit Gottes nachweist: »Ihr irrt, weil ihr die Schriften nicht kennt und auch nicht die Kraft Gottes. Bei der Auferstehung nämlich heiraten sie nicht und lassen sich nicht heiraten – sondern wie Engel im Himmel sie sind. Was die Auferstehung der Toten betrifft – habt ihr nicht gelesen, was euch von Gott darüber gesprochen ist, der sagt: Ich bin der Gott Abrahams, und der Gott Isaaks, und der Gott Jakobs. Kein Gott von Toten ist er, sondern von Lebenden. Als die Scharen das hörten, waren sie bestürzt ob seiner Lehre« (a.a.O. Verse 29-33).

Wenn nun Lehren der Schriftgelehrten von Jesus widerlegt wurden, die eigentlich als Lehrer berufen waren – ist deren Lehre zu befolgen? Diese wichtige Frage, die oft auch unsere Frage ist, wird von Jesus so beantwortet: »Dann redete Jesus zu den Scharen und zu seinen Jüngern. Er sagte: Auf den Lehrstuhl des Mose haben sich die Schriftgelehrten und die Pharisäer gesetzt. Alles nun, was sie euch sagen, das tut und bewahrt; ihre Werke aber macht nicht nach. Denn sie reden ja nur, aber sie tun es nicht. Sie bündeln schwere und unerträgliche Lasten und legen sie auf die Schultern der Menschen. Selber aber nur mit ihrem Finger sie zu rücken – das mögen sie nicht« (a.a.O. **23**, 1-4). Es folgen noch einige dieser lehrreichen Gegenüberstellungen der Hüter des Tempels mit der so ganz anderen Vorstellung Jesu von einem Leitbild für die Jünger, ich zitiere hier nur noch ein Beispiel, in dem Jesus nämlich auf die Verantwortung für die zugewonnenen Brüder und Schwestern hinweist: »Weh euch, ihr Schriftgelehrten und Pharisäer, ihr Blender! Ihr fahrt über Meer und Land, um einen einzigen Proselyten zu machen. Und ist er es geworden, macht ihr ihn zu einer Ausgeburt der Hölle – doppelt so schlimm wie ihr selbst. Weh euch, ihr blinden Führer!« (a.a.O. Vers 15-16).

Nachdenklich kann uns aber auch machen, dass unsere Aufgaben sich nicht im Trivialen erschöpfen dürfen: »Ihr verzehntet die Minze und den Dill und den Kümmel, aber das gewichtigste der Gesetze lasst ihr: das Gericht, das Erbarmen und die Treue. Das aber muss man tun und jenes nicht lassen!« (Vers 23).

Während Jesus seine Botschaft den Schriftgelehrten vorhält, steht er schon unter Bedrohung und bereitet die Jünger auf Angriffe vor. Dies geschieht aber differenziert: »Jedem, der ein Wort gegen den Menschensohn sagt, dem wird nachgelassen. Wer aber gegen den heiligen Geist lästert, dem wird nicht nachgelassen.

Wenn sie euch aber den Synagogen, den Mächten und Vollmächtigen vorführen – sorgt euch nicht, wie und womit ihr euch verteidigen oder was ihr sprechen sollt. Denn heiliger Geist wird euch in jener Stunde lehren, was ihr sprechen müsst.

Einer von den Leuten aber sprach zu ihm: Lehrer, sag meinem Bruder, er soll das Erbe mit mir teilen. Er sprach zu ihm: Mensch, wer hat mich zum Richter oder Erbteiler über euch eingesetzt? [Was für unser Thema als eine Ermunterung zur Subsidiarität relevant ist.] Zu ihnen aber sprach er: Seht zu und hütet euch vor aller Habsucht. Denn für keinen – habe er auch im Überfluss – hängt sein Leben an seinem Hab und Gut« (Lukas **12**, 10-15). »Er sprach aber zu seinen Jüngern: ... ihr sollt nicht danach suchen, was ihr zu essen und zu trinken bekommt. Und lasst euch nicht bange machen. Denn nach all dem fragen die Völker der Welt. Euer Vater weiß doch, dass ihr das braucht. Vielmehr: Sucht sein Königtum – dann wird euch das hinzugelegt werden.

Ängste dich nicht, kleine Herde! Denn eurem Vater hat es gefallen, euch das Königtum zu geben. Verkauft euer Hab und Gut und gebt es als Almosen. Schafft euch Beutel, die nicht verschleißen – einen unerschöpflichen Schatz in den Himmeln, wo kein Dieb sich heranmacht und keine Motte Verderben bringt. Denn: Wo euer Schatz, da ist auch euer Herz. Eure Lenden seien gegürtet und die Leuchten brennend. Dann gleicht ihr Menschen, die darauf warten, wann ihr Herr von der Hochzeitsfeier heimkehre, um ihm, wenn er kommt und klopft, sogleich zu öffnen. Selig jene Knechte, die der Herr bei seiner Ankunft wachend findet! Wahr ists, ich sage euch: Er wird sich gürten und sie zu Tisch sich legen lassen. Und umher gehen wird er und ihnen dienen« (Lukas **12**, 29-37). Und Jesus kommt auf die Modalitäten der Nachfolge zurück und sagt (a.a.O. **14**, 33): »So kann also keiner von euch mein Jünger sein, der sich nicht lossagt von all seinem Hab und Gut«, einschließlich der eigenen Sippe. Es wird wichtig sein, das zu präzisieren, also genauer zu erklären, welcher Besitzstand für welches Amt möglich ist. Dies gilt besonders auch für den Ehestand; denn der erfordert fast zwangsläufig etwas Hab und Gut als Grundlage der Versorgung der Familie. Weiterhin hat sich in der langen Zeit und über den Globus hin der Versorgungsstatus insgesamt geändert. Besonders in letzter Zeit wurde die

Versorgung der Alten und Kranken von einer Aufgabe der Sippe zu einer Aufgabe besonderer Institutionen.

Zum Leitbild des Christen gehört außerdem die Offenheit für den Kontakt mit »Zöllnern und Sündern«, also den schlecht angesehenen Menschen, die im gesellschaftlichen Existenzkampf unterlegen sind, und auch von den religiösen Tröstungen und Belehrungen durch diejenigen ausgeschlossen sind, die darüber verfügen, damals also Pharisäer und Schriftgelehrte. Nach Lukas **15**, 1 ff. rückt Jesus diese verlorenen Kinder Gottes in den Mittelpunkt der Aufmerksamkeit und des Einsatzes, denn es »entsteht Freude vor den Engeln Gottes über einen einzigen Sünder, der umkehrt« (a.a.O. Vers 10). Das führt zu einer ganz anderen »Ökonomie« als die übliche: Statistik ist hier fehl am Platz!

Für die Jünger Jesu läuft der eventuelle Erwerb darauf hinaus, sich mit dem »Mammon der Ungerechtigkeit« Freunde zu machen, und das heißt wohl, hier zu helfen, wo es geht; denn »ihr könnt nicht Gottes und des Mammon Knechte sein« (a.a.O. **16**, 13). Und Lukas schließt hier Jesu bekanntes Gleichnis von einem reichen Menschen und dem Armen namens Lazarus an. Vom üppig lebenden Reichen bekommt jener Lazarus nicht die geringste Zuwendung, doch schon Jesus gibt eine Bewertung, indem er nur Lazarus beim Namen nennt. Wenn beide sterben, die ja durch ihr Zueinander aufeinander bezogen sind, wird der Arme von Engeln hingetragen in den Schoß Abrahams. Der Reiche starb auch, hatte aber seine Aufgabe übersehen und kommt in die Qualen der Totenwelt. Die Bitte des Reichen, Lazarus zu seinen Brüdern zu schicken und sie warnen zu lassen, wird nicht erfüllt – das wäre zwecklos: »Wenn sie auf Mose und die Propheten nicht hören, so lassen sie sich auch nicht überzeugen, wenn einer von den Toten aufsteht« (Vers 31). Es ist also kein Stück der Botschaft, den Lebenserfolg als eine Eintrittskarte ins Himmelreich zu werten. Wenn überhaupt, dann bei großzügiger Verwendung.

Nun kann ich die Gedanken aber noch nicht vom Leitbild für die Jünger lösen, denn es gibt da mindestens noch ein Problem. Jesus sagt zu einem potentiellen Jünger, er soll die Toten ihre Toten begraben lassen und ihm nachfolgen. Das kann aber doch kein allgemeingültiger Teil der christlichen Ethik werden, und das soll es auch nicht. Den Schriftgelehrten wäscht Jesus gehörig den Kopf, weil manche die Mittel, von denen ihre Eltern leben müssten, dem Tempel weihen. Er legt Wert darauf, dass die Alten angemessen geehrt werden. Für seine Mutter sorgt er, indem er sie dem Johannes, seinem Lieblingsjünger, anvertraut. Wohl stehen eben die Belange der Sippe und alle Ansprüche der bürgerlichen Welt nicht über der Arbeit für das Reich Gottes, also für das Schicksal der Menschheit. Das aber mündet in die Anforderung des messianischen Zeitalters, zu denen auch das »als ob nicht« gehört und der Verzicht auf übertriebene Ansprüche »an das Leben«.

Wenn sich aber die Kinder von Christen einer jener Jugendsekten zuwenden, deren Leiter und Leiterinnen fordern, die Eltern wie zurückgebliebene Heiden zu behandeln, und weder Respekt noch Dialog erlauben, dann ist das von Christi Lehre in keiner Weise gedeckt. So etwas erlaubt keine gemeinsame Entwicklung in Richtung auf das Himmelreich, sondern hält die Gesellschaft in den Wellen der gleichen immer wiederkehrenden Kämpfe zwischen den Generationen fest. Worauf können wir dann hoffen?

Nicht selten ist der Gründer einer solchen Sekte selbst ein alternder Kerl, der selbst einen egozentrischen Fehlstart hingelegt hatte und nun als Leitwolf seinen Jugendtraum – träumen lässt. Wobei die Eltern seiner Schützlinge total im Weg sind.

Eine Jesus-Gemeinde? Es steht mehr auf dem Spiel

Vor wenigen Sätzen lasen wir ein Zitat, und ich wiederhole es hier: »Weh euch, ihr Schriftgelehrten und Pharisäer, ihr Blender! Ihr fahrt über Meer und Land, um einen einzigen Proselyten zu machen. Und ist er es geworden, macht ihr ihn zu einer Ausgeburt der Hölle – doppelt so schlimm wie ihr selbst. Weh euch, ihr blinden Führer!« (a.a.O. Vers 15-16). Wie Jesus klar dargestellt hat, waren die jüdischen Schriftgelehrten in ihrer Lehre so versteinert, dass sie keine Menschen in ihre Gemeinschaft aufgenommen hätten, ohne ihnen ihre harten Bedingungen, von der Beschneidung angefangen und bei unnützen Verhaltensnormen aufgehört, aufgezwungen hätten. Von den Juden aus wäre die Einladung zu Gottes Reich nie und nimmer zur Welt gekommen, mitunter aber der Glaube an Gott, den einen Herrn und Schöpfer – dafür stehen die doch zahlreichen »Gottesfürchtigen« in der antiken Welt. Die Juden haben ihre Religion als Alleinstellungsmerkmal mit Überlegenheitsgarantie genommen.

Die Lage war aber so: Gott hatte, von Johannes dem Täufer angesagt, Jesus gesandt, um »in der Mitte der Zeit« bei den Menschen sein Reich zu etablieren. Natürlich beginnend bei den Juden, denen er die geistige Vorarbeit anvertraut hatte. Jesus hatte zunächst Jünger ausgewählt, für jeden der zwölf Stämme einen Apostel (obgleich Galiläer) und dazu noch zahlreiche weitere Männer und Frauen. Den Jüngern hatte er Kraft für Wundertaten vermittelt und für sie und für das Volk die Grundlagen des Verhaltens für das Himmelreich ausgebreitet. Aber die geistigen Führer der Juden hatten nicht erkannt, worum es geht, sie wollten ihre Machtpositionen nicht loslassen. Und als er sich schließlich, bestätigt mit großen Zeichen bis hin zur Erweckung Verstorbener, als der erwartete und in Lippenbekenntnissen erhoffte Messias, der Gottessohn, erklärte, da ließen sie ihn von den Römern ans Kreuz nageln. Der Tempel und die Synagogen haben bis weit in den ganzen Mittelmeerraum hinaus alle möglichen Vorkehrungen getroffen, Jesu Auferstehung zu verschweigen und seine nun erst recht wachsende Zahl von Jüngern zu töten, wo immer sie konnten. Berichte darüber werden wir zitieren. »Der Weg« der Jünger durch nunmehr über zwei Jahrtausende – die Kirche – hat aber die von Jesus gelehrten ethischen Voraussetzungen für das Reich Gottes den meisten Völkern unseres Planeten bekannt gemacht, freilich nicht im allgemeinen menschlichen Verhalten verankern können.

Die Geschichte Jesu und seiner Jünger ist nicht einfach die Geschichte von Jesu Gehorsam über seine Auferstehung, die Treue seiner Zeugen, das Hereinbrechen des Heiligen Geistes und das, wenn auch mühsame, Wachsen der Kirche als eine Kette von Glücksfällen. Eine Kette von göttlichen Machterweisen ist sie, aber obwohl sie in der Welt stattfindet, kann sie vom materialistischen Reduktionismus nicht verstanden werden und ist auch ohne den Heiligen Geist nicht denkbar – eigentlich deshalb, weil die bloße Natur kein Rezept für »Caritas« vorrätig hat. Und daher konnte kein natürlicher Weg allein zu einer Ethik führen, die den Wunsch der Menschen nach Liebe und Güte erfüllt.

Immerhin ist auf dem Weg von Jesus bis heute die Menschenwelt nicht gleich geblieben. Um nur eine Neuheit zu erwähnen, nennen wir die Globalisierung: Die Menschheit hat sich vermehrt und sie hat inzwischen sämtliche Ressourcen ihres Planeten erschlossen, es gibt kaum noch ganz isolierte Ethnien, man kennt einander mehr oder weniger, und die Probleme haben so stark zugenommen, dass unser aller Verhalten um ganz neue Felder der Ethik bereichert werden muss.

Ein Mindestmaß an Mitgestaltung der Gesellschaft

Vor diesen Problemen können sich auch und gerade die Christen nicht wegducken, zumal viele von ihnen früher unbekannte Möglichkeiten der Mitgestaltung bekommen haben. Jedenfalls ist es bei wichtigen Problemen nicht angebracht, nur zu protestieren; denn wenn der Handlungsbedarf der Gesellschaft zu groß wird, dann wird man zu irgendeinem Konsens kommen, und wer sich an dessen Gestaltung nicht beteiligt, dessen möglicher Beitrag wird schlicht übergangen. Schließlich sind viele Probleme tatsächlich so komplex, dass differenzierte Lösungen unvermeidbar sind. Ein Beispiel war über viele Jahrzehnte der Mangel der allgemeinen Bildung an Biologie, besonders an Evolutionslehre – obwohl die Züchter unserer Kulturpflanzen

Experimente von mehreren Jahrtausenden Dauer durchgezogen hatten. Ein anderes Problem ist die Geburtenregelung, wo die Kirche mit ihrem kategorischen Nein zur Schwangerschaftsvermeidung jede Mitwirkung ausschloss und nun fast überall mit Lösungen konfrontiert ist, welche die Nachkommen mit willkürlicher Abtreibung bedrohen.

Das Christentum ist eben doch kein beliebiger, vielleicht sogar austauschbarer Baustein der menschlichen Gesellschaft. Was Jesus von Nazareth in den wenigen Jahren seines Lehrens, Heilens und schließlich seines Opfers als den Weg der Menschheit zum Reich Gottes vorgezeichnet hat, das ist zwar noch nicht an ein Ende gekommen, aber es ist der einzige gangbare Weg. Diese Einsicht weist ihn als den aus, als den er sich selbst wusste: als Sohn des Schöpfers.

Gebet und Ethik

Religion äußert sich meist im Gebet, also indem der Mensch oder die Gemeinde sich direkt oder über Mittler an Gott wendet. Ich versuche gar nicht erst, über andere Religionen zu schreiben, es geht hier direkt um das Beten der Christen mit Gott selbst als Adressat. Dazu sind Christen von Jesus selbst ermuntert worden. Als Gottes Sohn garantiert er sogar dafür, dass seine Schwestern und Brüder Gehör finden, und wenn es sich um eine Bitte handelt, dürfen sie auf Erhörung hoffen.

Beten ist zunächst für uns selbst eine Wohltat, die es uns erlaubt, unseren Glauben auszudrücken und dadurch überhaupt erst zu entwickeln. Von unserer eigenen Existenz angefangen haben wir vieles, wofür wir Dank sagen sollten, und wenn wir uns als Kinder angenommen fühlen, strahlt jedes Gotteslob sogar auf uns zurück.

Auch nach einem Bezug zur Ethik müssen wir in dieser Situation nicht lange suchen; denn alle diese Gedanken, die das Gebet begleiten, sind ja

Teil unserer Gedankenwelt, und so gehören sie auch zum Kontext unseres Umgangs mit unseren Mitmenschen. Kurz gesagt: Beten fördert die Liebe zu Gott und dem Nächsten. Damit hat es der Gläubige mit der Ethik leichter als der Ungläubige.

Als Menschen ist uns die Sorge für andere ins Herz gelegt, und wenn wir damit befasst sind, sogar für die Natur und bis zu unserem leidenden Planeten, und vielleicht ist es die würdigste Möglichkeit des Betens, unser Herz mit all seinen Sorgen zu öffnen. Es ist von jeher ein besonderer Dienst der Gemeinden, sogar gemeinsame Möglichkeiten für solches Bittgebet zu eröffnen. Das Bittgebet öffnet auch unser eigenes Denken für die Nöte um uns herum, und immer wieder knüpft manches hilfreiche Tun daran an.

Selbstverständlich dürfen wir erst recht beten, wenn wir selbst in Bedrängnis sind, sei es, dass unser Körper leidet, dass uns Unheil aus der Welt, der Gesellschaft oder gar von uns nahen Menschen her trifft, und schließlich auch, wenn wir uns wegen eigenem Fehlverhalten schämen.

Das Vaterunser: ein Riesenschritt zum Himmelreich

Mit diesem Gebet hat Jesus dafür gesorgt, dass über Jahrtausende hinweg und so weit die Erde reicht Scharen christlicher Menschen Gott-Vater anbeten.

Mehr als nur eine wichtige Erfahrung ist die Art des Betens, die Jesus uns da anrät. An unterschiedlichen Stellen von Jesu Lebensweg überliefern die Evangelisten unser wichtigstes Gebet, das Vaterunser. Das gibt mir die Möglichkeit, es auch als Quelle der Ethik in zwei Betrachtungen aufzuschließen.

Gebet bedarf nicht vieler Worte, denn der Vater weiß schon vorher, was gebraucht wird. Nach dieser Feststellung bringt Matthäus (6, 9-15) das Vaterunser, das hier im zeitlichen Zusammenhang mit dem Passah-Mahl behandelt wird: »So aber sollt ihr beten:

Unser Vater, du in den Himmeln!
Heilig sich weise dein Name.
Dein Königtum komme.
Dein Wille geschehe wie im Himmel, so auf Erden.
Unser Brot für morgen gib uns heute.
Und lass uns nach unser Verschulden,
wie auch wir nachgelassen haben unseren Schuldnern.
Und führe uns nicht in Versuchung, sondern entreiße uns dem Bösen.«

Man hört durchaus nicht nur von frommen Menschen den Vorwurf gegen Gott, dass es auf Erden und damit in seiner Schöpfung ungerecht und oft grausam zugeht. Irgendwie ist das auch unser Hintergrund; aber wenn wir uns den Bitten des Vaterunsers anschließen, dann können wir die Vergebung eigener Schuld nicht als voraussetzungslose Nebensache betrachten. Wenn wir eigene Beiträge zur irdischen Gerechtigkeit schuldig geblieben sind, wie können wir in derselben Sache murren? Obwohl wir gesagt bekamen, dass die Schöpfung noch nicht vollendet ist? Demnach ist es angemessen, zunächst um die eigene Begnadigung zu bitten und sogar im gleichen Atemzug wenigstens Gott gegenüber zuzugeben, dass wir unseren eigenen Schuldnern keine Schuld nachtragen können. Aber der Reihe nach:

Heilig sich weise Dein Name

Geheiligt werde oder heilig sich weise ist unscharf, aber es ist eben eine Übersetzung. Im Rahmen unserer Aufgabe geht es ohnehin zunächst um unseren eigenen Anteil am »Heiligen« und ggf. um den Beitrag von uns belehrter Menschen.

Was aber ist Gottes Name? Im Alten Bund sollte er nur ausnahmsweise genannt werden, wohl als Schutz vor Missbrauch; und wir sehen heute so oft, wie notwendig eine solche Warnung ist, wo Gottes Name zunehmend entheiligt wird. Er ist aus unserem Getöse herauszuhalten und wenigstens auf diese Weise zu respektieren. Dabei ist es gerade dem modernen Denken selbstverständlich, dass Gott nicht aus einem Vokabular benannt werden kann, das wir Menschen je nach Stamm für unsere Kommunikation haben. Und einen anderen Wortschatz haben wir nicht.

Für Jesus ist es einfach – als Sohn spricht er den Vater an. Auch seine Jünger, intensiv eingeführt und zu einer gläubigen Haltung gekommen, dürfen »Vater« sagen. Aber dann ist es eben notwendig, immer wieder an Gottes Heiligkeit zu erinnern. Welche Wesenszüge dürfen wir mit dem Titel »Vater« verbinden? Die Theologen kommen über Gottes absolute Freiheit, seinen Schöpfergeist und die Werde-Natur seiner Schöpfung immer deutlicher darauf, dass es für uns um seine Treue, seine Gnade, zuerst aber um seine Liebe geht. »Gott ist die Liebe« ist die einfachste Formel für sein Wesen – wenn wir uns bewusst machen, dass im Deutschen zu viel in das Wort »Liebe« gepackt wird. Besser heißt Benedikt XVI. Enzyklika »Gott ist die Liebe« im Original »Deus Caritas«, nicht etwa Amor.

Vom Anfang der Menschwerdung an vor die Aufgabe gestellt, zum Bildnis Gottes heranzureifen (und zwar als Individuum und als Art), gelangen wir damit unmittelbar zum Gebot der Gottes- und Nächstenliebe. Daraus dürfen und müssen wir den Schluss ziehen, dass die Liebe heilig ist. Immer, ausnahmslos. Unsere Liebe kommt gar nicht aus unserem Wollen, und wir dürfen sie nicht zum Werkzeug unserer Interessen machen, sie ist eine unverfügbare Gabe. So führt gleich die erste Bitte des Vaterunsers zum Kern des christlichen Menschenbildes.

Gerade zu Beginn unseres gebräuchlichsten Gebetes tut Jesus damit etwas, was dem frommen Juden ganz ungeheuer sein muss: Geboten schien, den Namen des einzigen und allmächtigen Herrn nicht auszusprechen; denn welcher Mensch könnte das in gebührender Würde und Reinheit? So ist es bei Jesus gebunden an die Zeugungsinitiative Gottes, die wohl kaum nach Art rein menschlicher Biologie vorzustellen ist, und an seine ganz außerordentliche Heiligkeit, und dass Jesus Gott als Vater anredet, das ist durch göttliche Kundgaben bestätigt worden. Nun aber mutet Jesus dem Vater zu, auch seine Jüngerinnen und Jünger als Kinder anzunehmen, das heißt in diesem Fall zu adoptieren. Wir können diese Gunst aber nur mit einer wirklich kindgemäßen Gesinnung annehmen und nur unter zwei weiteren Bedingungen: Ausschließlich auf Jesu Opfertod hin, der uns rein vor ihn stellt, und nur bei Würdigung dieser unserer unverdient so erhobenen Lage. Bei jedem Vaterunser, dem wir uns anschließen, müsste uns eigentlich bewusst werden, welchen Rang wir in Anspruch nehmen! Was uns freilich nicht gelingt und immer wieder den Sohn selbst als Garant braucht.

Liebe

Wenn Liebe den Menschen packt, dann ist sie von Bewunderung und Freude begleitet, bringt den Wunsch nach Nähe und Kontakt hervor und weckt leider auch oft, über den Wunsch nach Dauer, den Besitztrieb, der selbst eigentlich nicht zur Liebe gehört. Diesem Wunsch genügt aber die Treue. Eine hinreichende menschliche Reife vorausgesetzt, ist die wichtigste Folge der Liebe die Verantwortung. Wenn es nicht um Gott selbst geht, kann diese von uns manchmal durchaus Distanzierung und Verzicht verlangen.

Das Vaterunser ist Jesu Antwort auf unsere Existenzfragen

Nun sollten wir das »Gebet des Herrn« nochmals und etwas tiefer lesen: Die Quelle dieses unseres wichtigsten Gebets, des Urtyps christlicher Gebete, ist Jesus selbst; und in der Heiligen Messe wird immer darauf hingewiesen, dass wir nur als Jünger Jesu zu dieser Möglichkeit des Betens und zur Anrede »Vater« kommen und so legitimiert sind. Im Gebet selbst kommt Jesus nicht vor, es wird unmittelbar von uns her gesprochen. Ich finde es bemerkenswert, dass wir selbst uns an Gott wenden und dass uns durch den Sohn, durch Jesus, die Aufmerksamkeit des Vaters zugesagt ist. Und das Gebet selbst ist zwar zunächst eine Kette von Bitten, die aber jede für sich eine bestimmte Auslegung unserer Existenz vor Gott voraussetzt. Im Normalfall erfahren wir in Predigten und Büchern immer mehr über die Bitten selbst und über das, was wir gemeinsam und was jeder für sich vor Gott bringt. Wir finden es bei Lukas **11** so:

»Als die Jünger sich gewünscht hatten, von Jesus beten zu lernen, gab er ihnen diesen Text:

Vater!

Heilig sich weise dein Name.

Dein Königtum komme.

Unser Brot für morgen gib uns Tag für Tag.

Und lass uns nach unsere Sünden;

denn auch wir lassen jedem nach, der an uns schuldig ist.

Und führe uns nicht in Versuchung.«

Die Anrede »**Vater**« enthält eine Offenbarung, die nur der Gottessohn geben kann und weitergeben lassen kann: eine ganz neue und vorher unerreichbare Möglichkeit für sterbliche, geschaffene Menschen, die wir nur durch die Freundschaft Jesu erlangen, wenn wir uns um Glauben und Nachfolge bemühen. Vater, das ist auch eine sehr konkrete Aussage über unsere Existenz und Erwartung. Als Beginn eines Gebets sagt sie, dass wir als Geschwister Jesu mit unseren Bitten kommen und uns auf ihn berufen.

In der von uns normalerweise benutzten Fassung folgt der Zusatz »der Du bist **im Himmel**«, der uns daran erinnert, dass wir nicht in unserem profanen Alltag verweilen, sondern an der Grenze zur Transzendenz stehen wie vor dem heiligen Raum des Tempels, in dem Gott »erscheint«.

Wir stellen uns unter die Autorität des Vaters, und unserer Existenz wegen sind wir darauf angewiesen, dass sich diese erweist; denn sein Name ist der Gottesname, mit dem dieser sich selbst dem Moses aus dem brennenden Dornbusch heraus nennt – als der »Ich bin da«. Sein für die Menschen zuerst wichtiger Charakter ist seine Präsenz.

Bemerkung: Philosophen wie Martin Heidegger charakterisieren den Menschen als das Dasein. Ein Mensch hat (oder ist) zwar zunächst nur ein endliches Dasein und ist mindestens damit vom ewigen Vater unterschieden, aber das Schöpfungsprojekt des Menschen als Bild Gottes hat damit bis in die moderne phänomenologische Anthropologie seine Bedeutung bewahrt.

Hat unser Bitten auch für Jesus eine Bedeutung? Ganz klar ja! Denn die folgende Bitte: »**Dein Königtum komme**«, nimmt Jesu Sehnsucht nach dem Himmelreich auf, in dem er ausdrücklich nicht ohne seine Freunde sein will und schließlich nicht ohne sein Volk. Das war sein großes Anliegen, und es ist – wichtiges Merkmal unseres Christseins – nun auch unser ständiges Anliegen.

Dies ist, heute wie zu Jesu Zeit, eine Differenz zum üblichen jüdischen Glaubensweg, wo eine große Zurückhaltung dagegen vorherrscht, etwa den Lauf der Welt zu beschleunigen – durch unser von jenen als vorlaut empfundenes Drängen. So ist Jesu Klage, wie lange er all den Unglauben und alle Verkehrtheit sogar seiner Jünger noch aushalten soll (Matthäus **17**, 17), dort eher unerwünscht, wie wir im modernen Schrifttum aus Rosenzweigs »Stern der Erlösung« erfahren.

In diesem Zusammenhang muss ich auf eine Gefahr hinweisen, die mit der Erwartung der Wiederkunft Jesu gegeben ist und vor der er uns ausdrücklich warnt: »Lasst euch nicht in die Irre führen. Denn viele werden unter meinem Namen kommen und sagen: Ich bin es! Und: Die Zeit ist genaht! Lauft ihnen nicht nach« (Lukas **21**, 8). Diese Warnung ist wichtig geblieben, und mit der Länge der Zeit gilt immer stärker: »Achtet auf euch, dass nicht schwerfällig werden eure Herzen in Rausch und Zechgelage und Alltagssorgen, und unversehens jener Tag auf euch zutrete« (a.a.O. Vers 34).

»Dein Wille geschehe« ist dagegen die unbestritten gemeinsame Bitte auch der Juden und der Muslime. Es ist unsere Überzeugung, dass »bei Gott« sein Wille ohne Weiteres gilt, aber wir haben doch alle miteinander den Eindruck, dass gerade dies um uns herum manchmal nicht geschieht. Wir erwarten und erbitten, dass sich Gottes Wille – und eben nicht unsere Vorstellung davon – **»wie im Himmel, so auf Erden«** durchsetzt. Haben wir selbst dabei eine Aufgabe? Das Vaterunser kann uns dazu bringen, nach dieser zu suchen und sie ggf. aufzugreifen.

Unter dem Himmel mag die klassische Philosophie ein von der unvollkommenen realen Welt unterschiedenes Reich der Ideen verstanden haben, wir können ähnlich daran denken, dass Gottes Plan perfekt ist und nur seine Verwirklichung Zeit braucht, wobei offen ist, wie die Beteiligung der Schöpfung (an ihrer eigenen Evolution) und ein eventuelles freies Mittun der Menschen ins Spiel kommen. Das alles macht uns eben deutlich, wie es uns unmöglich ist, aus unseren in und an der Welt erworbenen Vorstellungen heraus das dazu Transzendente zu erkennen. Wenn wir »Schöpfung« sagen (und damit auf Grund unserer Erfahrung eine dynamische und keine statische Welt meinen), dann sprechen wir von der Welt, deren Geschehen sowieso unter Gottes Willen steht, wozu sich nur menschliches Verhalten unterschiedlich stellen kann, weil der Mensch freigelassen ist. Wir aber erbitten mit Jesus eine Umgebung nach Gottes Wille: das Himmelreich, dessen Architekt und Bauherr er ist.

So in der unfertigen Welt verankert bitten wir selbstverständlich den Vater auch um unsere eigene Existenz, solange wir in der Welt sind: dass er uns **heute das Brot für morgen** gibt und so die unmittelbare Existenzangst nimmt. Jesus bestärkt uns zwar im Vertrauen auf Gott, der weiß, was wir brauchen; es ist aber eine Frage der Würde, diese Verhältnisse anzuerkennen und Liebe mit Liebe zu beantworten. Als seine Kinder sollten wir nicht einfach die Hände ausbreiten und nehmen und für unsere komplexen Bedürfnisse sammeln wie die Pflanzen das Sonnenlicht. Zwar lebt der Mensch nicht vom Brot allein, sondern von jedem Wort Gottes (Matthäus **4**, 4), der für ihn sorgt. Aber unsere Erfahrung bekräftigt auch und ständig, dass wir als Geschöpfe zunächst zur Welt gehören und von ihr körperlich ganz unmittelbar abhängig sind. Sowohl das biblische Bild, nach dem wir von der Erde genommen sind und am Ende unseres Erdenlebens in sie zurück-genommen werden, als auch unser moderner Mythos, der uns durch die Vorgänge der Evolution aus der Erde hervorgehen lässt und via Ökologie dem entsprechenden »Recycling« zuführen muss, sehen uns als endliche und auch für unseren Weg zu Gott in jedem Augenblick auf Naturgüter angewiesene Wesen. Wir verdanken uns ständig, brauchen jeden Atemzug und jeden Tropfen Wasser, jede Kalorie Energie und so weiter, bis sogar zum Wohlwollen von Mitmenschen.

Damit hat der Schöpfer uns Menschen in eine Verantwortung gestellt, was wir in der Neuzeit als unsere Mündigkeit, ja als Freiheit ansehen dürfen und eigentlich sogar fordern: Der Vater nimmt uns ernst. Die Geschichte ist wohl sogar ein Weg zur immer bewussteren Annahme von Aufgaben. Wie auch immer, wir bleiben ständig hinter den Anforderungen zurück, wir bleiben stets etwas schuldig. Und folgerichtig besteht die nächste Bitte darum, der Vater möge unsere **Schuld vergeben**, »wie auch wir vergeben unseren Schuldnern«. Dazu drängen sich zwei Stellen aus dem Neuen Testament auf. Wie gehen wir mit Jesu Anweisung um, kein Sühneopfer zum Tempel zu bringen, bevor wir hier Versöhnung gesucht haben. Das wird man wohl nicht auf die Eucharistiefeier übertragen können, weil die Situationen nicht vergleichbar sind. Vor Jesu Leiden hat jeder versucht, seine Schuld loszuwerden, indem er ein Sühneopfer in den Tempel ge-bracht hatte. Das kam allerdings dem Geschädigten selbst nicht zugute, was Jesus damit aber um des Himmelreichs wegen erreichen will. Prinzi-piell bleibt also die Aufforderung. Doch in der Eucharistie tritt nun Jesus mit seinem Opfer für uns ein, was freilich noch nicht möglich war, als er den Gebetstext formulierte.

Wir müssen nun nochmals über **das »wie auch wir«** sprechen, das wir wohl alle so oft verfehlen, ja oft gar nicht können. Ohne einer die Kindheit überbewertende Psychologie das Wort zu reden, ist uns heute klar, dass Menschen, und zwar nicht nur aus Kindertagen, schwerste seelische Verletzungen haben können und eventuell um eine böse Absicht dahinter wissen. Der manchmal gehörte Satz, dass kein Mensch über seine Tragfähigkeit hinaus belastet wird, der stimmt einfach nicht. Wie also können wir den Gebetstext verstehen? Zunächst handelt es sich um das gemeinsame Gebet in der Kirche, während jeder von uns das private Beten, also das, was nach Jesu Wunsch »im Kämmerlein« stattfinden soll, nicht auf vorgeformte Texte festlegen sollte. Zurückkommend auf das gemeinsame Gebet, dürfen wir daran denken, dass christliche Ethik als Wachstumsethik angelegt ist, in die der Einzelne ein Leben lang hineinwachsen soll. Die Gemeinde aber weiß sich darauf verpflichtet, dem Bösen immer wieder Grenzen entgegenzusetzen, so dass es ein Ende findet. Sie verzichtet auf Rache und bittet keineswegs darum, dass Gott diesen Job für uns tut. Andererseits ist Jesus für die Beladenen gekommen und nicht für die Glückspilze, und gerade die wird er doch nicht auf ein Versprechen festlegen, das sie nicht, noch nicht, halten können. Vermutlich ist aber die vorliegende Übersetzung in diesem Punkt gar nicht sicher und eine solche möglich, die als Bitte ausdrückt, dass ich vergeben möchte. Das »Wie« ist ohnehin zu stark, weil Gott vollkommener ist als ich.

Ohnehin braucht an dieser Sache nach Jesu Opfer niemand mehr zu verzweifeln. Das musste ja auch der »verlorene Sohn« im Gleichnis nicht, und sein Bruder müsste nicht am Gerechtigkeitssinn des Vaters zweifeln. Denn das Fest, das dort gefeiert wurde, war im Grunde nicht ein Fest für den Sohn, sondern es war das Fest des Vaters, der »dennoch«, nämlich durch seine Großzügigkeit, sein eigentliches Ziel erreicht hatte: seine Kinder mit auf dem gemeinsamen Weg zu sehen. Auch wir dürfen darauf hoffen, dass es dem Vater letztlich darauf ankommt, uns in seinem Reich zu haben, dass wir aber unsererseits niemanden davon ausschließen dürfen. Und sein Sohn hat dafür gesorgt, dass trotz unserer Defizite die Gerechtigkeit schließlich gewahrt werden kann.

Wir sind ja nicht wie Spielfiguren in diese Welt gestellt, sondern gehören zur heutigen Generation einer langen, mühsamen Evolution. Dadurch sind wir mit dem Erbe der Naturgeschichte und der Menschheitsgeschichte belastet und keineswegs schon ganz fertig, und aus diesem Erbe kommen **Versuchungen** vieler Art auf uns zu, die uns davon abhalten können, das Ziel zu erreichen, das wir mit Himmelreich umschrieben haben. Wir kommen zum Beginn dieser Betrachtung zurück, zu den Versuchungen, denen Jesus selbst ausgesetzt war. Auch wenn uns nicht DIE MACHT angeboten wird, so gibt es doch immer Gelegenheiten, eben Versuchungen, in denen wir in einer Gesellschaftsstruktur einen Platz nehmen können, der uns Teilhabe an Macht oder doch andere Vorteile verschafft – gewöhnlich auf Kosten anderer. In solchen Situationen erbitten wir Hilfe. (Ob das Wort »in Versuchung führen« genau trifft, weiß man nicht.) Von Jesus selbst wird der Satan der personifizierte Versucher genannt, aber diese Einzelheiten ändern nichts an unserer Lage und damit am Sinn der Bitte. Die letzte Bitte: sondern **erlöse uns vom Bösen**, schaut schon vorwärts auf die verheißene und erwartete Erlösung und fasst so das ganze Gebet zusammen.

Und doch kommen uns, wie gesagt, gewisse Bitten schwer über die Lippen. Nun, was tut man, wenn ein Güterzug mit schwerer Last ins Gebirge geschickt wird? Da muss eine andere Lokomotive davor. Und wenn das Verstehen zu schwer wird? Dann wechseln wir die Perspektive. Also her mit den starken Begründungen: »Gottes Wille geschehe auch auf Erden«, sonst wird kein Friede. »Unser täglich Brot gib uns heute«, damit wir leben können. »Vergib uns unsere Schuld wie ...«, verlangst Du, weil auch unser Nächster Friede braucht – wir sind ja alle Deine Sorgenkinder. Und dass die Versuchung bzw. der Versucher unser ärgster Feind ist, dürfen wir nicht verdrängen, sondern wir müssen Hilfe erbitten.

Als Abschluss eine Doxologie

Müssen die Liturgen immer übertreiben? Ist doch schon der ganze bisherige Gottesdienst der Ehre Gottes gewidmet. Aber gerade diese wenigen »angehängten« Wörter – ... denn Dein ist das Reich, und die Kraft, und die Herrlichkeit in Ewigkeit, ja so ist es – haben eine besondere Aufgabe. Wie oft hat Jesus eine Heilstat kommentiert mit Worten wie »Dein Glaube hat dir geholfen«! Und wenn Jesus in Nazareth enttäuscht war, weil er den Leuten nur wenig Gutes tun konnte, so heißt es trotzdem, dass er dort Menschen geheilt hat, und daraus dürfen wir folgern, dass auch in jener ungläubigen Gesellschaft je einzelne Kranke ihre Rettung gläubig erwartet hatten. Da setzt bestimmt auch die Erfüllung der Bitten des Vaterunsers gläubige Erwartung voraus; aber dafür ist es wichtig, an die Kraft Gottes zu glauben. Die Worte dazu gibt uns die Kirche als Doxologie (= Lobpreis; Wort zu Ehren Gottes), sie gläubig zu sagen ist unsere Sache.

Für uns selbst sind sie eine Erinnerung daran, dass wir einen starken Gott haben, dem unser Kleinmut und Gejammer – von Murren war schon im Alten Testament die Rede – nicht gefallen kann. Wenn so schon die gläubige Erwartung einen Beitrag zur Erfüllung leistet, ist es allerdings angebracht, dass wir diesen bescheidenen Beitrag zum Guten leisten. Dazu gehört unter anderem, dass wir das Heil nicht sabotieren. In diesem Sinne ist es uns vielleicht erlaubt, Traditionen wie den Zwangszölibat und die Lehrberechtigung von Frauen zu hinterfragen.

Wir können festhalten, dass zwar das Sein Gottes als Glaubensgrund wichtig ist und nach Pauli Römerbrief und bis zum Zweiten Vatikanischen Konzil als eine durch das natürliche Licht des Sehens und Denkens klar erkennbare Tatsache gilt. Als Grundlage der Ethik genügt das aber nicht, sondern da ist das relevant, was besonders die Doxologie hinter dem Paternoster ausführt. Erst dieses Bekenntnis ist das Ziel des Glaubens.

Betend »online bleiben«

Beten ist das Gespräch mit Gott, sei es privat, sei es gemeinsam, oft innerhalb der Liturgie. Wie auch immer, dieser Kontakt hält uns bei Gott, der so
für uns erreichbar bleibt. Lukas (in seinem Evangelium, Kapitel 8), der auf
das Gebetsleben der jungen Kirche bedacht ist, kennt das Gebot »Allezeit
beten und nicht erschlaffen« und bekräftigt dessen Sinn durch ein Gleichnis
Jesu, wonach eine hartnäckige Witwe selbst einem unwilligen Richter so auf
die Nerven geht, dass er ihr Recht verschafft. Und Jesus sagt ihnen: »Gott
aber: Er sollte das Recht seiner Auserwählten nicht wahrnehmen – die tags
und nachts zu ihm schreien – und nicht langmütig mit ihnen sein? Ich sage
euch: Schaffen wird er ihr Recht – gar schnell. Jedoch: Der Menschensohn,
wenn er kommt – wird er den Glaube auf der Erde finden?« (a.a.O. Verse
7-8). Da erfahren wir fast anhangsweise, dass die beste Garantie für das
Ausharren der Kirche im Glauben, bis der Herr kommt, darin besteht, den
Gebetsfaden nicht abreißen zu lassen. Da brauchen wir Ermunterungen?
Dazu genügt die geduldige Predigt nicht? Aber unsere eigene Achtsamkeit
kann Erhörungen wahrnehmen, wenn wir nicht aus Zweifel oder Hochmut
nur noch auf Eigenleistung setzen und undankbar alle Gaben übersehen. Es
liegt zunächst an uns, wieweit unser Gebet zum Dialog wird!

Ein Wörtchen noch zur Praxis: Gebet in der Familie bedeutet oft, dass
sein Inhalt nicht über das Verständnis der Kinder hinausgeht. Der Erwachsene kann sich helfen, wenn er für sich die ganze, in der Unordnung
der kapitalistischen Welt heillose und für viele Menschen tödliche Ökologie zum Überthema seiner Betrachtungen nimmt. Tag für Tag liefern
ihm die Medien dazu neues Material. Dazu aber, nicht zu verzagen und
das Positive nicht zu übersehen, ist es gut, zum Vater Unser zurückzukehren – einschließlich des Lobpreises.

Das WIR im Vater UNSER

Schließlich gilt es, eine wichtige Ergänzung dieser Auslegung vorzunehmen. Dadurch, dass ich die Anrede zunächst auf das Wort VATER verkürzt hatte, ist ein fundamentaler Zusatz weggefallen, denn Jesus betet VATER UN-SER. Weil wir nur als Jesu Freunde dieses Vaters Söhne sein können, war es ihm ganz offensichtlich wichtig, dass uns unsere Brüder und Schwestern gegenwärtig sind. Wer sind also in diesem Gebet »wir«? Zunächst waren es die Jünger, die ein gemeinsames Gebet haben wollten, das mit geringer Variationsbreite noch heute von allen Gruppen gebetet wird, die in Jesu Nachfolge stehen. Aber längst ist dieser Text auch in den privaten Gebetsschatz gelangt, zu den Familien, aber auch zu uns Einzelnen, wie die Paternoster-Perlen im Rosenkranz zeigen. Denn selbst der einzelnen Schwester, dem einzelnen Bruder ist es unverzichtbar geworden. Immer aber gehört das »WIR« dazu, und nie darf sich unser Bitten ganz von der Gemeinde ablösen oder sich gar gegen sie richten. Zwar gibt es manchmal, wie in natürlichen Familien, tiefgreifende Sorgen, die von »Geschwistern« ausgehen und die wir dem gemeinsamen Vater vorlegen dürfen. Wir müssen unsere Probleme doch nicht in der Gottferne mit uns selbst ausmachen, gerade dann nicht, wenn uns einmal Verzweiflung packt. Aber selbst dann ist es wichtig zu wissen, dass Jesus diesen Zugang zu Gott als einen gemeinsamen geöffnet hat.

Freundschaft – leiblich und geistig angelegt

Immer dichter werden die Hinweise darauf, dass Jesus uns sagen und zeigen will: Eine auf dem Weg zum Himmelreich besonders wichtige soziale Struktur ist die Freundschaft. Sie ist vielleicht die menschlichste Ausprägung des dialogischen Verhaltens, und so sollten wir ihr hier einen Absatz widmen, der ihre in letzter Zeit gefundene erstaunliche Grundlegung in unserem biologischen Erbe berücksichtigt. Dabei wird übrigens auch klar, dass zwar überall Chemie eine Rolle spielt, dass aber die Behauptung, alles sei nur Chemie, eine glatte Umkehrung der Realität ist.

Unser Körper unterstützt manche Verhaltensweisen durch sogenannte Belohnungssysteme auf der Grundlage von Körper-inneren Botenstoffen, und man kann sie sogar trainieren. Das ist zu empfehlen, soweit sie eine positive Grundhaltung begünstigen. Für das Sozialverhalten und auch zum historischen Verstehen sollten wir über ein bestimmtes Belohnungssystem nachdenken, das mit dem Botenstoff Oxytocin arbeitet. In der Sexualität spielt es eine Nebenrolle, repräsentiert aber vor allem die unerlässliche körperliche Seite von Liebe und Freundschaft. Bei der Traumatisierung durch Kampfhandlungen, um ein Beispiel zu nennen, geschieht es mitunter, dass du einen älteren Menschen in den Arm nimmst und ihn als ehemals traumatisiertes Kind tröstest, und du bist traurig, weil du nicht auch dessen seinerzeit gequälte Eltern trösten kannst. Es gibt so viel Leid und es ist so viel Trost nötig. Wir verstehen: Zur Freundschaft gehört auch der heilsame Trost, und die Geschichte der Liebe ist vielleicht primär eine Geschichte von Freundschaft und Trost.

Wie unterschiedlich ein Freundschaftsdienst auch noch im Jüngerkreis aufgenommen wird, berichtet Markus (**14**, 3-9), wo die Bedeutung des gemeinsamen Auskommens deutlich auf die zweite Stelle gesetzt wird: »Als Jesus unmittelbar vor dem Pascha in Betanien war, im Hause Simons des Aussätzigen, da kam – während er zu Tisch lag – eine Frau mit einem Alabasterfläschchen voll echten, sehr teuren Nardenöls. Sie zerbrach das Alabasterfläschchen und goß es über seinen Kopf. Einige aber sagten sich entrüstet: Wozu geschah dieser Verlust des Salböls? Dieses Salböl hätte doch für über dreihundert Denare verkauft und den Armen gegeben werden können! Und sie fuhren sie jäh an. Jesus aber sprach: Lasst sie! Warum macht ihr ihr solche Mühe? Ein gutes Werk hat sie an mir gewirkt. Die Armen habt ihr allezeit bei euch und könnt ihnen wohltun, wenn ihr wollt.

Mich aber habt ihr nicht allezeit. Was sie vermochte, hat sie getan. Im voraus hat sie meinen Leib zum Begräbnis gesalbt. Wahr ists, ich sage euch: Wo in aller Welt die Heilsbotschaft verkündet wird, da wird auch besprochen werden, was sie getan hat – ihr zum Gedächtnis.«

Liebe mit Treue und Verfügbarkeit – und der Hass?

Gott ist die Liebe. Doch du kannst ihn nicht festhalten und nicht besitzen, sondern sollst seine Botschaft weitersagen. Die Abschiedsworte Jesu zu Maria Magdalena am Ostermorgen sind zu verallgemeinern: »Halt mich nicht fest! Denn noch bin ich nicht zum Vater aufgestiegen« (Johannes **20**, 17). Sind wir zu sehr daran gewöhnt, dies als eine schöne Episode zu lesen? Darüber hinaus enthält sie aber eine Botschaft auch an uns: Zur Liebe gehört durchaus die Treue, aber nicht die Verfügbarkeit, die eher zu anderen Strukturen passt und auch da nicht unbegrenzt, etwa zu Amt und Ehe.

Der große Gegensatz zur Liebe ist der Hass, der uns allen das Erdenleben so schwer macht. Manche Menschen demonstrieren Bosheit und Ungerechtigkeit bis zum Abwinken. Sie können uns selbst mindestens zeitweise das Hassen lehren, und wir werden dieser Versuchung nur schwer Herr. Das lässt sich sogar noch steigern. Wer aber im Namen Gottes Hass predigt, der beleidigt Gott mit dieser enormen Lüge. Wenn er doch umkehren würde, so lange er noch Zeit hat! Denn dann steht er (wie alle) vor Gott, und Gott ist die Liebe und der Hass wird entsorgt.

Das Abschiedsmahl Jesu

Die Fußwaschung

Vor Jesu Abschied von seinen Jüngern ist über ein Ereignis, ein Tun Jesu zu berichten, das sein ethisches Vermächtnis auf den Punkt bringt. Johannes, der es uns erzählt, stellt es, einfühlsam, wie er ist, in seinen Kontext, und so mag unser Zitat gern etwas lang geraten: »Vor dem Paschafest aber, da Jesus wusste, dass seine Stunde gekommen war, aus dieser Welt zum Vater hinüberzugehen, und da er die Seinen in der Welt liebte – wollte er sie bis zum Ende lieben. Und als ein Mahl stattfand, und als der Teufel schon ins Herz gesetzt hatte, dass Judas, Sohn Simons Iskariot, ihn ausliefere – er aber wusste, dass der Vater ihm alles in die Hände gegeben und dass er von Gott ausgegangen und zu Gott hingehe – da richtet er sich vom Mahl auf und legt die Obergewänder ab. Er nimmt ein Leintuch und gürtet es sich um. Hierauf schüttet er Wasser in das Waschbecken; dann beginnt er die Füße der Jünger zu waschen und mit dem Leintuch zu trocknen, womit er umgürtet war. Er kommt nun zu Simon Petrus. Der sagt zu ihm: Herr, du willst mir die Füße waschen? Hob Jesus an und sprach zu ihm: Was ich tue, weißt du jetzt nicht; hernach aber wirst du es erkennen. Sagt Petrus zu ihm: Nimmermehr darfst du mir die Füße waschen – nicht auf Weltzeit hin! Antwortet ihm Jesus: Wenn ich dich nicht wasche, hast du kein Teil an mir. Sagt Simon Petrus zu ihm: Herr, nicht meine Füße nur, sondern auch die Hände und den Kopf! Sagt Jesus zu ihm: Wer gebadet ist, braucht sich nicht waschen zu lassen, außer die Füße – nein, er ist ganz rein. Auch ihr seid rein, jedoch nicht alle. Er kannte ja den, der ihn ausliefern würde. Deshalb sagte er: Nicht alle seid ihr rein.

Als er nun ihre Füße gewaschen, seine Obergewänder genommen und sich abermals niedergelassen hatte, sprach er zu ihnen: Erkennt ihr, was ich euch getan habe? Ihr ruft mich ‚Lehrer‘ und ‚Herr‘, und sagt es zu Recht. Ich bin es. Wenn nun ich eure Füße gewaschen – ich: der Herr und Lehrer – so schuldet auch ihr, einander die Füße zu waschen. Denn: Ein Beispiel habe ich euch gegeben, dass auch ihr tut, wie ich euch getan. Wahr, ja wahr ists, ich sage euch: Kein Mensch ist größer als sein Herr, und kein Sendbote größer, als der ihn ausgeschickt. Wenn ihr das wisst – selig seid ihr, wenn ihr es tut« (Johannes **13**, 1-17).

Die Eucharistie

Als aber der Teufel von Judas Besitz genommen hatte (was diesem das Fehlen der Grundentscheidung erlaubte und von dem Johannes schon berichtet hatte, dass er als ihr Kassenwart Geld zu veruntreuen pflegte) und Judas gegangen war, war die Entscheidung gefallen und Jesus schloss daraus, dass nun der Menschensohn verherrlicht wird und Gott in ihm verherrlicht wird. »Ja, sogleich wird er ihn verherrlichen.« Den Jüngern aber gab er auf ihren Weg allein mit: »Wohin ich gehe, dahin könnt ihr nicht kommen. Eine neue Weisung gebe ich euch: Liebt einander, wie ich euch geliebt, damit auch ihr einander liebt. Daran sollen alle erkennen, dass ihr meine Jünger seid, wenn ihr Liebe habt zueinander« (Johannes **13**, 33-35).

Und dann setzte Jesus die Eucharistie ein. Eucharistie: Welch ein außerirdisches Geschehen. Schon vor seinem Tod verfügt Jesus über seinen Leib, da verschenkt er sich schon. Unsere Feiern zu seinem Gedenken haben dagegen einen ganz anderen, fast harmlosen Charakter.

Immer wieder weisen die Evangelisten darauf hin, dass auch für Jesus und seine kleine Gemeinde die Freundschaft eine große Rolle spielt. Das ist besonders dicht zu spüren beim gemeinsamen Passah-Mahl in Jerusalem. So langsam geht den Jüngern auf, dass es ein Abschiedsmahl ist. Die Stimmung ist entsprechend, ein Jünger hat sich innerlich schon abgewendet und mit den Hohepriestern verhandelt und ist nun dabei, den Herrn zu verraten. Da beschreibt Johannes folgende Szene (in **13**, 19-22): »Jetzt schon sage ich euch, ehe es geschieht, damit ihr glaubt, wenn es geschieht, dass ich es bin. Wahr, ja wahr ists, ich sage euch: Wer den aufnimmt, den ich ausgeschickt – mich nimmt er auf. Wer aber mich aufnimmt, nimmt den auf, der mich ausgeschickt hat. Als Jesus das gesagt hatte, geriet er im Geist durcheinander, und er bezeugte und sprach: Wahr, ja wahr ists, ich sage euch: Einer von euch wird mich ausliefern. Blickten die Jünger einander an, ratlos, von wem er rede.« Dies ist eine Situation, in der Johannes (**13**, 23) die Freundschaft Jesu zum Jünger Johannes so beschreibt: »Es war einer seiner Jünger im Schoß Jesu gelegen – er, den Jesus liebte«, der offenbar besonders einfühlsame Johannes, Trost spendend und Trost brauchend. Über diese Szene ist manches ersonnen worden, was der Kontext nicht hergibt; doch sie erscheint uns ganz menschlich und natürlich, wenn klar ist, dass die verschiedenen Erscheinungen von Zuneigung bis Sex nicht in dem einen Begriff »Libido« Platz haben, weil sie dem Geist verschieden nahe sind und weil sie vom Körper sehr unterschiedlich unterstützt, »belohnt« werden.

Wohl bleibt da wenig übrig von den bei Malern beliebten idyllischen Abendmahlsszenen, denn Tröstung ist angesagt bei diesem Abschied, da ja die Auferstehung Jesu zwar von ihm angesagt, aber noch nicht in den Köpfen der Jünger angekommen ist. Ratlos ist die kleine Jesus-Gruppe, nachdem nun alle erfahren haben, dass Jesu Tod bevorsteht. Der Traum der Jünger als Gefolgsleute eines großen Königs ist ausgeträumt und ihrem Herrn droht Hinrichtung.

Die Jünger hatten ja bisher die Vorstellung von einem Leben als Adjutanten des großen Königs. Was aber bald der Fall sein müsse, erfahren sie von Jesus selbst. Sie werden vom Kippen der Situation überfallen und beginnen um sich selbst zu bangen. Totale Abschiedsstimmung also! Immerhin hatte Jesus Vorstellungen von deren Sendung, mit Sammlung und Beginn in Galiläa, Gabe des Heiligen Geistes und Struktur einer Jüngergemeinde in Jerusalem, deren Mitte er bleiben wird. Denn das genau ist ja die Einsetzung des Gedächtnismahls, das daran gebunden war, dass sein Opfer ihnen weiter in Brot und Wein präsent bleibt. So würde er seinen Gemeinden vorstehen, in Wort und Geschehen, also Sakrament. Daraus öffnete er schon eine Ahnung von Ausbreitung, von Mission und Kirche. Notwendig musste ihm aus dem Raumbedarf und zugehörigen Zeitbedarf aufgehen, dass aus der Naherwartung eine ganze Ära hervorgehen muss mit einem neuartigen Verhalten, das diese »messianische Ära« bestimmt und ihr eine besondere Zeitstruktur gibt. Darüber schreibt zum Beispiel Wohlmuth (2016, zum Beispiel S. 105 ff.). Die zugehörige christliche Ethik aber ist ein Leben im Modus des messianischen »als ob nicht«. Die Entfaltung musste freilich auf Petri Reifung und des Saulus Wandlung zu Paulus warten.

Dieses »als ob nicht« ist freilich nichts anderes als Jesu Programm von Machtverzicht und von Sein statt Besitzen, was uns auf Jesu Rede vom Himmelreich zurückführt – bis auf das leidige Zeitproblem selbst, das vielleicht prinzipiell unbegreifbar bleibt und für die Verstorbenen anders ist als für jene, die das Ende erleben werden.

Wunderbares Zeichen, aber kein Wunder und keine Zauberei

Es gibt Leute, die uns vorwerfen, nach unserer Vorstellung essen wir Jesus. Das stellt sein Anliegen auf den Kopf und entspricht auch in keiner Weise unserem Gefühl, es ist nicht unsere Wahrheit. Im Gegenteil wurde schon sehr früh das Menschenopfer vom Tieropfer abgelöst, im AT bei Abraham/ Isaak, und nur unterschwellig spielt der »Sündenbock« noch jetzt in der menschlichen Psyche eine Rolle. Jesus hat sich einmal geopfert, will sich aber in den Gestalten von Brot und Wein uns zukommen lassen, unter denen wir sein Gedächtnis bewahren sollen. Da hat das Opfer nun eine vegane Gestalt angenommen.

So einfach zu erfühlen und doch nicht leicht verständlich ist die Wiederholung des Abendmahls in der Heiligen Messe, also in der Form des Gottesdienstes, in dessen Verlauf eben dieses Mahl samt der Bereitstellung der Gaben gefeiert wird. Es ist tatsächlich und ausdrücklich ein Geheimnis des Glaubens. Aber das ist es nicht deswegen, weil die Umwandlung von Brot und Wein in Leib und Blut Christi so unbegreiflich ist. Das liegt nämlich daran, dass dieses Geschehen meist in der Sprache der Theologen und Philosophen erklärt wird. Und diese Sprache ist für die Schilderung der Angelegenheiten der Welt da und kann das nicht darstellen, was über die Grenzen der Welt hinaus geht, um das umfassende Transzendente oder das zu beschreiben, was »zwischen Himmel und Erde« geschieht. Wir glauben doch Jesu Worten: »Wo Zwei oder Drei in meinem Namen zusammen sind, da bin ich mitten unter ihnen.« Und als Christen bekennen wir auch den Heiligen Geist. Aber das bleibt oft so theoretisch und lebensfern, dass wir schon mit Gebeten bis hin zum Vaterunser Schwierigkeiten haben können. Und darum hat Jesus dieses Mahl gestiftet, in dem wir sein Zu-uns-Kommen aktualisieren dürfen und so seine Hingabe für jeden von uns immer wieder in Empfang nehmen.

Calvin hatte bekanntlich die Wörter »das ist …« geändert in »das bedeutet …«, was ja aus dem angedeuteten Sprachproblem verständlich ist. Aber was etwas ist, das bedeutet es auch – die Umformulierung ist nur ein Zurückweichen vor dem, was nicht verstanden wurde. Es geht aber nicht darum, die physische Substanz der Gaben umzuwandeln, sondern um Inkarnation und damit deren Erhöhung: Wir haben die Zusage Jesu, dass er selbst in Gestalt dieser Gaben zu uns kommt, wie er es ja bereits in Jerusalem ein für allemal getan hat. Wenn wir glauben: Wenn wir in seinem Namen zusammen sind, ist er mitten unter uns, dann ist seine Präsenz ja schon gegeben, und sie wird bei der Kommunion für jeden Einzelnen unmittelbar real als ein Dialog – von Herz zu Herz, wenn man das so sagen darf.

Naturwissenschaftler sollten mit der Seinsweise der eucharistischen Gaben keine Probleme haben. Für ihre eigene Wissenschaft ist das Sein eines Dinges oder einer Gestalt sowieso höchst kompliziert. Der Mensch besteht aus Atomen? Aber die sind im Austausch mit der Welt, und ein Atom gehört uns für eine kürzere Zeit wie ein Sauerstoffatom oder eine längere Zeit wie ein fester eingebautes Sauerstoffatom oder über lange Jahre wie ein im Erbgut noch fester eingebautes Sauerstoffatom. Es ist vielleicht schon seit der Geburt des Sonnensystems auf der Erde verfügbar wie ein Eisenatom, oder es entstand erst kürzlich in der hohen Lufthülle als ein Kohlenstoffatom. Und all diese zusammengekommene Materie wird nicht etwa durch einen präzisen Plan bereitgestellt oder eingesammelt, obwohl zwischen dem Erbgut der Eizelle und dem der Samenzelle immerhin das Schema eines Leibes »ausgehandelt« wird, was nicht einmal in jedem Fall gelingt. Wird durch dieses Schema ein Körper doch weitgehend gestaltet, so kommt die riesige Menge von Mikroben, die in unserem Darm leben und wirken, durch puren Zufall dort zusammen, wenn auch nicht ohne gegenseitige Aufsicht. Wir Menschen gehören immerhin zu den Lebewesen, die sich schon seit der frühesten Kindheit und immer mehr als ein Mensch als »ich« empfinden, aber auch das geschieht durch einen schwierigen Prozess, der für Störungen anfällig ist. Es heißt sogar, der Mensch wird erst durch ein Du zum Ich, er verändert sich aber trotzdem weiter und kann sich zwischendurch oft selbst fremd erscheinen. Und dass der Einzelne aus ehemals selbstständigen Mikroben zusammengesetzt ist und dass einige dieser Teile sogar ihr eigenes Erbgut mit sich tragen, das ist erprobte Kenntnis und doch gewöhnungsbedürftiges Wissen. Unter diesen Umständen ist eine ziemliche Zurückhaltung bei Fragen der Existenz angesagt. Wir sind aber von so sophistischen Gedanken weit entfernt, denn der Leib des Herrn wird ganz ohne realistische Ähnlichkeit durch Brot repräsentiert, von dem wir nicht viel mehr sagen können, als dass es von Menschen durch Arbeit bereitgestellt wird und wir davon leben können. Steht dies beim Brot im Mittelpunkt, so kommt beim Wein dazu, dass er an geopfertes Blut und damit an den Tod erinnert, den Jesus für uns Menschen erlitten hat. Gleichzeitig ist es aber der Becher Wein, der bei jedem Passah-Mahl den Segen herüber und den Dank hinüberbringt und dadurch seit Christus den Neuen Bund bekräftigt. Es entspricht der Blutsymbolik, dass er vom Leiter der Liturgie stellvertretend dargebracht werden kann.

Beim Heiligen Mahl gibt es einige Einzelheiten, die man gern auch noch bedenkt. So störe ich mich längst nicht mehr am »Problem« des vorenthaltenen Laienkelches. Vorenthalten wird nichts, denn das Blut gehört ja schon zum Leib. Warum also zwei Gestalten? Vordergründig, weil sie als Mahl zusammengehören; aber der Kelch weist über den Moment hinaus auf »Mein Blut für das Leben der Welt« und »Kelch des neuen und ewigen Bundes«. Dass wir als Gemeinde gewürdigt sind, als Partner für diesen Bund zu stehen, das ist eigentlich sensationell – wenn es bewusst geschieht. Den Kelch des Bundes zu trinken ist kein nur individuelles Geschehen, und dafür wird eine nachdenkliche, unabgelenkte Anwesenheit und Zustimmung benötigt. Auch wenn prinzipiell alle getauften Erwachsenen teilhaben können, ist es ein Akt zwischen Gemeinde mit ihrem Führer Jesus oder seinem Beauftragten, dem Priester auf der einen Seite und Gott dem Vater auf der anderen – viel mehr als zwischen Einzelnem und Gott.

Auch ein Verständnis für das Geschehen selbst ist wichtig, damit sich die Kommunion nicht mit magischen oder ganz abwegigen materialistischen Gedanken vermischt und das Gedächtnis Jesu verdeckt wird. In dieser Sicht ist auch ein Erinnern der eigenen Heilsbedürftigkeit gefragt. Das sollte nicht bedeuten, dass jemand den Kommunionempfang nicht wagt, weil er seine Unvollkommenheit zu stark spürt. »Der Kranke braucht den Arzt, nicht der Gesunde«, und »Kommt alle zu mir, die ihr mühselig und beladen seid« – wenn das keine hilfreichen Einladungen sind? In diese Richtung geht auch die Sorge wegen der Handkommunion, deren Kritiker übersehen, dass Jesus sich nie gescheut hat, mit unreinen Menschen in Berührung zu kommen.

Dass der Priester den Kelch des Bundes repräsentativ trinkt, ist nicht ungewöhnlich. Dass es schwierig ist, immer und überall einen Kelch und Wein zu haben, ist der Ausbreitung der Kirche geschuldet und also positiv. Und dass jeder immer alles haben muss, ist sowieso nicht mit Gemeinde als einer Vielfalt von Organen eines Körpers zu vereinbaren; was soll da die ständige Angst, zu kurz zu kommen?

Die Eucharistie ist also ein zugleich gemeinsames und doch sehr persönliches Geschehen, man weist dann auch darauf hin, dass sie die Gestalt des Kreuzes aufgreift mit der Vertikalen als Verbindung mit Jesus und der Horizontalen unter uns Menschen. Die kirchliche Hierarchie gehört zu beiden Strukturen, aber bei der Feier der Eucharistie ganz klar zur vertikalen, sie enthält einen Dialog der Gemeinde mit Gott dem Vater. Es ist verständlich, dass die Kommunion, vom Friedensgruß an, den Einzelnen oft die volle Aufmerksamkeit abverlangt, was aber – je nach Temperament – den Blickkontakt zwischen uns nicht ausschließt, besonders wenn er der gewollten Gemeinschaft – unter Geschwistern – dient.

Geschwisterlich sind wir als Teilnehmer der Eucharistie-Feier. Wir dürfen das gern auskosten, es ist eine Gabe, die Kraft gibt. Aber was ist mit Judas? Gewiss werden bisweilen auch an unserer Liturgie Verräter teilnehmen, und die können unter Umständen genauso gefährlich sein wie Judas. Andererseits war die damalige Situation nicht so, als hätten Jesus und seine anderen Jünger »nichts gemerkt«, wie das ja angesichts der »Verschwendung« des teuren Salböls zur Sprache kam – wir erfreuen uns an der Kirche, wissen aber auch, dass wir dort nicht aus der Welt herausgenommen sind.

Damals im Saal erlebte Jesus Freude und Leid. Das Verschwinden des Judas ließ ihn schon in seine Zukunft hinüberdenken: »Nie mehr trinken werde ich von jetzt an von dieser Frucht des Weinstocks – bis zu jenem Tag, da neu ich davon trinke mit euch im Königtum meines Vaters« (Matthäus

26, 29). Und warum sollten wir uns nicht an dieser klaren Vorstellung erfreuen?

Der gesellige Jesus

Es zeigt sich also, dass die Gemeinschaft Jesu mit seinen Jüngern und Jüngerinnen von Geselligkeit und Freundschaft erfüllt war und dass Jesus selbst durchaus zunehmend an seinen Freunden hing und auch am Zusammensein als solchem. Einzelheiten wie die Freude über den Wein und auch eine gute Vorbereitung der Feste waren dabei nicht unwesentlich. Wohl hatte für den Herrn die Möglichkeit Priorität, über seine wichtigen Anliegen zu reden – wie es sich gezeigt hatte, als Marta die Hilfe ihrer Schwester beim Küchendienst reklamierte. Dass Leben und Auftrag eng zusammenhängen, sahen wir bei der Betrachtung des »Unser« im VaterUNSER. Die Verbindung der Jünger zu Gott und zueinander gehört zusammen; und hatten nicht die Jünger selbst ein Gebet zum Vater gewünscht? Die Rolle der Frauen wurde, kulturbedingt, nur schwach überliefert, alle Berichte wurden ja von Männern geschrieben. Immerhin berichtet Matthäus (27, 55-56, s. weiter unten), dass Frauen von Galiläa her dem Herrn gedient hatten und ihm bis zur Kreuzigung nachgefolgt waren. Die Texte zeigen auch, dass Jesus die Freundschaft nicht auf das Erdenleben beschränkt dachte, und besonders, dass er die ihm vom Vater anvertrauten Jünger im Himmelreich bei sich haben wird. Auch diesen Aspekt des Himmelreichs dürfen wir gern ernst nehmen.

Im Sinne meines Projektes beanspruchen diese Berichte wohl kaum ethische Konsequenzen über christliche Gemeinden hinaus, außer was die Freundschaft als solche angeht. Für Christen reichen sie, wie gesagt, bis ins Himmelreich hinüber und gewinnen dadurch einen ernsthaften Charakter.

Weiterhin übersehen wir nicht, dass Jesus – sehr zum Ärger der jüdischen Frommen – auch die Gesellschaft von Menschen suchte, die mit dem Leben schlecht zurechtkommen. Notleidenden und den verachteten Zolleinnehmern und anderen Sündern widmete er seine Aufmerksamkeit und ließ sich sogar von reichen Zöllnern bewirten. Allen bot er Erlösung an, und offensichtlich war ihm dabei ein freundlicher geselliger Umgang gerade recht; denn der Ernst der Lage war so manchem klar, und Erlösung war das, was sie von Jesus erwarteten. Wenn wir aber nun nach dem fragen, was für die Ethik herausspringt, ist der Unterschied zu belangloser Geselligkeit wichtig und unübergehbar.

Wir aber folgen Jesus nun weiter auf seinem Weg in das Leiden, das ihm von Tempelhierarchie und Besatzungsmacht bereitet wurde.

Verurteilung und Sterben Jesu, Wachsen seiner Botschaft

»Als sie den Hymnus gesungen, zogen sie zum Ölberg hinaus. Dann sagt Jesus zu ihnen: Ihr alle werdet Ärgernis nehmen an mir in dieser Nacht. Es ist ja geschrieben: Ich will den Hirten erschlagen, und verstreut werden die Schafe der Herde. Nach meiner Auferweckung ziehe ich euch nach Galiläa voran« (Matthäus **26**, 26-32). Wegen der begrenzten Aufgabe dieses Büchleins und wegen der leichten Zugänglichkeit der Berichte werde ich von Prozess und Kreuzigung nur so viel berichten, wie nötig ist zur Einordnung der Lehren in das Geschehen.

Zum Beten geht er in die Plantage Gethsemane, nur mit Petrus, Johannes und Andreas, die er bittet, mit ihm zu wachen. Es zeigt sich aber, dass ihnen dies nicht gelingt. Er selbst geht einige Schritte weiter und wirft sich zum Gebet nieder. Folgende Gebetsworte hat Matthäus überliefert: »Mein Vater! Wenn es möglich ist, gehe dieser Becher an mir vorüber. Jedoch nicht wie ich, sondern wie du willst.« Und später: »Mein Vater: Wenn dies nicht vorübergehen kann, ohne dass ich es trinke, so geschehe dein Wille.« Zu den Jüngern aber: »Wacht und betet, dass ihr nicht in Versuchung kommt. Der Geist ist willig, das Fleisch aber schwach.« (Das blieb ein Schlüsselwort der Kirche, ein Weckruf, wie er bis in unsere Tage immer wieder nötig ist.) Dann kam Judas Ischariot mit denen, die Jesus festnahmen. Trotz aller Übermacht zieht Petrus sein Schwert und schlägt dem Knecht des Hohenpriesters das Ohr ab. Jesus untersagt solche Intervention: Er könne über Engelscharen verfügen, aber die Schrift muss erfüllt werden.

Wir Heutigen lernen daraus etwas vom wörtlichen (und tödlichen) Ernst, mit dem Jesus die Schrift annimmt – sind die Prophetenworte doch oft die einzige Möglichkeit für uns Menschen, die göttliche Botschaft zu empfangen. Und er fügt ein weiteres Wort an für seine Jünger damals und bis heute, und auch das zitiere ich wieder aus Matthäus **26**: »Steck dein Schwert an seinen Platz! Denn alle, die zum Schwert greifen, gehen durch das Schwert zugrunde.« Die manchmal enorme Kluft zwischen der Bewertung heiliger Überlieferung, die von Jesus unbedingt befolgt wird, und belangloser Überlieferung, über die sich der Gottessohn ärgert, bedarf aber nicht dessen Entscheidung, denn es handelt sich, wie unser Zitat zeigt, um deutliche Folgerungen aus Jesu Lehre; und da er seine letzte Ermahnung zur Gewaltlosigkeit an Petrus richtet, gilt sie allgemein, und natürlich auch für Päpste.

Jesus vor den Machthabern

Über die Kritik Jesu am Hohen Rat, also der Tempelhierarchie, habe ich schon berichtet. Das Verhör durch den Hohen Rat war entsprechend: Sie »suchten ein Trugzeugnis gegen Jesus, um ihn des Todes schuldig sprechen zu können. Doch sie fanden keines, obwohl eine Menge Trugzeugen herbeigekommen waren. Zuletzt aber kamen zwei herbei und sprachen:

Dieser sagte: Ich kann den Tempel Gottes niederreißen und binnen drei Tagen aufbauen. Und auf stand der Hohepriester und sprach zu ihm: Nichts antwortest du? Was bezeugen doch die gegen dich? Jesus aber schwieg. Und der Hohepriester sprach zu ihm: Ich beschwöre dich bei dem lebendigen Gott: Sag uns: Bist du der Messias, der Sohn Gottes? Sagt Jesus zu ihm: Das sprichst du! Ich jedoch sage euch: Von jetzt an werdet ihr den Menschensohn sehen: Sitzend zur Rechten der Kraft und kommend auf den Wolken des Himmels. Darauf zerriss der Hohepriester seine Obergewänder und sagte: Er hat gelästert! Was brauchen wir noch Zeugen? Seht doch – eben habt ihr die Lästerung gehört! Was meint ihr? Sie antworteten und sprachen: Des Todes ist er schuldig« (a.a.O. **27**, 59-66).

Der zum Fest auch nach Jerusalem gereiste Repräsentant von Galiläa, Herodes, war weitgehend nach Rom orientiert und beim Prozess nur eine neugierige Nebenfigur. Die Befehlsgewalt lag beim Statthalter des Kaisers, Pontius Pilatus, der den Prozess durchführte. Als Ankläger diente der Hohe Rat mit dem Hohenpriester. »Jesus ... wurde vor den Statthalter gestellt. Und der Statthalter fragte ihn und sagte: Du also bist der König der Juden? Jesus aber sprach: Das sagst du! Und als er von den Hohenpriestern und Ältesten angeklagt wurde, antwortete er nichts. Darauf sagte Pilatus zu ihm: Hörst du nicht, wievieles sie gegen dich bezeugen? Doch er antwortete ihm auf kein einziges Wort, so dass der Statthalter sehr erstaunt war« (Matthäus **27**, 12-14). Pilatus, dem klar war, dass sie die Klage aus Neid erhoben hatten, versuchte, Jesus freizulassen und dem Brauch gemäß einen Räuber zu verurteilen, zumal die Frau des Pilatus ihren Mann um Jesu Leben bitten ließ, denn seinetwegen habe sie im Traum gelitten. Die Juden aber erbaten die Freiheit des Räubers. »Sagt Pilatus zu ihnen: Was soll ich nun mit Jesus machen, der Messias genannt wird? Sagen alle: Ans Kreuz mit ihm! Sprach er: Was hat er denn übles getan? Da schrien sie noch viel lauter und sagten: Ans Kreuz mit ihm! Als Pilatus sah, dass es nichts nütze, dass eher gar ein Aufruhr entstehe, nahm er Wasser, wusch sich vor den Leuten die Hände

und sagte: Ich bin unschuldig an diesem Blut. Seht ihr zu! Da hob das ganze
Volk an und sprach: Sein Blut komme über uns und unsere Kinder! Darauf
ließ er ihnen den Barabbas frei. Jesus aber ließ er geißeln und lieferte ihn
aus, auf dass er gekreuzigt werde« (a.a.O. 27, 22-26).

Das Gespräch zwischen Jesus und Pilatus ist wesentlich, denn es stellt
Herrschaft gegen Herrschaft und ist ein Schlüssel zum Problem der Herrschaft überhaupt. Mit Jesu Wort »Mein Reich ist nicht von dieser Welt«
ist das Problem der Macht bei den Menschen weitgehend geklärt. Das
Problem der nahen Götzen war schon bei den Juden prinzipiell gelöst,
aber das Problem der Sternbilder eigentlich erst in der »Renaissance«
mit der Erfindung des Teleskops: nicht als Wiedergeburt des Hellenis-
mus, sondern als Wiedergeburt der Naturforschung. Dieser Streit klingt
immer noch nach, sogar bis in die Presse und die Kulturpolitik.

Die Leidensgeschichte Jesu wird hier nicht weiter erzählt. Das Geschehen
ist zu emotional und Jesu Leiden so präsent, dass ich es nicht nach Lebensregeln für uns durchsuchen will, und die angemessene Quelle sind die gut
zugänglichen Texte der Evangelien. Schließlich wird Jesus auf Bitte der
Hohenpriester vom römischen Statthalter zum Tod am Kreuz verurteilt,
allerdings unter dem Schuldspruch: »Das ist der König der Juden«, was
diese gern abgewendet hätten. »Es waren aber dort, von ferne zuschauend,
viele Frauen, die Jesus von Galiläa her gefolgt waren und ihm gedient hatten.
Unter ihnen waren Maria aus Magdala, Maria, des Jakobus und des Josef
Mutter, und die Mutter der Zebedeussöhne« (Matthäus 27, 55-56). Seinen
Leib legte man in die neue Grabhöhle eines seiner Anhänger, die von Soldaten versiegelt und bewacht wurde.

Auferstanden

»Spät nach dem Sabbat aber, im Aufleuchten des ersten Wochentags, gingen Maria aus Magdala und die andere Maria, um nach der Grabstätte zu schauen. Und da! Ein Beben ward, ein großes. Denn: Ein Engel des Herrn stieg aus dem Himmel hernieder und trat hin, wälzte den Stein weg und setzte sich darauf. Wie ein Blitz sein Aussehen und sein Gewand weiß wie Schnee. Aus Furcht vor ihm erbebten die Wächter und wurden wie Tote. Der Engel hob an und sprach zu den Frauen: Ihr da – ängstet euch nicht! Ich weiß, ihr sucht Jesus, den Gekreuzigten. Er ist nicht hier! Denn auferweckt ward er, wie er gesprochen. Kommt her, seht den Ort, wo er gelegen! Und eilends geht hin und sprecht zu seinen Jüngern: Auferweckt ward er von den Toten. Und da! Er geht euch nach Galiläa voraus, dort werdet ihr ihn sehen. Da! Ich habe es zu euch gesprochen. Und schnell gingen sie weg vom Grab, voll Furcht und großer Freude. Und sie liefen, um es seinen Jüngern zu berichten.

Und da: Jesus begegnete ihnen und sagte: Freut euch! Und sie traten heran, ergriffen seine Füße und verneigten sich tief vor ihm. Darauf sagt Jesus zu ihnen: Ängstet euch nicht! Geht, berichtet meinen Brüdern, sie sollen weggehen nach Galiläa, und dort werden sie mich sehen« (Matthäus **28**, 1-10).

Als die Frauen noch unterwegs waren, gingen einige der Wächter zum Hohen Rat und berichteten. Dort beschloss man, die Wächter zu bestechen, damit sie behaupteten, Jünger Jesu hätten dessen Leichnam entwendet, als sie selbst schliefen. »Und herumgesprochen ward diese Rede bei den Juden bis zum heutigen Tag.

Die elf Jünger aber gingen nach Galiläa zu dem Berg, wo Jesus sie hinbestellt hatte. Und als sie ihn sahen, verneigten sie sich tief vor ihm; einige aber zweifelten. Da kam Jesus heran, redete mit ihnen und sagte: Mir ward gegeben alle Vollmacht im Himmel und auf der Erde. Geht nun und macht zu Jüngern alle Völker, sie taufend auf den Namen des Vaters und des Sohnes und des Heiligen Geistes, sie lehrend, alles zu wahren, was ich euch gewiesen. Und da! Ich bin mit euch durch das All der Tage bis zum Voll-Ende der Weltzeit« (Matthäus **28**, 11-20, zum Ende des Matthäus-Evangeliums).

Manche Neutestamentler meinen, die Evangelien seien als Legenden zu deuten. Bei genauem Lesen ist das schwer zu glauben: Zwar können unterschiedliche Schilderungen um das Geschehen herum leicht und ohne Skrupel geschrieben worden sein; aber für Lehrworte und Zitate Jesu selbst halte ich es nicht für gegeben. Es würde nämlich bedeuten, dass der jeweilige Autor diese Worte nicht ernst genommen hätte und das betreffende Buch oder Papyrus auch von den Lesern nur gerade so ernst genommen worden wäre wie etwa der elfte Eifelroman eines Freizeitdichters. Doch bei diesem brisanten bis lebensgefährlichen Stoff kann das nicht sein. Es ist zudem schlicht unvorstellbar, dass auch nur einer der eingeschüchterten Jünger, deren Verhalten uns ja nicht völlig fremd geblieben ist, die nötige Kaltschnäuzigkeit für den Bruch der Sabbatruhe und der Totenruhe auch nur erwogen haben könnte. Wohl mag man über die Wege der Jünger nach Jesu Auferstehung geteilter Meinung bleiben.

Von Lukas übernehmen wir aus Kapitel **24**, dem letzten, Folgendes: Am selben Tag wanderten zwei der Jünger nach Emmaus, denen sich der Auferstandene anschloss. Auf ihre ungläubige Erzählung über das Geschehen in Jerusalem und den Befund der Frauen am Grab hin erklärte er ihnen die Notwendigkeit des Geschehens aus der Schrift, die erfüllt werden musste. Die Jünger erkannten Jesus am Brotbrechen, wonach er sich ihnen entzog. Sie selbst aber wanderten sogleich zurück nach Jerusalem. »Und dort fanden sie die Elf und jene, die bei ihnen waren. Die sagten: Wirklich – auferweckt ward der Herr, und er hat sich dem Simon sehen lassen!« (a.a.O. Vers 34). Da trat er selbst zu ihnen, ließ sich besehen und betasten und aß etwas. »Dann erschloss er ihren Sinn zum Verstehen der Schriften und sprach zu ihnen: Der Messias soll leiden und auferstehen von den Toten am dritten Tag. Und es soll verkündet werden in seinem Namen: Nachlass der Sünden wirkende Umkehr allen Völkern – beginnend von Jerusalem aus. Ihr seid dessen Zeugen. Und da! Ich sende die Verheißung meines Vaters auf euch. Ihr aber sollt sitzen bleiben in der Stadt, bis ihr umhüllt werdet aus der Höhe mit Kraft.

Er führte sie hinaus – bis nach Betanien. Und er hob seine Hände und sprach die Preisung über sie. Und es geschah: Während er die Preisung über sie sprach, schied er von ihnen und wurde zum Himmel emporgetragen. Und sie neigten sich tief vor ihm und kehrten nach Jerusalem zurück – voll großer Freude. Und sie waren allzeit im Heiligtum, um Gott zu preisen« (a.a.O. 45-53, das Ende des Lukas-Evangeliums).

Jesus nach seiner Himmelfahrt

Die Himmelfahrt führt Jesus – und leitet auch unser Nachsinnen – hinüber ins Transzendente. Danach ist es schwer, zwischen Taten das Vaters und des Sohnes zu unterscheiden. Immerhin wird in der Apostelgeschichte Jesus selbst zitiert, insbesondere bei der Einführung des Paulus von Tarsus, dem Jesus große persönliche Opfer zumutet; denn er macht ihn zum Apostel, ohne dass er ihn, der als Pharisäer Christen in den Tod geschickt hatte, etwa mit einer neuen Identität ausgestattet hätte. Wohl kommt der Heilige Geist als handelnde Person hinzu.

Ganz schwer fällt mir das Verstehen der Geheimen Offenbarung des Johannes. Fast drehen einige der Bilder Pfingsten zurück. Und auf einmal werden Maria und die Kirche gleich.

Das Johannes-Evangelium als eine eigene Ethikquelle

Um keine Verwirrung zu stiften, füge ich den Ertrag aus diesem Text nicht zwischen das Bisherige ein. Die Heilsbotschaft nach Johannes wurde nicht so direkt und fast etwas naiv geschrieben wie die anderen, sondern stärker reflektiert, also unter einer bestimmten Theologie verfasst. Das wird denn auch im 1. Kapitel, im Prolog angesagt. Der Prolog wurde übrigens bis zum Zweiten Vatikanischen Konzil in der Katholischen Kirche am Schluss jeder Messfeier verlesen, ist uns Laien inzwischen aber nicht mehr so geläufig. Als ein Schlüssel zum menschlichen Verhalten verdient er auch hier einige Worte. Dabei stütze ich mich auf die Zusammenfassung des Skriptums »Theologie der Johanneischen Schriften« von Heinrich Schlier (Bonn, Sommersemester 1960). Das Seinswissen werden wir nur vorsichtig erwägen, weil es bei naturgeschichtlicher und erst recht bei heilsgeschichtlicher Betrachtung stark von der jeweiligen Zeit abhängt. Bei dieser Betrachtungsweise zeigt sich zum Beispiel, dass für das Kontrollieren jeweils zwischen der Notwendigkeit des Heils und dem Missbrauch zur Herrschaft zu unterscheiden ist (wir sind da übrigens bei einem Leitthema der Moraltheologie Bernhard Härings, das auch im Konzilsdokument »Gaudium et Spes« eine Rolle spielt). Interessant ist, wie sich die angrenzenden Sektoren auseinanderentwickeln können. Es ist auch bemerkenswert, dass im Jüngerkreis, wie auch sonst im Leben, die Stellung der Personen nach ihrer Verantwortlichkeit/Funktionalität und ihren Freundschaften sich nicht gegenseitig bestimmen, was besonders im Verhältnis Jesus – Johannes und Jesus – Petrus der Fall ist (wobei die Identität von »Lieblingsjünger«, Evangelist Johannes und Autor der Geheimen Offenbarung, leider umstritten ist).

Das Schlüsselwort ist auf griechisch »der Logos«, deutsch »das Wort«; der Bedeutungsumfang von Logos ist aber weiter und meint schließlich (hier als »Wort« übersetzt) sogar Jesus selbst als das Wort des Vaters. Das ergibt sich aus dem Johannes-Prolog, in den wir nun hineinhören:

»Im Uranfang war Er, das Wort.
Und Er, das Wort, war bei Gott.
Und Gott war Er, das Wort.
Der war im Uranfang bei Gott.
Alles ist durch Ihn geworden,
und ohne Ihn geworden ist nicht eines.
Was geworden,
war Leben in Ihm.
Und das Leben war das Licht der Menschen.
Und das Licht scheint in der Finsternis.
Und die Finsternis ergriff es nicht.
... ...

In sein Eigentum kam Er, und die Eigenen nahmen ihn nicht auf.
Doch die ihn angenommen,
ihnen hat er Vollmacht gegeben,
Kinder Gottes zu werden –
den an Seinen Namen Glaubenden:
Die nicht aus dem Geblüt
und nicht aus Fleisches Willen
und nicht aus Mannes Willen,
sondern aus Gott sind gezeugt.
Und Er, das Wort, ward Fleisch,
zeltend unter uns.
Und wir schauten seine Herrlichkeit,
Herrlichkeit als des Einzigen vom Vater her,
voll Gnade und Wahrheit.
... ...

Gott hat keiner je gesehen –

der einzige Sohn,

der im Schoß des Vaters west:

Er hat berichtet« (aus Johannes 1, 1-18).

Tatsächlich, der Johannes-Prolog bietet eine umfassende christliche Theologie, und ich meine, sein Fehlen als bleibender christologischer Hintergrund macht sich im gemeinsamen Glauben bemerkbar. Hatten wir die anderen Evangelien weitgehend im Kontext des jüdischen Weltbildes gesehen, so wissen wir nun auch etwas vom Weltbild der hellenischen und kleinasiatischen Christen. Auch trifft es sich gut, dass ein Jünger des ersten Tages über seine Berufung und die der anderen berichtet, und wir haben ja alle schon davon profitiert; im Zusammenhang dieser Seiten aber können wir uns kein längeres Verweilen leisten, sondern es gilt, nun auch hier nach ethischen Lehren Jesu zu suchen.

In unseren Tagen des allgemeinen Wohlwollens gegenüber allen nur denkbaren Verhaltensweisen sind wir zwar froh über ein hohes Maß an Toleranz, sagt uns Jesus doch, dass Gott seine Sonne über Gute und Böse scheinen lässt und gleichnishaft mit dem Getreide das Unkraut bis zur Reife wachsen lässt. Aber seine Duldung hat Grenzen, und die sind durch die Ehre Gottvaters gesetzt. Im Tempel, also »im Heiligtum fand er [Jesus] die Rinder- und Schaf- und Taubenhändler und die Münztauscher, die dasaßen. Und er machte aus Stricken eine Peitsche und trieb sie allesamt zum Heiligtum hinaus – und auch die Schafe und Rinder. Er schüttete die Münzen der Wechsler aus und stieß die Tische um. Und zu den Taubenhändlern sprach er: Schafft das weg von hier. Macht das Haus meines Vaters nicht zu einem Handelshaus. Seine Jünger erinnerten sich, dass geschrieben ist: Der Eifer um dein Haus wird mich verzehren« (Johannes 2, 14-17). Die Oberen nahmen Anstoß, und die Leute verhielten sich unterschiedlich, wie eben Leute sind. »Im Festgetümmel wurden viele glaubend an seinen Namen, da sie von ihm die Zeichen sahen, die er tat. Jesus selber aber setzte seinen Glauben nicht in sie, weil er alle erkannte und weil er es nicht brauchte, dass jemand über den Menschen bezeugte – erkannte er doch selber, was im Menschen war« (a.a.O. 23-25).

Im 3. Kapitel begründet Jesus in einem nächtlichen Gespräch mit dem Lehrer und Pharisäer Nikodemus, der mit seinen Fragen zu ihm gekommen war, die Taufe als die Wiedergeburt aus Wasser und Geist. Der Evangelist Johannes erläutert anschließend, um die Beziehung zu zeigen, die Taufe Johannes des Täufers, der mit Wort und Wasser Reue, Reinigung und Umkehr erreichen will und eine Erwartungshaltung auf den Messias hin. Er taufte nämlich gerade ganz nahe, auch am Jordan. Weil auch in der Kirche die Taufe grundlegend ist und dieses Kapitel voller wichtiger Belehrung steckt, werde ich einige Sätze zitieren. Nikodemus stolpert anfangs über Jesu Aussage, man müsse »neu geboren werden«. Jesus darauf: »Wird einer nicht aus Wasser und Geist geboren, so kann er nicht in das Königtum Gottes hineinkommen. Das aus Fleisch geborene ist Fleisch, und das aus dem Geist geborene ist Geist. ... ... Ja, so geliebt hat Gott die Welt, dass er den einzigen Sohn gegeben hat, damit jeder, der an ihn glaubt, nicht zugrunde gehe, sondern unendliches Leben habe. Denn nicht dazu sandte Gott den Sohn in die Welt, dass er die Welt richte, sondern dass die Welt durch ihn gerettet werde. Wer an ihn glaubt, wird nicht gerichtet. Wer nicht glaubt, ist schon gerichtet, weil er nicht glaubend geworden an den Namen des einzigen Sohnes Gottes. Das aber ist das Gericht: Das Licht ist in die Welt gekommen; doch liebten die Menschen die Finsternis mehr als das Licht.«

Die Ereignisse im 4. Kapitel haben sich in einem Ort in Samaria zugetragen. Aber nicht seinen zweitägigen Aufenthalt dort, beim Brunnen des Urvaters Jakob, wo viele Jesus als Messias anerkannt hatten, gilt hier meine Aufmerksamkeit, sondern folgenden Worten an die Jünger: »Meine Speise ist, dass ich den Willen dessen tue, der mich ausgeschickt hat, und sein Werk vollende. ... Die Ländereien sind weiß zur Ernte. ... Ich habe euch gesandt, zu ernten, um was ihr euch nicht gemüht habt. Andere haben sich gemüht, und ihr seid in ihre Mühe eingetreten.« Jesus spricht von einem Geschehen, das die ganze Kirchengeschichte über passiert und zeigt, dass wir uns nicht mit je eigenen Erfolgen brüsten können. Und ganz nebenbei gilt das für alle Erfolge der Kulturen. Alle Entwicklung steht auf den Ressourcen, die uns anvertraut wurden, und soweit sie Menschenwerk ist, ist sie auch gemeinsam getan und über Generationen hinweg. Aber auf der Suche nach dem, was die Richtung gewiesen hat zur Menschlichkeit, zu Liebe und Güte und zur Achtsamkeit auf den Sinn dieser Evolution, kommen wir um Jesu Lehre nicht herum.

In Jerusalem heilte er am Sabbat des Festes einen Krüppel, der dort seit 38 Jahren vergeblich darauf hoffte, dass ihn jemand zur dortigen Heilquelle bringt. Den Gesetzeshütern war dies sündhaft, sie wollten Jesus töten, und das erst recht, als er von seinem göttlichen Auftrag und seiner göttlichen Herkunft sprach; im Prozess wird Pilatus das als Neid entlarven. Das gab dem Herrn die Möglichkeit, über die Auferstehung der Toten zu sprechen: »Wer mein Wort hört und dem glaubt, der mich ausgeschickt, der hat unendliches Leben. Und er kommt nicht ins Gericht, sondern ist aus dem Tod in das Leben hinübergeschritten. Wahr, ja wahr ists, ich sage euch: Es kommt die Stunde – ja, jetzt ist sie da –, wo die Toten die Stimme des Sohnes Gottes hören werden. Und die ihn gehört, werden leben. Denn wie der Vater in sich selber Leben hat, so hat er auch dem Sohn gegeben, Leben in sich selber zu haben. Auch hat er ihm Vollmacht gegeben, Gericht zu halten, weil er ,Menschensohn' ist. Staunt nicht darüber. Denn es kommt eine Stunde, in der alle, die in den Gräbern sind, seine Stimme hören. Und herauskommen werden, die das Gute getan: zur Auferstehung des Lebens; die aber das Schlechte gemacht: zur Auferstehung des Gerichts. Nichts kann ich aus mir selber tun: Wie ich höre, so richte ich. Und mein Gericht ist gerecht, weil ich nicht meinen Willen suche, sondern den Willen dessen, der mich ausgeschickt hat« (5, 24-30).

Danach folgt unter anderem eine Aussage über die Bibel, die uns auch zu denken geben muss: »Ihr durchforscht die Schriften, da ihr wähnt, in ihnen hättet ihr unendliches Leben – auch die sind es, die für mich zeugen. Und doch wollt ihr nicht zu mir kommen, um Leben zu haben. ...

... Wie könnt ihr glaubend werden, da ihr Verherrlichung voneinander nehmt, doch die Verherrlichung von dem einen Gott her sucht ihr nicht!« (**5**, 39-40 und 44).

Anders die Leute, die Jesus und seinen Jüngern in Massen folgten, da sie seine Zeichen sahen, die er an den Kranken tat und denen er sich schwerlich entziehen konnte, ohne sie durch wunderbare Vermehrung von Brot und Fisch zu sättigen. Als er aber bemerkte, dass sie ihn gewaltsam entführen und zum König machen wollten, ging er allein in die Berge (Kapitel 6). Am nächsten Tag suchten und fanden sie ihn in Kafarnaum.

Unersättlich, wie viele Leute sind, forderten diese weitere Zeichen, er aber führte eine Trennung herbei, indem er ihren Glauben herausforderte: »Wer mein Fleisch zu sich nimmt und mein Blut trinkt, hat unendliches Leben. Und ich lasse ihn auferstehen am letzten Tag. Mein Fleisch ist wahre Speise; und mein Blut ist wahrer Trank. Wer mein Fleisch zu sich nimmt und mein Blut trinkt, der bleibt in mir und ich in ihm. Wie mich der lebendige Vater gesandt hat und ich durch den Vater lebe, so auch wer mich zu sich nimmt: Auch der wird leben durch mich. Das ist das Brot, das aus dem Himmel niedergestiegen, kein solches, wie es die Väter gegessen – und gestorben sind. Wer dieses Brot zu sich nimmt, wird leben auf Weltzeit hin. Das sprach Jesus, da er in der Synagoge zu Kafarnaum lehrte.

Viele von seinen Jüngern aber, die zugehört hatten, sprachen: Hart ist dieses Wort! Wer kann es anhören? Jesus aber wusste bei sich, dass seine Jünger darüber murrten. Und er sprach zu ihnen: Daran nehmt ihr Ärgernis? Wie erst, wenn ihr schaut, wie der Menschensohn dahin aufsteigt, wo er vordem gewesen? Der Geist ist der Lebendigmacher, das Fleisch taugt nichts. Die Worte, die ich zu euch gesagt: Geist sind sie und Leben. Doch es gibt unter euch manche, die nicht glauben – Jesus wusste ja von Anfang an, welche es sind, die nicht glauben, und wer es ist, der ihn ausliefern werde.

Und er sagte: Deshalb habe ich euch gesagt: Keiner kann zu mir kommen, wenn es ihm nicht gegeben ist vom Vater.

Von da an gingen viele seiner Jünger weg – zurück – und gingen nicht mehr den Weg mit ihm. Da sprach Jesus zu den Zwölfen: Wollt auch ihr davongehen? Antwortete ihm Simon Petrus: Herr, zu wem sollen wir gehen? Worte unendlichen Lebens hast du. Und wir sind des Glaubens und der Erkenntnis geworden, dass du bist: der Heilige Gottes. Antwortete ihnen Jesus: Hab nicht ich selber euch – die Zwölf – erwählt? Und gerade von euch ist einer ein Teufel« (**6**, 54-70).

Der Kontrast zwischen Jesu Schicksal und der Meinung der Leute – und hier sogar seiner Brüder – zeigt sich nun geradezu entmutigend (aber denken wir auch daran, dass sie später doch seinen Weg gegangen sind). Er nämlich blieb noch in Galiläa, weil ihn in Judäa noch vor dem Fest ein unauffälliger Mord erwartete statt der notwendigen Konfrontation. Was aber muteten ihm seine Brüder zu? »Mach dich fort von hier und geh nach Judäa, dass auch deine Jünger die Werke schauen, die du tust. Keiner tut etwas im Verborgenen und sucht zugleich, in der Öffentlichkeit zu sein. Da du solche Dinge tust, tritt vor der Welt in Erscheinung! Es glaubten nicht einmal seine Brüder an ihn. Sagt also Jesus zu ihnen: Meine Zeit ist noch nicht da, eure Zeit aber ist allezeit bereit. Euch kann die Welt nicht hassen. Mich aber hasst sie, weil ich über sie bezeuge, dass ihre Werke böse sind« (**7**, 3-7).

Da stellen wir fest, dass Jesus zwar seinem Schicksal nicht aus dem Weg geht; aber er rennt nicht sehend in einen sinnlosen Tod! Und das halten wir fest für die eigene sinnvolle Lebensgestaltung! Die Leiden christlicher Märtyrer nehmen diese auf sich, weil sie sonst ihren Glauben, ihren Herrn und schließlich Gott verleugnen würden, und sie verherrlichen Gott mit diesem Sterben. Aber weder Jesus noch die Märtyrer suchen die Möglichkeit zum Leiden – ihr Mut wahrt diese Grenze.

Als Jesus auf dem Höhepunkt des Festes im Tempel auftrat, da wagte zwar keiner, ihn an die Hohenpriester auszuliefern; aber die Juden stritten untereinander über ihn, der einerseits durch Zeichen und Wunder bestätigt war und die Bibel zitierte, wie sie den Messias ankündigte; aber andererseits – als angeblich stärkere Argumente fragten sie, woher er die Schrift kennen könnte, und sie brachten die Behauptung vor, dass für Galiläa kein Messias angekündigt war, sondern für Davids Gespross und dessen Dorf Bethlehem. Und diese fundamentalistische Argumentation hatten auch die Schriftgelehrten, denen Jesu Herkunft schließlich unbekannt, aber der Augenschein sehr passend war.

Den Schriftgelehrten und Pharisäern war bekannt, dass Jesus im Tempel zu finden war, und sie fanden auch eine Gelegenheit für eine Falle. Da war eine Frau beim Ehebruch ertappt worden. Sie fragten ihn, wie mit ihr zu verfahren sei, da doch Moses für diesen Fall die Steinigung als Strafe vorgesehen hat. Zunächst ignorierte er die Frager, blickte aber schließlich auf und sagte: »Der von euch, der ohne Sünde ist, werfe als erster einen Stein auf sie. Und abermals beugte er sich nieder und schrieb auf die Erde. Als sie das jedoch gehört hatten, gingen sie hinaus, einer nach den andern – von den Ältesten angefangen. Und er blieb – er allein und die Frau, die in der Mitte stand. Da beugte Jesus sich hoch und sprach zu ihr: Frau, wo sind sie? Hat dich keiner verurteilt? Sie aber sprach: Keiner, Herr! Da sprach Jesus: Auch ich verurteile dich nicht: Geh! Von jetzt an sündige nimmermehr« (8, 7-11). Damit sagt er uns, dass es eine Mindestvoraussetzung gerechter Rechtsprechung ist, nicht mit verschiedenem Maß zu richten und dabei die Richter selbst nicht auszunehmen. Er verwandelt diese Todesstrafe in eine strikte Mahnung, ohne die Tat selbst kleinzureden. Sein Zögern belegt ja wohl, wie sehr er unter der offenbar verbreiteten Sündhaftigkeit der Menschen leidet und unter der Selbstherrlichkeit ihrer Führer.

Das zeigt er auch in folgenden Feststellungen in 8, 30-34, die ich wegen ihres Bezugs zum Ethos auswähle: »Indessen er ... redete, wurden viele glaubend an ihn. Also sagte Jesus zu den Juden, die glaubend an ihn geworden: Wenn ihr in meinem Wort bleibt, seid ihr wahrhaft meine Jünger.

Und ihr werdet die Wahrheit erkennen, und die Wahrheit wird euch befreien. Sie antworteten ihm: Abrahams Gespross sind wir, und Knecht von keinem je gewesen! Wieso sagst du: Frei sollt ihr werden? Jesus antwortete ihnen: Wahr, ja wahr ists, ich sage euch: Jeder, der die Sünde tut, ist Knecht der Sünde.« Wer etwas von der Geschichte Israels kennt, besonders von der Babylonischen Gefangenschaft und von der noch andauernden Herrschaft der heidnischen Römer, der kann sich da nur wundern: Da betonen die Schriftgelehrten, keine Knechte zu sein, werden aber Jesus alsbald von einem Römer verurteilen lassen. Andererseits erhoffen sich die Volksmassen gerade von Jesus die Befreiung vom Römer-Joch und das Königtum dieses Messias.

Der Themenkreis Freiheit und Befreiung, der in unserer Zeit vor aller Frage nach dem Sinn einer bestimmten Freiheit als Hotspot der Menschenrechte eine so große Rolle spielt, ist bei Jesus vor allem im Zusammenhang mit der Befreiung von Krankheit und Tod einerseits und von der Sünde andererseits besetzt und wurde eher selten artikuliert.

Die uralte Vorstellung, dass Krankheit und Unglück in jedem Fall Gottes Antwort auf persönliche oder gesellschaftliche Sünden sei, wurde bereits damals von Jesus abgelehnt. Bei Johannes im 9. Kapitel wird über Jesu Heilung eines blind Geborenen berichtet, und die Jünger stellten die Frage, ob er oder ob seine Eltern gesündigt hatten. Jesu Antwort geht aber in eine andere Richtung: »Weder er hat gesündigt noch seine Eltern, sondern die Werke Gottes sollten an ihm zum Vorschein kommen. Wir müssen die Werke dessen wirken, der mich ausgeschickt hat – solang es Tag ist. Es kommt eine Nacht, da niemand wirken kann. Solange ich in der Welt bin, bin ich das Licht der Welt.« Da wird deutlich, dass Jesus jedes Menschenleben eng mit dem Wirken Gottes und seines Sohnes verbunden sieht. Und auch die gegenseitige Einwirkung der Menschen gehört zu seinem Menschenbild, sodass Nächstenliebe und Verantwortung ein grundsätzlicher Bestandteil aller Ethik sind. Im Text geht dies fast unter in der Quengelei der Juden, weil doch Sabbat war. Und sie hatten beschlossen, wer Jesus als Messias bekenne, der wird aus der Synagoge ausgeschlossen.

Johannes 11 ist der Auferweckung des Lazarus, des Bruders von Marta und Maria und Freundes Jesu gewidmet, sowie der Reaktion der Juden. Wir schrieben schon davon. »Viele von den Juden nun, die zu Maria gekommen und die geschaut hatten, was er getan, wurden glaubend an ihn. Doch einige von ihnen gingen zu den Pharisäern und sprachen zu ihnen von dem, was Jesus getan hatte. Da versammelten die Pharisäer das Synedrium und sagten: Was sollen wir tun? Dieser Mensch tut viele Zeichen. Wenn wir ihn so gewähren lassen, werden alle an ihn glauben. Und die Römer werden kommen und uns die Stätte und die Volksgemeinschaft wegnehmen. Einer von ihnen aber, Kajaphas – der Hohepriester jenes Jahres war – sprach zu ihnen: Ihr wisst gar nichts! Auch rechnet ihr nicht damit, dass es euch zum Guten gereicht, wenn einer für das Volk stirbt und nicht die ganze Volksgemeinschaft zugrunde geht.

Das aber sagte er nicht aus sich, sondern als Hoherpriester jenes Jahres redete er prophetisch, dass Jesus für die Volksgemeinschaft sterben sollte. Aber sein Blick ist befangen: Es geht ja nicht um die Volksgemeinschaft allein, sondern auch, um die versprengten Kinder Gottes zusammenzuführen.

Von jenem Tag an waren sie nun entschlossen, ihn zu töten« (Verse 45-53).

Obwohl als Zeugnis und zum Verständnis Jesu wichtig, lasse ich hier einige Absätze aus, bis: »Gleichwohl wurden jedoch auch von den Anführern viele glaubend an ihn. Doch der Pharisäer wegen bekannten sie es nicht, um nicht aus der Synagoge ausgeschlossen zu werden. Denn sie liebten die Verherrlichung durch die Menschen mehr als die Verherrlichung durch Gott« (**12**, 42-43).

Auf der Suche nach Verhaltensregeln – wie es zur Ethik gehört – gibt es immer wieder Aufgaben, für die wir göttliche Hilfe brauchen. Jesus macht uns Mut, darum zu bitten: »Wer an mich glaubt, der wird die Werke, die ich tue, auch selber tun. Ja, größere als die wird er tun, weil ich zum Vater gehe. Und was ihr dann in meinem Namen bittet, das werde ich tun, damit verherrlicht werde der Vater im Sohn. Wenn ihr mich um etwas bittet in meinem Namen: Ich werde es tun« (**14**, 12-14). Wir hören heraus, dass Jesus sich ganz mit dem Vater vereint zeigt. Und er will nicht zögern, die Bitten zu erfüllen, damit die Jünger die erwarteten Werke tun. Eine Einschränkung gibt es aber doch: Sie müssen an seine göttliche Kraft glauben.

Eine weitere Zusage schließt sich an: »Wenn ihr mich liebt, so werdet ihr meine Weisungen wahren. Und ich werde den Vater bitten, und er wird einen anderen Mutbringer euch geben, um bei euch zu sein – auf Weltzeit hin: Den Geist der Wahrheit, den die Welt nicht empfangen kann, weil sie ihn nicht schaut und nicht erkennt. Ihr kennt ihn, denn bleibend ist er bei euch und ist euch inne. Ich will euch nicht als Waisen lassen: Ich komme zu euch« (**14**, 25-28). Auch die weitere Erklärung zitiere ich; haben diese Worte doch auch in der Liturgie ihren Ort gefunden: »Das habe ich zu euch geredet, während ich bei euch blieb. Der Mutbringer aber, der Heilige Geist, den der Vater in meinem Namen ausschicken wird, der wird euch alles lehren und an alles euch erinnern, was ich selber zu euch gesprochen.

Frieden hinterlasse ich euch, meinen Frieden gebe ich euch. Nicht wie die Welt gibt, gebe ich euch. Lasst euch das Herz nicht durcheinander bringen und verzagt nicht« (**14**, 25-27).

Diese Botschaft von Liebe und Frieden klingt manchmal maßlos und lässt die lauernde Gefahr fast vergessen. Doch Jesus erinnert ebenso daran, dass die Jünger auch die Feindschaft der Welt spüren werden, und er spricht: »Das ist meine Weisung: Liebt einander, wie ich euch geliebt! Größere Liebe hat keiner, als wer sein Leben gibt für seine Freunde. Ihr seid meine Freunde, wenn ihr tut was ich euch weise. Nicht mehr Knechte nenne ich euch, denn der Knecht weiß nicht, was sein Herr tut. Euch aber habe ich Freunde genannt, denn alles, was ich gehört von meinem Vater her: Euch hab ich es kundgetan. Nicht ihr erwähltet mich, sondern ich erwählte euch. Und ich habe euch bestellt, dass ihr hingeht und Frucht tragt und eure Frucht bleibt; auf dass, was ihr vom Vater erbittet, er euch gebe – in meinem Namen« (15, 12-16).

Eins mit dem Vater

So haben wir nochmals vieles zusammen, was die Jünger formen soll, was Grundlage der Ethik für Hörer und Leser der Christus-Botschaft über die Zeiten hin ist und zugleich auch das Maß des Glaubens. Die Reden von Weltende und Himmelreich führen auch schon ins Transzendente, sind aber verständlich, weil sie Jesu Antwort auf unsere Sterblichkeit sind und uns einen sonst nicht erkennbaren Ausweg darstellen. Nun aber wird es für den heutigen naturwissenschaftlich unterrichteten Menschen schwierig, denn es geht um die Fortsetzung der Inkarnation Gottes: Wir haben ja, was Johannes am Beginn seines Textes betont, selbst keine Fähigkeit, Gott in seiner Vatergestalt wahrzunehmen. Und so regen sich die Schriftgelehrten auf und zerreißen ihre Roben, wenn Jesus die Konsequenz der Inkarnation und deren eigentlichen Zweck benennt: dass der Gottessohn selbst die irdisch nur so mögliche Gestalt Gottes ist. Aber eine Inkarnation des Vaters als solchen kann es nicht geben: Nur der von ihm gezeugte Sohn ist es. Und das ist eben zugleich ein Menschensohn, wohl aber nicht der Sohn eines Mannes (was biologisch aber auch nicht schwer zu begreifen wäre). Jesus verlangt nicht, dass wir Taten tun, ohne ihm und dem Vater zu glauben, sondern er erklärt die Zusammenhänge, soweit das mit den vorhandenen Begriffen möglich ist. Mehr ist nicht möglich. Wirklich nicht? An dem Punkt ratlos stehen gelassen, ereignet sich noch eine weitere Großtat: Die Aussendung des Heiligen Geistes, und der verbindet den Vater mit dem Sohn und beide mit uns.

»Wenn die Welt euch hasst, so wisst: Mich hat sie zuerst gehasst. Die Welt würde dann das eigene lieb haben. Doch weil ihr nicht aus der Welt seid, sondern ich euch aus der Welt heraus erwählte: Deshalb hasst euch die Welt. ... Wenn ich nicht gekommen wäre und nicht geredet hätte zu ihnen, so hätten sie keine Sünde. Jetzt aber haben sie keinen Vorwand für ihre Sünde. ... Wenn ich unter ihnen nicht die Werke getan hätte, die kein anderer getan, so hätten sie keine Sünde. Jetzt aber haben sie gesehen und haben doch gehasst – wie mich, so meinen Vater. ... Wenn aber der Mutbringer kommt, den ich euch vom Vater her ausschicken werde – den Geist der Wahrheit, der vom Vater ausgeht – so wird jener für mich zeugen. Und auch ihr bezeugt, weil ihr von Anfang an bei mir seid« (**15**, 18-27).

Jesus macht deutlich, dass der Heilige Geist ihnen zu gegebener Zeit offenbaren wird, was sie jetzt nicht verstehen könnten. Ohnehin werde er nun offen vom Vater zu ihnen reden. »An jenem Tag werdet ihr in meinem Namen bitten. Aber ich sage euch nicht: Ich werde den Vater für euch bitten: denn der Vater selber ist euch Freund, weil ihr mir Freund und glaubend geworden seid: dass ich von Gott ausgegangen. Ich bin vom Vater ausgegangen und in die Welt gekommen. Abermals verlasse ich die Welt und gehe zum Vater« (**16**, 26-28).

In **17** setzt der Apostel die Theologie Jesu als Gebet an den Vater fort. Jesus bittet für seine Jünger, und zwar ausdrücklich nicht für die Welt, »sondern für die, die du mir gegeben – weil sie dein sind« (in Vers 9). Später aber auch: »Doch ich bitte nicht für diese allein, sondern auch für jene, die um ihres Wortes willen an mich glauben: dass alle eins seien, wie du, Vater, in Eins mit mir und ich in Eins mit dir, dass auch sie seien in Eins mit uns, damit die Welt glaube, dass du mich gesandt hast« (in Vers 20-21). »Vater, Gerechter! Die Welt hat dich nicht erkannt; ich aber erkannte dich. Und diese erkannten, dass du mich gesandt hast. Und deinen Namen tat ich ihnen kund und werde ihn kundtun, damit die Liebe, mit der du mich geliebt hast in ihnen ist und ich in Eins mit ihnen« (Verse 25-26). Nach dieser Rede ging er mit den Jüngern hinaus, den Häschern entgegen.

Der weitere Bericht des Johannes trägt nicht zusätzlich zur Ethik bei, hier sollen aber noch Zitate folgen, um den Zusammenhang des Textes zu wahren: »Nun hat Jesus noch viele und andere Zeichen vor seinen Jüngern getan, die nicht in diesem Buch aufgeschrieben sind. Diese aber sind aufgeschrieben, damit ihr glaubend bleibt, dass Jesus der Messias ist, der Sohn Gottes. Und damit ihr als Glaubende Leben habt in seinem Namen« (**20**, 30-31). Im letzten Kapitel, **21**, berichtet Johannes als Zeuge, wie einige, die wieder als Fischer lebten, am See Tiberias (= Genezareth) von Jesus erwartet wurden und gemeinsam Mahl hielten. »Jesus geht und nimmt das Brot, gibt es ihnen, und den Fisch desgleichen. Das war schon das dritte Mal, dass Jesus den Jüngern erschien, nachdem er von den Toten auferweckt war!«

Nach dem Mahl eröffnet er jenen denkwürdigen Dialog mit Petrus, den wir nicht übergehen können; denn er hat die Struktur der werdenden Kirche so stark geprägt:

»Simon, Sohn des Johannes, liebst du mich mehr als diese? Sagt er zu ihm: Ja Herr! Du weißt, dass ich dir Freund bin. Sagt er zu ihm: Hüte meine Lämmer! Abermals sagt er zu ihm, das zweite Mal: Simon, Sohn des Johannes, liebst du mich? Sagt er zu ihm: Ja Herr! Du weißt, dass ich dir Freund bin. Sagt er zu ihm: Weide meine Schafe! Sagt er zu ihm das dritte Mal: Simon, Sohn des Johannes, bist du mir Freund? Betrübt ward Petrus, dass er zum dritten Mal zu ihm gesprochen hatte: Bist du mir Freund? Da sagte er zu ihm: Herr, alles weißt du. Du erkennst doch, dass ich dir Freund bin. Sagt Jesus zu ihm: Hüte meine Schafe! Wahr, ja wahr ists, ich sage dir: Als du jünger warst, hast du dich selbst gegürtet und gingst den Weg, wohin du wolltest. Doch wenn du alt geworden bist, wirst du deine Hände ausstrecken und ein anderer wird dich gürten und führen, wohin du nicht willst. Das aber sprach er, um ein Zeichen zu geben, durch welchen Tod er Gott verherrlichen werde. Und als er das gesprochen, sagte er zu ihm: Folge mir!«

Den Schluss seines Berichts hat Johannes seinem Abschied vorbehalten: Petrus »erblickte nachfolgend den Jünger, den Jesus liebte – ihn, der sich auch beim Mahl an seiner Brust niedergelassen … Ihn also sehend, sagt

Petrus zu Jesus: Herr, was aber wird aus dem? Sagt Jesus zu ihm: Wenn ich will, dass er bleibt, bis ich komme, was ficht es dich an? Du folge mir! Dieses Wort aber kam so zu den Jüngern: Jener Jünger sterbe nicht. Doch Jesus hatte nicht zu ihm gesprochen, dass er nicht sterbe.« »Das ist der Jünger, der dafür zeugt und der dies geschrieben hat. Und wir wissen, dass sein Zeugnis wahr ist.«

Himmel und Erde ganz neu?

Die Bücher mit der Frohen Botschaft Jesu – die Evangelien – bringen uns die Kunde von einem Verhalten gegenüber Gott und den Menschen, das uns hier zu einem sinnvollen Leben und nach dem Tod in das Reich Gottes führen soll. Damit ist es, nein, enthält es eine hinreichende Ethik, die in der Kirche als das Gesetz Christi weitergegeben wird und sogar als Grundlage schöpferischer Freiheit gilt. Diese Bücher bringen zugleich Berichte über wichtige Stationen in Jesu Leben und seine Aussagen über Himmel und Erde. Dies habe ich, weitgehend mit der Ethik als Ziel, bisher in groben Zügen dargestellt.

Mit der gesamten Bibel sieht auch Jesus und sehen auch die Christen die Welt als Gottes gute Schöpfung an. Die Aussagen der biblischen »Genesis« über Himmel und Erde zu verstehen, wurde jahrtausendelang auf der Grundlage von Sagen, Mythen und Spekulationen versucht; doch diese Quelle sprudelt nicht mehr, oder, anders gesagt, diese Deutungen der geschriebenen Geschichte können wir nicht mehr glauben, nachdem eine große und schnell zunehmende Welle von Kenntnissen erworben wurde. Sie belehren uns darüber, dass die Weltgeschichte die Geschichte einer kohärenten Evolution ist, in deren Verlauf das Leben entstanden ist und aus der Lebewelt heraus die Menschheit: Geschichte also, die der ebenfalls geschichtlichen Sicht der Bibel auf die Zeit ab Abraham entspricht.

Spätestens die Menschwerdung war eine Revolution, indem die neuen geistigen Verhaltensweisen aufkamen, die zwar als Machtstreben und Konkurrenz durchaus noch als Fortsetzung der Evolution mit neuen Mitteln erscheinen, aber bei den Begriffen Sinn (viele Philosophen und Theologen), Liebe (Bibel) und dialogisches Verhalten (Buber, siehe dazu Stephan, 2016) nicht mehr eine bloße Weiterentwicklung der Menschen sein können. Dabei werden den Menschen riesige Probleme bewusst: 1. wissen sie nun um ihre Sterblichkeit, die sie zwar durchaus als notwendig einsehen, aber schwer annehmen können, 2. ist sogar für die Menschheit als solche – wie für die meisten Arten – so etwas wie Nachhaltigkeit und Bleiben eher unwahrscheinlich, und 3. ist das Miteinander der Menschen durch Verhaltensweisen belastet, ohne die die bisherige Entwicklung nicht denkbar ist, die aber, um es kurz zu sagen, ein gemeinsames Leben in Liebe und Güte für alle Menschen unwahrscheinlich machen. Diesem Verhalten, das man in der Sprache der Bibel als sündig bezeichnet, da es dem Fernziel der Schöpfung widerspricht, stellt Jesus seine Ethik gegenüber, Verhaltensregeln, von denen auch das Dialogische abgeleitet ist.

Wie aber könnte der Weg von der sündigen Welt zu dem göttlichen Entwurf aussehen, dessen Realisierung augenscheinlich aus der evolvierenden Welt heraus nicht erreicht wird? Die Antwort darauf ist entscheidend für den Glauben; und sie verlangt zunächst den Glauben an Gott und dann den Glauben an einen Übergang von der Welt zum Gottesreich, dem sogenannten Himmelreich. Wir sahen ja schon, dass an dieser Schnittstelle von Natur und Transzendenz der Begriff Offenbarung unvermeidbar ist. Nun, die Entdeckung der Evolution weist auf einen Anfang der Welt hin. Aber von nichts kommt nichts, und die Behauptung der materialistischen Dialektik von Sprüngen zu neuen Qualitäten bei Zunahme der Quantitäten ist nie von jemandem nachgewiesen worden. So rechnen wir mit einer Schöpfung, und da die Schöpferkraft noch die höchsten Stufen der Schöpfung erreichen muss, geschieht sie durch einen Schöpfer: Gott. Wenn aber die Natur nicht aus sich selbst und aus der in sie hineingelegten Kraft zu ihrem von der Menschheit erwarteten Sinn durchdringt, verlangt die mit der Menschwerdung verbundene Erkenntnis nach einem entsprechenden weiteren Schöpfungsakt. Aber mit einem geistigen Akt allein, mit dem Logos, ist es innerhalb der Schöpfung auch nicht getan; denn gerade der (lange übersehenen) selbst kreativen Teilnahme der Menschen entsprangen immer wieder auch eigenmächtige Verfehlungen, was nicht durch Belehrung allein behoben werden konnte und kann; sondern eine durchaus die »materielle« Natur erreichende Reparatur war und ist nötig. Der Menschheit wurde in diesem Sinn als ein weiterer Akt ein Heiland angekündigt: eine Inkarnation Gottes. Darin erkennen die Christen Jesus von Nazareth. Dieser hat nicht nur – wieder fast vergeblich – die Ethik erneuert. Durch seinen Tod haben nach den Heiden auch die Juden ihre Mitwirkung an der Vollendung der Schöpfung verweigert. Gott hat ihm sein Leben wiedergegeben (oben wurde gezeigt, wie dazu nicht nur sein Glaube an den Vater gebraucht wurde, sondern dass auch die Vorbereitung der Zeugen, insbesondere auch der Frauen, nötig war). Nun war zwar der von den großen Sünden freie Gesalbte Gottes als Hirte der Menschheit etabliert, aber die bösen Strukturen in der Menschheit, bei den Juden wie bei »den Völkern«, waren wohl doch nicht umwandelbar. Und entgegen dessen, was der Prophet verkündete: dass sich Gott aus Steinen sein Gefolge machen könnte, waren die Jahrmillionen der Evolution sehr wohl notwendig gewesen.

Wie auch immer: Jesus belehrt uns darüber, dass die Welt, insbesondere unsere Menschenwelt, wohl einer Neuschöpfung weichen wird, die den hinreichend liebevollen Menschen aus allen Zeitaltern anvertraut wird.

Teil 3,
DIE KIRCHE UND IHRE BEFREIUNG VON HINDERLICHEN TRADITIONEN:
Apostelgeschichte, Römerbrief

Die Apostelgeschichte nach Lukas

Zunächst meinte ich nur, man müsste bei der Suche nach Quellen der Ethik einmal wieder die erhaltenen Worte Jesu ganz ins Zentrum setzen. Anschließend war es aber folgerichtig, die junge Kirche unter dem Beistand des Heiligen Geistes einzubeziehen: anhand der »Apostelgeschichte« des Lukas und dann des Paulus Brief an die Christen in Rom. Ostern ist ja nicht das Ende, sondern die Mitte der Geschichte von Jesus und seiner Botschaft.

Während der 40 Tage, an denen er als Auferstandener zu seinen Jüngern über das Königtum Gottes sprach, gab er Weisung, sich in Jerusalem zu versammeln und darauf zu warten, dass der Heilige Geist nun auch auf die ganze Gemeinde kommt. Er sagte zum Abschied: »Ihr werdet meine Zeugen sein in Jerusalem und in ganz Judäa und Samaria und bis an das Ende der Erde. Und nachdem er das gesprochen, blickten sie auf. Und er ward emporgehoben, und eine Wolke nahm ihn auf – aus ihren Augen fort. Und während sie sich dem Himmel zuwandten, wie er dahinfuhr – da! Zwei Männer standen neben ihnen in weißen Kleidern. Und die sprachen: Ihr Männer von Galiläa! Was steht ihr da und blickt zum Himmel? Dieser Jesus, der von euch fort in den Himmel Hinaufgenommene – er wird so kommen, wie ihr in den Himmel gehend ihn geschaut habt« (Apg 1, 8-22). Wobei übrigens, und nicht zum ersten Mal, das weltliche Oben genannt wird und nicht etwa ein Bezug auf etwas Unkörperliches hergestellt wird.

Nachdem Matthias als Nachfolger des Judas Iskariot eingesetzt war, kam der Tag des Pfingstfestes heran. »Und es geschah: Plötzlich kam aus dem Himmel ein Brausen – wie von einherfahrendem gewaltigem Schnaufen. Und es füllte das ganze Haus, darin sie saßen. Und sichtbar wurden ihnen – sich verteilend – Zungen wie von Feuer. Und die setzten sich auf jeden von ihnen. Und voll heiligen Geistes wurden alle. Und ihre Zungen begannen anders zu reden – wie der Geist es ihnen kund gab« (Apg 2, 2-4). Die Juden und die Fremden in der Stadt waren in Aufruhr und warteten auf eine Erklärung, die Petrus ihnen in einer Ansprache gab, die in der Apostelgeschichte zitiert ist. Und viele ließen sich taufen: bereits an diesem Tag etwa 3000, und »Sie blieben beharrlich bei der Lehre der Sendboten und in der Gemeinschaft, im Brotbrechen und in den Gebeten«. Bald waren es 5000 Gläubige, und es wurden noch mehr, als Petrus und Johannes einen seit seiner Geburt lahmen Bettler geheilt hatten, Jesus als den Urheber dieser Heilung bekannt hatten und den Drohungen der Oberen widerstehen konnten, und sie flehten gemeinsam zu Gott.

Dann (Apg 4, 32-37) gibt Lukas einen Situationsbericht aus der Gemeinde, und diese Berichte sind für unser Anliegen wichtig; denn sie zeigen uns die Lebensumstände. Bedenken wir doch: Die Sendboten Jesu, die ersten Jünger also, sind galiläische Fischer vom See Genezareth. Mit Jesus wurden sie Hausgäste bei des Petrus (vom Herrn geheilter!) Schwiegermutter und auch bei Lazarus, Marta und Maria, lernten die Orte kennen, in die sie Jesus gesandt hatte, kamen dann aber auch mit ihm in Unterkünfte in der großen Stadt Jerusalem. Das brachte recht unterschiedliche Lebensweisen mit sich. Nun lebten aber Tausende zusammen in der Stadt, und die Jünger mussten das managen; und wie das ging, wollen wir lesen: »Und nachdem sie gefleht hatten, erbebte der Ort, an dem sie versammelt waren, und erfüllt wurden alle vom Heiligen Geist. Und sie sagten das Wort Gottes mit Freimut. Die Menge der Glaubendgewordenen aber war in Herz und Leben eins. Und auch nicht einer nannte irgend etwas von seinem Hab und Gut sein eigen, sondern sie hatten alles gemeinsam. Und mit gewaltiger Kraft legten die Sendboten das Zeugnis von des Herrn Jesus Auferstehung ab. Gewaltige Gnade aber war auf ihnen allen. Es war denn auch kein Notleidender unter ihnen; denn alle, die Besitzer von Ländereien oder Häusern waren, verkauften und brachten den Preis des Verkaufs und legten ihn den Sendboten zu Füßen. Zugeteilt aber wurde jedem einzelnen, je wie es einer brauchte. Auch Josef, ein Levit, den die Sendboten Barnabas nannten – was übersetzt ‚Sohn der Ermutigung‘ heißt – Zyprer der Abstammung nach, hatte einen Acker, der ihm gehörte, verkauft, das Geld gebracht und den Sendboten zu Füßen gelegt.«

Dieses Zusammenleben ist allerdings nicht ohne Ernst und auch Härte möglich, auch schon im Zusammenhang mit den gewaltigen Erlebnissen, von all den Zeichen Jesu und der Jünger, von Kreuzigung, Auferstehung und Himmelfahrt Jesu bis zum Hereinbrechen des Heiligen Geistes, wogegen uns unser zweitausendjähriger Alltag unbedeutend erscheinen kann. Aber auch die Bedeutung dieser ersten Tage wurde nicht von jedem erfasst, und Petrus griff durch: »Ein Mann dagegen, namens Hananias, verkaufte gemeinsam mit seiner Frau ein Gut. Und er hinterzog etwas vom Preis mit Wissen der Frau, brachte nur einen Teil davon und legte ihn den Sendboten zu Füßen. Petrus aber sprach zu ihm: Hananias! Warum hat der Satanas dein Herz so erfüllt, dass du den Heiligen Geist betrogen und etwas vom Preis des Landstücks hinterzogen hast? Blieb es nicht – wär es geblieben, wie es war – dir zu eigen, und stand es nicht – einmal verkauft – in deiner Vollmacht? Was ist geschehen, dass du dir diese Machenschaft ins Herz gesetzt hast? Nicht Menschen hast du betrogen, sondern Gott! Als Hananias diese Worte hörte, sank er um und hauchte das Leben aus. Und gewaltige Furcht legte sich auf alle, die es gehört. ... Kam seine Frau herein, ohne vom Geschehenen zu wissen. Antwortete ihr Petrus: Sprich zu mir, habt ihr für soviel das Landstück weggegeben? Ja, sprach sie, für soviel. Darauf Petrus zu ihr: Warum seid ihr übereingekommen, den Geist des Herrn zu versuchen? Da! Die Füße derer, die deinen Mann begruben, sind an der Tür, um dich hinauszutragen. Und sofort fiel sie zu seinen Füßen nieder und hauchte das Leben aus« (Apg **5**, 1-10). Es ging dabei, wie zu lesen ist, nicht um den Vorbehalt beim Teilen, sondern darum, dass der Heilige Geist – und damit Gott – betrogen wurde und versucht werden sollte. Offensichtlich ist der Heilige Geist uns heutigen Christen nicht mehr so präsent, und beide Todesfälle zeigen einen für unsere Erfahrung äußerst tiefen Glauben an – viel eher als eine Bestrafung durch Petrus. Das wäre in unserer heutigen Situation so weder möglich noch hilfreich.

> Vielleicht würde uns etwas von solchem Glauben dem Himmelreich näher bringen. Erschreckend ist das Verhalten des Petrus allemal, und es erinnert nicht an Jesus den Heiland.

Zunächst war ihnen der Tempel Heimat: »Durch die Hände der Sendboten geschahen viele Zeichen und Wunderdinge im Volk. Und sie waren alle einmütig in der Halle Salomos. Von den übrigen wagte keiner, sich ihnen anzuschließen; aber groß rühmte sie das Volk. Mehr und mehr Glaubende wurden zum Herrn gebracht, Mengen von Männern und Frauen. So kam es, dass sie sogar auf die Straßen hinaus die Kranken trugen und auf Pritschen und Bahren legten, damit, wenn Petrus käme, auch nur sein Schatten auf ihrer einen fiele. Es lief aber auch die Menge aus den Städten um Jerusalem zusammen, brachte Kranke und von unreinen Geistern geplagte; die alle wurden heil gemacht« (Apg **5**, 12-16). Obwohl Lukas wohl erst Jahre danach in Jerusalem war, bekam er noch einen unmittelbaren Eindruck von dieser ersten christlichen Volksbewegung.

Die Reaktion kam alsbald. Schon Pilatus hatte richtig erkannt, dass für die Juden die Macht im Vordergrund stand und eifersüchtig verteidigt wurde – sie war ihnen wichtiger als Gott und seine Wahrheit. So auch jetzt. »Und auf standen voll Eifersucht: der Hohepriester und all seine Genossen – nämlich die dortige Partei der Sadduzäer. Sie legten Hand an die Sendboten und brachten sie vor den Augen des Volkes in Gewahrsam« (Apg **5**,17). Doch nachts führte sie ein Engel heraus, so dass sie morgens wieder im Tempel lehren konnten. Wieder vors Synedrium gebracht legten sie dort in aller Kürze Zeugnis ab von Christi Kreuzigung bis zur Ausgießung des Heiligen Geistes. Man plante, sie zu ermorden; aber der geachtete Pharisäer und Gesetzeslehrer Gamaliël überzeugte sie davon, dass sie abwarten müssten, ob Gott sie verschwinden lässt oder erhält. So wurden die Apostel »nur« ausgepeitscht und mit der Auflage, nicht über den Namen Jesu zu reden, entlassen. Sie aber freuten sich, um Jesu Namen wegen Schande erlitten zu haben, und »keinen Tag hörten sie auf, im Heiligtum oder von Haus zu Haus zu lehren und zu künden« (Apg 5, 42).

Auch Alltägliches war zu regeln: Als die Hellenisten gegen die Hebräer murrten, ihre Witwen würden beim täglichen Dienst übersehen, sollte das geregelt werden, ohne den Dienst am Wort zu kürzen. Da wählten die Gläubigen Stephanus und sechs weitere angesehene Männer aus. »Die stellten sie vor die Sendboten, und betend legten sie ihnen die Hände auf« (Apg 6, 6). Ihnen war die Bedeutung von Sendung noch klar. »Und das Wort wuchs, und die Zahl der Jünger in Jerusalem mehrte sich überaus. Auch viele Leute von den Priestern wurden dem Glauben gehorsam« (a.a.O. Vers 7).

Aber schon kam wieder Gewalt über sie, und zwar gegen Stephanus und von einer Synagoge der Libertiner und Zyrener und Alexandriner, Zilizier und aus Asia. Sie waren seiner Rede nicht gewachsen, stellten falsche Zeugen auf, die ihm Gotteslästerung nachsagten, hetzten die Leute auf und führten ihn vor das Synedrium. Dort stellte Stephanus die Geschichte seit Abrahams Tagen dar bis Jesus. Diese inhaltsvolle Geschichte, wie sie so den wenigsten geläufig ist, füllt ein langes 7. Kapitel der Apostelgeschichte, an dessen Schluss wir erfahren müssen, dass sie den Stephanus steinigen. Sie vertrauten ihre Kleider derweil ihrem Genossen Saulus an, dem späteren Paulus. »Saulus aber war mit seiner Hinmordung einverstanden.« An jenem Tag kam eine große Hetzjagd über die Gemeinde in Jerusalem. Alle wurden über die Lande Judäas und Samariens hin versprengt – außer den Sendboten. Den Stephanus jedoch bestatteten ehrfürchtige Männer und hielten große Totenklage um ihn. Saulus aber suchte die Gemeinde auszumerzen, indem er in die Häuser eindrang, Männer und Frauen herausschleifte und in den Kerker auslieferte. Die Versprengten nun kamen überall hin, um das Wort der Heilsbotschaft zu verkünden« (Apg **8**, 1,4), wie sehr erfolgreich Philippus in der Stadt Samariens.

Für unser Thema ist das Folgende wichtig: Petrus und Johannes hörten von dem Erfolg in Samarien, reisten hin, beteten mit den neuen Christen und legten ihnen die Hand auf – und der Heilige Geist nahm Besitz von ihnen: Das Urbild einer Firmreise, wie sie heute noch vollzogen wird!

Da war aber in Samarien ein gewisser Simon, ein ehemaliger professioneller Magier, der zum Glauben gekommen war und sich der Gemeinde angeschlossen hatte. »Als Simon nun sah, dass der Geist durch die Handauflegung der Sendboten gegeben wird, trug er ihnen Geld an. Sagte: Gebt auch mir diese Vollmacht, dass, wem ich die Hände auflege, heiligen Geist empfange. Petrus aber sprach zu ihm: Dein Silber – zugrunde gehe es samt dir! Denn du dachtest, das Geschenk Gottes sei mit Geld zu kaufen. Kein Teil und kein Erbe hast du an diesem Wort; denn dein Herz steht nicht gerade vor Gott. Bekehre dich also von diesem deinem Übel und flehe zum Herrn, vielleicht wird dir das Ansinnen deines Herzens nachgelassen. Denn in bitterer Galle und in Unrechts Fessel seh ich dich stecken. Hob Simon an und sprach: Fleht ihr für mich zum Herrn, dass von dem, was ihr sagt, nichts über mich komme. Nachdem sie also das Wort des Herrn bezeugt und gesagt hatten, wandten sie sich nach Jerusalem zurück und kündeten vielen Dörfern der Samariter die Heilsbotschaft (Apg **8**, 18-25). Da haben wir eine klare Anweisung und Warnung, dass Segen und Auftrag des Herrn nicht feil sind, ja dass sie nur »von oben nach unten« kommen, wobei Gottes Wege und Initiativen von uns oft nicht nachvollziehbar sind, wie auch im folgenden Beispiel und dann bei Saulus.

Ein Engel des Herrn schickte Philippus auf den Weg Richtung Gaza und zu einem höchstrangigen äthiopischen Diplomaten, der von Jerusalem kam, wo er war, um sich tief zu verneigen. Also ein Verhalten, von dem wir uns klarmachen müssen, dass es für die Orientalen nicht untypisch war, von denen viele geradezu auf eine göttliche Botschaft warteten und keine Häme zu fürchten hatten. »Er war auf dem Rückweg und saß auf seinem Wagen und las den Propheten Jesaja. Sprach der Geist zu Philippus: Geh heran und hefte dich an diesen Wagen. Philippus lief hin, hörte ihn den Propheten Jesaja lesen und sprach: Verstehst du auch, was du liest? Der aber sprach: Wie könnte ich denn, wenn keiner mich anleitet? Und er ermutigte Philippus, aufzusteigen und mit ihm zusammenzusitzen. Der Abschnitt der Schrift aber, den er eben las, war dieser:

> Wie ein Schaf ward er zur Schlachtung getrieben.
> Und wie ein Lamm vor seinem Scherer ohne Laut
> – so tut der nicht auf seinen Mund.
> Durch seine Niedrigkeit
> wurde weggenommen sein Gericht.
> Sein Stamm – wer kann davon berichten?
> Denn weggenommen von der Erde wird sein Leben.

Hob der Eunuch an und sprach zu Philippus: Ich flehe dich an, von wem sagt das der Prophet – von sich selbst oder von einem anderen? Philippus tat seinen Mund auf und verkündete ihm – ausgehend von dieser Schrift – die Heilsbotschaft von Jesus. Wie sie aber den Weg dahinfuhren, kamen sie an ein Wasser. Und der Eunuch sagt: Da – Wasser! Was hindert, dass ich getauft werde? Philippus aber sprach zu ihm: Wenn du glaubst aus deinem ganzen Herzen, ist es gestattet. Er hob an und sprach: Ich glaube, dass Jesus der Messias ist – der Sohn Gottes. Und er ließ den Wagen halten und beide stiegen zum Wasser hinab: Philippus und der Eunuch. Und er taufte ihn. Als sie aber aus dem Wasser stiegen, entraffte der Geist des Herrn den Philippus, und der Eunuch sah ihn nicht mehr. Doch er fuhr in Freude seines Wegs dahin. Philippus fand sich in Aschdod und hindurch ziehend verkündete er allen Städten die Heilsbotschaft, bis er nach Cäsarea kam« (Apg **8**, 28-40).

Saulus/Paulus

»Saulus aber, immer noch voll Droh- und Mordgeschnaube gegen die Jünger des Herrn, trat an den Hohenpriester heran. Er erbat von ihm Briefe nach Damaskus an die Synagogen, damit er, wenn er welche fände, die den Weg befolgen – Männer wie Frauen – sie gefesselt nach Jerusalem brächte. Während er dahinging, geschah es: Er näherte sich Damaskus und plötzlich umblitzte ihn Licht aus dem Himmel. Er stürzte zu Boden und hörte eine Stimme, die zu ihm sagte: Saul, Saul! Warum jagst du hinter mir her? Er aber sprach: Wer bist du, Herr? Darauf er: Ich bin Jesus, hinter dem du herjagst. Doch steh auf und geh in die Stadt hinein. Und es wird dir gesagt werden, was du tun musst. Die Männer aber, die seine Weggenossen waren, standen da – sprachlos – da sie zwar die Stimme hörten, aber niemand schauten« (Apg **9**, 1-7).

Die Geschichte des Paulus aus Tarsus ist dramatisch. Er, der fest davon überzeugt ist, dass die Jünger Jesu das ohnehin bedrängte Judentum in Gefahren bringen – Gefahren der inneren Auflösung und besorgter Reaktionen der römischen Besatzung –, reist nun sogar zu den Außenposten der Christen wie nun nach Damaskus, um sie zu bekämpfen. Und da geschieht es ihm, dass er plötzlich eine Jesus-Erscheinung erlebt. Darf man das wörtlich nehmen, glaubt das jemand? Und die Dramaturgie dahinter wäre ja naheliegend. Aber wer käme wohl von selbst auf die Sache mit der Erblindung? Nur wenn es geschehen ist, wird man es berichten, auch wenn es, Hand aufs Herz, mindestens seltsam ist.

Ich war aber dabei, als ein deutscher Atomphysiker seine Probleme seinem Freund anvertraut hat. Es ging ihm verdammt schlecht, er war sogar wieder zeitweise blind gewesen. Das musste er inzwischen manchmal über sich ergehen lassen, wenn ihn alte Nöte bedrängten. Dieser Mensch war bei Kriegsende als Beutestück vom russischen Militär in ein sowjetisches Kernforschungszentrum verschleppt worden. Dort wurde mit allen Mitteln versucht, eine brauchbare Atomwaffe zu konstruieren. Ein Beispiel zeigt, was da alles möglich war: Wenn etwa ein fehlendes Bauteil Bestandteil irgendeiner teuren ausländischen Maschine war, wurde diese Maschine angeschafft, und man holte das Fehlende heraus. Der Preis spielte überhaupt keine Rolle. Doch das Schlimmste war das Misstrauen der Russen. Wenn ein Vorhaben nicht gelang – es handelte sich um völliges wissenschaftliches Neuland –, dann waren die Wissenschaftler doch wohl Saboteure und wurden an Leib und Leben bedroht. Und ihre Arbeit kam immer wieder an solche Grenzen. Und so kam unser Forscher immer wieder in Lebensgefahr – und dann erblindete der arme Mann. Wahrscheinlich wurde er, als gebrochener Mensch, mit vielen anderen durch Adenauer freigekauft, so dass er schließlich die Freiheit und sogar Westdeutschland erreichte. Hier genügt es zu wissen, dass manche Menschen in auswegloser Lage erblinden können und dass der Zustand reversibel sein kann. Das Phänomen ist den Neurologen durchaus bekannt.

Zurück zu Saulus: Nachdem er Christen mit in den Tod geschickt hatte, muss ihm etwas ganz Intensives geschehen sein, vielleicht war sein Erlebnis die Schriftauslegung, die Fürbitte für die Feinde und die Steinigung des Stephanus: Er war ja dabei, und das dürfte nicht spurlos an ihm vorübergegangen sein. Sollte er nicht den klassischen, von Martin Buber herausgestellten Beginn des Dialogischen durch Erfahrung der Gegenseite erlebt haben? Diese Erfahrung macht der Mensch, wenn er eine gemeinsame Situation von der Gegenseite aus erlebt. Handelt es sich um eine Aggression, dann geschieht nach Martin Buber (1964) Folgendes: »Die Wirklichkeit tut sich ihm an, was wird er tun? Er übertobt die Seele oder sein Trieb kehrt um.« Im zweiten Fall macht ihm diese äußerste Erfahrung den anderen für alle Zeit gegenwärtig. Er erlebt den gemeinsamen Vorgang, im Beispiel seine

Aggression, zwar durchaus von sich her, aber gleichzeitig auch vom anderen her (mit Hilfe der Spiegelneuronen, wie wir inzwischen wissen). Irgendwann musste der an sich fromme Jude Saulus die Situation seiner Opfer und auch seine nun ausweglose Lage in voller Klarheit erkennen und von der Gegenseite her erleben. Und nun hat sein Gehirn mehr zu tun als verkraftbar: Die große Arbeit des Umsortierens der ganzen Lebenseinstellung, eine extreme Aufgabe, Stress pur – und nicht möglich bei Aufrechterhaltung aller Funktionen, zu denen auch das Sehen gehört, die Augen sind ja Teile des Gehirns. Die reversible Erblindung des Saulus ist neurologisch erklärbar!

Das Besondere bei Saulus ist, dass sich hinter seinen Opfern Jesus zu erkennen gibt und dass sich sein dialogisches Verhalten auf diesen hin öffnet: Saulus wird zum Paulus und die dialogische Umfassung verbindet ihn mit dem Herrn. In der Apostelgeschichte des Lukas lesen wir dazu: »Es war ein Jünger in Damaskus namens Hananias. Und zu ihm sprach der Herr in einem Gesicht: Hananias! Er sprach: Da bin ich, Herr! Der Herr zu ihm: Steh auf, geh in die ‚Gerade Straße‘, wie sie gerufen wird, und suche im Haus des Juda nach einem namens Saulus aus Tarsus. Denn da – er betet! Und er hat in einem Gesicht einen Mann gesehen namens Hananias. Der kam herein und legte ihm die Hände auf – damit er aufblickte. Hananias aber antwortete: Herr, von vielen habe ich über diesen Mann gehört, wieviel Übles er deinen Heiligen in Jerusalem getan. Auch hier hat er Vollmacht von den Hohenpriestern, alle zu fesseln, die deinen Namen anrufen. Doch der Herr sprach zu ihm: Geh! Denn ein auserlesenes Gefäß ist mir dieser: meinen Namen vor Völker, Könige und Israels Söhne zu tragen. Ich selber nämlich will ihm zeigen, wieviel er leiden muss für meinen Namen« (Apg 9, 10-16). Und so geschah es, denn als Paulus das nötige Ansehen durch die Christen in Damaskus bekommen hatte, wollten ihn Juden ermorden;

doch die Christen brachten ihn in Sicherheit aus der Stadt, und er kam nach Jerusalem. Dort wurde er durch die Fürsprache des Barnabas von den Sendboten aufgenommen und lebte mit der Gemeinde und stritt mit den

Gegnern. Doch als er mit den Hellenisten stritt, wollten diese ihn ermorden, und die Brüder brachten ihn nach Caesarea hinab und entsandten ihn nach Tarsus.

Die Kirche hatte also (momentan) über ganz Judäa, Galiläa und Samarien hin Frieden. Sie war im Aufbau und ging den Weg in der Furcht des Herrn. Und zahlreicher wurde sie durch die Ermutigung des Heiligen Geistes.

Als Petrus zu den Heiligen in Lydda kam, heilte er unter Berufung auf die Weisung Jesu den seit acht Jahren gelähmten Äneas. »Und es sahen ihn alle Bewohner von Lydda und der Scharon-Ebene; die wandten sich dem Herrn zu« (Apg **9**, 35). Dieser Bericht macht uns wieder auf den Bezug auf Jesus, den eigentlichen Heiland, aufmerksam. Zum nahen Ort Joppe holte man den Petrus zu der verstorbenen Tabita, einer besonderen Stütze der Gemeinde. Er erweckte sie und blieb noch ziemlich lange dort, im Haus des Gerbers Simon.

Wie durch Petrus das Christentum zu den Völkern gebracht wurde

Wir sind inzwischen einem entscheidenden Ereignis auf der Spur, durch welches das Christentum zu den heidnischen Völkern gebracht wurde: durch Weisung vom Herrn! Dies betrifft auch unsere Stämme und muss daher detaillierter berichtet werden, zumal es selten erzählt wird, aber Teil unserer Kultur geworden ist.

Kornelius, der Hauptmann der Italischen Kohorte in Caesarea, war samt seinem ganzen Haus gottesfürchtig. Es geschah, dass ein Engel des Herrn ihm erschien und sagte: »Deine Gebete und deine Almosen sind hinaufgestiegen vor Gott – als Gedächtnis. Und nun schicke Männer nach Joppe und bestelle einen gewissen Simon, der Petrus gerufen wird. Der ist zu Gast bei einem gewissen Simon – einem Gerber – der ein Haus am

Meer hat« (Apg **10**, 4-6). Tags darauf, während Essen für den hungrigen Petrus bereitet wurde, »geschah es: Entrückung kam über ihn. Und er schaut den Himmel geöffnet und ein Ding heruntersteigen, das wie ein großes Leintuch an den vier Eckanfängen auf die Erde heruntergelassen wurde. Darin waren alle Vierfüßer und Kriechtiere der Erde und Vögel des Himmels. Und ein Ruf erging an ihn: Steh auf, Petrus, schlachte und iss! Petrus aber sprach: Nie und nimmer, Herr! Denn noch nie habe ich etwas Gemeines und Unreines gegessen. Doch abermals, zum zweiten Mal, ein Ruf an ihn: Was Gott für rein erklärt hat, heiße du nicht gemein! Das geschah dreimal. Und sogleich wurde das Ding hinaufgenommen in den Himmel. Während aber Petrus bei sich nicht ein noch aus wusste, was das Gesicht, das er gesehen, bedeuten möge – da! Die von Kornelius entsandten Männer, die sich zum Haus des Simon durchgefragt hatten, traten an das Tor. Und sie erkundigten sich laut rufend, ob Simon, der Petrus gerufen wird, hier zu Gast sei. Während nun Petrus über das Gesicht nachgrübelte, sprach der Geist zu ihm: Da – drei Männer suchen dich! Steh auf, steig hinab und geh mit ihnen, ohne zu zweifeln; denn ich selber habe sie gesandt. Petrus stieg hinab und sprach zu den Männern: Da – ich bin es, den ihr sucht! Was ist der Grund eures Hierseins? Sie aber sprachen: Kornelius, ein Hauptmann, ein gerechter und Gott fürchtender Mann, mit gutem Zeugnis von der ganzen Volksgemeinschaft der Juden, wurde von einem heiligen Engel angewiesen, dich in sein Haus zu bestellen und Worte von dir zu hören. Er rief sie nun hinein und nahm sie gastlich auf. ... ... Kornelius erwartete sie, nachdem er seine Stammesgenossen und die engsten Freunde zusammengerufen. Als es geschah, dass Petrus eintreten sollte, ging ihm Kornelius entgegen, fiel ihm zu Füßen und neigte sich tief. Petrus aber richtete ihn auf und sagte: Steh auf! Auch ich bin ein Mensch. Im Gespräch mit ihm trat er ein, und er findet viele versammelt. Und er sprach zu ihnen: Ihr wisst, wie unstatthaft es ist für einen jüdischen Mann, sich mit einem Stammesfremden einzulassen oder zu ihm zu gehen. Doch mir hat Gott gezeigt, keinen Menschen gemein oder unrein zu nennen. Darum bin ich auch ohne Widerrede gekommen, als nach mir geschickt wurde. Ich möchte nun fragen, aus welchem Grund ihr nach mir geschickt habt. Und Kornelius sprach: ... ... Jetzt sind wir alle vor Gott anwesend, um alles zu hören, was dir aufgetragen vom Herrn. Da öffnete Petrus den Mund und sprach: In Wahrheit begreife ich jetzt, dass Gott keine Günstlinge kennt, sondern in jedem Volk ihm willkommen ist, wer ihn fürchtet und Gerechtigkeit wirkt. Das Wort hat er den Söhnen Israels gesandt, die Heilsbotschaft verkündend vom Frieden durch Jesus den Messias: Dieser ist der Herr aller« (Apg **10**, 10-36).

Aber: nur den Söhnen? Lesen wir es nicht in den Evangelien anders? Wenn doch Gott keine Günstlinge kennt?

Die Verkündung der Geschichte mit Jesus durch Petrus endet damit, dass von Jesus alle Propheten gesagt haben, dass jeder, der an ihn glaubt, durch seinen Namen Nachlass der Sünden bekommt.

»Noch während Petrus diese Worte redete, fiel der Heilige Geist auf alle Hörer des Wortes. Und die Glaubenden aus der Beschneidung, die mit Petrus gekommen waren, gerieten außer sich darüber, dass auch auf die Völker die Gabe des Heiligen Geistes ausgegossen worden war. Sie hörten nämlich ihre Zungen verzückt reden und Gott groß rühmen. Hierauf antwortete Petrus: Kann einer das Wasser der Taufe denen weigern, die wie auch wir den Heiligen Geist empfangen haben? Und er ordnete an, dass sie auf den Namen Jesu getauft werden sollten« (Apg **10**, 44-48).

Wir stellen einmal mehr fest, dass Amt, Würde und Wirksamkeit des Petrus nicht wesentlich anders waren, als es die eines Papstes heute ist oder doch wieder ist.

Erstaunlich ist aber, dass die Erscheinung uns zunächst auf das Aufheben der mosaischen Speisengebote verweist, doch dann, der Gegebenheit entsprechend, von Petrus auf die Gleichstellung aller Gläubigen hin ausgelegt wird, während alles andere als selbstverständlich hinzukommt. Genau das entspricht der früheren Belehrung Jesu, nach der das Übel nicht von außen kommt. Aber wir können auch nachfühlen, dass die Juden Schwierigkeiten hatten, ihre durch die Beschneidung zementierte Sonderrolle aufzugeben. Loslassen ist ja heute noch und für alle eine schwierige Übung!

»Als nun Petrus nach Jerusalem hinaufstieg, waren die aus der Beschneidung von Zweifel gegen ihn und sagten: Bei unbeschnittenen Männern bist du eingekehrt und hast mit ihnen gegessen. Petrus aber fing an und setzte es ihnen der Reihe nach auseinander« (Apg 11, 2-4). Er berichtete auch, dass, als er zu reden begann, der Heilige Geist auf sie fiel – wie im Anfang auf uns. Und weiter: »Da erinnerte ich mich an das Wort des Herrn, wie er sagte: Johannes hat mit Wasser getauft, ihr aber werdet getauft werden in heiligem Geist. Wenn nun Gott dieselbe Gabe wie uns auch denen gegeben hat, die glaubend geworden sind an den Herrn Jesus den Messias – wer bin ich denn, dass ich Gott hätte wehren können? Als sie das gehört, wurden sie ruhig, und sie verherrlichten Gott, indem sie sagten: Also hat Gott auch den Völkern die Umkehr zum Leben geschenkt« (Apg 11, 16-18).

Die während der Drangsal in Judäa bis an die Küste und nach Zypern versprengten Christen sagten aber keinem das Wort außer den Juden, und nur einige kamen nach Antiochia und redeten auch erfolgreich zu den Griechen über Jesus. Daraufhin wurde Barnabas nach Antiochia gesandt. Danach ging er nach Tarsus zu Paulus, den er nach Antiochia holte, wo sie ein Jahr lang zusammen wirkten. Dort wurden erstmals die Jünger Christianer genannt.

Es kamen Propheten von Jerusalem nach Antiochia. Einer namens Agabus kündigte eine große Hungersnot für die gesamte bewohnte Welt an, die unter Klaudius kam. Von den Jüngern schickte jeder, je nach Vermögen, etwas durch Barnabas und Saulus als Hilfsdienst zu den Christen in Judäa.

»Um jene Zeit legte König Herodes Hand an einige von der Gemeinde, um ihnen Übles anzutun. Jakobus, den Bruder des Johannes, ließ er mit dem Schwert hinrichten. Als er sah, dass das den Juden gefiel, machte er weiter und ließ auch Petrus ergreifen« (Apg **12**, 1-3). Er hielt ihn zunächst in Ketten und schwer bewaffnet im Kerker und wollte ihn dem Volk vorführen und dann töten. Von dort wurde Petrus durch einen Engel befreit, was der zunächst für einen Traum hielt. Der Engel verließ ihn, und er ging zum Haus Marias, der Mutter des Johannes, der Markus gerufen wurde. Dort berichtete er von seiner Befreiung und ging dann an einen anderen Ort, während in der Garnison ein Durcheinander entstanden war.

Herodes aber zog nach Caesarea, seiner Residenz. Als er sich dort von einer Gesandtschaft aus Tyrus und Sidon, bekannten phönizischen Handelsstädten, feiern ließ, schrie ihm der Volkshaufen zu: »Eines Gottes Stimme, nicht die eines Menschen. Auf der Stelle schlug ihn da ein Engel des Herrn dafür, dass er Gott die Herrlichkeit nicht erwiesen. Und zum Wurmfraß geworden, hauchte er das Leben aus. Das Wort des Herrn aber wuchs und verbreitete sich mehr und mehr. Barnabas und Saulus kehrten nun zurück, nachdem sie in Jerusalem den Dienst erfüllt. Und sie nahmen Johannes mit, der Markus gerufen wird« (Apg **12**, 22-25).

Zur Gemeinde in Antiochia gehörten unter anderen Propheten und Lehrer, die Lukas nennt; sogar ein Jugendgenosse des Vierfürsten Herodes und natürlich Saulus – hier noch nicht Paulus genannt. Diese dienten dem Herrn kultisch und fasteten. Der Heilige Geist sagte aber: »Sondert mir doch Barnabas und Saulus zu dem Werk aus, zu dem ich sie berufen. Hierauf fasteten und beteten sie, legten ihnen die Hände auf und ließen sie ziehen. Sie gingen nun, ausgeschickt vom Heiligen Geist, nach Seleuzia. Und von dort aus segelten sie nach Zypern. Und in Salamis angekommen, kündeten sie in den Synagogen der Juden das Wort Gottes; sie hatten da auch Johannes als Amtsdiener« (Apg **13**, 2-5). In Paphos wollte der Prokonsul das Wort Gottes von ihnen hören; doch dessen Genosse, ein Trugprophet, der den Prokonsul vom Glauben abkehren wollte, trat ihnen entgegen. »Saulus aber – auch Paulus genannt – erfüllt von heiligem Geist, wandte sich ihm zu und sprach: Du Ausbund aller Arglist und aller Liederlichkeit, Teufelssohn, Feind aller Gerechtheit! Hörst du nicht auf, die geraden Wege des Herrn zu verkehren? Und da! Schon ist die Hand des Herrn auf dir. Blind wirst du sein, die Sonne nicht erblicken bis zur bestimmten Frist. Auf der Stelle überfiel ihn Dunkel und Finsternis, und herumtappend suchte er führende Hände. Hierauf, nachdem er das Geschehen gesehen, wurde der Prokonsul glaubend – bestürzt ob der Lehre des Herrn« (Apg 13, 9-12). Von Paphos ging Johannes nach Jerusalem zurück, Paulus aber mit Begleitern über Perge nach Antiochia. Dort bat der Synagogenvorsteher um eine Ermutigung, und Paulus trug die ganze Heilsgeschichte vor bis Jesu Auferstehung, und sagte ihnen schließlich: »So sei euch denn kund, ihr Männer, Brüder! Durch diesen wird euch Sündennachlass angekündet. Und von allem, wovon ihr im Gesetz des Mose nicht gerechtgesprochen werden konntet, wird in diesem jeder Glaubende gerechtgesprochen. Habt also im Blick, damit nicht eintritt, was bei den Propheten gesagt ist:

Seht, ihr Verächter,

und staunt und schwindet dahin!

Denn ein Werk wirke ich in euren Tagen –

ein Werk, das ihr nicht glauben werdet,

wenn man euch davon erzählt« (Apg 13, 38-41).

Als die Juden am nächsten Sabbat sahen, welche Scharen sich diesem Bekenntnis anschlossen, waren sie eifersüchtig und widersprachen mit Lästerungen, doch: »Mit allem Freimut widersprachen Paulus und Barnabas: Euch zuerst musste das Wort Gottes gesagt werden. Nachdem ihr es von euch stoßt und euch selbst richtet, des unendlichen Lebens nicht wert zu sein – da: Wir wenden uns zu den Völkern. Denn so hat uns der Herr geboten: Ich habe dich bestellt zum Licht der Völker, dass zur Rettung du werdest bis ans Ende der Erde.

Als aber die aus den Völkern das hörten, freuten sie sich und verherrlichten das Wort des Herrn« (Apg 13, 46-48).

Die Juden stachelten die vornehmen gottesfürchtigen Frauen der Stadt auf und organisierten die Vertreibung von Paulus und Barnabas aus der

Stadt. Nebenbei erfahren wir so, dass vielerorts Juden das »gehobene Bürgertum« stellten und ihre religiös abgesicherte und als Beschneidung dokumentierte Sonderstellung verteidigten. Und dabei sind die Völker, über die sie sich setzten, in den meisten Ländern die Einheimischen, und man sollte meinen: Das geht gar nicht.

Auch in Ionien führte die Zustimmung vieler schließlich dazu, dass dortige Juden hetzten, das Volk spalteten und die Sendboten demütigen und steinigen wollten, die schließlich in die Städte Lykaoniens flohen und dort die Heilsbotschaft verkündeten. In Lystrien wandte sich ein von Geburt an Lahmer an Paulus, und als dieser sah, »dass er Glauben an seine Rettung hatte, sprach er mit gewaltiger Stimme: Stell dich aufrecht auf deine Füße! Und aufsprang er und ging herum. Und die Scharen, die gesehen, was Paulus getan, erhoben ihre Stimme und sagten auf lykaonisch: Die Götter sind menschengleich zu uns herabgestiegen. Und sie nannten den Barnabas: Zeus, den Paulus aber Hermes, weil er der Wortführer war. Und der Priester des Zeus vor der Stadt draußen brachte Stiere und Kränze an die Tore und wollte gemeinsam mit den Scharen opfern. Als aber die Sendboten Barnabas und Paulus davon hörten, zerrissen sie ihre Obergewänder, rannten zu den Leuten hinaus, schrien und sagten: Ihr Männer, was macht ihr da! Auch wir sind nur Menschen – euresgleichen. Wir sind Künder der Heilsbotschaft, um euch – weg von diesen Nichtsen – zum lebendigen Gott hinzuwenden: der gemacht hat den Himmel und die Erde und das Meer und alles darinnen. Er hat es in den vergangenen Geschlechtern allen Völkern überlassen, ihre eigenen Wege zu gehen. Gleichwohl hat er sich nicht unbezeugt gelassen, indem er Gutes wirkte: Vom Himmel her euch Regengüsse schenkte und fruchtträchtige Zeiten und eure Herzen füllte mit Zehr und Fröhlichkeit. Mit diesen Worten brachten sie mühsam die Scharen davon ab, ihnen zu opfern. Aber da kamen von Antiochia und Ikonion Juden hinzu. Und sie überredeten die Scharen, und die steinigten Paulus. Und sie schleiften ihn – in der Meinung, er sei tot – zur Stadt hinaus. Als aber die Jünger ihn rings umgaben, stand er auf und ging in die Stadt hinein. Und am nächsten Tag zog er mit Barnabas weiter nach Derbe« (Apg **14**, 19-20). Da war für Paulus nochmals auf gefährliche Weise deutlich gemacht worden, was es bedeutet, nun als Opfer von den rechthaberischen Schriftgelehrten gesucht und angegriffen zu werden, wie er es seinerzeit als Saulus selbst getan hatte.

Sie gingen nun die Stationen zurück bis Antiochia, festigten die Gemeinden im Glauben, bereiteten sie vor auf die Drangsal auf dem Weg zum Königreich Gottes und bestellten durch Handauflegen Älteste. Zurück in Antiochia versammelten sie die Gemeinde, berichteten, was alles Gott mit ihnen getan hatte und »dass er den Völkern ein Tor des Glaubens geöffnet habe. Sie verbrachten nicht wenig Zeit zusammen mit den Jüngern« (Apg **14**, 27-28).

Dann kamen von Judäa einige, die sie belehrten, ihre Rettung setze voraus, dass sie sich nach der Vorschrift des Mose beschneiden lassen müssen, was erhebliche Unruhe brachte. Da wurden Paulus und Barnabas und einige andere zu den Sendboten und Ältesten nach Jerusalem gesandt, um das zu klären. Dort verlangten einige gläubig gewordene Pharisäer die Einhaltung der mosaischen Gebote. Schließlich sprach Petrus: »Ihr Männer, Brüder! Ihr wisst, seit alten Tagen hat Gott unter euch die Wahl getroffen. Durch meinen Mund sollten die Völker das Wort der Heilsbotschaft hören und glaubend werden. Und Gott – der Kenner der Herzen – gab Zeugnis: indem er ihnen den Heiligen Geist gab ebenso wie uns. Und keinerlei Unterschied machte er zwischen uns und ihnen, nachdem er durch den Glauben ihre Herzen gereinigt hatte. Nun aber, was versucht ihr Gott, dass ihr ein Joch auf den Hals der Jünger legen wollt, das weder unsere Väter noch wir selbst stark genug waren zu tragen? Nein – durch die Gnade des Herrn Jesus, so glauben wir, werden wir auf dieselbe Weise gerettet wie jene. Da ward die ganze Menge still« (Apg **15**, 7-12).

Jakobus sprach den **Richtspruch**, der dann durch Brief und bestärkt durch einige Brüder an die Gemeinden ging, zunächst nach Antiochia: »Der

Heilige Geist und wir haben nämlich für gut befunden, keine weitere Last aufzuerlegen, abgesehen von den nachfolgenden Notwendigkeiten: Enthaltung von Götzengeschlachtetem, Blut, Ersticktem und Unzucht. Wenn ihr euch davon bewahrt, macht ihr es richtig. Lebt wohl!« (Apg **15**, 28-29).

Ein Richtspruch vom Leiter der Jerusalemer Urgemeinde? Das ist wohl das erste für uns greifbare **Dogma** der jungen Kirche, und es erinnert uns daran – wie so manche Unsicherheit danach, bei der gerade dieser Richtspruch herangezogen wird –, dass es dem Herrn nicht um Fleißarbeiten geht. Hat er doch selbst die Schriftgelehrten deswegen gerügt, dass sie den Gläubigen unnütze Lasten aufbürden.

Nach einiger Zeit, die Paulus und Barnabas in Antiochia waren, wendeten sich Paulus mit Silas und Barnabas mit Johannes, den sie Markus nannten, wieder von Stadt zu Stadt zu den jungen Gemeinden, die sie gegründet hatten. Freimütig berichtet Lukas bei der Gelegenheit, dass es auch zwischen den Sendboten selbst nicht immer eitel Herzlichkeit gab. So herrschte zwischen Paulus und Johannes (dem Markus genannten) gereizte Stimmung, was zur getrennten Reise führte. Das ist menschlich, man hat sich entsprechend zu arrangieren. So wählte sich Paulus den Silas zum Genossen. In Lystra trafen sie einen Jünger namens Timotheus an. Dessen Mutter war Jüdin und der Vater Grieche, und die Jünger gaben ihm ein gutes Zeugnis. Paulus wollte, dass er mitgeht, und weil bekannt war, dass der Vater Grieche war, wollte Paulus kein Ärgernis geben – und in diesem Fall beschnitt er ihn. Als sie durch die Städte wanderten, gaben sie den Gemeinden das Schreiben von den Sendboten und Ältesten aus Jerusalem. Dabei wuchsen Glaube und Anzahl der Christen in den Gemeinden.

Der Heilige Geist leitete ihre Reise: »Sie zogen durch Phrygien und galatisches Land, da sie vom Heiligen Geist gehindert wurden, das Wort in Asia zu sagen. Aber nach Mysien gekommen, versuchten sie, nach Bithynien zu gehen. Doch der Geist Jesu ließ sie nicht. So zogen sie über Mysien hin und stiegen nach Troas hinunter. Und ein Gesicht ward nachts dem Paulus zu sehen gegeben: Ein Mazedonier stand da, ermutigte sie und sagte: Komm herüber nach Mazedonien und hilf uns. Als er das Gesicht gesehen, suchten wir sogleich nach Mazedonien auszufahren, da wir daraus schlossen: Gott habe uns berufen, ihnen die Heilsbotschaft zu künden« (Apg **16**, 6-10). Als sie nach Philippi in Mazedonien kamen, suchten sie am Sabbat eine Gebetsstätte, die sie außerhalb der Stadt vermuteten. Da waren Frauen, mit denen sie redeten. Und auch »Lydia, eine Purpurhändlerin aus der Stadt Thyatira, eine Gottesfürchtige, hörte zu. Und der Herr öffnete ihr Herz, sich auf das von Paulus Gesagte einzulassen. Als sie aber getauft wurde samt ihrem Haus, ermutigte sie uns und sagte: Wenn ihr den Richtspruch gesprochen, dass ich eine dem Herrn glaubende bin, so kommt in mein Haus und bleibt. Und sie nötigte uns.

Es geschah aber: Als wir zur Gebetsstätte zogen, begegnete uns irgendeine Sklavin, die einen Hellsehergeist hatte. Mit Wahrsagen brachte sie ihren Herren großen Verdienst ein. Die lief hinter Paulus und uns her, schrie und sagte: Diese Menschen sind Knechte des Höchsten Gottes; die künden euch den Weg der Rettung an« (Apg **16**, 14-17). Das tat sie mehrere Tage lang, bis Paulus den Geist im Namen Jesu ausfahren hieß. Die Herren der Sklavin brachten Paulus und Silas zur (römischen) Obrigkeit und klagten sie der Volksverhetzung an. Sie wurden auf Befehl des Befehlshabers der Oberkleider beraubt, ausgepeitscht und inhaftiert. Der Kerkerwächter warf sie in den inneren Kerker und sicherte ihre Füße im Block. Als ihre Gebete erhört wurden und ein Erdbeben Freiheit schaffte und die Fesseln aufsprangen, wollte sich der Wärter in sein Schwert stürzen; doch Paulus beruhigte ihn, der sich mit seinem ganzen Haus der Gemeinde anschloss. Die Oberen wollten sie unauffällig gehen lassen, doch Paulus, der sich als Römer zu erkennen gab, verlangte und bekam einen ehrenvollen Abschied. »Sie gingen aus dem Kerker und gingen zu Lydia hinein. Dort sahen sie die Brüder, ermutigten sie und gingen weg« (Apg **16**, 40), worum sie gebeten worden waren. Lydia aber blieb die treue Leiterin der dortigen Gemeinde.

Es fällt übrigens auf, dass die Apostelgeschichte des Lukas schließlich ausschließlich von der Mission Pauli handelt; und auch, dass von den Erlebnissen des Paulus und des Silas in diesem Kapitel in der Wir-Form erzählt wird, lässt darauf schließen, dass Lukas dabei war.

Paulus vor den Athenern

Aus Thessalonich und Beröa wurden Paulus und seine Begleiter nach erfolgreichen Gesprächen vom Mob vertrieben, und Paulus kam schließlich nach Athen, wo er die anderen erwartete. Dort aber »wurde sein Geist in ihm aufgereizt, als er schaute, dass die Stadt voll Götterbilder war. Der Bericht über seine Rede auf dem Areopag wird weitgehend zitiert als ein erstes Zusammentreffen mit der hellenischen Philosophie. Zunächst führte er in der Synagoge »Gespräche mit den Juden und den Gottesfürchtigen und auf dem Markt Tag um Tag mit den zufällig Anwesenden. Aber auch einige der epikureischen und stoischen Philosophen trafen mit ihm zusammen, und einige sagten: Was mag dieser Wortklauber sagen wollen? Die anderen: Fremder Götter Verkünder scheint er zu sein – weil er die Heilsbotschaft von Jesus und von der Auferstehung kündete. Sie nahmen und führten ihn in den Areopag und sagten: Können wir erfahren, was das für eine neue Lehre ist, von der du redest? Denn befremdende Dinge bringst du uns zu Ohren. Wir möchten nun erfahren, worauf das hinaus will. Die Athener alle und die zuwandernden Fremdlinge verbringen mit nichts anderem günstiger die Zeit, als eine Neuigkeit zu sagen oder zu hören.

Paulus stellte sich inmitten des Areopags auf und sagte: Ihr Männer von Athen! Durch und durch seid ihr – wie ich es schaue – voll Gefühl vor den Göttern. Denn als ich umherging und eure Verehrungsstätten anschaute, fand ich auch einen Altar, an dem aufgeschrieben war: Einem unbekannten Gott. Was ihr nun – ohne es zu kennen – fromm verehrt, das künde ich euch an: Der Gott, der die Welt geschaffen und alle Dinge in ihr – er, des Himmels und der Erde Herr, wohnt nicht in Tempeln: dem Gemächt von Menschenhand. Auch wird er nicht von Menschenhänden heil gemacht wie einer, dem etwas fehlt: Da er selber allen doch Leben und Schnaufen und alles gibt. Und aus einem Einzigen hat er alles Menschenvolk gemacht, dass es wohne über das ganze Angesicht der Erde hin. Er hat Zeiten zugeordnet und die Gemarkungen ihres Wohnens festgesetzt, auf dass sie Gott suchen, ob sie ihn wohl erfühlten und fänden; zumal er nicht fern ist einem jeden von uns: Denn in ihm leben wir und bewegen wir uns und sind wir – wie auch einige eurer Dichter gesagt haben: Denn seiner Art sind wir ja.

Da wir von Gottes Art sind, dürfen wir also nicht denken, Gold oder Silber oder Stein – ein Denkmal menschlicher Kunst und Gedanken – sei der Gottheit gleich. Über die Zeiten der Unkenntnis hat Gott zwar hinweggesehen, jetzt aber weist er den Menschen an, dass alle allenthalben umkehren sollen. Denn einen Tag hat er festgesetzt, an dem er die bewohnte Erde richten will in Gerechtheit: durch einen Mann, den er dazu eingesetzt und für alle dadurch beglaubigt hat, dass er ihn von den Toten auferstehen ließ.

Als sie aber von Totenauferstehung hörten, spotteten die einen, die anderen sprachen: Wir werden dich darüber ein andermal hören. So ging Paulus weg aus ihrer Runde. Einige Männer aber schlossen sich ihm an und wurden glaubend. Unter ihnen auch der Areopagit Dionysius und eine Frau namens Damaris – und andere mit ihnen« (Apg 17, 17-34).

Paulus ging nun nach Korinth. Zu ihm kam der Jude Aquila samt seiner Frau Priszilla, die aus Italien kamen, weil Klaudius angeordnet hatte, dass alle Juden aus Rom ausgegrenzt werden. Aquila war Zeltmacher wie Paulus und arbeitete mit ihm, und Paulus führte an den Sabbaten Gespräche in der Synagoge. »Als aber Silas und Timotheus von Mazedonien heruntergekommen waren, verlegte sich Paulus ganz auf das Wort, um den Juden zu bezeugen, dass Jesus der Messias ist. Aber da sie sich dagegenstellten und lästerten, schüttelte er die Obergewänder aus und sprach zu ihnen: Euer Blut auf euren

Kopf! Schuldlos bin ich. Von nun an gehe ich zu den Völkern. Und er ging weg und kam in das Haus eines gewissen Gottesfürchtigen, Titius Justus mit Namen, dessen Haus an die Synagoge grenzte. Krispus aber, der Synagogenvorsteher, ward glaubend an den Herrn samt seinem ganzen Haus. Auch viele der zuhörenden Korinther glaubten und ließen sich taufen. Sprach aber der Herr nachts durch ein Gesicht zu Paulus: Ängste dich nicht, sondern rede und schweige nicht. Denn ich bin mit dir. Und niemand wird dir zusetzen, um dir Übles anzutun; denn viel Volk gehört mir in dieser Stadt. Er ließ sich nieder – ein Jahr und sechs Monde lang – und lehrte bei ihnen das Wort Gottes« (Apg **18**, 5-11). Die Juden brachten Paulus schließlich einmütig vor den Richterstuhl des Prokonsuls. Sie sagten: »Der da verführt die Menschen in gesetzwidriger Weise Gott zu verehren.« Die Klage wurde aber abgewiesen.

Nach längerer Zeit segelte Paulus davon, ließ Priszilla und Aquila in Ephesus, fuhr nach Caesarea, grüßte die Gemeinde und stieg nach Antiochia hinab. Von dort wanderte er nach einiger Zeit durch das galatische Land und Phrygien, um dort alle Jünger zu festigen.

Es würde mein Thema verfehlen, wenn ich die nächsten Jahre nacherzählen wollte, während derer Paulus und die anderen dafür sorgten, »dass alle Bewohner von Asia das Wort des Herrn hörten: Juden und Griechen« (Apg **19**, 6-10).

Da Paulus auch Krafttaten im Namen Jesu tat, nutzten auch umherziehende Beschwörer die Namen Jesu und des Paulus, so auch die sieben Söhne eines jüdischen Hohenpriesters. Ein böser Geist aber entgegnete ihnen: »Jesus, den kenne ich, auch von Paulus weiß ich, ihr aber – wer seid ihr? Und der Mensch, in dem der böse Geist war, sprang auf sie los, ward ihrer aller Herr und so stark gegen sie, dass sie nackt und verwundet aus jenem Haus flüchten mussten. Das aber wurde allen in Ephesus wohnenden Juden und Griechen bekannt.

Furcht befiel sie alle und groß gerühmt wurde der Name des Herrn Jesus. Viele auch von denen, die glaubend geworden waren, kamen, um ihre

Machenschaften zu bekennen und kundzutun. Beinahe unspektakulär wird uns hier erstmals über Sündenbekenntnisse von Getauften berichtet. Nicht aus einem fertigen Ritual heraus wurde damals die Beichte vollzogen, sondern aus dem Bedürfnis, sich zu entschuldigen und sich wieder als Gotteskinder zu fühlen und zu führen und angenommen zu werden. Diese erste Beichte kam also nicht aus dem Willen nach Kontrolle und folgte keinem Ersuchen der weltlichen Obrigkeit. »Ziemlich viele, die den Unfug gemacht hatten, trugen die Bücher zusammen und verbrannten sie vor aller Augen. ... So wuchs mit Gewalt das Wort des Herrn und erstarkte« (Verse 15-20).

Nachdem Paulus die Jünger ermutigt und sich verabschiedet hatte, begann er seine vorgesehene Wanderung nach Mazedonien, blieb drei Monde in Griechenland – aber über diese Wanderungen von Gemeinde zu Gemeinde zu berichten gehört ebenso wenig zu unserem Thema wie seine intensiven Abschiedsgespräche, zu denen er die Jünger in Milet versammelte und die zeigen, wie sehr die Gemeinden ihm ans Herz gewachsen waren und wie sehr er sich weiterhin um sie sorgte und die Männer ermutigte, denen Leitungsämter anvertraut waren.

Der Reisebericht setzt sich in Phönizien fort. In Caesarea wurde dem Paulus prophezeit, dass er in Jerusalem von den Juden angegriffen wird und »den Völkern« ausgeliefert. Er antwortete: »Was soll das – euer Weinen und mir das Herz-Zusammenpressen? Ich bin bereit, nicht nur mich fesseln zu lassen, sondern sogar zu sterben in Jerusalem – für den Namen des Herrn Jesus. Da er sich nicht überzeugen ließ, wurden wir ruhig und sprachen: Der Wille des Herrn geschehe. ... ... So trafen wir in Jerusalem ein und die Brüder nahmen uns freundlich auf. Am folgenden Tag ging Paulus mit uns zu Jakobus. Auch die Ältesten alle nahmen ihn auf. Er bot ihnen den Friedensgruß und berichtete der Reihe nach im einzelnen, was Gott durch seinen Dienst unter den Völkern getan« (Verse 13-19).

Auf Grund einer Anzeige durch Juden aus Asia rottete sich das Volk zusammen. Sie zogen Paulus aus dem Heiligtum heraus, um ihn zu töten, doch der Aufruhr wurde dem Obristen der Kohorte gemeldet. Er erfuhr nichts Sicheres und ließ ihn in Schutzhaft nehmen und in die Kaserne bringen. Später konnte Paulus von der Treppe aus zum Volk reden. Bis zur Schilderung seiner Aussendung ließ man ihn reden. »Dann erhoben sie ihre Stimme und sagten: Weg von der Erde mit so einem! Er darf nicht am Leben bleiben« (Apg 22, 22). Der Oberst ließ ihn in die Kaserne bringen und wollte ihn mit der Peitsche verhören. Da gab er sich als Römer zu erkennen – Römer von Geburt – und die Römer fürchteten sich.

Der Oberst stellte Paulus dem Synedrium gegenüber, doch dies endete in einem Aufruhr zwischen den Pharisäern und Sadduzäern. Schließlich fürchtete der Oberst, Paulus würde von ihnen in Stücke gerissen. Und er befahl, dass die Kampftruppe herunterkomme, ihn aus ihrer Mitte reiße und in die Kaserne bringe.

> Nun darf ich wiederholen und betonen, was in Apg **9** Lukas berichtet hatte: Erklärte doch der Herr dem Hananias in einem Gesicht, als dieser sich um Saulus kümmern sollte, von dessen Untaten er wusste: »Geh! Denn ein auserlesenes Gefäß ist mir dieser: meinen Namen vor Völker, Könige und Israels Söhne zu tragen. Ich selber nämlich will ihm zeigen, wieviel er leiden muss für meinen Namen.« Entsprechend nahmen, von Juden und Römern unbemerkt, Leben und Sendung des Paulus wieder einmal einen unerwarteten Verlauf: In der folgenden Nacht trat der Herr zu ihm und sprach: Fasse Mut! Denn wie du in Jerusalem für meine Sache Zeugnis abgelegt hast, **so musst du auch in Rom zum Zeugen werden**.

Es ist nicht notwendig, darüber nachzusinnen, in welcher Weise Lukas an dieses Herrenwort gekommen ist, noch über alle Stationen der noch Jahre währenden Festungshaft des Paulus samt Mordanschlägen und Verhören zu berichten – das erfährt man in der Apostelgeschichte. Wohl liegen die Theologen bestimmt nicht falsch, die das Projekt »Paulus lehrt im Zentrum der Weltmacht« als endgültige Reinigung des »Völkerapostels« auffassen, und die Aussage »Peter und Paul in Rom« ist auch keine katholische Machtphantasie.

Der damalige Statthalter Felix vertagte den Fall – bei großen Hafterleichterungen. Zwei Jahre später folgte auf Felix der Porzius Festus, dem Felix den Paulus in Fesseln zurückließ. Nach einigem Hin und Her sollte Paulus nach Jerusalem geschickt werden, antwortete dem Festus aber: »Den Juden habe ich kein Unrecht getan, wie auch du wohl erkennst. Wenn ich nun doch im Unrecht bin und etwas gemacht habe, was des Todes wert ist, versage ich mich dem Sterben nicht. Wenn aber nichts an dem ist, wessen mich diese Leute anklagen, kann niemand mich ihnen auf Gnade und Ungnade ausliefern. Den Kaiser rufe ich an. Hierauf besprach sich Festus mit der Beschlussrunde und antwortete: Den Kaiser hast du angerufen – zum Kaiser sollst du gehen« (Apg **25**, 10-12).

Von des Paulus Fahrt nach Rom

Die Seefahrt wurde schwierig. Bei ungünstiger Jahreszeit und ungutem Wetter musste die Ladung aufgegeben werden und Unwetter brachte Angst und Schrecken. Da sprach Paulus zu den Leuten: »Man hätte sich mir fügen, nicht von Kreta auslaufen und sich diese Demütigung und Einbuße ersparen sollen. Und jetzt ermahne ich euch, guten Mutes zu sein: denn es wird kein Leben unter euch verloren gehen, nur das Schiff. In dieser Nacht nämlich ist von dem Gott, dem ich zu eigen bin und dem ich Dienst tue, ein Bote zu mir hingetreten. Und der sagte: Ängstige dich nicht, Paulus! Vor den Kaiser musst du hintreten. Und da! Geschenkt hat dir Gott alle, die mit dir fahren. Darum seid guten Mutes, ihr Männer! Denn ich glaube Gott, dass es gut gehen wird, wie mir gesagt ward. An irgendeine Insel müssen wir geraten« (Apg **27**, 21-26). Über weitere Schwierigkeiten wird hier nicht geschrieben, es war jedenfalls schwer, die Seeleute versuchten, sich mit dem Beiboot zu retten, die Soldaten wollten die Gefangenen töten, was der Hauptmann untersagte, da der den Paulus retten wollte. Das Schiff lief auf eine Sandbank und ging verloren, die 276 Menschen aber erreichten die Insel: Malta.

Die Menschen dort zeigten sich hilfsbereit und freundlich. Als Paulus einen Reisighaufen anbrannte, kam eine Schlange heraus und verbiss sich in seine Hand, woraus geschlossen wurde, er sei ein Mörder; doch er schleuderte das Reptil in die Glut und blieb gesund, also galt er nun als ein Gott. Der Erste der Insel, namens Publius, wurde ihnen für drei Tage ein freundlicher Gastgeber. Sein Vater aber war schwer krank, hatte Ruhr und Fieber. Paulus ging zu ihm, betete, legte ihm die Hände auf und heilte ihn. Daraufhin kamen die Kranken der Insel und ließen sich heilen. »Mit vielen Ehrengaben beehrten sie uns, und als wir ausliefen, legten sie dazu, was wir brauchten« (Apg 28, 10).

Nachdem sie in Italien hier und da Brüder getroffen und schließlich Rom erreicht hatten, wurde Paulus erlaubt, zusammen mit dem ihn bewachenden Soldaten für sich allein zu wohnen. »Und es geschah: Nach drei Tagen rief er die Ersten der Juden zusammen. Als sie versammelt waren, sagte er zu ihnen: Ich, ihr Männer und Brüder, ich habe dem Volk oder den Väterbräuchen nichts zuwidergetan und bin doch in Fesseln gelegt, von Jerusalem aus in die Hände der Römer ausgeliefert worden. Sie wollten mich nach der Überprüfung freilassen, da keine Todesschuld bei mir vorlag. Da aber die Juden widersprachen, fand ich mich genötigt, den Kaiser anzurufen, nicht etwa, weil ich meine Volksgemeinschaft anzuklagen hätte. Aus diesem Grund also bin ich ermutigt, euch sehen und ansprechen zu dürfen. Denn wegen der Hoffnung Israels bin ich von diesen Ketten umgeben. Sie aber sprachen zu ihm: Wir haben kein Schreiben über dich aus Judäa empfangen, noch hat sich einer der Brüder eingefunden, der über dich Böses berichtet oder geredet hätte. Wir legen aber Wert darauf, von dir zu hören, was du im Sinn hast; denn von dieser Partei ist uns bekannt, dass ihr allenthalben widersprochen wird.

Sie bestimmten ihm einen Tag, und da kamen sie noch zahlreicher zu ihm in die Unterkunft. Denen erklärte er sich, indem er das Königtum Gottes bezeugte, um sie vom Gesetz des Mose und den Propheten her von Jesus zu überzeugen – von früh bis abends. Und die einen ließen sich von dem Gesagten überzeugen, die anderen blieben ungläubig. Uneins untereinander gingen sie davon, nachdem Paulus das eine Wort gesprochen hatte: Treffend hat der Heilige Geist durch den Propheten Jesaja zu euren Vätern gesagt:

Geh zu diesem Volk und sprich:

Hören, ja hören sollt ihr, aber nicht verstehen.

Und: Umherblicken, ja umherblicken sollt ihr, aber nicht sehen.

Denn erstarrt ist das Herz dieses Volkes.

Und mit den Ohren hören sie schwer, und ihre Augen drücken sie zu:

dass sie nimmermehr sehen mit den Augen

und hören mit den Ohren

und mit den Herzen verstehen

und sich umwenden, damit ich sie heile.

So sei es euch kund: Zu den Völkern ward diese Rettung Gottes gesandt – und sie werden hören. Und als er das gesagt hatte, gingen die Juden. Sie hatten viel miteinander zu streiten.

Er blieb zwei volle Jahre in seiner Mietwohnung und nahm alle auf, die zu ihm kamen. Und so kündete er das Königtum Gottes und lehrte über den Herrn Jesus den Messias – mit allem Freimut, unbehindert« (Apg 24, 17-31). Damit endet die Apostelgeschichte des Lukas.

Nach dem Ende der Mission des Paulus unter den Juden hat er sich entschieden den Völkern zugewandt; seine Eingliederung in die Kirche Roms aber hatte er schon vorher mit einem Brief vorbereitet. Dieser, sein berühmter und viel kommentierter »Römerbrief« gehört notwendig noch hierher; denn die ethischen Probleme im antiken Rom sind den unseren ähnlich und unsere Lebenswirklichkeit zeigt viele Parallelen.

Brief des Apostels Paulus an die Römer

Der Absender schreibt »an all die Geliebten Gottes in Rom, die Berufenen, die Heiligen« (Römer 1, 7) und stellt sich vor als Paulus, Knecht des
Messias Jesus, der »geboren ward aus Davids Gespross dem Fleisch nach,
eingesetzt zum Sohn Gottes in Kraft durch den Heiligen Geist aufgrund der
Totenauferstehung« (1, 3-4). Er bekräftigt längst vor seiner Reise nach Rom
und damit vor dem Schluss der »Apostelgeschichte«, dass er sehr wünscht,
ihnen die Heilsbotschaft zu verkünden. Übrigens: Wenn dieser altgediente
Pharisäer von Jesus schreibt, jener sei geboren aus Davids Gespross«, dann
gewiss nicht ohne hinreichende Kenntnis.

Er betont Gottes Zorn wegen des verbreiteten Unglaubens der Völker an
die natürliche Grundlage des Glaubens, nämlich: Das Erkennbare an Gott
sei durch Gott selbst zum Vorschein gebracht worden, das Unsichtbare an
ihm sei als Begreifbares an den Werken einzusehen als seine ewige Kraft
und Göttlichkeit und somit Unglaube nicht zu entschuldigen, worauf wir
noch zurückkommen werden. Wie sogar die Heutigen versucht sein können,
natürlichen und daher sterblichen Wesen mit Gott geschuldeter Ehrfurcht
zu begegnen, haben auch die Alten die Grenze der Religionsfreiheit überschritten und »verwandelten sie die Herrlichkeit des nicht vom Verderb be-
drohten Gottes in das dem Verderb preisgegebene Gleichbild von Menschen
und Vögeln und Vierfüßlern und Gewürm.

Deshalb [so folgert Paulus] hat Gott sie durch die Begierden ihrer Herzen an unreines Treiben ausgeliefert, so dass ihre Leiber durch sie selbst
geschändet werden. ... Sie wurden Gottfürchtende und Diensttuende
für die Schöpfung statt für den Schöpfer. ... Deshalb hat Gott sie an ver-
achtenswerte Leidenschaften ausgeliefert: Ihre Weiber vertauschten den
natürlichen Umgang mit dem Widernatürlichen. Und desgleichen ließen
auch die Männer den natürlichen Umgang mit dem Weibe fahren und
entbrannten in ihrer Gier zueinander, dass Männer mit Männern Un-

zucht trieben und an sich selbst den gebührenden Lohn ihres Irrwahns empfangen. Und wie sie es verwarfen, Gott in der Erkenntnis innezuhaben, so hat Gott sie an verworfene Gesinnung ausgeliefert, das Ungehörige zu tun: angefüllt mit aller Ungerechtigkeit, mit Bosheit, Raffgier, Übel, voll Neid, Mord, Streitsucht, Arglist, Übeltuerei – Ohrenbläser, Schlechtmacher, Gewaltmenschen, Hochmütige, Protzer, Erfinder übler Dinge, Widerspenstige gegen die Eltern – unverständig, unbeständig, herzlos, erbarmungslos. Sie kennen die Rechtsordnung Gottes: dass die solches machen, des Todes wert sind. Und doch tun sie es nicht nur, sondern pflichten auch noch denen bei, die es treiben« (1, 23-24).

Das alles sieht Paulus als Folge der Abkehr von Gott an, und wenn Paulus heute unter uns lebte, würde er wohl auch hier zu einem solchen Urteil kommen. Und wahrscheinlich würde er hier einen Kernpunkt des christlichen Beitrags zur Ethik sehen und besonders auf die starke soziale Bedeutung dieser Verfehlungen hinweisen. Ob das in vollem Umfang übernommen werden kann, erfordert aber wohl einen Abgleich mit dem jetzt möglichen Wissen um die Natur des Menschengeschlechts. Zudem hatte Paulus, wie bekannt, sowieso kein besonders großes Verlangen nach den Freuden der Minne, was aber bei Petrus anders gewesen sein mag, und das kann unser Urteil über sexuelles Verhalten ein wenig relativieren. Wenn man also den Kontext ernst nimmt, dann geht die eine oder andere Schärfe verloren.

Literarisch haben wir hier, im Gegensatz zu den Jesus-Zitaten der Evangelien, eine Mischung von religiösen und anderen kulturellen Verhaltensweisen: einerseits die des wohlerzogenen Juden, des Pharisäers, der dennoch die Lehre Jesu vom Gottesreich und die deutlichen Nachweise seiner Messias-Eigenschaft zunächst ablehnen konnte, und zum anderen die Gräuel des Heidentums. Die Sünde der Juden ist zunächst die Verweigerung des Glaubens an die Lehre der Propheten und Jesu. Dazu aber gesellt sich in Rom das Sittenchaos »der Völker«, das auch uns viel zu gut bekannt ist, da es sich mit den Kulturen und Traditionen der Völker vermengt hat und gegen alles gesunde Bemühen der Menschen resistent ist.

Wohl ist bezüglich des »Sittenchaos« eine gewisse Vorsicht angebracht, denn es gibt in der Evolution, also in der Schöpfungswirklichkeit, oft die Möglichkeit von »Funktionswechseln« und der mehrfachen Verwendbarkeit von Organen. Biologisch sind sogar alle Arten von Lebewesen darauf eingestellt, die »Verwendung« von Teilen ihres Körpers und Verhaltens zu wechseln. Wenn es sich um Verhaltensweisen handelt, muss man nicht immer gleich »Perversion!« schreien. Oft ist die Sache komplizierter, manchmal auch einfacher. Man kann vom momentanen biologischen Sinn einer Eigenschaft oder eines Organs keine ewige biologische Bewertung ableiten: Der Blick muss dann wenigstens nach vorn und zum biologischen Kontext gehen. Was übrigens die Zuweisung der moralischen Verantwortung angeht, so hat Jesus davor gewarnt, dass wir sie uns leichtfertig anmaßen; und selbst dann kann ein Teil der Verantwortung beim möglichen Opfer liegen und, wenn wir auf unsere kommerzialisierte Zeit schauen, bei den Anbietern hoch provokanter Outfits und Gelegenheiten.

Das 2. Kapitel des Römerbriefs steht unter dem Motto: »Mit dem Gericht über den anderen sprichst du dir selbst das Urteil.« Über die Völker, die das Gesetz nicht kennen und doch danach handeln, erklärt Paulus, »sie zeigen das Werk des Gesetzes in ihr Herz eingeschrieben«. Ihre natürliche Unbeschnittenheit wird ihnen, wenn sie dennoch die Rechtsordnungen des Gesetzes bewahren, als Beschnittenheit angerechnet – und wird die Juden richten, die von ihnen gelehrte Gesetze so übertreten, dass deswegen der Name Gottes bei den Völkern gelästert wird.

Dann ist der Römerbrief dem Unterschied von Juden und Christen gewidmet. Paulus lehrt und begründet, dass weder Beschnittene noch Unbeschnittene aus ihren Werken gerechtfertigt sind: Die Werke sind ja geschuldet, wie es schon Jesus herausgestellt hatte. Erst der Glaube an die Gnade

Gottes und der Osterglaube an die Erlösung durch Jesus den Christus tilgt die Sünden und führt so zur Gerechtigkeit. Am Ende des 4. Kapitels schreibt Paulus über Abraham: »Doch ist nicht um seinetwillen allein geschrieben, dass ,ihm zugerechnet wurde', sondern auch um unseretwillen, welchen zugerechnet werden soll als denen, die glauben an den, der Jesus, unseren Herrn, von den Toten erweckte:

Er ward ausgeliefert um unserer Verfehlungen willen

und erweckt um unserer Gerechtsprechung willen« (Römer 4, 23-25).

Dann setzt sich Paulus auseinander mit einem damaligen on dit: »Bleiben wir doch bei der Sünde, damit die Gnade sich häufe!« Dazu gehört aber ein so krauses Denken, dass wir darauf nicht eingehen; sondern nur auf die Konsequenz für das Verhalten: »Lasst also die Sünde nicht König sein in eurem sterblichen Leib, so dass ihr seinen Begierden gehorcht. Und haltet eure Glieder nicht als Waffen zur Ungerechtigkeit – verfügbar für die Sünde –, sondern haltet euch verfügbar für Gott« (6, 12-13). Und schließlich das noch heute viel zitierte Fazit: »Der Sold der Sünde ist der Tod, die Gnadengabe Gottes aber unendliches Leben in Eins mit dem Messias Jesus, unserem Herrn« (6, 23). Zwar ist der Menschen Sterblichkeit eine natürliche Konsequenz des Lebens als Geschlechterkette und als natürliches Ereignis nur ausnahmsweise vermeidbar; doch danach verspricht uns das Himmelreich ewiges Sein (freilich ohne weitere Zeugung).

Zunehmend wird nun der Text sehr speziell: eine unmittelbare Anbindung an die jüdische, ja pharisäische Theologie; denn die Empfänger kommen aus dem Judentum wie Paulus selbst. Nicht umsonst ist »Paulinische Theologie« ein von der Crème de la Crème der Gelehrten (ich nenne aber nur Martin Luther und Heinrich Schlier) gepflegtes Gebiet. Und der ganze Duktus ist deutlich anders als bei den Evangelien. Es ist eben ein Brief, und so steht im Skriptum H. Schliers zur Vorlesung Paulinische Theologie von 1963 entsprechend: Es sind echte Briefe, aus einer bestimmten Situation in eine andere gerichtet. Die Gedanken sind ad hoc entwickelt. »Es handelt sich um konkrete Diskussionen mit hellenischen Enthusiasten, Judaisten etc.« Vor allem richtet sich der Apostel an die ambitionierten, aber kritischen Geister unter den Judenchristen Roms, die tief im Gesetz der Thora verankert sind und der Einbindung der »Völker« skeptisch gegenüberstehen, die aber nun ihre Aufgabe werden muss. Es geht Paulus darum, zwischen den Wegen Beschneidung, Sünde, Umkehr und Vergebung einerseits und Glaube an und Erlösung durch das Opfer Jesu und die Sendung der Christen andererseits zu unterscheiden. Der Umweg über das Judentum, so unerlässlich er geschichtlich war, ist für die Ethik der einzelnen Christen falsch, weil ihr Weg nicht mehr der Abgrenzung gegen das Heidentum mit seinen Göttern dient, sondern schon das Himmelreich anpeilt.

Sätzen wie »Ohne das Gesetz hätte ich die Sünde nicht kennengelernt und auch von Begierde hätte ich nichts gewusst, hätte das Gesetz nicht gesagt: Du darfst nicht begehren!« (7, 7) steht sein weiter oben zitierter Hinweis auf eine im Menschen durch den Schöpfer angelegte Sittlichkeit entgegen. Diese ist noch mächtiger und hilfreicher, als Paulus erkennt; aber die Aufhebung der Polarisierung wird eigentlich erst durch Jesu Lehre gründlich angegangen. Wenn sie den Weg über die Lehre nimmt, geht sie über »das Wort«, und seine Wirkungsweise ist die der freiwilligen Einsicht. Jeder Lehrer weiß, dass lehren notwendig ein mühsames Geschäft ist: Es gehorcht einem Gesetz des Wachstums, und sein Weg ist mit Misserfolgen und Spätzündern gepflastert. Und jedenfalls hält Paulus der menschlichen Selbstgewissheit der Selbstverwirklichung die Priorität von Gottes Initiative entgegen: Wem er will, erweist er Erbarmen, und wen er will, verhärtet er. Schließlich ist sein Ziel nicht die je eigene Träumerei, die ja nicht zum gemeinsamen Reich führen kann. Voraussetzung aller Gesetze ist, dass sie zielführend sind, und was das heißt, das sagt Paulus über die selbstherrlichen Juden (und es enthält einen wichtigen Beitrag zur allgemeinen Ethik): »… ich bezeuge ihnen: Eifer für Gott haben sie, jedoch nicht der Erkenntnis gemäß. Denn die von Gott her kommende Gerechtheit verkennend – und danach suchend, ihre eigene Gerechtheit aufzurichten – haben sie sich der Gerechtheit aus Gott nicht unterworfen. Denn: Des Gesetzes Ziel ist der Messias zur Gerechtheit für jeden der Glaubenden« (Römer **10**, 2-4).

Ab Römer **12** haben wir eine detaillierte Sammlung von Lebensregeln vor uns, wie sie immer wieder auftauchen. Sie gelten weitgehend auch uns, wir können sie aber nicht alle übernehmen, denn vor allem Kapitel **13** steht auf einer Autoritätsgläubigkeit, die in 2000 Jahren Geschichte ihre Berechtigung zunehmend eingebüßt hat und selbst von der katholischen Kirche so nicht mehr akzeptiert wird. Besonders wichtig erscheint weiter: »Und lasst es, euch dieser Weltzeit anzugleichen. Sondern lasst euch umgestalten kraft der Neuerung des Denkens« (**12**, 2); »Nicht hoch hinaus zu sinnen ... sondern auf Besonnenheit zu sinnen: jeder nach dem Maß an Glauben, das Gott ihm zugemessen« (**12**, 3); »so haben wir ... verschiedene Gnadengaben« (**12**, 5, 6); »Lobpreist die, die euch jagen. Lobpreist – und verflucht nicht« (**12**, 14); »Habt nicht die hohen Dinge im Sinn, sondern lasst euch von den niedrigen einnehmen« (**12**, 16); »nicht selbst euch Recht verschaffen, Geliebte, sondern Raum geben dem Zorngericht ... ich werde vergelten, spricht der Herr« (**12**, 19) – das sind Beispiele, und weitere zu nennen heißt hier leider, ebenso wichtige wegzulassen.

13, 11-14 weist, gleichsam zusammenfassend, darauf hin, dass mit dem Messias ein neues Zeitalter angebrochen ist: »Die Stunde ist schon da, euch aus dem Schlaf zu erheben. Denn: Jetzt ist die Rettung uns näher, als da wir glaubend wurden. Die Nacht ist vorangekommen, der Tag genaht. Werfen wir die Werke der Finsternis ab; ziehen wir an die Waffen des Lichts. Wie am Tag lasst uns wohlgefällig den Weg gehen, nicht in Schwelgereien und Zechgelage, nicht in Beischläfereien und Ausschweifungen, nicht in Streitsucht und Eifersucht. Nein, den Herrn zieht an, Jesus den Messias! Und widmet dem Fleisch keine Sorge, die zu Begierden führt.« Unabhängig von den im Korintherbrief ausgeführten Besonderheiten des Messianischen Zeitalters, die oben diskutiert wurden, handelt es sich hier um Elemente der Unmoral, weil sie gegen das Liebesgebot verstoßen. Auf der gleichen Linie liegen weitere, noch mehr Einfühlung voraussetzende Forderungen, die überschrieben sind mit »Nehmt den an, der schwach ist im Glauben, ohne an Unterscheidungen zu denken. Der eine glaubt, alles essen zu dürfen, der Schwache isst nur Gemüse. ... Gott hat ihn angenommen« (**14**, 13). Hier und in allen vergleichbaren Fällen erbittet Paulus ein großes Maß an Toleranz und schreibt, wir sollen dem Bruder nicht Ärgernis geben und ihn betrüben. Und dem, der selbst nicht sicher, aber doch kühn ist, sagt Paulus: »... was nicht aus Glauben geschieht, ist Sünde«, Worte, die uns auch bei allem Bemühen, »heutig« zu werden, zu Vorsicht und Rücksicht mahnen. Dann endet der Brief mit Reiseplänen und zahlreichen Grüßen.

Dass Paulus aber bei all der Ansprache an Brüder – wie man eben damals schrieb – die Wichtigkeit der Frauen nicht vergessen hatte, zeige ein besonderes Zitat: »Ich stelle euch aber heraus Phobe, unsere Schwester, die ein Dienstamt für die Gemeinde zu Kenchreä hat: dass ihr sie aufnehmt im Herrn als der Heiligen wert und ihr zur Seite steht in jeder Sache, in der sie euch braucht; ist sie doch eine Stütze für viele, auch für mich selbst geworden« (**16**, 1-2). (Nicht als hätte Paulus nur diese eine Schwester erwähnt.)

TEIL 4,
DAS ERBE DER ISRAELITEN

Das ethische Erbe der Israeliten

Wie im Vorwort angekündigt, werde ich das ethische Erbe der Israeliten nach den vorzüglichen modernen Quellen schildern, die sich weitgehend auf die Thora stützen. Hier haben sich am richtigen Ort zur richtigen Zeit ökologische Einsicht und religiöse Anweisungen vereint.

Die Lebensbedingungen im gelobten Land

Einen globalen Einstieg in die Geschichte zur Zeit des Übergangs vom Leben als Jäger und Sammler zum Ackerbau, wie ihn die Israeliten angeblich zur Zeit des Moses vollziehen mussten, versuchen van Schaik & Michel (2016) in ihrem Buch »Das Tagebuch der Menschheit. Was die Bibel über unsere Evolution verrät«. Ihre Analyse läuft allerdings auf den krassen Sprung vom ziemlich rosig gemalten Leben im Paradies zu den Mühen des bäuerlichen Lebens hinaus, und uns kann es hier nicht um die Vorzeit, das Leben als nomadische Hirten und als Sklaven der Ägypter oder das Überleben in der Wüste gehen, sondern nur um die enormen Aufgaben, die in Palästina auf sie warteten. Vor allem werden die neuen Umstände beschrieben, die »nicht nur zu Fortschritt, sondern auch zu Ungleichheit, Patriarchat und großen anonymen Gesellschaften führten«. Im nächsten Kapitel werden wir aber, ausgerüstet mit dem ökologischen Wissen zweier moderner Ökologen und dem dadurch möglichen Verstehen des Alten Testaments, die Thora als

Anleitung zu einem würdigen Leben in Palästina kennenlernen: im Land, in dem Milch und Honig fließen – aber auch nicht viel mehr, weil die Vertreibung aus dem Paradies nun keineswegs im Schlaraffenland ankommt, sondern eine schwere Aufgabe bleibt, die allerdings zu einer gesegneten Landschaft führt, wann immer Disziplin und Gottvertrauen das erlauben. Interessant ist bei van Schaik & Michel die Einfügung der Gebote in diese Geschichte: »Vom Turmbau zu Babel bis nach Sodom und Gomorra: Im Buch Genesis geht es drunter und drüber. Dann aber, eingebettet in das monumentale Epos des von Moses angeführten Exodus aus Ägypten, stoßen wir plötzlich auf eine Flut von Verhaltensregeln – die Zehn Gebote ragen da nur wie die Spitze eines Eisbergs heraus. Sie alle haben ein Ziel: den Zorn Gottes zu besänftigen und dafür zu sorgen, dass das Unheil endlich ein Ende nimmt. Die Maßnahmen, die sich in diesen 613 Mitzwot niedergeschlagen haben, bestechen durch ihre geradezu protowissenschaftliche Raffinesse. Wer Religion für eine irrationale Angelegenheit hält, hat noch keinen Blick in die fünf Bücher Mose geworfen« (schreiben van Schaik & Michel 2016 auf S. 14–15 im E-Book). Tatsächlich wird sich weisen, dass gerade diese Gebote dem Unheil wehren; aber nicht um den Zorn Gottes geht es, sondern um Regeln, mit denen die Menschen ihr Leben in einer zunächst besonders unwirtlichen Gegend bestehen können. Die Vorstellung, sie hätten sich sozusagen das Filetstückchen aus einem reichen Land herausgeschnitten, die ist falsch, und wir wissen, dass auch im 20. Jahrhundert bei der Wiederbesiedlung die Landwirtschaft äußerst mühsam wieder entwickelt werden musste.

Wer den Exodus durch die ägyptologische Brille betrachtet, der kommt dabei auf das Schicksal von »Vielleicht nur ein paar Kriegsgefangenen«, wie ein kleiner Artikel in »Christ in der Gegenwart«, Nr. 28/2019, S. 287, im Anschluss an das, was die »Welt« nach Bernd Schipper nahelegt. Demnach sollte Israel aus Kanaan hervorgegangen und nicht von außen gekommen sein. Die folgenden Angaben führen uns eine geistige Leistung vor, deren

Entwicklung aus den in Kanaan ansässigen Stämmen allein unvorstellbar ist.

Ökologisch wichtige Gebote für einen schwierigen Lebensraum

Sehr neu ist die Entdeckung der Überlebensweisheiten in der Thora, die zeigen, wie groß, ja manchmal entscheidend der menschliche Einfluss auf die Lebensbedingungen von Mensch und Natur ist. Unsere Quelle ist dafür nun eine sekundäre: das Buch »Am Anfang war die Ökologie – Naturverständnis im Alten Testament«, das Prof. A. P. Hüttermann, Göttinger Biologe und Forstbotaniker und unter anderem Honorarprofessor an der Hebräischen Universität Jerusalem sowie Mitherausgeber der »Encyclopaedia of Judaism«, gemeinsam mit seinem Sohn, dem Chemiker Dr. A. H. Hüttermann, 2002 herausgebracht hat. Beide sind also darauf vorbereitet, die Bibel ernst zu nehmen, und kennen den jeweiligen Kontext. »Was hier mit ‚göttlichen Gesetzen‘ begründet wird, gilt uns Säkularisierten meist als Beweis von Rückständigkeit und moralischem Rigorismus, der dann leicht in die Ecke des Fundamentalismus gestellt wird« (a.a.O. S. 7), die beiden genannten Forscher aber präsentieren überzeugende ökologische Begründungen. (Es darf wohl am Rande erwähnt werden, dass ich nach über 30 Jahren Praxis am Bonner Institut für Bodenkunde, in Argentinien, Tunesien und anderswo die ökologischen Folgerungen bewundernd zur Kenntnis nehme.) Die interessanten Untersuchungen bezüglich der Speisegebote werden hier nicht referiert, da sie als regional gebunden keine ethischen Regeln für die weltweite Menschheit sein können.

Die Autoren erklären in ihrem gut lesbaren Büchlein zunächst Ereignisse aus der Vorgeschichte, die hier auch nicht referiert werden können – bis auf zwei kurze Beispiele:

- Die Plagen, durch die der Pharao dazu gebracht wurde, die Israeliten ziehen zu lassen, bekommen ihre Erklärung in einer am Nil gelegentlich auftretenden festen Folge von biologischen Ereignissen.
- Bekanntlich hatte der Schwiegervater des Jakob diesen regelrecht übers Ohr gehauen, ihm nämlich bei der Hochzeit nicht die geliebte Rahel, sondern deren Schwester Lea zugeführt. Jakob bekam erst nach weiteren sieben Dienstjahren Rahel, die Freiheit und eine eigene Ziegenherde. Wie Jakob Laban dann ausgetrickst hatte, das erklären unsere Autoren schnell mit den Mendelschen Erbgesetzen und zeigen damit, dass dem jüdischen Züchter, und wohl auch den Lesern der Bücher Moses, die Vererbung der Fellfarbe prinzipiell bekannt war – Jahrtausende vor Gregor Mendel.

Die Verhältnisse in der neuen Heimat, in der es zunächst fast nur Milch von Huftieren und Honig von Bienen aus dem vorherrschenden Gestrüpp gab (aus dem Paradies war man unwiderruflich vertrieben worden), werden auf Grundlage von Bibelzitaten so beschrieben: Zunächst war das Volk zu zahlreich, als dass es sich nach Nomadenart versorgen konnte. Jene »zerstörten die Umwelt, in der sie gerade lebten. Wenn alles kaputt war, zogen sie weiter. Bis sie wieder in die ursprüngliche Gegend kamen, war so viel Zeit vergangen, dass sich die Natur wieder erholt hatte«, a.a.O. S. 54). Ringsum lebten aber andere, militärisch überlegene Völker, und alle fruchtbareren Landstriche waren in festen Händen. »Die Überlebenschance eines Volkes als Kultur ist unter solchen Lebensbedingungen sehr gering. ... Es ist also sehr erstaunlich, dass es um Christi Geburt überhaupt noch Juden gab«, a.a.O. S. 55) und nur erklärlich durch eine Reihe von strengen Regeln: Um den Boden anbaufähig zu machen, darf er nicht übernutzt werden und braucht Düngung. Wegen der unregelmäßigen Regenfälle muss die Speicherkapazität des Bodens erhöht werden. Der Bodenabtrag muss durch Anlage von Terrassen und Erhaltung von Gehölzen verhindert werden. Dadurch kamen die Juden dann aber sogar zu sehr hohen Ernteerträgen; aber die Gefahr von

Bodenverlust und Wüstenbildung blieb hoch. »Es war deshalb eine Frage des Überlebens, auf die Einhaltung ökologischer Regeln zu achten« (a.a.O. S. 59). Die Beispiele sind in religiösen Text eingebettet:

– Das Land nicht mit Häusern zubauen.

– Nicht ein- und mehrjährige Pflanzen zusammen anbauen, sonst wird der Boden zu stark ausgenutzt.

– Von Fruchtbäumen die Früchte der ersten drei Jahre nicht ernten. So bildet sich dort ein humoser, speicherfähiger Oberboden.

– Dem Acker, dem Weinberg und Olivenhain in jedem 7. Jahr ein Sabbatjahr gönnen und dabei nicht bestellen. Was da wächst, ist für die Armen und die Tiere des Feldes. Auch hier geht es um Bodenschutz und Wasserspeicher. Diese Autoren ziehen den Schluss auf einen ökologischen und nicht religiösen Grund auch daraus, dass die Städte dieses Sabbatjahr nicht haben. Der unvermeidliche Ernteausfall zahlt sich durch hohe Erträge aus, die den Ernteausfall erlauben, und wie das geht, wird in der Bibel erörtert (Lev. 25, 19-22).

– Alle 50 Jahre (»Jubeljahr«) mussten die Israeliten sogar für zwei Jahre auf die Ernte verzichten. Das Jubeljahr dient einer großen Rückverteilungsaktion, die wir hier nicht näher schildern. Sie verhindert, dass Grund und Boden, die ja dem Herrn gehören, auf Dauer vom Volk in wenige Privathände gelangen können. Es erscheint als unmöglich, dass die Entwicklung einer so hohen Kultur und die reichen Ernten ohne eine so außerordentliche Bodenpflege möglich gewesen wären; und die Erträge gehörten trotz der ungünstigen Umweltdaten weltweit zu den höchsten und waren jedenfalls höher als im Reich Kaiser Karls. Ich weiß gar nicht, was ich mehr bewundern soll: dass diese Gesetze so gut zur Situation passen oder dass das Volk, wenn es auch oft murrte, das, was man heute als Zumutung ablehnen würde, weitgehend mitgetragen hat und so – als Partner Gottes – wirklich ein gelobtes Land geschaffen hatte und nebenbei die Schere zwischen Arm und Reich nicht beliebig auseinanderklaffen ließ. Warum war das überhaupt ein

Problem (und ist es im Abendland noch immer)? Den Grund sehen heutige Agrargeschichtler darin, dass der Übergang zu Ackerbau und Viehzucht in der »Neolithischen Revolution« eben eine nachhaltige Bodenpflege und dazu stabile Besitzverhältnisse erfordert.

– Außerdem nutzten die Israeliten Kompost, und Hüttermann & Hüttermann (S. 66) nehmen an, dass sie diesem als zusätzliche Stickstoffquelle Salpeter zusetzten, das Salz, das wohl mit jenem identisch ist, das in Jesu Gleichnis gerade das sein muss, das »seinen Geschmack« verlieren kann. Wohl verwundert mich die Sache, weil in so trockenen Gegenden die Wildflora viele Leguminosen wie Klee und Akazien enthält, deren Knöllchenbakterien Stickstoff aus der Luft sammeln. Was fehlt sind eher Phosphor und Kalium als wichtige Pflanzennährstoffe, deren Salze aber auch zur Hand waren.

Nachhaltigkeit

Das lebenswichtigste ökologische Ziel ist bei begrenzten natürlichen Ressourcen die Nachhaltigkeit. Deren Bedingungen waren den Israeliten durch die von Moses empfangenen Gebote bekannt gemacht worden. Dass sie menschlicher Erfahrung statt göttlicher Offenbarung zuzuschreiben sind, wird oft angezweifelt. Dass es sich nicht um ägyptische Weisheit handelt, geht daraus hervor, dass die von Moses dem Pharao vorhergesagten Plagen von jenem nicht gedeutet werden konnten; und die Gebote zeigten ihre Notwendigkeit erst in Palästina und nicht am fruchtbaren Nil. Ihr Sinn ging spätestens verloren, als der Vordere Orient wieder von Ziegen- und Schafzüchtern erobert wurde. Neu entdeckt (und benannt) wurde die Notwendigkeit der Nachhaltigkeit von den Forstleuten im 18. Jahrhundert und wurde in den letzten Jahrzehnten Allgemeingut. Vom Waldbau in Mitteleuropa weiß man, dass ohne Schaden jährlich etwa 2 % des Holzes entnommen werden können, einschließlich des Verbisses. Auch für andere nachwachsende Rohstoffe gelten ähnliche Werte. Wirklich für Kapitalisten interessante Nutzungsmengen haben nichts mit Nachhaltigkeit zu tun, da handelt es sich um endgültig verlorene Ressourcen, also um Raubbau.

Wenn die Nachhaltigkeit vernachlässigt wird ...

Hüttermann & Hüttermann interessierten sich auch für die Ansage: »Denn ich, der Herr, dein Gott, bin ein eifersüchtiger Gott: Bei denen, die mir Feind sind, verfolge ich die Schuld der Väter an den Söhnen, an der dritten und vierten Generation« (Exodus **20**, 5). Sie stellen fest, dass nach der Bibel die Nachkommen allgemein nicht haftbar gemacht werden. Das gilt aber nicht für Umweltsünden, denn diese rächen sich selbst, was so in der Schöpfungswirklichkeit verankert ist. »Bei Verbrechen gegen die Umwelt ... zahlen wirklich die Kinder und Enkel für die Sünden der heutigen Generation – das werden unsere Nachkommen weltweit noch zu spüren bekommen. Für uns besagt das deutlich, dass es bis zu vier Generationen dauern kann, bis sich ein Ökosystem wieder erholt – wenn überhaupt« (a.a.O. S. 69).

Die jungen Kirchen hatten die Fragen der ökologischen Ressourcen freilich noch nicht im Blick. Sie erwarteten die baldige Wiederkehr ihres Herrn. Zugleich mussten sie jedenfalls die Botschaft Jesu zu den Menschen zu bringen. Das aber erfordert Zeit, doch die Lebenszeit von Menschen ist kurz, und demnach mussten die Gemeinden ihre Generationenfolge organisieren und die Strukturen aufbauen, die wir Kirche nennen. Also ging es zunächst erst um das Brot des Himmels – das Wort Gottes –, bevor die Sorge um das irdische Brot wichtig wurde. Ökologische Strategien wurden sogar erst viel später möglich, als Benedikt von Nursia seinen Ordensbrüdern und -schwestern die Lebensregel »Bete und arbeite!« ans Herz legte (mit weltweiter Ausstrahlung). Dieser Beitrag des Christentums ist ein neuer wichtiger Baustein für eine allgemeine Ethik, die ohne ein Arbeitsethos nicht für die Mitverantwortung in der Schöpfung taugt.

... und das Ackerland knapp wird

Die Knappheit der Ressourcen betrifft zuerst die Ländereien. Wegen deren verschiedenen Funktionen sind sie ein begehrtes Gut.

– Selbstverständlich ist die Ernährung der Bevölkerung vorrangig.

– Aber auch der Wald ist wichtig und durch nichts zu ersetzen: Er beeinflusst das lokale und regionale Klima erheblich, und es ist kein Geheimnis mehr, dass aller Sauerstoff – Lebensgrundlage sämtlicher Tiere, ja überhaupt aller Lebewesen, die ihn nicht selbst aus Wasser gewinnen können – von den Blattgrün besitzenden Pflanzen aus Wasser gewonnen werden muss. Daher sind beim Wald die Jahrzehnte bis Jahrhunderte des Wachstums der Bäume lebenswichtig und jedenfalls viel wichtiger als der Holzgewinn, was allerdings bei der Bewertung der Wälder kaum berücksichtigt wird.

– Auch Flächen für Weidetiere und Geflügel sind notwendig. Sie liefern mit Milch und Fleisch Fett und Eiweiß; aber es muss, etwa durch Gatter, dafür gesorgt werden, dass nach einer Holzernte der Jungwuchs der Gehölze nicht verbissen wird.

– Ein riesiges Problem bietet bei wachsender Bevölkerung der nötige Wohnraum, sofern überhaupt das Angebot an Nahrung und sauberem Wasser genügt.

Die hier nur angedeutete Konkurrenz war im Gelobten Land schon zur Zeit des Propheten Jesaja ein Problem, durch den Gott den Israeliten eine ernste Warnung zukommen ließ, die ich aus dem Buch der Drs. Hüttermann zitiere: »Weh euch, die ihr Haus an Haus reiht / und Feld an Feld fügt, bis kein Platz mehr da ist und ihr allein im Land ansässig seid. Meine Ohren hören das Wort des Herrn der Heere: Wahrhaftig, alle eure Häuser sollen veröden. So groß und schön sie auch sind: Sie sollen unbewohnt sein. Ein Weinberg von zehn Morgen bringt nur ein Bat [40 Liter] Wein, ein Homer [400 Liter] Saatgut bringt nur ein Efa [40 Liter] Korn« (Jes. 5, 8-10). Die ausgebeutete Natur schlägt zurück!

– Wohl ist auch die Möglichkeit nicht von der Hand zu weisen, dass die Vertreibungen der Israeliten dieses so hoffnungsfrohe Experiment zu früh beendet hatte: nämlich ehe Übervölkerung alle guten Vorsätze nutzlos machen musste.

Schon in der Bibel wird demnach auf einen gegebenen Rahmen für die Besiedlung hingewiesen, zu dem inzwischen auch die Bebauung durch Industrie- und Verkehrsflächen und die Zuwanderung gekommen sind. Denn das biblische Anbausystem ist pflegeintensiv und bricht ohne diese Pflege relativ schnell zusammen, wie die Geschichte gezeigt hat.

Andere Gegend, andere Bedürfnisse

Die Gebote wurden weitgehend schon zu Beginn des Exodus gegeben, das Überleben in der Wüste war noch durch Gottes unmittelbare Hilfe garantiert. Die Gebrauchsanleitung für das Gelobte Land, die Gott den zwölf Stämmen durch Moses gegeben hatte, waren auf die problematische Gegend um das Bergland Judäas herum zugeschnitten.

Vermutlich lebten sogar die Fischer am See Genezareth, also auch die ersten Jüngerinnen und Jünger Jesu, nicht im ökologischen Zielgebiet »des Gesetzes«, was ihnen spätere Abweichungen erleichtern konnte. Schon wegen dieser sich ausbreitenden Christenheit kann sich christliche Ethik nicht in regionalen Einzelheiten an das Alte Testament halten, sondern sie muss sich regional anpassen.

Dass die Juden sich auch in der Diaspora daran geklammert haben, teils sogar bis in unsere Tage, war dann ökologisch nicht überall günstig, aber da diente das Gesetz vor allem dem Erhalt der Eigenständigkeit von Volk und Religion. Jesus hat seinen Jüngern viele Bestimmungen nicht weitergegeben, und das war kein Unverständnis. Wie wir aus der Apostelgeschichte gelernt haben, blieben die **Juden**christen ja dabei, während es die aus »den Völkern« gewonnenen Christen weder mit der Beschneidung noch mit besonderen Speisegeboten und Ähnlichem zu tun bekamen. Der Apostel Paulus diskutiert diesen Unterschied, siehe oben, und wenn er den ökologischen Sinn der Unterschiede nicht offenlegt, so muss das nicht einmal daran liegen, dass Jesu Wiederkehr sehr nahe zu sein schien, sondern das lässt sich nicht für die gesamte Ökumene gleichermaßen festlegen.

2000 Jahre danach sollten wir zwar darüber reden; denn es ist tatsächlich so, dass in fast allen unterschiedlichen Lebensräumen dieses Planeten Christen leben, und das bedeutet unterschiedliche Lebensbedingungen mit jeweils geeigneten Regeln. Aus einem Satz Anweisungen ist, soweit es nicht die Religion selbst betrifft, in den letzten Jahrhunderten eine ganze Wissenschaft geworden, die Ökologie. Und an den zugehörigen Pionierarbeiten hatten Christen (einschließlich ihrer säkularisierten Nachkommen) besonders großen Anteil. Das Ergebnis, die Lebensregeln sind unterschiedlich und antworten auf die jeweilige Umwelt. Ansonsten ist das Verhalten der Christen innerhalb der Gesellschaft von der Botschaft Jesu geprägt. Die allgemeinen ethischen Grundsätze, wie sie Hüttermann & Hüttermann (2002) zusätzlich dazu aus dem Alten Testament extrahiert haben, sind durchaus geeignet, bei der dringend nötigen Reform unseres Wirtschafts- und Finanzsystems, bis hin zur Eigentumsproblematik, berücksichtigt zu werden. Wenn wir nämlich die Grundentscheidung zur Gottes- und Nächstenliebe achten wollen, genügt die auf Wirtschaftswachstum, Gewinnmaximierung und Geld als einzige Maßstäbe ausgerichtete Wirtschaftsordnung keinesfalls als gemeinsame Basis.

Im weltweiten Christentum hat also jede Region für einen nachhaltigen Naturhaushalt selbst zu sorgen und ist dabei auch auf die wachsenden geistigen Mittel angewiesen. Zu den ersten Vordenkern gehörte Benedikt von Nursia mit dem von ihm gegründeten Orden, und er hat auch mit dem Motto »Bete und arbeite!« den ganzheitlichen Ansatz dafür geliefert. Als aber bei der Säkularisation die Aufgaben in der Gesellschaft neu zu verteilen waren, ging es vor allem um die Machtpositionen, und an die Nachhaltigkeit wurde kaum ein Gedanke verschwendet, ja ihre Bedeutung musste erst ganz neu entdeckt werden.

Da bleiben uns allerdings wichtige Problemkreise ungeklärt:

1. steht nun die Frage im Raum, wie wir jenes wichtige ökologische Konzept in Politik umsetzen können, das die Israeliten mit Sabbatjahr und Jubeljahr schon vor der Besiedlung ihrer neuen Heimat als göttliches Gebot in den Schoß gelegt bekamen.

2. sind viele Fragen um Ressourcen, Wirtschaftswachstum und Bevölkerungswachstum unerledigt; und auf Dauer lassen sich die Gefahren nicht leugnen.

3. blieben der Probleme der Urbanisation schon bei den Juden offen. Wie können wir mit Gottes Hilfe Frieden und Gesundheit erreichen?

Besonders gefährdet ist neuerdings die Teilnahme der jungen Generation: Jedem Kind wird beigebracht, was es von der Gesellschaft verlangen darf, aber das Wissen darum, dass es in Kürze für sich selbst sorgen muss und Verantwortung zu übernehmen hat, ist aus vielen Lehrplänen verschwunden, zukünftige Verbraucher benötigen es wohl nicht. Zum Glück sind viele junge Leute gut mit Informationen versorgt, sind sich der Probleme bewusst, reihen sich spontan in die Umwelt- und Naturschutzorganisationen ein und lernen ein wenig politisch zu denken.

Teil 5,
HEUTIGE PROBLEME

Wir haben unser Ziel weitgehend erreicht, vor allem durch aufmerksames Hören auf die in der Bibel gesammelten entsprechenden Belehrungen Jesu, aber schließlich auch zurückblätternd bis zu den Anweisungen aus der Zeit des Exodus der Juden unter Moses, um möglichst viel vom Reichtum an jüdischen und christlichen Beiträgen zur Ethik auszubreiten. Es lässt sich aber nicht leugnen, dass unser Verhalten zwei Jahrtausende nach Jesus und nach weiteren zwei Jahrhunderten modernen Denkens und Forschens vor anderen Problemen steht. Das erfordert einen Sprung, und die folgenden Seiten können nicht mehr den Charakter einer Auslegung haben, sondern ich wage nun einen Diskussionsbeitrag und rechne in höherem Maß damit, dass Sie mir hier und da widersprechen.

Die notwendige Berücksichtigung der Ökologie

Leidende Menschen, gefühllose Natur

Der eine Mensch erfährt es früher, der andere später, aber jeder weiß eines Tages, dass wir alle einen verletzlichen Leib haben, der uns irgendwann den Dienst versagt und schließlich stirbt. Gerade dieses Schicksal teilen wir mit allen anderen Menschen, und auch den Tieren ergeht es nicht anders. Wir haben das irdische Leben von unseren Eltern übernommen und viele von uns können es weitergeben, so dass wir alle zu Generationenketten gehören.

Zu den vielen Dingen, die wir zu lernen haben, gehört es auch, zu wissen, dass wir für eine unbekannte, aber jedenfalls beschränkte Zeitspanne leben, in der wir »von selbst« atmen, essen und trinken und zunehmend mit vielem beschäftigt sind, was wir teils aus innerem Antrieb tun, wozu wir teils von anderen Menschen veranlasst werden und das jedenfalls unsere Lebenszeit ausfüllt. Dazu gehören auch Begegnungen mit anderen Menschen, meist mit der Mutter angefangen.

Dass jeder Lebenslauf Anfang und Ende hat, gehört zum Leben dazu, und wir würden uns wohl nicht darüber aufregen, wenn nicht vielen Menschen der Lebensfaden, wie wir meinen, viel zu früh abgeschnitten wird. Doch bei solchen Anlässen denkt man darüber nach, ob das in Ordnung ist. Wenn man annimmt, dass die Welt von selbst ist, wie sie ist, und dass es kein Wesen und keine Instanz über uns gibt, dann ist Nachfrage sinnlos. Wer aber die Welt als Schöpfung eines ansprechbaren, dialogischen Gottes glaubt, der hat immerhin eine Adresse für solche Fragen. Wenn es richtig ist, dass unser Lebenslauf nicht ziellos ist, sondern Aufgaben enthält, wie sie sich vor allem aus der Liebe zum Nächsten und zu Gott ergeben – und das ist Ethik –, dann erwarten wir, dass unser Lebensende nicht allein von den Zufällen des Weltlaufs bestimmt ist, und Jesus hat oft so geredet, dass das Lebensende mindestens für die je betroffene Person plötzlich und unerwartet kommen kann – das sollte nicht vergessen werden. Unser Schicksal ist tatsächlich nicht einklagbar. Gehen wir zurück zu Jesu Lehre vom Himmelreich, dann sehen wir jedoch unser leibliches Lebensende nicht als unser Ende überhaupt an. Wie weiter oben referiert, können wir ewiges Leben erreichen.

Unser Planet selbst kennt ja wohl keine Zustände, die wir als Gefühl oder so etwas wie Fürsorge bezeichnen können. Wie stark sogar seine Entwicklung zu einem menschenfreundlichen Himmelskörper vom Auftreten unterschiedlicher Katastrophen abhängig war, habe ich an anderer Stelle referiert (Stephan, 2016). Etwas davon sei auch hier besprochen:

Die Warnung der Venus

Die Gase und die wässrigen Lösungen haben in ihrer Verteilung Besonderheiten, die wir besonders gut verstehen, wenn wir die beiden Nachbarplaneten der Erde gleich mit betrachten, und das soll kurz anhand von Daten aus Frank Press & Raymond Siever (1995) geschehen. Den noch sonnennäheren Uranus übergehen wir und widmen uns den Planeten Venus, Erde und Mars. Den Beginn ihrer Bildung im Rahmen des Sonnensystems vermutet man vor etwa 4,6 Milliarden Jahren. Ihre Bestandteile kondensierten durch die gegenseitige Massenanziehung zu diesen drei Himmelskörpern, die nicht nur die Bewegung auf den schon ihren Bestandteilen eigene Bewegung auf Bahnen um die Sonne in etwa beibehalten haben, sondern auch mit zunehmenden Geschwindigkeiten um ihre je eigenen Massenschwerpunkte kreisen. Dabei heizten sie sich durch ihre Verdichtung, durch radioaktive Prozesse und durch hereinstürzende weitere Gesteinsmassen (Meteoriten) enorm auf, mit der Folge einer weitgehenden Aufschmelzung, und es kam zu einer Sortierung der chemischen Elemente je nach deren Abstand vom Mittelpunkt. Über das Ergebnis für die inneren Bereiche berichten wir im nächsten Abschnitt. Betrachten wir zuerst die flüchtigen Elemente: Bei der Venus bildeten diejenigen, die nicht vom Sonnenwind weggeblasen wurden, eine Gashülle, eine Atmosphäre. Diese ist jetzt schwer und besteht weitgehend aus CO_2, Kohlendioxid. Durch Wolkenbildung ist sie für sichtbares Licht undurchdringlich. Dass Kohlendioxid das eindringende Sonnenlicht absorbiert, ist inzwischen allgemein bekannt: Das ist der berüchtigte Treibhauseffekt – auf der Erde heute ein starkes ökologisches Problem. Eigentlich ist es eine Selbstverständlichkeit, dass es auf der Venus so ungemein heiß ist. Überspringen wir erst einmal die Erde und berichten über den noch sonnenferneren Mars. Wesentlich kleiner als die Erde, konnte er nur eine dünne Atmosphäre festhalten. Auch diese besteht weitgehend aus dem

»Treibhausgas« Kohlendioxid, ist aber nicht besonders heiß: Sie ist ja nicht nur dünner, sondern bekommt auch weniger Sonnenstrahlung. Zurzeit stellt man auf dem Mars kein Wasser fest, aber seine Oberfläche ist vom bewegten Wasser gezeichnet.

Eigentlich haben wir nun auch schon viel über unseren Heimatplaneten Erde erfahren. Die Erde hat eine Lufthülle, in der Stickstoff mit 78,11 % und Sauerstoff mit 20,95 % vorherrschen, Kohlendioxid aber nur gegen 0,04 % ausmacht (bodennahe Werte in entlegenen Kontinentalgebieten nach Graedel & Krutzen, 1994). Warum das so ist, das ergibt sich aus der Naturgeschichte: Ein prägendes und differenzierendes Ereignis war zweifellos die Entstehung des Lebens. Lebewesen haben zunehmend Kohlenstoff in organischen Molekülen festgelegt und damit wenigstens zeitweilig der Gashülle entzogen. Durch die geologischen Prozesse Erosion, Sedimentation und Tektonik wurden solche Stoffe in tiefe Erdschichten verlagert. Die weitere biologische Evolution brachte ein weiteres Ereignis hervor: Die wesentlich effektivere Biosynthese organischer Moleküle auf der Grundlage der Spaltung von Wasser, mit dem Nebeneffekt der Freisetzung von Sauerstoff. Erst seit diesem Ereignis sättigte sich das freie Wasser mit Sauerstoff, und schließlich entstand das Gasgemisch, das die meisten terrestrischen Tiere als Atemluft benötigen. Es ist wohl die biologische Evolution selbst, durch die unser Planet zu einem Lebensraum für Tier und Mensch wurde. Wenn ich aber die komplexen Strukturen betrachte, die für die so einfach hingeschriebenen Ereignisse »erfunden« werden mussten, dann verwundert es nicht, dass Leben nicht auch auf Venus entstand und auch sonst nirgendwo bekannt ist, und ich sehe eine große Wahrscheinlichkeit für die bei Naturwissenschaftlern eher belächelte Schöpfungslehre.

Dabei ist deren Ablehnung erheblich schwieriger geworden: Wie groß war der Jubel, als sich zeigte, dass bei den Lebewesen jede einzelne Zelle die Erbinformation des ganzen Körpers in der DNA ihres Zellkerns mitgekriegt hatte, aber inzwischen wissen wir, dass in verschiedenen Organen und in jeder Phase nur ganz bestimmte Gene abgelesen werden, was einer so komplizierten Steuerung bedarf, dass es kaum genügt, wenn für jedes Organsystem eine eigene wissenschaftliche Gesellschaft samt eigenen Instituten, Zeitschriften und Apparaten gebraucht wird, um die zugehörigen Details zu erfassen. Da es aber niemandem mehr möglich ist, das Geschehen zu überschauen, kann auch niemand mehr »dem lieben Gott auf die Finger schauen«. Doch anstatt nun schlicht zu staunen, bleiben einfach die beschränkten »Einsichten« aus dem ersten Jahrhundert der Genetik in den Köpfen hängen: Ablehnung statt Bewunderung. Wir Menschen sind schon seltsame Tröpfe!

Apropos Menschen: Die lange Entwicklung der Menschheit, die Entstehung von Kulturen und schließlich die schnelle Technisierung führten inzwischen dazu, dass sich die irdische Atmosphäre zunehmend dem tödlichen, heißen Gasgemisch annähert, von dem wir doch wissen, dass es unsere Nachbarin Venus unbewohnbar gemacht hat.

Die Opfer von Naturkräften

Zunächst aber können wir nicht übersehen, dass die Erdgeschichte auch eine Reihe von Katastrophen enthält, denen oft ganze Arten von Lebewesen zum Opfer gefallen sind, fast sogar die Menschheit insgesamt. Eine ist als Sintflut ins Alte Testament eingegangen, sie wurde ja als Strafe für menschliche Unmoral erlebt, mündete aber in die Zusicherung Gottes, die Menschen als Art nicht zu vernichten, was als »Regenbogen-Bund« überliefert ist. Wir wissen inzwischen, dass Naturkatastrophen unvermeidlich zur Naturgeschichte gehören, haben aber eben auch die Zusage, dass die Menschheit insgesamt erhalten bleibt, bis? Jesu Ankündigung des Weltendes habe ich bereits referiert. Naturereignisse mit unvorstellbaren Zahlen von Todesopfern gibt es bis in unsere Tage. So erfährt man von Press und Siever (1995), dass es allein durch Erdbeben 856 n. Chr. in Korinth etwa 45.000, 1290 in Chihli/China 100.000, 1456 in Neapel 60.000, 1556 in Chensi/China 830.000, 1755 in Lissabon über 30.000, 1908 in Messina 160.000, 1976 in Tangshan/China 250.000, 1990 in Persien 40.000 Tote gab, um nur besonders große Zahlen zu nennen. Ähnliche Dimensionen erreichen Vulkanausbrüche. So hatte der Tsunami, die 40 Meter hohe Flutwelle nach der Explosion des Krakatau am 27. August 1883, im Umkreis von 80 Kilometer 295 Küstenorte zerstört, wobei 36.000 Menschen ertranken.

Wir können weder diesen spektakulären Ereignissen einen besonderen Sinn für die betroffenen Personen zuordnen noch dem Tod aus der Natur heraus, vom Klima wie Trockenzeiten oder Eiszeiten bis zum Zugriff unserer natürlichen Fressfeinde. Es handelt sich um das ganz normale Sterben in der Natur, das auch für Menschen seinen Sinn im Rahmen der Naturgeschichte hat und dessen eventuellen Zusammenhang mit der jeweiligen Gottesbeziehung uns unbekannt ist. Verbreitet kommunizieren nicht nur Einzelwesen, sondern sogar deren Organe selbstständig mit ihrer Umwelt. Unsere Beobachtung lehrt sogar, dass mindestens im Tierreich das Empfinden von Schmerz und Leid nicht fehlen, so dass wir kaum umhin können, die Lebewesen mit Rücksicht zu behandeln – erst recht, wenn wir in ihnen Geschöpfe Gottes sehen.

Desertifikation, eine sehr moderne Katastrophe

In welchem Maß Menschen den Naturhaushalt zerstören können, aus dem heraus sie leben, können wir wieder im Spektrum-Lehrbuch der Allgemeinen Geologie von 1995 nachlesen (Press & Sievers, S. 318, Exkurs 14.2: Desertifikation der Sahelzone). Ich greife gern auf dieses Buch zurück, weil 1995 der kulturbedingte Klimawandel noch nicht so stark war.

Äthiopien und andere südliche Anrainer der Sahara wurden 1984, wie schon mehrmals, von einer verheerenden Hungersnot getroffen, der hunderttausende Menschen erlagen. »Semiaride Gebiete, die früher genug Vegetation aufgewiesen hatten, um von einer kleinen Anzahl von Wanderhirten genutzt zu werden, verwandelten sich in unfruchtbare Wüste, nachdem die Vegetation abgestorben und die Böden weggeblasen worden waren. Das Gebiet konnte nun nur noch einen kleinen Teil der Bevölkerung ernähren. Der Prozess der Desertifikation hatte das Land unbewohnbar gemacht.« Dafür gibt es mehrere Ursachen: Zum zunehmenden Wassermangel kam das Bevölkerungswachstum mit der Folge Intensivierung der Weidewirtschaft. Und beim Ackerbau wurden alle Schutzmaßnahmen der Thora (siehe oben) vernachlässigt. So wurde das Bodengefüge zerstört und der Boden selbst durch Wind und den seltenen Regenfällen abgetragen.

Die Sahel-Zone ist ein relativ großes Gebiet, und das Schicksal ihrer Bewohner erregt weltweit Mitgefühl und Sorge. Entsprechendes geschah aber nicht nur in den gefährdeten semiariden Zonen. Selbst im semihumiden Mitteleuropa ist es seit Beginn des Landbaus immer wieder geschehen. Hier war es vor allem das Bevölkerungswachstum im Zusammenhang mit der Realteilung der Bauernhöfe bei der Generationenfolge; dann brauchte die Stahlproduktion, bevor die Steinkohle zugänglich war, riesige Mengen Holzkohle, und vielerorts wurden die Wälder um Burgen und Städte herum gerodet, um sie angreifen zu können oder im Gegenteil Feinde besser abzuwehren. Und die empfindlicheren Böden gingen dann durch Erosion verloren. Die Neubildung fruchtbaren Ackerlandes wurde nach jeder Abholzung schwieriger und dauert Generationen. Das Aufkommen neuer Gehölze aber verhinderten Schafe und Ziegen. Eine Folge: Besonders in Mittelgebirgen mit geringer Fruchtbarkeit zogen die Leute scharenweise in die Fremde, etwa in den neu entdeckten Doppelkontinent Amerika. Hungersnot begünstigte andererseits Seuchenzüge, und wo die Pest eine Region veröden ließ, da machte sich allerdings zwischendurch der Wald wieder breit.

An die Vernichtung von Wäldern und das Aussterben zahlreicher Tier und Pflanzenarten, wie sie weltweit geschieht und sogar die feuchten Wälder Amazoniens erfasst hat, erinnern uns momentan die Kommunikationsmedien; doch noch immer ist die Industrie nicht bereit und sind die Verwaltungen zu korrupt, als dass sie dem gefährlichen Spiel ein Ende machen würden.

Jesus lehrt einen Weg darüber hinaus

Wie schon gezeigt, geht es keinesfalls an, aus Krankheit oder Tod unserer Mitmenschen auf deren Sünden zu schließen und sie entsprechend abzuwerten. Sünder sind wir schließlich alle. Wir verweisen auf folgende Jesus-Worte, mit denen er den Bericht quittiert, dass Pilatus das Blut einiger Galiläer mit dem Blut ihrer Schlachtopfer vermischt hatte: »Meint ihr, unter all den Galiläern seien nur diese Galiläer Sünder gewesen, weil sie dies erlitten haben? Mitnichten – ich sage euch vielmehr: Wenn ihr euch nicht bekehrt, geht ihr alle ebenso zugrunde. Oder jene achtzehn, auf die der Turm von Schiloach stürzte und sie tötete: Meint ihr, nur die seien gegenüber allen Menschen, die Jerusalem bewohnen, schuldig gewesen? Mitnichten – ich sage euch vielmehr: Wenn ihr euch nicht bekehrt, geht ihr alle ebenso zugrunde« (Lukas **13**, 2-5). Und selbst eine direkte rettende Zuwendung durch Gottes Propheten können wir nicht ausdeuten: »Der Wahrheit gemäß sage ich euch: Viele Witwen waren in den Tagen des Elija in Israel, als versperrt war der Himmel auf drei Jahre und sechs Monde und gewaltiger Hunger über das ganze Land kam. Aber zu keiner von ihnen wurde Elija geschickt, sondern nur nach Sarepta bei Sidon zu einer verwitweten Frau. Und viele Aussätzige waren in Israel zur Zeit des Propheten Elischa. Doch ward keiner von ihnen rein, sondern nur Naaman, der Syrer« (Lukas 4, 25-27).

Doch dann setzt Jesus von Nazareth einer fatalistischen Bewertung unserer Aussichten die Botschaft entgegen, dass der Mensch nach seinem Tod der Auferstehung entgegengeht und, allerdings nicht ohne seinen Glauben, zum ewigen Leben in Gottes Reich gelangen kann, womit sein Leben schließlich einen tiefen Sinn bekommt. Von ihm haben wir erfahren, dass er sich im Himmelreich auskennt, ja dass er sich drüben zu Hause weiß. Auf seinem Wegweiser steht allerdings: »Verkauft euer Hab und Gut und gebt es als Almosen. Schafft euch Beutel, die nicht verschleißen – einen unerschöpflichen Schatz in den Himmeln, wo kein Dieb sich heranmacht und keine Motte Verderben bringt, Denn: Wo euer Schatz, dort ist auch euer Herz« (Lukas **12**, 33-34).

Auch wir kommen beim Nachdenken über die Welt als Gottes Schöpfung nicht an der Einsicht vorbei, dass diese Welt vergänglich ist und dass für uns Menschen auch nach der Auffassung der Christen der Weg aus der Welt hinaus mit einer Auflage verbunden ist: eine Hoffnung, die an Glaube und Liebe hängt. Erst das ist die vollständige Antwort auf die Frage nach Gott. Achtsame Menschen bekommen Glaube und Hoffnung geschenkt. Der Glaube aber nimmt sie in die Pflicht, Liebe zu geben; und die Liebe liefert den christlichen Anteil an unserem Verhalten, also an der Sozialethik. So ergibt sich die Verbindung vom Glauben zur Ethik.

Warum gibt sich Jesus wohl so viel Mühe damit, uns zum rechten Verhalten zu führen, lässt unsere Neugier bezüglich Gottes Wesen aber weitgehend unbefriedigt? Doch wohl deshalb, weil das von ihm gelehrte Verhalten dazu führt, dass an uns selbst das Bild Gottes nach und nach ablesbar werden soll. Das dialogische Verhalten ist wirklich nicht aus der biologischen Evolution erklärbar. An Jesus selbst aber erscheint das göttliche Wesen rein und wurde zu seiner Zeit durch starke Zeichen bekräftigt. Weil das im Prolog des Johannes-Evangeliums zusammengefasst ist, wird diese Stelle hier wiederholt: »Gott hat keiner je gesehen – der einzige Sohn, der im Schoß des Vaters west: Er hat berichtet« (Johannes **1**, 18).

Die Vergänglichkeit von Welt und Mensch ist eine Sache, der tausendfache Tod, den Menschen ihren Artgenossen bereiten, eine andere. »Du sollst nicht töten« ist uns schon in frühester Geschichte als Gebot von Gott gesagt worden und im Grunde allen Völkern bekannt. Wir müssen da aber genau sein: Es wird immer deutlicher, dass man Menschen auch tötet, wenn man ihnen den Zugang zu fruchtbarem Boden, sauberer Luft und genießbarem Wasser nimmt. Das ist Raub, der momentan ein Hauptthema der Weltpolitik ist. Und in diesem Zusammenhang ist auch davon zu reden, dass Gott nicht nur das Töten von Mitmenschen verboten hat. Schon im Alten Testament ist uns aufgeschrieben, dass der fruchtbare Boden in Gottes Besitz bleiben soll. Menschen wie Völker haben ihn nur leihweise, und somit ist es jedenfalls verboten, den Boden zu vergiften oder zu vernichten. Wer das tut, vergeht sich an der Erde selbst, am Eigentum Gottes.

Das Kriegsziel »Verbrannte Erde« gehört, zusammen mit Schäden an Luft und Wasser, zu den schlimmsten Untaten überhaupt!

Zurück zur Lebenspraxis

Da stehen wir auch vor der Frage, was die Ethik, so ganz mit der Lebenspraxis befasst, wie sie zunächst ist, mit einem Gebet wie dem Vaterunser anfangen kann. Schließlich lässt sich aber einsehen, dass unsere gedankliche Zerlegung der Wirklichkeit in Welt und Transzendentes fordert, diese Aspekte dann wieder zusammenzufassen. Und diese Betrachtung kann leicht auf einen Lobpreis Gottes hinauslaufen, der es erlaubt, das eigene schwache Tun mit der Kraft Gottes zusammenzuspannen. Das aber geht nur, wenn das Ziel der christlichen Ethik entspricht, denn das geht nur auf göttliche Initiative hin.

Nun ist es freilich neben der Offenbarung der Liebe Gottes, die wir besonders vom Christentum erwarten, oft nötig, der aufgeblähten athe istischen Propaganda etwas entgegenzusetzen und zu zeigen (und das ist durchaus ohne kühne geistige Klimmzüge möglich), dass der Glaube an einen menschenfreundlichen Gott eine sinnvolle Erweiterung des evolutionären Weltbildes ist. Meinen Feststellungen (Stephan, 2016) will ich hier nur wenige Sätze hinzufügen, um zu betonen, dass es besser scheint, das Weltbild nicht nach Art der klassischen Philosophie von oben her, von Ideen und hehren Prinzipien aus zu bauen, sondern von unten, verstehend und – wenn es denn möglich ist – solidarisch. Ich habe nämlich den begründbaren Verdacht, dass beispielsweise dem griechischen Denken die Lebensweise von Sklavenhaltern anhaftet, wie die Ideologie kämpfender und bisweilen raubender Handelsleute den Anordnungen Mohammeds, ebenso wie den venezianischen Kreuzfahrern, vielen Calvinisten und auch noch als Karikatur einem Hitler und Stalin.

Wer ist aber der Partner Gottes im Neuen Bund? Der Mensch? Das ist von vornherein zu allgemein. Ein Volk? Das jüdische, über das Jesus längst hinausgedacht hat, hält sich zu isoliert in seinen Alleinstellungsbemühungen. Die christliche Kultur? Das wäre zu diskutieren. Die Kirche? Oder ist es ganz informell nach Jesu Wort »Jeder, der den Willen meines Vaters tut«? Dann wird wohl die Gestalt eines göttlichen Staatsvolkes erst am Weltende offenbar. Und welche Rolle spielt die Gemeinde, die jeweils konkrete? Die Frage bleibt uns offen.

Ganz konkret erleben wir, dass die Evolution der menschlichen Kulturen nicht so weit gekommen ist, dass Menschen dominieren, die den ursprungsnahen Status des »man« hinter sich gelassen haben (dazu siehe Stephan, 2016, S. 24, unten mit Bezug auf Heidegger, »Sein und Zeit«, zum Beispiel 19. Aufl., S. 126-130). Und das ist der substanzielle Mangel an einer gereiften Menschheit als Grundlage echter Demokratie. Zusammen mit dem »man« ist es die Wahrheit, also der Nachweis des Zutreffens, die nicht nur in unserer Medienwelt noch immer höchst defizitär ist. Hier warten die ganz großen Aufgaben für ein erfolgreiches Bildungssystem, das seinerseits notwendige Grundlage für die Weiterentwicklung der Kulturen ist. Leider geht auch in Deutschland die Schulbildung in die falsche Richtung: Verzicht auf tieferes Wissen ist den Massen gerade recht.

Werden unsere Funde in der Bibel dennoch einen Beitrag zur Sozialethik leisten? Diese Frage kann man – mit Blick auf die eigentliche Quelle – getrost bejahen. Jesus von Nazareth hat uns zunächst viel für das Gelingen unseres Zusammenlebens hier auf der Erde gelehrt. So ist ja die Gestaltung des Ehelebens für das Himmelreich gegenstandslos, wenn doch im Himmelreich nicht geheiratet wird. Wohl ist aber die entsprechende Bewährung auch dort nützlich, weil sie Liebe, Treue und Verantwortung stärkt, und das gilt für viele Fälle, ja für die ganze innere Einstellung.

Alle Vergleiche ergeben, dass die Ethik Jesu Christi keinesfalls »sowieso«, per Evolution, aus den Kulturen erwachsen wäre. Das zeigen gerade auch die Rückfälle von Christen – von Mohammed über Calvin bis in unsere Zeit.

Es lässt sich dagegen zeigen, dass Herrschen und Haben am Ende zum Auslöschen der Menschheit führen, und es wäre geboten, dass uns eine dialogische Ethik vor dem Ärgsten bewahrt. Und genau das ist der Hauptpunkt der christlichen Ethik, getreu der Einsicht: »Gott ist die Liebe«, oder genauer: »Deus Caritas.«

Wenn uns aber Gott so einfach erscheint und das Prinzip der christlichen Ethik so leichtfüßig daherkommt – wozu dann so viele Worte darum herum? Weil sie eben im Menschen Platz finden muss. Der aber ist das Ergebnis einer langen Entwicklung, und zwar in K.-o.-Evolution mit den anderen Lebewesen, und sogar als Ergebnis der kosmischen Entwicklung. Und das Produkt ist nun mal extrem komplex und schwierig. Auch eine christliche Ethik kann nichts anderes sein als die Inkarnation von Geistigem in uns komplizierte Lebewesen.

Reduktion auf den Erfolg

Wer ein fruchtbringendes Verhalten anstrebt, für den verzweigt sich nun die christliche Überlieferung.

Am einfachsten gestrickt scheinen uns die Mitmenschen zu sein, die sich hauptsächlich wohlfühlen wollen. Aber schon dies ist schwer durchzuhalten. Es führt ins Chaos und auf eine Zickzackbahn.

Ein anderer Ansatz ist ergiebiger und wird über die Jahrtausende hin von Theologen und Philosophen begangen. Wir wissen gleich, was gemeint ist, wenn dessen Ziel als ERFOLG bezeichnet wird. Dann geht es um einen Lebensplan, also eine Karriere, und zu einer bestimmten Karriere gehört ein Ziel. Oft lässt es sich in Geld ausdrücken, in Berufen, in denen jemand mit mehr Geld mehr gilt. Oder um erfolgreiches Tun, erfolgreiche Nachkommen, eine angesehene Stellung und so weiter. Christen ganzer christlicher Denominationen, etwa der Calvinisten, meinen aus dem Erfolg im Erdenleben darauf schließen zu können, dass sie auch erfolgreich auf dem Weg ins Himmelreich unterwegs sind. Manche Theologen erschließen das nämlich schlicht aus der Annahme, dass jedes Menschen Schicksal von Urzeiten an bei Gott festgelegt, prädestiniert ist. In der Bibel finden sie auch Stellen, die das nahelegen. Das setzt freilich voraus, dass es keine Geschichte gibt und dass Gott den Menschen keine Freiheit und Verantwortung gelassen hat und alles ethisches Bemühen nutzlos ist.

Nun ist uns allen aber aus dem Alten Testament das Buch Ijob bekannt, ein Epos, dessen Thema das Leiden eines Gottesfreundes schildert, an dessen Schlussteil, als Ijob nach seinem Besitz und seiner Familie auch noch sein Ansehen und schließlich seine Gesundheit eingebüßt hat, Gott auf seine Souveränität verweist, dann allerdings den Ijob zu einer noch großartigeren Existenz bis ins hohe Alter beschenkt. Dieses Buch straft alle modernen Erfolgssicherheiten Lügen.

Von Jesus selbst kommt die Mahnung, den eventuellen eigenen Lebenserfolg nicht zu demonstrieren. Ihm ist auch wichtig, den Wert eines anderen Menschen nicht an dessen Erfolgen zu messen. Für die eigene Suche wäre es außerdem fatal, seinen Weg primär an der Aussicht auf Erfolg und Ruhm zu wählen. Wohl ist klar, dass im Wirtschaftssystem des Kapitalismus, im Zeitalter des Homo faber und unter dem Diktat des »man« die Verlockung sehr groß ist.

Wohl kann hier und da dieses gesellschaftliche Umfeld durch die allgemeine Kommerzialisierung dazu führen, die Lebensform »Gemeinde« anzupassen, die Menschen, die wir doch als Geschwister ansehen sollten, wie Kunden zu behandeln und die gemeinsamen Feiern entsprechend zu gestalten, während diese selbst dazu neigen, sich als zufriedene oder unzufriedene Kunden aufzuführen. Werden dann noch Versammlungen danach eingerichtet, Wünsche zu erfüllen, dann sind wir endlich gute Demokraten; und uns ist so ziemlich das Schlimmste gelungen, was einer Gemeinde von Christen passieren konnte, besonders, wenn es dabei α-Männchen oder α-Weibchen gelingt, ohne eigene Arbeit etwas bewegt zu haben.

Diakone als Strukturelement

An dieser Stelle möchte ich noch zu den Problemen der unteren Hierarchiestufen zurückgehen. Da passiert momentan Folgendes: Es gibt eine zunehmende Zahl von männlichen, studierten und oft sogar ausgebildeten Theologen, denen nur der Makel von Ehe und vielleicht sogar Familie anhaftet, sonst wären sie Priester. Und dann sind da die Kirchenführer, die den Vater bestürmen, doch Arbeiter in seinen Weinberg zu senden. Und denen fällt dazu nur ein, dass man den Auftrag der Diakone nicht um das Amt der Verkündigung und in gewissem Maß das Konsekrieren der Heiligen Gaben erweitern kann. Das wäre vielleicht sogar schon geschehen, wenn die Diakonie nicht schon für Frauen offen und die männlichen Diakone nicht zu frauennah wären. Wenn die Kurie es eines reichlich späten Tages doch tut, dann erinnern wir daran, dass Diakone ursprünglich einer bitter nötigen gerechten Leibsorge wegen eingesetzt worden sind und dass ihnen sofort die Verkündigung anvertraut worden war, wofür Stephanus steht. Deren Rekrutierung ist im Prinzip durchaus und ursprungsnah auch aus den Ämtern der Küster und Kirchenmusiker möglich. Dann wäre es zwar notwendig, diese stärker als Diener des Wortes auszubilden. Es ist aber ohnehin klar, dass die Demokratisierung der Kirche eine breitere Ausbildung verlangt und so gerade beispielhaft etwas tun muss, was auch in der profanen Gesellschaft dringend gebraucht wird. Demokratie darf nicht für immer die Macht der Ungebildeten sein: Es gibt zum Recht auf Bildung eine entsprechende Pflicht.

Uns ist die Verantwortung für das Brot für morgen zugewachsen!

Die Ökologie ist eine moderne Naturwissenschaft, sie ist aber auch besonders eng mit den ethischen Problemen verbunden, vor allem wenn es um die Versorgung der Menschen mit Lebensmitteln geht. Gerade diese ist heute mehr denn je in einem kritischen Zustand: Durch das kapitalistische System wird die Produktion von Nahrungsmitteln nach Menge und Güte ganz vorwiegend vom Profit gesteuert, und das hat primär kaum Interesse an der Nachhaltigkeit der Ressourcen und dem Bedarf der Bevölkerung, der nur mittelbar als – manipulierter – »Markt« eingreift. Da hat die notwendige Kontrolle der Versorgungswirtschaft nur einen sekundären Rang, und es wäre wichtig, dass die Verwaltung bzw. die Politik übergeordnet und hinreichend unabhängig bleibt. Wenigstens Ackerland und Wald müssen aus dem freien Handel herausgehalten werden, und sei es – durch Berücksichtigung der Nutzungsart – über die Bodenpreise.

Wegen dieser genannten und weiterer ungenannter Probleme, die zusammen überall auf der Welt Menschen an den Rand der Katastrophe bringen, soweit sie nicht schon mittendrin stecken, ist die Ökologie in letzter Zeit, und vor allem seit dem Zweiten Vatikanischen Konzil, ein Thema der Christen geworden, dessen sich durchaus auch die Päpste annehmen. Die Ergebnisse dieser Arbeit sollen wenigstens an Beispielen dargestellt werden – sie sind ja eine Frucht dessen, was Jesus gelehrt hat, und so auch eine junge Frucht der christlichen Ethik. Es ist erstaunlich, wie weit die Israeliten uns in ihrer Sozialethik voraus waren. Das hat zwei Gründe: Zu lösen waren die schweren Probleme nur gleichsam im Versuchsfeld-Maßstab eines kleinen Volkes, und trotz allem Murren hielt sich dieses meist an die Gebote des einen Gottes (siehe S. 148 ff.).

Wer die Lage kennt, dem ist es kaum erträglich, wenn er in der oft so modernen Zeitschrift »Christ in der Gegenwart«, 2019, Nr. 5, in der Rubrik Christliches Zeitgeschehen, die Überschrift findet: »Die Welt mit den Konzernen entwickeln – nicht gegen sie.« Diese sind dazu weder willens noch in der Lage; denn Konzerne sind nun mal zur Gewinnoptimierung da. Was nützen die dort betrachteten Projekte, wenn es ganz offensichtlich nicht gelingt, den massiven Raubbau zu beenden und wenigstens ein Moratorium zustande zu kriegen? Und wenn ein Fernsehsender mal den vergeblichen Kampf von Familien um die Rückgewinnung von Ackerboden dokumentiert, dann sieht man entsetzt eine größere Schar von Ziegen, die das Aufkommen von Gehölzen verhindern. Ich fürchte, dass der Papst im Gegensatz zur Unterstellung jenes Artikels des CiG den Ernst der Lage richtig einschätzt, auch wenn er sich gegen die Einsicht in die Übervölkerung sperrt. Zuzugeben ist allerdings, dass das Problem der Übervölkerung zu den schwierigsten überhaupt gehört.

Ökologie und Naturschutz vor offenen Fragen

Eigentlich sollten wir uns einfach darüber freuen, dass sich so viele Menschen aus allen Altersgruppen die große Mühe machen, sich beobachtend und lernend das zu eigen zu machen, was sie kennen müssen, um über Ökologie und Naturschutz mitreden, mitentscheiden und das dann Notwendige mit tun zu können. Wo aber steckt die Schwierigkeit? Es liegt schlicht an der enormen Vielfalt der unbeseelten und der beseelten Geschöpfe. Es gibt nur sehr wenige Fachleute, die zum Beispiel einen Überblick über die Stämme des Tierreichs haben. Die Artenkenntnis eines Biologen umfasst locker einige Tausend, und dazu kommen dann noch die vielen Verhaltensweisen, die das Zusammenleben der Arten in Lebensgemeinschaften bietet. »Chapeau!«, möchte man anerkennend ausrufen, wenn sich ein junger Mensch dieser Aufgabe widmet.

Zum Glück gibt uns die Vielfalt selbst ein Hilfsmittel in die Hand. Ob in den großen Wäldern, in des Ozeans Tiefen, den Eiswüsten der Hochgebirge oder wo auch immer, es gibt Forscher, die inzwischen fast überall an der Komplettierung der riesigen Bilanz der Lebensformen mitarbeiten. Und um dieses Material zu bearbeiten wird die topografische Karte des Globus in geeigneter Weise mit einem riesigen Mosaik von Landschaften überzogen, so dass jeder Landschaftsteil und Meeresbereich seine Kennzahlen erhalten kann, einschließlich der jeweiligen Lebensgrundlagen.

Aber nun kommt der große Hammer: Wenn die Biologen ausschwärmen, hier und da und dort die Artenvielfalt zu vergleichen, dann stellen sie fest, dass es arme und artenreiche Landschaften gibt, und sie kommen, teils als Folge des ständigen Wechsels in der Natur und teils durch menschliches Missmanagement, auf die Probleme der Schutzbedürftigkeit. Schnell wird nun die Schutzwürdigkeit durch die Anzahl seltener Arten ersetzt. Und nun fragt man sich, ob diese Bewertung über die bloße biologische Vielfalt uns etwas über die ökologische Gunst verrät – und das tut sie in der Regel nicht: Ich beschränke mich hier der Einfachheit wegen auf die Pflanzenarten: Wenn ich für eine Gruppe von Studenten eine besonders artenreiche Pflanzengesellschaft in der Eifel suche, dann finde ich sie auf steilen Hängen, etwa auf Kalk- oder Dolomitgestein, die für die Landwirtschaft ungeeignet sind. Auf landwirtschaftlich genutzten Flächen bleibt dagegen der Notizblock fast leer, und das liegt nicht nur (allerdings auch) an der »Unkrautbekämpfung«.

Es wäre für unser Überleben fatal, wenn wir die Landnutzung allein an der Artenvielfalt und damit dem Naturschutz ausrichten wollten. Erweitern wir das auf ethische Grundsätze allgemein, dann hatte Jesus dafür den Grundsatz: Du musst das eine tun – und das andere nicht lassen (Matthäus 23, 23). Es ist wirklich, und besonders für die Ökologie, die ganze Fülle unserer Erfahrung und unseres Wissens nötig. Lassen Sie mich noch an ein Faktum erinnern: Eine unserer wichtigsten Ressourcen ist der Sauerstoff zum Atmen, und neben den Gewässern ist eine wichtige Quelle dafür der Wald. Nun ist zwar ein feuchter Tropenwald geradezu das Musterbeispiel an biologischer Vielfalt. Aber bei uns zu Hause nimmt die Artenzahl meist vom Waldrand ins Innere drastisch ab. Das bestätigt die Erkenntnis: Die Artenvielfalt allein ist nicht überall ein guter Indikator, und der je nach Biotop möglichen Verknüpfung von Artenzahl und Ökologie muss dringend größere Aufmerksamkeit gewidmet werden. Das heißt nicht, dass die Bestandsaufnahme durch so viele Fachleute und Laien vergebens sei, wohl aber, dass sie erst durch Verknüpfung mit dem jeweils zugehörigen ökologischen Steckbrief der betreffenden Pflanzengesellschaft ihren großen Wert hat. Viel Mühe und Arbeit ist weiterhin unverzichtbar.

Schwerpunkt Klimaschutz

Der Schwerpunkt der Pflichten liegt heute deutlich beim Abbremsen des von der Menschheit verursachten Klimawandels. Der hätte längst abgewendet sein müssen, kann aber mittlerweile, wenn es überhaupt gelingt, nur noch durch schmerzhafte Reduktion des Eintrags von Treibhausgasen in die Atmosphäre gestoppt werden. Nun hatte aber unter anderem die deutsche Regierung mit einem Plan dafür mit Ziel 2020 angegeben, aber sie kann ihn in ihrer unfassbaren Trägheit erst frühestens ein Jahrzehnt später erreichen – übrigens wohl ohne dafür politische Konsequenzen tragen zu müssen –, und so nimmt das Unheil seinen Lauf.

Inzwischen pfeifen die Spatzen alle notwendigen Information zur Sache von den Dächern, so dass ich sie gekürzt zusammenfassen kann: Die unmittelbaren Folgen der globalen Erwärmung erleben wir bereits als Änderungen des Pflanzen- und Tierreichs, extreme Witterung, Abtauen von polaren Eiskappen und Gebirgsgletschern und Anheben des Meeresspiegels mit entsprechenden Festlandsverlusten. Außerdem weiß man, dass sich die Strömungen in Ozeanen und in der Atmosphäre ändern, zum Beispiel wird der Golfstrom zusammenbrechen. Die Gefahr einer weiteren Eiszeit, die langfristig ohnehin gegeben ist, wird dadurch auf einmal akut. Zwar hat es schon mehrere Eiszeiten gegeben, aber da gab es noch keine menschlichen Zivilisationen, und es sieht nicht so aus, als könnte die Menschheit eine Eiszeit ohne Weiteres überstehen, jedenfalls nicht in den kalten und gemäßigten Klimazonen und überhaupt nur bei deutlich geringerer Bevölkerungszahl.

Was jetzt durch das starke Bevölkerungswachstum, die Völkerwanderungen hin zu den Ballungsgebieten und durch den Vorgang der Zusammenballung selbst den sorglosen Umgang mit Nahrung und Industrieerzeugnissen und die Unfähigkeit zu nachhaltiger Produktion Notzeiten unvermeidbar heraufführt, das hatte ich oben (S. 151) im Zusammenhang mit den Warnungen des Propheten Jesaja zitiert. Schon im Alten Testament steht also, dass es höchst gefährlich wäre, Grund und Boden so zu überbauen, dass für die Land- und Forstwirtschaft nicht genug übrig bleibt. Unser Problem heute besteht darin, dass die Verantwortlichkeiten weitgehend in fremden Händen liegen und genau genommen niemand mehr Übersicht und Herrschaft über die Ressourcen und ihre Verwendung hat. Das ist für alle Ressourcen so, und dabei ist die Globalisierung zum Fluch geworden, besonders auch durch die Konzerne und Imperien.

Ökologie ist eine Frage der Ethik

Wahrscheinlich habe ich mich durch diese offenen Feststellungen der Zersiedlungsgefahren bei vielen unbeliebt gemacht; aber bevor ich zuletzt die besonderen Probleme der Kirche aufgreife, sind nun mal die Sorgen um unser aller irdische Existenz zu bedenken, da sich die Menschheit, inzwischen in ihre eigene Verantwortung hineingewachsen, keinen Fatalismus mehr leisten kann. Gerade auch in einem Land der gefüllten Supermarktregale branden die Sorgen um das Überleben an unsere Grenzen und machen die Brotbitte des Vaterunsers dringend. Und da können wir, was die Ethik angeht, direkt an die alttestamentlichen Probleme anknüpfen (siehe oben).

Menschen neigen dazu, die Bilder, die sie sich von ihrer Welt machen, zu vereinfachen. Von den Anhängern Jesu galt zunächst allgemein die Naherwartung der Rückkehr Jesu, die eine ernste Mahnung vor dem Hereinbrechen des Endes ist (sei es nun als persönliches Lebensende, als ein begrenztes Ereignis oder schon als das universale Weltende). Jedenfalls stellt es eine andere Form des Satzes »Das Himmelreich ist nahe« dar. Als die Zeit sich dehnte, blieb es aber nicht aus, dass im Schoß der Kirche erst eine und mit fortlaufender Zeit immer weitere Generationen zur Welt kamen, während zunehmend für Alte und Kranke zu sorgen war. Da konnte der Aufwand nicht mehr durch das anfangs so einfache Verfahren bewältigt werden, den vorhandenen Besitz begüterter Mitglieder gemeinsam aufzubrauchen. Diese Ressourcen waren sehr begrenzt. Die natürlichste Reaktion war und ist, dass alle dazu fähigen Mitglieder fleißig arbeiten, um sich und die Bedürftigen über Wasser zu halten. Das war für Paulus eine Ehrensache, und Benedikt von Nursia hat es dann, viel später, seinen Ordensbrüdern mit auf den Weg gegeben. Es hat sich aber nicht überall durchgesetzt, und in vielen Regionen gilt Arbeit heute noch oder wieder als unwürdig. Aber selbst dann ist irgendwann eine untragbare Siedlungsdichte erreicht.

Was zur Übervölkerung zu sagen wäre

Woher kommt wohl die große Scheu davor, das Problem der Übervölkerung anzusprechen, wo doch die Endlichkeit der ganzen Welt, der Weltzeit und des irdischen Menschenlebens nicht fraglich ist? Kann es am Urbefehl »Wachst und vermehrt euch« liegen? Aber gerade wenn wir (mit Lawrence S. Lerner & Edward A. Gosselin, Januar 1987, S. 102–113) die Geschichtlichkeit als eine Eigenschaft der geschaffenen Welt akzeptiert haben und um die Begrenztheit der Ressourcen wissen, sagt unsere Erfahrung, dass der Urbefehl, wenn er auf ewig gemeint sein sollte, zu einer Sättigung der Tragkraft führt. Ist denn ein solcher Befehl nicht irgendwann erfüllt? Gott ist ewig, und seine Gebote sind es auch; situationsbezogene Anordnungen aber sind an Situationen gebunden und verlangen nach der menschlichen Intelligenz. Manchmal geht es darum, nun ein stabiles Gleichgewicht zu finden. Jesu Rede vom Weltende ist sowieso auch eine Rede vom Ende dieses Wachstums, und das sogar mit ausdrücklichem Bedacht, wenn doch im Himmelreich keine Familien gegründet werden. In seine Lehre hat Jesus das Anwachsen der Menschheit jedenfalls nicht aufgenommen! Wir müssen leider auch feststellen, dass der Wunsch nach einer hohen Geburtenrate ausgerechnet von Herrschern, Militärs und Kapitalisten starke Unterstützung erfährt, wobei es am wenigsten um die Menschen selbst geht und viel mehr um deren Verwendbarkeit, zum Beispiel als Arbeiter, Sklaven und Soldaten. Leider neigen auch manche Zuwanderer dazu, ihre Fruchtbarkeit als Mittel zur Verdrängung der jetzigen Bewohner aufzufassen, damit zu prahlen und so Unfrieden zu stiften.

Wohl zeigen die Menschen, besonders erfolgreich in der Neuzeit, ein Streben danach, alle Lebensbedingungen zu verbessern und jedenfalls die Nahrungsgrundlage und die urbare Fläche zu vergrößern. Tatsächlich haben vor allem Naturwissenschaften und Technik die Grundlagen dafür in erstaunlichem Maße verbessert, allerdings inzwischen auch prinzipielle Grenzen wie die Wasserreserven überschritten. Die Geschichte der Menschheit hat auf diese Weise einerseits zu einer sehr großen Differenzierung geführt und andererseits eher die Konkurrenz untereinander angeheizt, als die Solidarität zu beflügeln.

Es war sicher nicht falsch, auf die Gefahren der Übervölkerung aufmerksam zu machen und wenigstens an Beispielen in diesem Text hier und da gezeigt zu haben, dass hier ein ganzer Komplex offener Fragen ohne überzeugende Folgerungen für die Ethik geblieben ist, und zwar auch in den christlichen Ansätzen. Aber nun muss es wohl ohne direkten Rückgriff auf die Bibel, doch unter Wahrung der christlichen Ethikfundamente weitergehen.

Wenn wir die Sexualität nicht einzig dem Verlangen nach Lustgewinn, sondern auch dem Wohl der Nachkommen unterordnen, dann sollten für das Erkennen der Grenzen im Allgemeinen schon die erwähnten christlichen Ethiknormen, vor allem die Gottes- und Menschenliebe, zusammen mit dem angemessenen biologischen Verhalten genügen. Wohl bieten allein von Männern beherrschte Familien oft schlechte Bedingungen.

Wenn aber ein Beichtvater moniert, dass eine Familie sich nicht auf unbegrenzte Vermehrung einlassen will, dann greift seine Mahnung zu kurz, ja sie ist eigentlich lieblos. Jede Familie muss in der Lage sein, ihrem Nachwuchs ein sinnvolles Leben möglich zu machen, und darf den Kindern kein Leben im Elend und ohne Bildung zumuten. Es kann schon gar nicht sein, dass Familien Kinder verkaufen oder versklaven lassen müssen. Aber unser Planet ist auch kein Paradies, und ein leichtes Leben ist nicht garantiert. Da kann nicht jeder einzelne Mensch ein Chef oder gar ein reicher Nichtstuer werden. Wohl ist es eine Wohltat, wenn aus der Gesellschaft heraus, besonders aus der Kirche, Gruppen aktiv werden, die ihren Nächsten fehlende Ressourcen ergänzen.

Es ist außerordentlich schwierig, die Bevölkerungsentwicklung einer Nation zu deuten oder gar zu steuern. Das Internet ist zwar voll wirrer Diskussionen zur Bevölkerungsentwicklung, aber oft handelt es sich um reine Wunschträume oder um Hassreden voller unangemessener Verallgemeinerungen. Die Realität ist viel komplexer. Schauen wir nur auf Deutschland: Woher sollte hier etwa ein gesunder demografischer Übergang von einer Alterspyramide zur nächsten gekommen sein? Hier gab es zum Beispiel nacheinander große Kriege, die ganze Jahrgänge junger Männer auslöschten, mehrmals wurde die Infrastruktur stellenweise vernichtet und die Zivilisten angegriffen, aus dem Osten rollten Güterzüge voll vertriebener Familien an, in Südeuropa wurden Arbeiter rekrudiert, wir hatten zwischen der kommunistisch tyrannisierten DDR und von dem demokratischen bis kapitalistischen Westdeutschland kaum ermessbare Fluchtbewegungen und am Ende die Wiedervereinigung. Und schließlich begannen die afrikanischen und orientalischen Bürgerkriegsflüchtlinge unkontrolliert einzudringen. Da konnte sich weder eine vernünftige Sozialstruktur herausbilden noch gar eine gemeinsame Kultur. Es gibt derzeit weder bezüglich der Bevölkerung noch der Ressourcen eine Grundlage für vernünftige Voraussagen!

So können die Bevölkerungsprobleme, und das gilt nicht nur in Deutschland oder Europa, nur von Fall zu Fall angegangen werden. Dabei sind die

Rechte aller Menschen zu achten, egal ob sie auf ihre Geburt warten, in der Gesellschaft aufwachsen, mit Behinderungen fertig werden müssen, krank oder alt sind. Wir unterliegen den allgemeinen Bedingungen der Biologie, und so haben die Familien schon vor der Empfängnis die hohe Verantwortung, gewissermaßen wie die Tiere einen geeigneten Nistplatz zu suchen und hinreichend gut vorauszudenken – und das für jedes Kind aufs Neue, dessen Lebensrecht und Wohl selbst also die Zeugung begrenzt. Die jeweilige Gesellschaft als Ganze aber hat nicht nur die Aufgabe, für die Rahmenbedingungen zu sorgen, sondern auch die Rechte innerhalb der Familie so weit zu regeln, dass insbesondere das Wohl von Müttern und Kindern einigermaßen geschützt ist, die ja von Natur aus besonders verletzbar sind.

»Laudato si'«

Abgesehen vom Problem der Übervölkerung wurde das Ziel, die aus den ökologischen Problemen ableitbare Verbindung zur Ethik für unsere Zeit zu zeigen, im umfangreichen, diesen Problemen gewidmeten und 2015 an alle Menschen dieser Erde gerichteten Rundschreiben »Laudato si'« von Papst Franziskus aufgegriffen. Der Haupttitel erinnert an den Sonnengesang des heiligen Franziskus, dessen Name der Papst angenommen hat und in dessen Nachfolge er das Buch, denn ein solches ist das Rundschreiben geworden, geschrieben hat. Der Untertitel aber sagt, worum es geht: »Über die Sorge für das gemeinsame Haus«. Die folgende Übersicht ergibt sich schon aus dem Inhaltsverzeichnis, doch ist nicht nur der Text selbst, sondern auch die zusätzliche Kurzfassung von Kardinal Müller lohnende Lektüre.

Das 1. Kapitel, »Was unserem Haus widerfährt«, deckt die meisten Problemzonen auf: Umweltverschmutzung und Klimawandel, Verschmutzung, Abfall und Wegwerfkultur; Klima und Wasser als gemeinsame Güter; Verlust der biologischen Vielfalt; Verschlechterung der Lebensqualität und sozialer Niedergang; weltweite soziale Ungerechtigkeit; die Schwäche der Reaktionen; die Unterschiedlichkeit der Meinungen.

Das 2. Kapitel ist dem »Evangelium von der Schöpfung« gewidmet und reicht von der Weisheit der Bibel und dem Geheimnis des Universums über die Botschaft aller einzelnen Geschöpfe und ihrer universalen Gemeinschaft zum Grundsatz der gemeinsamen Bestimmung der Güter und stellt den Blick Jesu heraus.

Das 3. Kapitel widmet Papst Franziskus den menschlichen Wurzeln der ökologischen Krise. Das sind die neue Macht, die aus der Technologie kommt; die globale Technokratie; der moderne Anthropozentrismus verbunden mit praktischem Relativismus, mangelndem Schutz der Arbeit und durch die Forschung erzeugte unharmonische biologische Innovation.

Das 4. Kapitel bringt eine ganzheitliche Ökologie und ihre Facetten in den Blick und stellt das Prinzip des Gemeinwohls und die generationsübergreifende Gerechtigkeit heraus.

Das 5. Kapitel ist das zugehörige politische Programm und nennt »einige Leitlinien für Orientierung und Handlung«. Auch dabei hat jeder einzelne Teil Bedeutung für die Ethik, und zwar direkt für bestimmte Entscheidungsträger, aber wegen der gemeinsamen demokratischen Mitverantwortung auch für uns alle. Deshalb auch wieder Einzelheiten: Umweltdialog in der internationalen Politik; Dialog über politische Konzepte; Transparenz der Entscheidungen und Dialog darüber; Dialog zwischen Politik und Wirtschaft zugunsten voller menschlicher Entfaltung; Dialog zwischen Religionen und Wissenschaften.

Das Thema des 6. Kapitels ist ökologische Erziehung und Spiritualität und betrifft damit das der Krise angemessene Verhalten, das Folgendes verlangt: eine Änderung des Lebensstils; Erziehung für ein Bündnis mit der Umwelt; die ökologische Umkehr; Freude und Frieden, die ja im Kleinen anfangen; Liebe im zivilen und politischen Bereich. Die übrigen vier Teile und zwei abschließende Gebete betreffen schon das Innenleben der christlichen Gemeinden, und wir werden sie nicht einfach in eine allgemeine, »ungetaufte« Ethik übernehmen können.

Es wird deutlich, dass es unsere großen Probleme mit dem Planeten insgesamt, seiner Biosphäre, aber auch zwischen uns Menschen und sogar für jeden ganz persönlich sind, die unsere Existenz in Gefahr gebracht haben, so dass ein Sinneswandel das ganze Menschengeschlecht, eigentlich jeden Einzelnen, sowie alle wirtschaftlichen, kulturellen, politischen und sogar religiösen Strukturen erfassen müsste. Aus der tiefgreifenden Analyse, der wir nach meiner Meinung ganz weitgehend folgen können (bis auf das Problem der Übervölkerung, das der Papst negiert), mündet das Rundschreiben in Erfolg versprechende Therapievorschläge. Man könnte allein schon daraus Hoffnung schöpfen, wozu mir aber doch der Mut fehlt angesichts des kulturellen Zustands der Menschheit – insbesondere der so verbreiteten Gier und Machtgelüste sowie der Grundverfassung der Weltwirtschaft.

Hinweise auf das Schicksal der christlichen Ethik in der Kirchengeschichte

Vor einigen kurzen Blicken in unser Leben als Kirche ist es wichtig zu bedenken, dass christliche Ethik nur schwer von Einzelkämpfern gelebt werden kann. Eine erfolgreiche Solitärethik ist eine Illusion.

Als ich hauptsächlich in den überlieferten Worten Jesu, in den Darstellungen seines Lebens und den ersten Berichten von der Ausbreitung seiner Jüngerschar nach seiner neuen Ethik Ausschau hielt, kam mir der Weg der jungen Kirche oft als steinig, von Rückschlägen unterbrochen, ja manchmal wie die vergeblichen Mühen des legendären Sisyphus vor. Meinem Thema gemäß habe ich aber nach vorn zu blicken, also in all dem Wechsel von gelungenem und verpatztem Bemühen auf die reichen Gaben der christlichen Anteile am menschlichen Verhalten zu achten. Die großen Dramen der Geschichte der Christenheit sind ja sowieso oft beschrieben worden, gerade eben noch von Jörg Lauster (2015) als »Die Verzauberung der Welt«. Einige Bemerkungen werden hier aber doch gegeben, um daran zu erinnern, dass zusammen mit der guten Saat immer wieder reichlich Unkraut hochgekommen ist, wie Jesus das im Gleichnis angesagt hatte.

Eine frühe Besonderheit der Kirche ist ihre Fähigkeit zur Inkulturation. Wie die meisten Völker blieben die Juden weitgehend in ihren regional bedingten Bindungen, bei ihnen an den Vorschriften der Thora, was zwar davor schützt, von anderen Religionen oder Ideologien aufgesogen zu werden, aber in den Städten zur Ghettobildung führt. Der Islam kann sich nicht inkulturieren, solange er an der Scharia festhält. Er hat diesen fatalen Herrschaftswahn. Kommunismus und Faschismus als ziemlich junge Ideologien teilen diese Herrschsucht, und sie haben es fertiggebracht, die ganzheitliche Wissenschaft der Biologie aufzuteilen: Faschisten haben die Generationenfolge zu einer bloßen Sache des Erbguts gemacht, die Kommunisten setzen stattdessen auf die Anpassung, wo doch beides untrennbar verknüpft ist. Die Christen aber haben wenigstens inzwischen weitgehend eingesehen, dass es notwendig ist, mit den Wissenschaften im Dialog zu bleiben.

Eine andere Besonderheit, vor allem des Anfangs, war die weiter oben schon besprochene Naherwartung des Weltendes, die dazu verleiten konnte, die Verantwortung für das Zeitliche, für alles, was über das Allernächste und die Allernächsten hinausgeht, zu ignorieren. Aber schon Jesus selbst hatte uns ja die seit der Erschaffung der Menschen gegebenen Aufgaben ans Herz gelegt und, insgesamt betrachtet, »kein Iota« vom Gesetz gestrichen – wie hätten wir auch sonst so viel Ethik in seinen Reden finden können? Im Wissen darum, dass sich der Vater das Ende und dessen Eintreffen vorbehalten hat und unsere Aufgaben noch gewachsen sind, haben wir über unsere Erdenzeit kaum noch Illusionen, und das wollte ich dokumentieren im Kurzbericht über das Rundschreiben »Laudato si'«, siehe oben.

Nach allem, was uns vor die Augen gekommen ist, besteht ein bleibendes Problem über die gesamte Kirchengeschichte hin in der menschlichen Neigung zur Gewalt. Sie kommt aus unserem biologischen Erbe, bekam ihr Gegengewicht schon in der Einpflanzung des dialogischen Verhaltens und fand die definitive Absage bei der Versuchung Jesu in der Wüste. Petrus bekam bei der Gefangennahme Jesu noch eine besondere Ermahnung, als er den Herrn mit seinem Schwert verteidigen wollte, aber das ist dadurch komplizierter, dass Jesu seine Selbsthingabe angekündigt hatte. Das Problem eigener Gewalt trat erst später wieder massiv auf, als Jesu Botschaft die römischen Kaiser erreichte. Diese, ob weströmisch oder byzantinisch, blieben Imperatoren, und auch mit der fast gleichzeitigen Entstehung von Europas Völkern und deren Christianisierung blieb das so, ja die Landkarte mit den diversen Regentschaften wurde immer bunter, die meisten Christen aber Untertanen – mit dem jeweiligen Pakt von Thron und Altar.

Dann brachte Mohammed den Glauben an den einen Gott zu den arabischen Stämmen, aber auch eine eigene Religion und Kultur, den Islam, und der wurde schnell eine konkurrierende Weltmacht. Deren geistiger und sozialer Kern, Koran und Scharia, wurde weitgehend als unveränderlich festgeschrieben. Nachdem der Islam das Erbe räuberischer Wüstenstämme übernommen hatte, richtete er sich mit großem Eifer vor allem gegen die Juden und Christen. Da sich die Scharia in ihren unterschiedlichen Varianten auch gegen das Gesetz Christi richtet, wird die von Mohammed begründete Brüderlichkeit durch Macht ersetzt, die Nächstenliebe auf das Almosen zurückgefahren, die auch in der Kirche noch nicht recht errungene Befreiung der Frau fast überall rigoros beseitigt und dergleichen mehr.

Kreuzzüge

Die muslimischen Eroberungen christlicher Gebiete im Nahen Osten führte das christliche Europa dazu, den bedrängten Brüder und Schwestern zu helfen – so jedenfalls das Vorhaben –, und so kam es zu »Kreuzzügen«, die aber oft aus dem Ruder liefen: Heerführer waren ohne Kontrolle und gehorchten zunehmend ihren eigenen Interessen; und der theologische Konflikt zwischen katholischen und orthodoxen Staaten sowie das Verlangen nach den Schätzen von Byzanz ließ auch in den Heeren so reicher Städte wie Venedig alle Formen kriegerischer Gewalt aufbrechen, und das keineswegs nur gegen den Islam. Da erinnern wir mit einer gewissen Wehmut daran, dass die alttestamentliche Ethik befohlen hatte, das Ackerland als solches, also ohne Beachtung eventueller Besitztitel, keinesfalls in Kriegen zu verwüsten: Es gehört Gott und ist uns nur auf Zeit geliehen!

Renaissance

Die Phase der Renaissance, der Wiedergeburt des hellenistischen, vor allem platonischen Denkens und ästhetischen Empfindens, zusammen mit der altgriechischen Sprache, brachte besonders in Italien eine hohe kulturelle Blüte hervor, wobei allerdings Platon zum Jesus-Maßstab wurde. Das ist hier nicht zu vertiefen, bis auf ein Ereignis, das seine Bedeutung erst viel später zeigte. Zu dieser blühenden Kultur gehörten auch Mathematik, Physik und die Astronomie, und mit Letzterer geraten wir mitten in den Streit um das Weltbild. Und da gab es Neuigkeiten, nachdem Galileo Galileis Intellekt und die technische Errungenschaft eines hochwertigen Fernrohrs zusammenfanden. Schon Platon und nun auch Nikolaus Cusanus sahen es, Nikolaus Kopernikus hatte es vertreten, und kurz zuvor war Giordano Bruno deswegen verbrannt worden, der allerdings im Brauch seiner Zeit politische

Vorstellungen astronomisch-metaphysisch chiffriert hatte: Er war ein ambitionierter Werber für das Zusammengehen von England und Frankreich gegen Spanien – und der Papst war vom Kaiser abhängig, der von Spanien aus herrschte. Da wurde das astronomische Weltbild zum Vorwand, und Galilei, zeitweise sogar Hauslehrer im florentinischen Hause Medici, bekam es mit der Inquisition zu tun, erhielt Hausarrest, und er musste der Tatsache abschwören, dass die Erde ein Wandelstern wie andere ist, der sich nicht nur um die eigene Achse dreht, sondern mit seinesgleichen um die Sonne. Das durfte wegen des ptolomäischen Weltbildes keineswegs sein, und das wird noch heute immer wieder der Rückständigkeit der Katholischen Kirche angekreidet, und mich hatte es auch lange geärgert.

Der Fall Galileo Galilei

Den komplizierten Hintergrund des Prozesses aber erklärten Lerner & Gosselin (1987) so: Galileis Verleger hatte das Deckblatt seines Buches »Dialog über die beiden hauptsächlichsten Weltsysteme« ausgerechnet mit dem Kolophon mit den drei Delphinen geschmückt, das einst Bruno benutzt hatte, und Delphin erinnert stark an Dauphin. Wir erfahren weiter, dass Papst Urban damals, 1632, mitten im Dreißigjährigen Krieg, Spanien dringend durch ein Zeichen besänftigen musste. Das konnte ebenso gut Thomaso Campanella sein – doch der hätte sich vielleicht der Inquisition als Astrologe des abergläubigen Urban zu erkennen gegeben. Also war Galilei dran. Die Autoren fassen zusammen: »So wurde Galilei, wie vor ihm Giordano Bruno, zum symbolischen Opfer in einer Zeit, die auf Symbole großen Wert legte. Es war ein weithin sichtbares Opfer von gesamteuropäischem Ansehen, und seine exemplarische Bestrafung wiederholte die im Jahr 1600 ausgesprochene Lehre: Jede Politik gegen die Habsburger, für Frankreich und für religiöse Nachgiebigkeit ist mehr oder weniger ketzerisch.«

277

Da dachten wir nun, dass, abgesehen vom Machterhalt, diesem Papst das ptolemäische Weltbild besonders wegen der Schöpfungsgeschichte am Herzen lag; doch der war offenbar eher im Banne der Astrologie, auf die er im Geheimen, gegen kirchliche Lehre und Einschärfung, aber als typischer Mensch der Renaissance, sein Vertrauen gesetzt hatte. Und das ptolemäische Weltbild bildet ja noch heute die Grundlage der Astrologie; aber was ist ein solches Orakel noch wert, wenn die Gestirne ihre himmlisch-besondere Qualität eingebüßt haben und wenn die geheimnisvollen Schleifenbahnen der Planeten zur bloßen Folge der entsprechenden Projektion ihrer sonnenumrundenden Bahnen herabgestuft worden sind? War nicht schon der biblische Schöpfungsmythos eine klare Ablehnung der Sternengötter, die zu Leuchten und Orientierungszeichen herabgestuft waren, was den Polytheisten eine Gotteslästerung sein musste und nach Joseph Ratzinger eine frühe Aufklärung darstellt? Und hatte nicht bereits Nikolaus, der Kardinal aus Cues und mächtige Kirchenfürst, ohne kirchlichen Protest die Erde aus dem Bewegungszentrum genommen, wie vor ihm schon Platon und andere Griechen?

Information und Ideologie unter der Verbindung von »Thron und Altar«

Bei der Gelegenheit möchte ich darauf hinweisen, wie leicht eine Information (wie die eben betrachtete in »Spektrum der Wissenschaft«), die ein viel benutztes Argument fast in sein Gegenteil dreht, ihre Wirkung verliert, wenn es nicht in die herrschende Ideologie passt. Heute ist viel von einer informierten Gesellschaft die Rede, aber mindestens so groß wie die weitergereichten Datenbestände sind die verlorenen, und selbst wenn eine Information gedruckt ist, ist sie nicht lange am Lager, wird vergessen, und die nächste Generation weiß vielleicht nicht einmal den Namen des Autors; und nur im besten Fall wird die gleiche Entdeckung bald ein zweites, drittes Mal und so weiter gemacht. Was sich zu einer herrschenden Ideologie quer stellt, das wird in der Regel abgewehrt. Es gibt sogar ein bestimmtes Verhalten der auf eine Ideologie fixierten Leute, das Sie, geschätzter Leser, bestimmt kennen. Dieses Verhaltensmuster kommt bei einer Verletzung eines ideologischen Tabus heraus, und das weist deutlich auf eine Furcht vor Selbstbestrafung durch das Über-Ich hin. Wenn unser Gesprächspartner dieses Verhalten zeigt, dann werden wir weitgehend über seine Aggressivität hinwegsehen müssen, denn wir wissen ja um die dämonische Kraft des Über-Ich. An der Information werden wir aber festhalten; denn hinter einer nur halben Wahrheit steckt gewöhnlich eine ganze Lüge. Und so liegen diejenigen nicht so falsch, die auf die Verlogenheit der Medien schimpfen, besonders auch der staatlichen. Wer bezahlt eigentlich deren Produkte?

Gehen wir nochmals kurz zur Renaissance zurück, denn da waren die Europäer besonders erfindungsreich. Wissenschaft und Kommerz brachten, teils sogar gemeinsam als Technik, Blüten und Früchte, und die Blüten waren vor allem Geld, aber auch teure und edle schöne Dinge. Es war auch eine Zeit von Missgunst bis zu Kriegen um Macht und Besitz. Die Grenzen zwischen kirchlichen und politischen Strukturen lösten sich zusehends auf, und aus der Kirche sprossten verschiedene Protestbewegungen hervor, wobei etwa die Calvinisten durchaus auch politische Ambitionen hatten und Luther sich an die Obrigkeit anlehnte. Auf katholischer Seite hieß die Gegenreaktion Inquisition, die dem Predigerorden der Dominikaner übertragen wurde, wobei dieser von einer Stätte höchster Gelehrsamkeit (es sei nur an Paris und Köln, an Albertus Magnus und Thomas von Aquin erinnert) mutierte zu einem Folterapparat; denn noch gab es, trotz Jesu Lehre, keine verbindliche Festlegung auf einen Fundus von Menschenrechten. Ich las noch eben die Behauptung, dass die Verbindung von Thron und Altar doch zu einer gewissen Humanisierung der weltlichen Macht geführt habe. Mag ja sein, aber mit der Kirche passierte das gerade Gegenteil; und trotz Besinnung auf das Neue Testament ging der Einfluss von Jesu Worten auf die Ethik teils bis zur Unkenntlichkeit zurück. Höhere Erwartungen wurden oft enttäuscht, obwohl all die Machthaber vom Kaiser bis hinunter zum Landvogt Getaufte waren, Christen also, unter deren Herrschaft schlimme Dinge geschahen.

Stattdessen gingen aus der genannten Mesalliance das Entstehen und Aufblähen von Kirchenstrafen hervor, was in der Katholischen Kirche dann institutionalisiert wurde als die Inquisition; und auch Protestanten hatten so etwas, so versuchten die Calvinisten den öffentlichen Raum zu reglementieren, in Frankreich taten sie es als Hugenotten (Verballhornung von Eidgenossen) mehrmals bis an den Rand des Staatsstreichs.

Falsch war damals und jetzt das Argument, Jesus selbst hätte ja die Römer als legitime Obrigkeit angesehen, Gewaltanwendung inklusive. Das stimmt nicht, war doch gar kein Dialog mit ihnen möglich: Sie waren nicht in die Grundlagen des Glaubens eingeführt und seiner Ethik nicht zugänglich. Ansprechpartner musste vielmehr die jüdische Tempelhierarchie sein, und was Jesus zu dieser zu sagen hatte, das habe ich oben berichtet, denn genau dies hatte zu seinem Kreuzestod geführt.

Absolutismus

Die Herrschsucht von Personen, Clans und anderen Gruppen hat sich in der frühen Neuzeit auch im christlichen Abendland in einem Prozess, an dem auch rührige Kardinäle beteiligt waren, eine eigene pseudowissenschaftliche Grundlage geschaffen. »Von Gottes Gnaden« hießen die Titel, wobei sich der damit behauptete göttliche Akt auf eine bloße unbestätigte Behauptung beschränkte, was auch den letzten Rest von Respekt vor dem Heiligen vermissen lässt.

Erst seit dem 19. Jahrhundert kommt es im Rahmen der Etablierung demokratischer Strukturen mit Gewaltenteilung, Solidarität und Subsidiarität zunehmend zu einer Lösung der Gemeinden aus der einseitigen Umarmung durch die Herrscher. Dabei haben die christlichen Hierarchien starke Herrschaftsstrukturen geerbt. In der Katholischen Kirche ist das Zweite Vatikanische Konzil ein Meilenstein auf dem Weg der Befreiung, der einerseits Mut, andererseits viel Geduld benötigt, aber vor allem auf göttliche Hilfe angewiesen ist.

Kolonisation und Mission

Das ausgehende Mittelalter war eine Zeit der Entdeckungen. Christoph Columbus hatte zunächst keine Ahnung, dass er auf der Seefahrt nach Westen nicht an die Strände Indiens gekommen war, sondern dass sich nach und nach zeigte: Zwischen Start und ursprünglichem Ziel liegen zwei riesige Ozeane und zwischen denen ein eher schwach besiedelter Doppelkontinent, von dem die Christenheit zu dieser Zeit nichts wusste. Relativ schnell ließ sich nun endlich die wahre Größe unseres Planeten ermessen, und die Christen erfuhren, was das Wort bedeutet: »bis an die Grenzen der Erde«. Und die Seefahrer entdeckten Volk auf Volk – andere blieben ihnen in riesigen Wäldern und Steppen noch lange verborgen.

Wir könnten nun schnell zwei Fälle für unsere ethischen Untersuchungen unterscheiden und einen dem Thron und den anderen dem Altar zuordnen, aber da kommen wir nicht weit. Also bleibt es bei den Einzelfragen, und da es nur um einen Überblick gehen kann, beschränke ich mich auf die spanische und portugiesische Entdeckung Südamerikas, mit dem Vorteil, dass die innerkirchliche Situation einfacher ist als in Nordamerika. Was die indigenen Völker angeht, habe ich hauptsächlich einiges über die La-Plata-Länder gelernt (Wilhelmy & Rohmeder, 1963).

Die Seefahrer und die begleitenden Kleriker trafen also auf Menschen, die dort zu Hause sind. Ihnen selbst war aus der Alten Welt bekannt, dass jede Region »jemandem« gehört, sie hat dichte und sorgsam gehütete oder aber umkämpfte Herrschaftsstrukturen, und da die Lebensgrundlagen zu Hause »umfriedete« landwirtschaftliche Nutzflächen waren, erschien es ihnen, als sei draußen alles noch zu haben und hätte nur auf Kolonisten gewartet. Nicht als hätten sich die indigenen Völker nicht gewehrt, aber sie galten als »Wilde«, niemand kannte sie und ihre Sprachen, und viele stellten sie kurzerhand außerhalb der Menschheit. Dazu trug wesentlich bei, dass diese »Indios« (man wähnte sich ja zunächst in Indien) Naturgottheiten anbeten, etwa in den Anden die Pachamama, die Mutter Erde, der ein einfühlsamer Kult gewidmet ist. Das hat nur teilweise Anlass zum Dialog gegeben, weil der gegenseitige Zugang zur fremden Sprache beim praktischen Leben anfangen musste und die ganz praktischen Interessen anders lagen. Einige Theologen sahen dennoch ihre Aufgabe in der Mission, denn so, wie der vorgefundene Glaube wahrscheinlich auf deren religiöse Fragen antwortete, die Offenbarung aber noch ausstand, so konnten nun die Sehnsucht von unten und die Offenbarung von oben einander finden. Für viele Ankömmlinge handelte es sich aber nur um Gebilde von unten, um Götzen, um unnützes Menschenwerk, denen kein Respekt gebührte und denen auch mit Menschenopfern gehuldigt wurde. So dauerte es manchmal lange, bis sich katholischer Glaube ausbreitete – soweit die eingeborenen Stämme überhaupt die ungleichen Kämpfe überlebten. Denn bald wurde Südamerika nicht nur als Objekt der Ausbeutung geschätzt, das neben anderen guten Sachen vor allem Gold und Silber versprach, sondern es wurde für europäische Kolonisten interessant, sowohl um für die neuen Herren Landarbeiter oder Sklaven nachzuziehen, als auch um landlosen europäischen Bauern eine neue Zukunft zu schaffen, sei es wegen Missernten oder wegen zu vieler Nachkommen. Im Interessenkonflikt zwischen den neuen Landherren und den mitgereisten Ordenspriestern, vorwiegend Franziskanern oder Dominikanern, siegten oft die Landherren. Immerhin ist uns schon aus der ersten Zeit eine Predigt vom spanischen Dominikaner Antonio de

Montesinos vom vierten Advent 1511 überliefert, in der er sich vehement für die Indios einsetzt und über die Landbesitzer ein vernichtendes Urteil spricht. In den spanischen und portugiesischen Kolonien bleiben durch die wenigstens prinzipiell brüderlich gesinnten Katholiken und deren Offenheit für gemischte Ehen und Siedlungen die Verhältnisse offen. In weiten angelsächsisch eroberten Gebieten, vor allem Nordamerikas, aber herrschte die Auffassung der Calvinisten von der vollständigen Vorbestimmung der Menschen (erwählt oder verdammt von Urzeit her), so dass ein gemeinsames Geistesleben und erst recht die Vermischung der Ethnien kaum möglich war. Das alles ist eingehender beschrieben bei Martin Schirmers (2018), der sich weitgehend an ein Buch von Johannes Meier (2018) hält.

Im gängigen europäischen Weltbild gehörte ein unterdrücktes ländliches Proletariat zur Normalität, und Sklaverei gehörte zum mediterranen Raum, während in Amerika versklavte Schwarze aus Afrika eingesetzt wurden, die man in den islamischen Ländern auf Sklavenmärkten erwerben konnte. Sklaverei galt damals nicht als sündhafte Struktur. Die Geistlichkeit sah diese sogar durch die Apostelbriefe gedeckt. Dem steht aber die Lehre Jesu entgegen, was eigentlich jedem Bibelleser auffallen muss. Was die Theologen da übersehen hatten, das müssen wir für die Sozialethik herausstellen:

– Zunächst gab es das Problem bei den Israeliten kaum, das hatten wir auf S. 149 gesehen; denn Sabbatjahre und Jubeljahre waren extra dafür angeordnet worden, dass alle wieder an den Ressourcen teilhaben konnten, da ja das Land Gott gehörte.

– Im Altertum war die Sklaverei bei den anderen Völkern eingeführt, und dort war die junge Kirche auf Inkulturation angewiesen und konnte nicht den Weg des Verbotes gehen. Vielmehr wurde die Sklaverei von innen her beendet: Wenn Herr und Knecht als Christen lebten und gemeinsam die Eucharistie empfingen und beide eine Moral des Dienens lebten, dann hörte die Sklaverei auf. Dafür hatte zum Beispiel Paulus in seinen Briefen Beispiele genannt. Hier ist auch wieder an die messianische Zeit zu erinnern, was bedeutet: Herrscht als herrscht ihr nicht! Mit anderen Worten: Alle dienen einander.

Dass es im Abendland so viele Jahrhunderte gedauert hatte, bis sich die Kirche darauf zu besinnen begann, ist ein Skandal, der heute ihrem öffentlichen Ansehen im Wege steht, bei uns und in beiden Amerikas.

Wohl gibt es ein inhärentes Problem, das sich erst durch die Technisierung der Landwirtschaft entspannte. Die bäuerliche Gesellschaft war wohl einfach auf die Großfamilie angewiesen, und zudem gab es keine Geburtenregelung außer Enthaltsamkeit oder Abtreibung, also Tötung des Kindes. So gab es oft zahlreiche Kinder, die später keinen Hof hatten und kaum einen guten Platz in der Gesellschaft fanden, außer im Zwangszölibat kirchlicher Einrichtungen. Denn die Realteilung funktioniert immer nur für wenige Generationen – dann ist das Grundstück zu klein, um eine Familie zu ernähren. Übrigens hat sich durch die Industrialisierung die gesamte Arbeitswelt verändert; aber auf diese veränderte Problemlage kann ich hier nicht eingehen, zumal der Einfluss des Christentums stark vermindert ist und von den Thronen nicht mehr viele übrig sind. Wohl muss daran erinnert werden, dass ein Haushalt so viel Arbeit macht, dass ein Teil der Unterdrückung der Frauen darin begründet ist. Wir erinnern daran, dass Jesus selbst für seine Freundin Maria die Möglichkeit religiöser Gespräche als vorrangig erklärte (siehe oben). Dieses Problem wurde erst später durch die technischen Hilfsmittel wesentlich entschärft. Die Verfügbarkeit von E-Herd und Spülmaschine hat mehr für die Entlastung der Frauen getan als die Einsicht der Männer, die ihrerseits durch die Mechanisierung der Landwirtschaft Freiheit gewonnen haben.

Zu ihrer Zeit konnten die von katholischen Orden (Jesuiten) vor allem im Bereich der Ackerbau treibenden Guarani-Indios (NO-Argentinien und das »País Guaraní« Paraguay) betreuten »Reduktionen« dem Druck ihrer Widersacher nicht widerstehen, doch inzwischen hat die weltweite Etablierung eines gerechteren Völkerrechts begonnen. Dies geschieht unter

Beteiligung politischer und kirchlicher Organisationen, und hier hat die anschließend besprochene Befreiungstheologie ihren Ort. Als ethische Regeln ergeben sich, dass Neuankömmlinge, gerade auch Missionare, sich ihrerseits wenigstens so weit inkulturieren müssen, dass ein kultureller Dialog möglich wird; Jesu Forderung ist ja: »Dienen, nicht herrschen!«. Muslime müssen auf den in ihrer Scharia so penetranten Herrschaftsanspruch verzichten, der für einen gemeinsamen Weg nicht taugt und mehr politisch als religiös ist. Inzwischen stehen diesem Prozess mehr als die alten Konflikte die neuen Ansprüche eines aggressiven Kapitalismus entgegen, zumal in Südamerika, wo dessen Zentrum, die USA, so bedenklich nahe liegt.

Noch immer spielt eine Ideologie der vergangenen Jahrhunderte hier und da auf der Welt eine große Rolle, die von der Wissenschaft längst aufgeklärt wurde: Ganz sicher entstehen Körper und Verhalten bei Mensch und Tier auch durch das Zusammenwirken von Vererbung und Umwelt. Am Beispiel des Vogelgesangs hat sich gezeigt, dass der Gesang der Singvögel (Passeriformes) erlernt wird, während er bei Nichtpasseriformes angeboren ist (mehr bei Wikipedia im Artikel »Vogelgesang«). Womit man lustigerweise politisch Rechten Nichtsingvögel zuordnen könnte, den Linken aber Singvögel. Allen Ernstes sehen Sozialisten aller Couleur einzig das Wirken des Milieus, während für Faschisten das Erbgut alles bestimmt. Darauf bauend hatte Hitler ganze Eliten umgebracht und Stalin seinen Untertanen außerdem Hungersnöte beschert. Hier ist es zwingend, dass die Allgemeinbildung nachrüstet, damit endlich nach Hitler und Stalin auch deren überholte Ideologien begraben werden.

Der Exodus ganzer Kolonistenheere aus Europa weist uns auf unsere Heimat zurück, wo Klimaschwankungen, Raubbau an Boden und Wald und die Folgen des Bevölkerungswachstums immer wieder ökologische Katastrophen auslösten. Wie sie sich verhindern lassen, das haben wir durch Hüttermann & Hüttermann erfahren (siehe oben): Im Alten Testament stehen die

Rezepte. Einerseits durch die moderne Ökologie und andererseits gezwungen durch die schmerzliche Erfahrung mit Kriegen und Seuchenzügen, die ganze Gegenden entvölkert und dort dem Wald auf Zeit wieder sein Recht verschafft hatten, kamen unsere Ahnen fast auf den Erkenntnisstand, den die Juden wohl einst schon hatten. So bekamen wir in wenigen Jahrhunderten eine nachhaltige Land- und Forstwirtschaft und auskömmliche Ernten. Das ist freilich an den sorgsamen Umgang mit allen Ressourcen gebunden, einschließlich Boden, Wasser, Klima und – Naturwissenschaft, ohne die es wirklich nicht mehr geht. Jedenfalls ist die Möglichkeit des Wachstums begrenzt, von der Bewohnerzahl bis zur gemeinsamen Produktion, wo sie zusätzliche Energie verbraucht und den Planeten aufheizt.

Die »Theologie der Befreiung«

Wenn Jesu Rettungstaten von der Kirche weitergeführt werden sollen, und das hat er doch nicht nur mit seiner Bitte um Mitarbeiter »im Weinberg« angesprochen, dann verpflichtet das die Kirche zu der »Option für die Armen«, und dazu gehört auch die Solidarität, wenn es darum geht, diese vor Unterdrückung und Beschneidung ihrer Rechte zu schützen. Dies wurde in der Kirche zwar spät und immer noch strittig, aber inzwischen gründlich eingesehen. Seit den 1960er Jahren führte dies zu einer »Theologie der Befreiung« (Raúl Betancourt, 1997). Es handelt sich zunächst um aufwendige theoretische und praktische Bemühungen ganz vorwiegend iberoamerikanischer Herkunft, die vom Zweiten Vatikanischen Konzil, den Lateinamerikanischen Bischofskonferenzen von Medellin, Puebla und Santo Domingo und (als deren Leitern) den jeweiligen Päpsten mitgetragen wurden und sich neben den vorhandenen Strukturen der Kirche auch auf von Laien getragene Basisgemeinden als neuer Struktur stützen. Lateinamerika hat ja besondere Formen der Armut, bedingt durch die Kolonisation des Erdteils, der Ausplünderung von Land und Leuten, der Versklavung oder doch Entrechtung der indigenen Völker und aus Afrika geholter weiterer Sklaven und einer Wirtschaft, die weitgehend feudalistisch oder kapitalistisch geprägt ist.

Unter dem Druck der Probleme und durch massive Unterwanderung seitens der Marxisten, die in dieser Zeit unter dem Deckmantel der Volksbefreiung die Ausbreitung des Sowjetimperialismus betrieben und den »Kalten Krieg« gegen die stärkere kapitalistische Wirtschaftskonkurrenz führten, hatte sich die Befreiungstheologie den Lehren Jesu aber teilweise entfremdet, besonders dem Verzicht auf Macht. Viele Basisgemeinden eifern durchaus den Gemeinden der ersten Zeit nach, wie wir sie aus Texten wie der Apostelgeschichte des Apostels Lukas kennen; aber der Einfluss der kommunistischen Verführung ist unübersehbar.

Ein verbreitetes Problem in den Völkern – wie auch wieder bei uns – ist es, die Lehre Jesu auch da zu »inkulturieren«, wo es um die Abwehr von ererbter Idolatrie (einem in der Theologie der Befreiung oft genutzten Begriff) als dem religiösen Dienst an »Idolen« geht und nicht nur dem Wunsch, die je eigene Kultur auszudrücken. Hier haben Befreiungstheologen sehr wohl wichtige Arbeit getan. Weithin wurde auch die Chance zur Befreiung der Frauen genutzt. Und es verwundert nicht, dass diese Theologie auch für andere unterdrückte Völker zum Vorbild wurde und ein Stück weit sogar für uns.

Dass die Unterwanderung durch sowjetische Ideologie eine Rolle spielte, zeigt sich daran, dass es um die Theologie der Befreiung nach dem Zusammenbruch des Sowjetimperiums sehr still geworden ist. Ein zusätzlicher Grund ist wohl der Neokonservativismus in der europäischen Kirche, zusammen mit der fehlenden Abgrenzung gegen die herrschenden Mächte. Und die Eliten des Abendlandes haben die Chance vertan, sich nach der Niederlage des dialektischen Materialismus nun gegen die anderen großen Gefahren zu wenden: vor allem den Kapitalismus, aber auch Neoliberalismus und Neokonservativismus.

Insgesamt gilt wohl hier, wie auch für viele wichtige Texte des Zweiten Vatikanischen Konzils, dass sie als Anfang, als Aufgabe konzipiert waren, doch die Durchführung der Aufgaben wurde vielfach unterlassen und hintertrieben. Wer den Aufbruch erleben durfte, wurde von dem schnellen Abebben danach doch sehr enttäuscht. Das liegt wohl auch daran, dass sich in vielen Gemeinden, seitab der Theologenschulen, Unzufriedenheit eingenistet hat, da sich oft die mitdenkenden Schwestern und Brüder von wichtigen Entwicklungen ausgeschlossen fühlen. Bei aller Berechtigung des Unmuts wollen wir aber nicht übersehen, dass die Männer, deren herausgehobene Stellung ein altes biologisches Erbe ist, Wort und Verhalten Jesu doch in hohem Maß durch die Zeiten getragen und zur Welt gebracht haben und nun auch noch lernen, den Frauen zuzuhören.

Befreiung dort, naive Selbstaufgabe hier?

Um die Befreiungstheologen mag es still geworden sein, aber Befreiung ist die bleibende Aufgabe vieler Gemeinden geworden. Und Befreiungstheologen wie, das wird man so sagen dürfen, Papst Franziskus haben den Christen allgemein die Augen und Herzen geöffnet für die gefährdeten oder schon verlorenen Werte fremder Völker.

Eine Folge davon ist aber auch, dass wir auf die eigene Situation achten gelernt haben. Der Verlust der eigenen Kultur und ihrer Werte schützt ja keineswegs gegen Missbrauch, und insbesondere der Austausch der christlichen Ethik gegen die Gebote der Scharia wäre ein grausames Spiel. Sicher ist es unerlässlich, unsere Heimat im Rahmen des Möglichen mit Fremden zu teilen, wenn man deren Existenz nicht anders schützen kann, aber dabei muss der Schutz der eigenen Kultur und der uns anvertrauten Heimat gesichert werden, schon wegen der Gerechtigkeit. Jesus jedenfalls wusste sich ja auch zuerst zu seinem Volk gesandt mit dem Nahziel von Hilfe und Rettung. Dennoch hat er Augen und Herz nicht vor dem Leiden der Fremden verschlossen.

Und auch uns muss es wichtig sein, die leidenden Völker zu unterstützen und ihnen, wo möglich, beizustehen: gegen den Zugriff von Herrschern aller Art und ganz besonders vor dem Imperialismus entarteter globaler Wirtschaftsunternehmen. Gegen Ende dieses Textes werde ich unter Ansprechen der Barmherzigkeit nochmals auf die dringenden christlichen Beiträge zur Hilfe zurückkommen, denn sie gehören zum Kern der Ethik.

Fallen der Befreiung

Wir kennen die Problematik der pubertierenden Jugendlichen. Oft genug müssen wir mit ansehen, dass ihr Freiheitsdrang ausgenutzt und ihre jugendliche Kraft für Projekte missbraucht wird, die der Ethik widersprechen. Ich beschränke mich hier auf Ereignisse, die zur Ablösung aus der Familie führen.

Das Problem ist dabei eher nicht, dass der junge Mensch, etwa ein Abiturient, Student oder Lehrling, Anschluss an eine Gruppe Gleichaltriger findet. Es ist auch eher positiv, wenn sich junge Leute gegenseitig den Rücken stärken, wenn in der Familie die Entwicklung des Denkens eines Jugendlichen blockiert wird und statt in konstruktiver Diskussion Fragen zu klären mit Befehlen und Erpressung der Lebensweg vorgegeben wird. Seit ewigen Zeiten wird, in der Generationenfolge selbstverständlich, die Lebenserfahrung der Eltern und vielleicht auch der Großeltern genutzt, wo es das geistige Klima zu Hause erlaubt. Wo das nicht funktioniert, da müssen Alternativen gesucht werden, und ein Teil der Unterrichtung darf auch delegiert werden, wobei die Subsidiarität zu beachten wäre. Aber viel zu oft stürzen sich Gruppen, denen es primär um die Rekrutierung eigenen Nachwuchses geht, auf die Jugendlichen, und sie belassen es nicht beim Anbieten edler Ziele, sondern zunächst versuchen sie, das Elternhaus schlechtzureden, um die als Last empfundene, aber eben doch tragende Familie auszuschalten. Wenn gar die Werber mit religiösen oder ideologischen Geboten arbeiten und den Kontakt zu Mutter oder Vater verbieten, was nicht nur bei Kommunisten und Faschisten gebräuchlich ist, dann wird vielleicht das Teufelchen eines elterlichen Anspruchs durch einen überaus eifersüchtigen Beelzebub ausgetrieben.

Mir ist es wichtig, die Hand auf diese Wunde zu legen, denn sie ist nicht immer harmlos, sondern ein solcher Leitungsparasitismus führt oft geradewegs zur Teilnahme an kriminellen und sogar terroristischen Unternehmungen.

Einen Hinweis auf das heutige politische Schicksal Lateinamerikas gibt Andreas Fink (2020) im »Focus« unter dem Titel »Der Wutkontinent«:

Ein geringeres, aber doch viel Leid verbreitendes Übel gibt es leider auch da, wo Gruppen vorgeblich zur Nachfolge Jesu angetreten sind, besonders als Sekten. Wenn vorhanden, zeigt sich dem aufmerksamen Christen leicht der Pferdefuß: Erinnert Jesus nicht den jungen Mann, der zur Nachfolge bereit schien, an das Gebot, Vater und Mutter zu ehren? Und wirft er den Schriftgelehrten nicht vor, alten Eltern die lebensnotwendige und deshalb seinerzeit angeordnete Hilfe zu entziehen? Hat er nicht in der Jugendzeit mit Josef als Zimmermann gearbeitet? Und antworte keiner, dass der etwa dreißigjährige (!) Jesus, als seine Brüder zusammen mit Maria ihn aus seinem Lehrvortrag herausholen wollten, folgerte, dass seine wahren Verwandten die Menschen sind, die ihm zuhören (also nicht etwa solche, denen er sich zu unterwerfen hätte)! Gerade bei dieser Stelle werde ich übrigens das Gefühl nicht los, dass Maria mitgegangen ist, um durch ihre Präsenz Übergriffe der Brüder zu verhindern, die ihn für übergeschnappt hielten. Gesellschaftlicher Parasitismus findet also keine Stütze in Jesu Botschaft.

Was wäre heute zu tun?

Hier und heute leben wir in einem zerbrechlichen Wohlstand, der eigentlich zu übermütigem Verhalten keinen Anlass gibt, sondern alle Kräfte erfordert, um wenigstens den ökologischen Gefahren wie Selbstvergiftung, Bodenvernichtung und Klimakatastrophen zu entgehen. Diese wachsen gerade jetzt stärker als die Abwehr – trotz der reichen Möglichkeiten, die aus Wissenschaft und Technik kommen. Auch das von Jesus vorgelebte Ethos erfordert Anwendungsmethoden, vergleichbar mit denen im alten Israel (siehe oben). Nicht nur das Glaubensleben, sondern auch die Lebenspraxis verlangt Aufmerksamkeit, getreu dem Satz, den Benedikt von Nursia seinem Orden mitgegeben hat: Bete und arbeite, und die zugehörige Achtsamkeit. Die Wunden des Planeten lassen sich nicht mehr übersehen, man sieht sie ja schon vom Weltraum aus.

Ökologie ist schwierig, und die Natur verzeiht keine Fehler

Zweifellos spielen die wissenschaftlichen Laien bei den meisten Aktionen zur Rettung unseres Planeten und seiner Lebewelt eine sehr große, ja unverzichtbare Rolle. Doch diese wichtigen Beiträge führen gelegentlich zu gefährlichen Fehlern, weil an allen Ecken und Enden gründliche Kenntnisse der jeweiligen naturkundlichen Zusammenhänge unerlässlich sind: Die Schöpfung ist eben doch viel kunstvoller gebaut als unsere Vorstellungswelt. So beschränkt man trotz aller bunten Differenzierung der Lebewesen und ihres Verhaltens nur zu gern die Ökologie auf einzelne oder ganz wenige Arten; aber tatsächlich haben wir es immer mit ganzen Ökosystemen zu tun. Die gängige Vorstellung, dass solche Systeme zusammenbrechen, wenn eine Tier-, Pflanzen- oder Mikrobenart ausfällt, stimmt allerdings so nicht.

Wohl weiß man nicht immer, in welcher Richtung sich das System nach einer »Verwundung« ändern wird, aber nach einigem Stühlerücken haben wir immer wieder eine vollständige »Tischgemeinschaft«.

Ein anderes Märchen ist es, dass die an einer Lebensgemeinschaft beteiligte biologische Vielfalt, dass insbesondere die Zahl der beteiligten Arten für deren Wert entscheidend sei. Da zeigt sich die große Schwäche der Statistik. Was diese angeht, erinnere ich mich gern an die Mahnung des Soziologen Gerhard Wurzbacher und seine Studie »Die junge Arbeiterin«, doch nie zu vergessen, dass uns erst gründliche Einzeluntersuchungen zu den ganzheitlichen Phänomenen führen.

Man sorgt zwar mit Recht dafür, dass unterschiedliche Lebensgemeinschaften erhalten bleiben, aber was optimal ist, das hängt auch von Klima und Boden ab. Und wir sind hoffentlich nicht so lebensmüde, dass uns das Verschwinden vieler land- und forstlicher Nutzflächen gleichgültig sein könnte, zumal dann nicht, wenn wir zugleich einen bedenklichen Zuzug von Menschen aus anderen Zonen fördern. Und wir wissen, dass die besonders artenreichen, aber sehr ertragsarmen Flächen da, wo oft von Natur aus sogar der Wald herrschen würde, degradierte Standorte nach Bodenauslaugung oder Bodenabtrag und Offenhaltung durch Ziegen und Schafe sind. Also: Die Sache ist erheblich komplizierter und nur lokal zu regeln.

Eine große Dummheit begehen die Heere von Tierschützern, die sich mit riesigem Aufwand für die Rückkehr von Wölfen stark machen. Was ist ökologisch gewonnen, wenn es gelingt? Es ist ein Experiment mit ungewissem Ausgang, und man weiß nicht einmal, ob die Zahl der übrigen Arten, also die Artenvielfalt, damit steigen oder fallen wird. Die Propaganda geht dahin, dass sich die einwandernden Wölfe weiter als nahezu ungefährlich erweisen. Klar, da sie einzeln wie in Grimms Märchen daherkommen. Aber Vorsicht! Das Verhalten von Wölfen ist unterschiedlich, je nachdem, ob es sich um Einzeltiere oder ganze Rudel handelt. Wölfe sind genetisch so eingestellt, dass sie sich bei hinreichender Stückzahl zusammenrotten und zum Jagdverhalten übergehen. Dann wird auch der liebste Wolf zur Bestie. Ich wünschte, dass einer unserer TV-Sender einen der alten russischen Dokumentarfilme von angreifenden Wölfen zeigen könnte. Denn bei uns dauert es trotz hingebungsvollem Schutz im »Wolfserwartungsland« zum Glück noch einige Zeit, bis der Wolfsbestand diese gefährliche Höhe erreicht.

Die Staatskunst ist noch heikler

Die Lehren Jesu setzen ein weitgehend geordnetes Regiment wie das der Römer und das »des Tempels« bereits voraus, so dass es für Christenmenschen zunächst nicht eigentlich um die Gestaltung ihres Staates ging. Über 2000 Jahre später hat sich dieses Fundament verändert. Obwohl das allgemeine Denken noch immer nach der Art und Weise des »man« stattfindet, wurde verbreitet so etwas wie Demokratie etabliert. Die Bürger sind nun also an der Gestaltung ihrer Gemeinwesen beteiligt, und das sogar auf mehreren Ebenen. Viele treffen mindestens bei Wahlen Entscheidungen, die auf die weitere Politik Einfluss haben. Ob darauf vorbereitet und darüber informiert oder nicht, ob interessiert oder distanziert, ob selbstbewusst oder ferngesteuert, jede Stimme hat Gewicht und wirkt zwar schwach, aber bis in eine ferne Zukunft hinaus. Weil unsere Lage ist, wie sie ist, macht die erreichte Verantwortung uns allen Angst, soweit wir uns nicht einfach wegducken. Und es ist schnell zu sehen, dass die Tragweite der Entscheidungen weit über alles hinausgeht, was bisher »vom kleinen Mann« zu entscheiden war. Das bedeutet zwar nicht, dass der Obrigkeitsstaat politisch weniger gefährlich war, im Gegenteil. Aber die allgemeine christliche Verkündigung hatte sich – mangels Einfluss – nur selten um die staatlichen Entscheidungen zu kümmern. Nach allem, was ich beobachte, ist aber das Etablieren echter Demokratie bisher weder hinsichtlich der Instrumente dieser Herrschaft gelungen, noch ist aus dem »man«, als der Menge der leitungslosen Schafe, eine informierte Gesellschaft guten Willens geworden. Und die Kirche hat noch wenig begriffen, dass sie helfen muss. Ist es aber nicht auch diese ganz neue Aufgabe, auf die sich Jesu Ankündigung des Heiligen Geistes (»Er wird euch in alles einführen«) bezieht? Da hilft nun kein theologischer Rückgriff auf das Alte Testament und die Kirchenväter, das ist weitgehend Neuland! Aber zu wenige einsichtige Menschen trauen sich zu, wenigstens auf die Verhaltensgrundsätze Jesu zu setzen.

Ist unsere Moral kaputt?

Wenn wir die jetzigen Verhältnisse mit den Forderungen nach Moral vergleichen, dann ist vieles in Unordnung. Es herrschen Verhältnisse »wie im alten Rom«, und was der Apostel Paulus dazu an die Gemeinde in Rom geschrieben hat, das habe ich gerade deshalb im Kapitel über den Römerbrief zitiert. Nun aber ist es Zeit, dieses Sittengemälde ein wenig zu relativieren. Zunächst nehme ich alles heraus, was sich selbst erklärt durch den Protest gegen alle Ansprüche einschließlich derer von Jesus, was ich unter Neoliberalismus einordne. Dass wir als schwache Menschen sündigen und der Gnade immer wieder bedürfen, das wissen wir, und auf die große gesellschaftliche Unruhe der letzten Jahrhunderte und bis heute haben wir wenig Einfluss. Aber es gibt »Störungen« im gesellschaftlichen Kontext, die einen positiven Hintergrund haben und insofern Beachtung verdienen. So hat die weitgehende Beseitigung der Unterdrückung der Frauen – Ehefrauen, Töchter, Angestellte und andere – soziale Strukturen destabilisiert, und da helfen nur Zeit, Geduld und Nachsicht. Etwas bedarf wohl großer allgemeiner Anstrengungen, politischer wie jeweils persönlicher, und das ist das neue Nomadentum der Arbeitnehmer vom Hilfsarbeiter bis zum Ordinarius und Offizier. Vor allem muss die Zeit bis zum Erlangen einer festen und weitgehend ortsfesten Stellung wesentlich gekürzt werden, was der Arbeitsmarkt nicht von selbst schaffen kann und will. Durch dieses Problem zerbrechen besonders viele Familien, und das liegt an den Verhältnissen und seltener an der kaputten Moral. Hier geht der moralische Appell nicht an die betroffenen Ehepaare, sondern an die Verantwortlichen in Politik und Wirtschaft. Ich erdreiste mich, hier die Fälle von Priestern einzuschließen, denen es nicht wirklich gegeben ist, ehelos zu leben; aber das ließe sich eher leicht regeln. Zu diesem Problemkomplex gehört auch, dass als Eigenleistung die Familiengründung hinausgeschoben wird; das aber findet seine natürliche Grenze in der zeitlich eng begrenzten Fruchtbarkeit, und welche Gesellschaft kann es sich leisten, auf die Nachkommen ihrer Elite zu verzichten?

All diese Probleme bekommen eine vielleicht unerwartete Fortsetzung darin, dass an Jesu Mahnung erinnert werden muss, nicht selbst zu richten. Das nämlich ist schnell getan und so oft ungerecht.

Christentum und Sozialismus, zwei Wege zum »Himmelreich«?

Wenn wir »Sozialismus« als einen modernen Namen für ein uraltes Konzept und die zahlreichen Versuche seiner praktischen Umsetzung begreifen, dann stehen hier die beiden konkurrierenden Handlungsanweisungen einander gegenüber, die es den Menschen, den Einzelnen und ihren Gruppierungen, erlauben würden, mit »irdischen« Mitteln, aber nicht unbedingt mit dem angemessenen Rezept, das Schicksal zum Besseren zu wenden und das zu tun, was ihr Gewissen immer wieder anmahnt: verantwortlich zu handeln und in überlegter Weise das eigene Schicksal und das des Nächsten zu stützen.

Es ist hier nicht sinnvoll, die modernen Erscheinungen des Sozialismus zu bedenken, wie sie sich, weltweit, aber ziemlich nivelliert, im linken Parteienspektrum zeigen und sogar im kirchlichen Rahmen der Befreiungstheologie aufgetaucht sind. Dann muss man nämlich den Einfluss von Machtzentren mit untersuchen und gerät ins Uferlose.

Christen wie Sozialisten greifen auf, was Erich Kästner so ausdrückt: »Es gibt nichts Gutes, außer man tut es.« Und mit dem Ziel, »das Gute« zu erreichen, wollen wir es hier auch genug sein lassen und alles, was darüber hinausgeht oder davon abweicht, den unterschiedlichen Wegen überlassen.

Auf dieser Grundlage ist die Basis des Unterschieds zwischen der Lehre Jesu und dem Sozialismus leicht zu zeigen: Wenn der Christ jemandem etwas Gutes tun möchte, dann wird er es eben tun. Aus Anteilnahme, auf eigene Kosten und Gefahr, ohne Netz und doppelten Boden, wohl aber letztlich im Vertrauen auf das Wort seines Meisters. Als Sozialist wird der Mensch, der sieht, dass dringend etwas Gutes getan werden muss, schnell wissen, wer es tun muss, und er beginnt Hilfe zu organisieren, und zwar besonders effizient, indem er den einen etwas wegnimmt, um es anderen zu geben. Die Christen erkennt man am Teilen, die Sozialisten am Hang zum Umverteilen. Aber zum Umverteilen gehört Macht und zur Macht gehören Einfluss und Ressourcen, und so beginnt der ganze Rattenschwanz des politischen Handelns auf fremde Kosten. Damit will ich aber nicht davon ablenken, dass die Armut sogar ganzer Völker auf bewusster Enteignung beruht: Raub von Grund und Boden, Besitz, der eigenen Arbeitskraft und oft auch der Gesundheit. Das können die Machthaber aller Couleur, von den Clanchefs über die Regenten bis zu den Kapitalisten, nämlich viel besser als die Utopisten. Allerdings waren die Sozialismen (in Europa) wie auch die Befreiungstheologie (in Lateinamerika) gerade als Reaktionen darauf entstanden.

Und so schließt sich hier der große Kreis dieser Betrachtungen, wir stehen wieder am Beginn des Weges Jesu in seine Sendung, an seiner Entscheidung für den Verzicht auf Macht aus der Einsicht heraus, dass in menschlichen Gesellschaften die Macht immer »Bündnisse mit dem Teufel« voraussetzt, oder wenn wir es ganz oberflächlich betrachten, dass es nicht klappt, indem man nur für den Ernstfall auf Gottes Hilfe setzt. Einerseits mögen die Mächte dieser Welt eine solche naive Lebenseinstellung gar nicht, weil sie ihnen Macht kostet, und zum anderen kommt die ganze Frage des Eigentums ins Spiel, von dem wir zwar wissen, dass es oft missbraucht wird, aber andererseits sicher sind, dass der Mensch seit dem Neolithikum ganz ohne Eigentum nicht menschlich und schon gar nicht nachhaltig handeln kann, und dass eine gerechte Begrenzung außer der nötigen Macht auch die richtige Einschätzung der Legitimität braucht. Der Privatbesitz von Ressourcen ist ja vermutlich mit der Entstehung von Ackerbau und Viehzucht und der dabei notwendigen Nachhaltigkeit aus den Wildbeuterkulturen entstanden.

Immer dann, wenn man sich nicht traut, auf Gott zu setzen – wenn man sich des eigenen Glaubens nicht sicher genug ist –, dann erinnert man sich für die Praxis gern an den sozialistischen Weg. Doch die Unterscheidung der Personen in Sozialisten und Christen geht auf diese Weise nicht, sie wird immer sehr ungerecht ausfallen, und daher muss man zwischen Aktionen und Personen streng trennen. Es ist nämlich so, dass wir alle als Erben einer vom Christentum geprägten Kultur beiderlei Möglichkeiten haben. Wir sind Geschwister im Geiste, und so wird fast jeder einmal mit seinem Nächsten teilen und sich in anderen Fällen hinter eine Politik der Umverteilung stellen. Aber die eigene wie die geschichtliche Erfahrung zeigen eben auch, dass der Weg über die soziale Macht nicht »reinen Herzens« möglich ist und jedenfalls nicht zum Himmelreich führt. Dafür ist es wichtig, die Lehre Jesu zu bedenken, zu verbreiten und zu praktizieren, soweit man eben kann.

Um Missverständnissen vorzubeugen, ist aber doch noch ein Wort zur UMVERTEILUNG zu sagen. Im Absatz »Das ethische Erbe der Israeliten« steht im Anschluss an entsprechende Mitteilungen von Hüttermann & Hüttermann, dass die Gebote der Thora tiefgreifende Umverteilungen, insbesondere solche des Ackerlandes, mit der Einrichtung von »Jubeljahren« verknüpfen: denn Grund und Boden gehören dem Herrn. Das ist wohl die einzige gerechte Möglichkeit, mit den Nachteilen des Ackerbaus zurecht-zukommen. Die Städte konnten aber nicht in dieses Regelwerk eingebaut werden. Entsprechendes wurde erst nach Jahrtausenden im Marxismus wieder versucht, aber mit katastrophalen Resultaten. In kapitalistischen Gesellschaften wären zwar Begrenzungen der Ungleichgewichte beim Kapital wichtig, es fehlt aber von vornherein so etwas wie ein primärer Besitzer, und Geld hat keinen echten Wert, es bedarf jener labilen Vereinbarungen, die mal wirksam sind und mal auch wieder nicht. Geld verdankt sich nur menschlichen Künsten, und da fehlt eine Grundlage für Verteilungsgerechtigkeit.

Der ideologische Kampf der Marxisten

Während des Sowjetischen Imperialismus waren immer wieder agitierende Kollegen aus dem Ostblock unterwegs, etwa aus der DDR, die zum Beispiel auf Kongressen ihre Landsleute zu bespitzeln hatten und Lügen über Institute der BRD verbreiteten. Ich habe selbst erlebt, dass entsprechende Berichte nicht erfunden sind. In ihrer Naivität ließen Befreiungstheologen (siehe unten) sich häufig von Marxisten beeindrucken. Nun ist die entsprechende Warnung nicht meine Sache; da aber Fornet-Betancourt (1997, Bd. 1, S. 197) ein gründliches Zitat von Kardinal Ratzinger, des späteren Papstes, bringt, möchte ich das hier zugänglich machen:

> »Im Fall des Marxismus, wie man ihn in der Befreiungstheologie zu gebrauchen beansprucht, drängt sich eine vorrangige Kritik um so mehr auf, als das Denken von Marx eine Weltanschauung darstellt, in der zahlreiche Daten der Beobachtung und der beschreibenden Analyse in eine philosophisch-ideologische Struktur integriert sind, die bestimmt, welche Bedeutung und relative Wichtigkeit man diesen Daten zumisst. Die ideologischen *Apriori* werden bei der Lektüre der sozialen Wirklichkeit vorausgesetzt. So wird es unmöglich, die heterogenen Elemente ausein-

anderzuhalten, die dieses erkenntnistheoretisch hybride Gemisch bilden. Man glaubt, nur das aufzugreifen, was sich als Analyse darbietet, und wird dabei verleitet, gleichzeitig die Ideologie anzunehmen.«

Globalisierung

Hinter uns liegen lange Zeiten des Kolonialismus, und der Besitz eines Imperiums ist auch in unserer Zeit der Traum aller Herrscher; aber von dieser uralten Unsitte soll hier nicht die Rede sein, sondern nur von der aktuellen Globalisierung. Diese wird praktisch vor allem mit den Instrumenten der kapitalistischen Wirtschaft betrieben, konterkariert vom Machtanspruch des Islam und, sich abschwächend, des Sozialismus. Inselhaft verteidigen in diesem Chaos auch Nationen und liberale Gruppen ihre Interessen. In dieser Gemengelage haben wir Mitteleuropäer es schwer, unser kulturbestimmtes Lebensgefühl zu retten. Bedrängt von Überfremdung und bedroht von der Dominanz des Islam und von überdauernden heimischen Ideologien sowie überherrscht durch die Wirtschaftsmächte und ihre jeweilige Lobby, haben wir kaum eine Chance, unsere eigenen Positionen wenigstens zu formulieren und zu diskutieren. So ist etwa Deutschland seit Napoleon weder bevölkerungsmäßig noch politisch oder wirtschaftlich so weit zur Ruhe gekommen, dass sich seine neue Gestalt überhaupt herauskristallisieren konnte. Das aber wäre unser Recht und unsere Pflicht gewesen, bevor es so massiv von mehreren Seiten her überrollt wird.

Bei allen Mängeln: Die Mehrzahl der »Leute« in meiner Umgebung erlebe ich als gutwillig und sogar liebevoll, so dass ich mich im Nahbereich weniger von Gleichgültigkeit und Egoismus und mehr von Rücksicht und Liebe umgeben weiß.

Es ist nicht richtig, wenn sich die Christen indigniert von der Politik abwenden; zwei Beispiele der letzten Zeit können es zeigen: Lange hatte sich die Kirche bezüglich des Sexuellen auf ihre Optimalforderungen zurückgezogen und es zum Beispiel unterlassen, den enormen Unterschied zwischen einer Abtreibung, die meist ein Tötungsdelikt ist, und der Verhinderung einer Schwangerschaft zum Thema zu machen; aber es wäre nötig gewesen, auf das »Mein Bauch gehört mir« klar zu antworten: »Das musst du bedenken, wenn du dich schwängern lässt, denn dein Kind gehört auch und sogar zuerst sich selbst!«, sonst sind dessen ersten Dinge gleich seine allerletzten. Aber um da überhaupt mitzudiskutieren, muss man sich eben dem Gespräch stellen. Ach wenn doch diese Aktivisten genug Energie auf das Thema Verhütung wenden würden. Zum Veganer langt es ja auch. Alles nur eine Frage der Reklame?

Wir wollen es auch nicht hinnehmen, wenn die Wörter unserer Sprache umgemünzt werden, wie unnötig und unsinnigerweise mit dem Wort »Ehe« geschehen oder mit dem Wort »Religion«, wo der Islam einschließlich seiner Rechtsprechung als Religion Rechtsschutz genießt – trotz der klaren Trennung in Koran und Scharia, wo der Koran (oder soll man den Plural gebrauchen?) sich der Diskussion stellt und die jeweilige Scharia dem neuen Mitglied droht; während unsere eigenen Gesetze unabhängig von ihrer tatsächlichen Herkunft als weltlich gelten und keinen vergleichbaren Schutz genießen.

Jesu Ethik und die modernen Imperien

Spätestens seit Karl Marx hat sich der Verdacht verbreitet, dass die wirtschaftlichen Verhältnisse die Grundlage allen Verhaltens bilden. Die Marxisten meinen sogar, alle Kultur einschließlich der Religion folge aus den Produktionsverhältnissen, sei also nur deren Überbau. Dies ist zwar durch die bessere Kenntnis des Menschen samt seiner Evolution und der ganzen Weltgeschichte widerlegt worden: Das menschliche Verhalten ist primärer

Natur. Aber alle Macht nutzt tatsächlich auch die ökonomischen Gegebenheiten, und diese zeigen sich seit Jahrtausenden im Geld, am reinsten nunmehr im Wirtschaftssystem des Kapitalismus.

Was die Macht des Geldes in der »freien Wirtschaft« bedeuten kann, wurde mir seinerzeit schlagartig klar, als ich in Vorbereitung eines Forschungsprojekts Kontakt aufnehmen wollte mit einem Saatzuchtbetrieb in Esperanza/Santa Fe in Argentinien, in der legendären ersten Ackerbauernkolonie am Rande der Pampa. Doch hatte inzwischen ein US-amerikanischer Konzern seine Niederlassung danebengesetzt und den bestehenden Betrieb durch Dumpingpreise in den Ruin getrieben. Inzwischen weiß ich, dass man diese Erfahrung weltweit studieren kann, durchaus auch in Deutschland. Das ist die Frucht einer unkontrollierbaren, »freien« Wirtschaft.

Ein Hinweis auf das politische Schicksal Lateinamerikas

Hinkelammert (1997) hat in einer Untersuchung über die wirtschaftlich-sozialen Verhältnisse in Lateinamerika als Kontext der Befreiungstheologie gezeigt, dass inzwischen die kapitalistische Wirtschaft die Theorie hinter dem herrschenden jeweiligen Imperialismus ist. Dieses System aber ist die Ursache dafür, dass es nicht gelingt, der weltweiten Verarmung Herr zu werden. Die Entwicklung der verarmten Länder ist nicht erreichbar durch Modernisierung im Rahmen der ausländischen kapitalistischen Hegemonie (Dependenztheorie).

Folgendes zeigte sich in Chile, wo Hinkelammert (1997, S. 195) zwei Tendenzen feststellte: »Eine war die Situation der Marginalität, die vor allen Dingen in den städtischen Zentren mit ihren Elendsvierteln zu spüren war, aber auch auf dem Land mit seinen landlosen Bauern und den Kleingrundbesitzern. Die andere war die Tendenz der Stagnation der Arbeitssituation. Obwohl es weiterhin eine oft sehr viel stärkere Expansion der industriellen Produktion gab, entsprang diese vor allem der Erhöhung der Arbeitsproduktivität und bedeutete daher keine Erhöhung der Zahl der Arbeitsplätze. Darum erreichte die eigene Marginalisation den Charakter des strukturellen Ausschlusses und nicht des simplen Übergangsphänomens. Von dieser Problematik her erklärt sich die Tatsache, dass die Volksbewegungen auf die Veränderung der wirtschaftlichen und sozialen Struktur drängten.«

Indem fremde und eigene staatliche und ideologische Imperien Südamerikas wie Parasiten zunehmend bemächtigt haben, ist der wirtschaftliche und soziale Aufbruch des ersten Jahrzehnts des neuen Jahrtausends beendet worden und hat in diesen Ländern, von den meisten Medien kaum wahrgenommen, den aufkeimenden Reichtum zurückgeworfen in Armut, Überschuldung und Hoffnungslosigkeit. Einzelheiten muss ich nicht berichten, nachdem das Andreas Fink (2020) im »Focus« unter dem Titel »Der Wutkontinent« geleistet hat.

Die Kirche kannte zwar die Gefahren des Kapitalismus, hatte aber keine zum Kapitalismus irgendwie passende ökonomische Ethik parat, die Gemeinden selbst setzten zunehmend auf Revolution und kamen auf den Pfad der Gewalt, die von der Sowjetunion dirigierten Kommunisten füllten gern die unvermeidliche Ethiklücke und ersetzten sofort auch die allgemeine christliche Moral durch die kommunistisch-atheistische –inzwischen aber fraß im Ostblock die Revolution ihre Kinder, und da war das wirtschaftliche und politische Chaos in Lateinamerika schnell perfekt.

Unsere Frage ist nun, wie Jesus auf das menschliche Verhalten im zu seiner Zeit so ausgeprägten und dominanten Imperium, dem Römischen Kaiserreich reagiert hatte. In der Vernehmung durch den Statthalter Pontius Pilatus betont Jesus, dass sein Reich nicht von dieser Welt ist und dass sich sein Machtanspruch also nicht auf das derzeitige Römerreich bezieht. Jesu Lehre, die sich in dem von der Besatzungsmacht tolerierten Rahmen hält, ist dennoch nicht eigentlich neutral, weil sie, wie gezeigt, zahlreiche ethischen Forderungen enthält, die zwar dem gemeinsamen Sittengesetz entsprechen, sich aber herausnehmen, solche Vergehen abzulehnen, die einzig durch den staatlichen Machtstatus gestützt werden – wie etwa die Ermordung Johannes des Täufers. Ganz kritisch wird die Situation allerdings immer dann, wenn der Kaiserkult in Konflikt mit dem Ersten Gebot gerät. Da hat man Kompromisse ausgehandelt, und dieses machtbedingte Nebeneinander hat auch Jesus nicht angetastet. Nur im Fall der Steuermünze mit Kaiserbild, der den Tempeldienern als Falle für Jesus dienen sollte (siehe oben), hat Jesus erklärt, dass sie dem Kaiser gehört, während das Gegenstück, der Mensch, entsprechend Gottes Eigentum bleibt.

So weit – wie in diesem Fall – für das Kaiserbild oder ein anderes Idol keine Huldigung verlangt wird, genügt immer diese Klarstellung. Ebenso klar ist aber, und das gilt auch in unseren Tagen, dass eine Anbetung eines Idols (eine Idolatrie) schwere Sünde ist, die im Laufe der Geschichte immer wieder standhaften Menschen das Leben gekostet hat, übrigens auch im kommunistischen und faschistischen Machtbereich. Da sind wir dankbar dafür, dass es dem Petrus verziehen wurde, dass er den Herrn verleugnet hatte, denn so darf auch heute der bedrohte Christ Gnade erhoffen, wenn er das Bekenntnis zu Jesus nicht gewagt hat.

Interessant wäre nun eine Untersuchung der Weltgeschichte der verschiedenen Imperien, was aber unseren Rahmen sprengt. Erst nach dem Zweiten Weltkrieg begann unter dem Schirm der UNO die Bemühung um die Menschenrechte Gestalt anzunehmen, und noch ist an Übergriffe zu erinnern, die viele von uns in Erinnerung haben: Eine lange Reihe von Grausamkeiten, wie sie ähnlich schon den Juden in vorchristlicher Zeit von den Babyloniern angetan worden waren und seither immer wieder. In der Neuzeit gab es Sklavenhandel im Orient und in Amerika, und die Kommunisten Lenin und Stalin verschoben die Völker im Sowjetimperium nach Gutdünken. Solche Grausamkeiten wurden noch getoppt durch Genozide, wie sie bis in jüngste Zeiten durch die Türken an den Armeniern und durch deutsche Faschisten an den Juden verübt wurden – eine Aufzählung, die wir nicht fortsetzen müssen. Wohl sollten wir nochmals zu den Verhältnissen in der »Dritten Welt« zurückkehren: Die Kolonisierung, die vor allem in Lateinamerika zu Vertreibung, Enteignung, Umsiedlung und Entrechtung der jeweils heimischen Bevölkerung und oft auch zur Zerstörung der natürlichen Ressourcen führt, ist ja der direkte Anlass zu den Versuchen der Wiedergutmachung durch die Kirchen, die sich seit den 1950er Jahren als Befreiungstheologie, wirkungsvoller aber durch die hingebungsvolle Hilfe seitens mehrerer dafür aufgebauter christlicher Organisationen betätigt haben.

Leitungsstrukturen der Kirche

Ein Problem ist groß geworden, das wir aber sehr kurz behandeln können. Es besteht darin, dass die Kirche, die ja irgendwie der Weg Jesu durch die Weltzeit ist, nicht einfach ein Teil der profanen Gesellschaft sein kann. Aber die Meinung verbreitet sich, dass auch ihre religiösen Funktionen nach dem Muster der übrigen Gesellschaft gestrickt werden müssen. Was wir von Jesus wissen, zeigt jedoch in zahlreichen Fällen, dass Jesus auch nach seiner Auferstehung immer wieder seine Aufträge und seine Sendung ausgegeben hat, von der Berufung des Petrus bis in unsere Tage – die Lebensläufe der Heiligen geben Hinweise! Und die kollidieren gern einmal mit den autonomen Erfindungen seiner Diener. Es gilt jedenfalls, dass wir unsere religiöse Aufmerksamkeit schärfen und auch Rat holen in dem, was sich als Jesu Wille in der Ethik abzeichnet. Seine Sendung hat Vorrang, auch vor allen Bräuchen. Punkt.

Gewaltenteilung und Freiheit in und für unsere Gemeinden

Wir können dankbar dafür sein, dass weithin der Pakt von Thron und Altar aufgelöst ist. Einige despotische Strukturen, die aus dieser Geschichte kommen, müssen wir nicht zu ernst nehmen, denn alle Kultur ist im Wandel. Dafür, dass Frauen weder zur Weitergabe von Jesu Lehre noch zum priesterlichen Dienst berufen werden dürfen, habe ich bei der intensiven Beschäftigung mit den überlieferten Worten Jesu keine Anhaltspunkte gefunden und ebenso wenig für einen Zwang zur Ehelosigkeit. Ehemänner muss man weder beneiden noch mit Argwohn beobachten. Sollte die Arbeit in Gottes Weinberg es erfordern, wäre ein weniger strenger Weg möglich.

Natürlich erhoffe ich, wie sehr viele Katholiken, insgesamt eine deutlich flachere Hierarchie. Mehr aber stört, dass bei den für die Kirche tätigen christlichen Laien, amtlichen wie ehrenamtlichen, die Versuchung groß ist, ihrerseits hierarchische Strukturen zu erfinden, so dass zunehmend zwischen Klerus und den mit Eifer für die Gemeinde tätigen Laien Leitungsgremien generiert werden, die keineswegs immer notwendig sind; aber man hat wohl ein Vergnügen daran, ohne eigene Mühe etwas zu bewegen. Jenen, die das Nötige wirklich tun und teils schon beruflich und/oder privat sehr gefordert sind, werden da Spontanität und Flexibilität genommen und die Freude an ihrem Dienst vermiest. Wer den Dienst tut, sollte auch die Leitung haben und, wo möglich, dazu einen kurzen Draht zu den Geistlichen.

Doch Dialoge sind jedenfalls oft nützlich, wie einige Sätze aus einem Aufsatz des Priesters und Caritas-Wissenschaftlers im Bistum Essen, Dr. Martin Patzek, zeigen: »Zu den bekannten Quellen unseres Glaubens – wie Bibel, kirchliche Tradition, Gebet und Gottesdienst – tritt immer neu erfahrbar Begegnung untereinander, die uns Selbstbestätigung schenkt und Freude an selbstbestimmter und selbst verantworteter Caritas vermittelt. Grundlage ist einmal die Caritas Jesu Christi. Hinzu kommen viele Porträts engagierter

Christinnen und Christen bis heute. Andererseits sind uns immer wieder Partnerinnen und Partner aus verschiedenen Konfessionen und Menschen guten Willens willkommen« (M. Patzek, 2004, S. 38).

Soll ich meines Hüters Bruder sein?

Wir sind zurückgekehrt in unsere kleinen Verhältnisse, wo unser Christentum geschieht oder nicht geschieht, und zwar mit einem Blick auf das ewige Thema von Heilsneid und Erwählungsgeiz. Ist nicht die Bibel eine uns ganz geläufige Kenntnisquelle für vieles Unheil, das Menschen einander antun? Und sie mahnt die Aktivierung eines dialogischen Verhaltens an, mit dem die Menschen als Kinder des einen Vaters grundsätzlich begabt sind. Allerdings ist unter Christen die Geschwisterlichkeit unstrittig und bei den Schriftlesungen hinreichend bedacht, so dass dieses Thema hier nicht zu debattieren ist. Es geht vielmehr um die Einsicht, dass Brüderlichkeit auch unter den Bedingungen der Hierarchie keine Einbahnstraße sein muss.

Vor einigen Jahren kam bei mir im Advent die Frage auf, was herauskommt, wenn man die Einlassung Kains, ob er etwa seines Bruders Hüter sein soll, umkehrt. Diese Umkehrung »Soll ich meines Hüters Bruder sein?« kommt mir seitdem immer wieder einmal in den Sinn, und so will ich ihr hier nachgehen und ihrem Anspruch nachgeben.

Zunächst handelt es sich dabei – anders als im Original – nicht um etwas Selbstverständliches. Sie setzt ja voraus, dass der Hüter, bei wörtlicher Auslegung mein Episkopus = Bischof, solche Brüderlichkeit überhaupt mag. Anbiederung ist wirklich schon deswegen zu vermeiden, weil die Hierarchie zunächst den Hintergrund des reinen Zahlenverhältnisses zwischen Hirte und Herde hat. Und wegen des gegenseitigen Schutzes der zugeordneten Schwestern und Brüder ist stets ein hohes Maß an Diskretion geboten. Wie wichtig Diskretion ist, hat der Opus-Dei-Gründer Msgr. Escrivá seinerzeit

herausgearbeitet, allerdings beim Verhalten zwischen »oben« und »unten«
wohl manchmal übersehen.

Wenn man aber diese notwendigen Voraussetzungen beachtet, dann
scheint es mir doch wichtig, dass wir uns um eine brüderliche Haltung gegenüber unseren »Hütern« bemühen, wenn die menschliche, die soziale
Seite des kirchlichen Lebens gelingen soll. Und uns sollte die besondere
Versuchung der »Hüter«, nicht immer klar genug zwischen Amt und Macht
zu unterscheiden, bewusst sein und uns nachsichtig machen, wenn es mal
nicht so gut klappt. Dann dürfen wir als Schwestern und Brüder unbefangen
reden.

Es ist wichtig, über Auslegungen der Schrift zu sprechen und manchmal
auch zu streiten. Das gehört nicht nur zur Arbeit der Theologen. Inzwischen
werden aber Prediger zusätzlich zu kirchlicher Aufsicht auch mit Mitspra-
chewünschen konfrontiert, und das ist sogar selbstverständlich, soweit jemand an der Gestaltung selbst beteiligt ist, sei es durch Illustrationen, Texte
oder Musik; aber sonst kann es Probleme geben. Normalerweise ist jemand,
der sich in einen heiligen Text vertieft, von diesem gefesselt und befindet
sich in einem Dialog mit dem Wort selbst. Daher ist bei der Schriftauslegung
die Zurückhaltung anderer Personen nötig.

Wie steht es heute mit dem Gottesglauben?

Schon in der Einleitung waren wir darauf gestoßen, dass wir stets dann,
wenn wir mit dem Christentum konfrontiert werden, auf Offenbarungen als
Brückenbögen vom Transzendenten zu uns angewiesen sind, um etwas von
Gott zu erfahren und auch der Frage nach der Autorisierung von Jesu Botschaft näherzukommen. Johannes beginnt so: »Aus seiner Fülle nahmen
wir alle: Gnade um Gnade. Denn: Das Gesetz ward durch Moses gegeben,
die Gnade und die Wahrheit geschah durch Jesus den Messias.

Gott hat keiner je gesehen –
der einzige Sohn,
der im Schoß des Vaters west:
Er hat berichtet« (Joh. 1, 16-28).

Wenn also Jesus wichtige Neuigkeiten von Gott zu berichten hatte – und das geht so weit, dass er den Christen verkünden darf, dass Gott nicht nur ihm, sondern auch ihnen Vater sein will –, dann setzt dies zwar den Alten Bund nicht außer Kraft, knüpft aber einen Neuen Bund mit den Freunden seines Sohnes, und zwar im Zeichen von Christi Blut. Und damit ist es richtig, wenn wir uns nach Jesu Lehre richten und nicht versuchen, diese mit Hilfe der Schriften des mit den Israeliten geschlossenen Bundes korrigieren zu wollen.

Dann ist es für uns wohl nicht mehr fundamental, dass wir glauben, jedes Wort des Alten Testaments sei von Gott diktiert und auch an uns adressiert worden. Damit ist der Bibel-Fundamentalismus nicht mehr unbedingt »unser Ding«. Insbesondere werden wir das, was ernsthafte Forschung bei der Untersuchung der Welt und ihrer Geschichte entdeckt, nicht als Teufelszeug ansehen, sondern es ist gleichsam Heimatkunde auf dem uns anvertrauten Planeten und Orientierung im Kosmos als Gottes erstaunlicher Schöpfung.

Diese Forschungen richten sich normalerweise nicht gegen alte Weltbilder, sondern erlauben uns den verantwortlichen Umgang mit dem Planeten, der unserer Fürsorge anvertraut ist. Selbst die physikalischen Altersbestimmungen von Gesteinen, Fossilien, Gewässern und Luft haben praktischen Sinn. So können wir zum Beispiel Grundwasservorkommen datieren und erforschen, in welchem Maße diese lebenswichtige Ressource genutzt werden darf und wie viele Menschen sie versorgen kann. Das ist nur ein Beispiel, das ich selbst kennen lernen durfte. Im Übrigen können wir den Bibel-Fundamentalismus unserer Brüder und Schwestern meist tolerieren.

Ging es anfangs bei den Juden (und auch bezüglich der hier knapp erzählten Vita Jesu) um die Bestätigung der Botschaft Jesu, ja seines Lebens, so hat sich in der Neuzeit und durch ihre wissenschaftliche »Aufklärung« das große Fragezeichen zu Gott selbst verlagert, dem transzendenten Schöpfer, Erhalter und Vollender der Welt (und doch gibt es Hinweise und Argumente stets nur aus der Welt als Gottes Werk, denn ihn selbst kann man nicht erforschen).

Beginnen wir damit, dass wohl Menschen in allen Kulturen erkannt hatten, dass höhere Wesen existieren, von denen sie selbst abhängig sind. Wie üblich benennen wir sie als Götter. Ob sie von Ahnen abgeleitet, als Naturwesen diese Ehre bekommen haben, abstrakten Begriffen nachgestaltet wurden oder ob ihre göttliche Natur in Kunstwerke hineingesehen wurde: Oft gibt es ganze Gesellschaften von Göttern. Da griff dann zu unterschiedlichen Zeiten kritisches Denken ein und es geschahen Aufklärungen. Während in den meisten Reichen noch sehr lange geglaubt wurde, dass die uns unzugänglichen Himmelskörper, ihre Anordnung und Bewegung wie mit den Fäden eines Marionettentheaters das Schicksal von Menschen und Staaten leiteten, geht es im Alten Testament sogar am Firmament schon früh ganz kühl zur Sache: Leuchten sind das, also willenlose Gebilde. Die Naturgötter oder Götterbilder wurden Tests unterzogen und so ihre Ohnmacht demonstriert, etwa als die Donar-Eiche gefällt wurde. Nach und nach konnte sich nur noch, wenn man wenigstens die Erfahrung »Von nichts kommt nichts« akzeptierte, die Einsicht halten, dass es als Grundlage der körpererfüllten Welt immerhin das ganz unzugängliche, aber vielleicht sehr mächtige Transzendente geben kann.

In theologischen Aufsätzen lesen wir inzwischen von einer Geschichte Gottes, die aus alten orientalischen Schriftzeugnissen herausgelesen wird. Es handelt sich aber um eine Geschichte des gesamten Weltbildes, bei der es zugleich um die Entfaltung des menschlichen Geistes geht. Vielleicht ging es zunächst nur um die Erfahrung jener höheren Macht, die in Wind und Wetter über uns herfällt. Aber es wird dem Moses zugeschrieben, dass sich deren Anwesenheit in einem brennenden und nicht verbrennenden

Dornbusch zeigte. Moses hatte die Kühnheit, diese Macht nach ihrem Namen zu fragen. Sie beschrieb sich als Gott seiner Väter, Gott Abrahams, Isaaks und Jakobs, deren Bedeutung ja in diesem Stamm bekannt war. Dann aber kam eine genauere Offenbarung, die sich nicht auf die Welt bezog, sondern bis in unsere Tage ein Geheimnis ist, übersetzbar etwa als »Ich bin der, der da ist«. »JAHWE.« Daraus können wir erfahren, dass unsere Welt nicht alles ist, sondern dass, gewissermaßen dahinter, etwas ist, das zur Welt transzendent ist. Wir tun gut daran, diesen historischen Augenblick als eine wichtige Erkenntnis der Transzendenz anzunehmen. Wagen wir nun den Sprung: Jesus redet zu seinem Vater: »Vater im Himmel.« Dabei könnten wir uns, wenn vom Himmel die Rede ist, zunächst mit der Übersetzung »Transzendenz« begnügen, was aber zu der Frage verleitet, wo denn in dieser vollgepackten Welt überhaupt noch der Platz ist, von dem Jesus gesprochen hatte (»Ich bin bei Euch alle Tage«) und worüber Exegeten uns belehren. Da müssen wir doch diese Welt buchstäblich unter die Lupe nehmen und noch weiter ins Detail gehen: Unsere Umgebung ist voller konkreter Gegenstände, die einen flächigen und kantigen Abschluss präsentieren und physikalisch durch ihre Größe und Gravitation gekennzeichnet sind, Newton-Physik eben. Aber die neue Physik löst die Körper mit Mikroskopen vieler Art auf in Atome und diese zunächst weiter in Elektronen und Atomkerne und noch weiter und sieht diese Teilchen schließlich als Wellen, die sie dann noch wahrnimmt. Deren Platzbedarf ist verschwindend gering. Mit anderen Worten: Unsere Welt erweist sich als fast leer und das Transzendente beansprucht keinen zusätzlichen Raum. Während einst die Philosophen vermuteten, dass bis hinab zu unteilbaren Atomen die Welt von Stufe zu Stufe ähnlich bleibt, etwa wie in der fraktalen Geometrie, präsentiert sich die Welt nun auf jeder Größenstufe anders.

Also mögen wir mit der Frage nach Gott überfordert sein, vermögen ihn nicht auszudenken; aber keinesfalls können wir seine Existenz mit dem Label »UNMÖGLICH« auszeichnen. Wenn die Gottesfrage aus der Frage nach unserer Herkunft, aus der Schöpfungsfrage auf uns zukommt, ist sie andererseits für uns nicht sinnlos – zumal sich kein Widerspruch zwischen Schöpfung und Entwicklung konstruieren lässt.

Das sind in aller Kürze Anhaltspunkte, mit denen uns heutiges Wissen nicht ohne hinreichende Möglichkeiten lässt, wenn wir nach einem Ort für Gott in unserem Weltbild suchen sollten. Und für die Übernahme christlicher Ethik gilt immerhin: Die Befolgung der Lehren Jesu und besonders sein Auftrag zu Nächsten- und sogar Feindesliebe und Gewaltlosigkeit erfordern ein gewisses Maß an Gottesglauben.

Der Glaube an Gott ist die Grundlage des Verhaltens der Christen …

Der Gottesglauben ist nicht nur eine abstrakte Voraussetzung für christliche Religion überhaupt, er ist auch die notwendige Versicherung für bestimmte wichtige Sätze der Erfahrung und der Glaubensinhalte, von denen ich hier wenige zusammenstelle:

– Es ist eine sichere Erfahrung, dass von nichts nichts kommt. Das Universum, die Welt also, gibt es nicht schon immer, es hat eine gerichtete Geschichte mit einem Beginn seiner Zeit. Das ist nicht ohne einen Schöpfer vorstellbar.

– Für uns ist das wichtigste Ereignis die Erschaffung der Menschen. Die materielle Grundlage kann man sich zwar biologisch als eine Phase der Evolution und insoweit nicht notwendig als Erschaffung vorstellen, muss dann aber nicht nur gewisse Emergenzen annehmen, sondern auch solche Neuerwerbungen, die keine rein biologischen Ausgangsstufen haben. Emergente Eigenschaften, die innerweltlich nicht zu haben sind, nenne ich »adventiv« (Stephan, 2016), und da sie demnach transzendenten Ursprungs sind, setzen sie, wo sie auftauchen, Gott voraus. Hierher gehören die Gottesliebe, die Nächstenliebe und damit das gesamte dialogische Verhalten.

– Die Auferstehung Jesu setzt die Obhut Gottes voraus. Dafür, dass seine Zeugen die Auferstehung überhaupt verstehen konnten, hat Jesus einen ziemlichen Aufwand getrieben: Er hat sein Leiden und seine Auferstehung angekündigt. Dass dies keineswegs unmöglich ist, hat er durch die Auferweckung des Lazarus gezeigt. Die Vorbereitung auch der Frauen auf die Auferstehung können wir aus der Szene folgern, in der Maria, die Schwester von Lazarus und Martha, ihm zuhört und Jesus Martha daran hindert, sie zum Küchendienst heranzuziehen. Schließlich die Begegnungen des Auferstandenen mit Jüngerinnen und Jüngern, bei denen Jesus wichtige neue Anordnungen trifft.

– Unverständlich ist mir, wie noch in unserer Zeit zahlreiche Leute die Behauptung aus der Jerusalemer Tempelhierarchie übernehmen, der tote Körper Jesu sei von den Jüngern beseitigt worden – ist denn nicht hinreichend sicher dokumentiert, dass jene Kreise schon für das Urteil falsche Zeugen aufgeboten hatten und später sogar die Ermordung des Paulus in blindem Hass unter einem heiligen Eid beschlossen hatten? Welche Art von Zeugen werden da herangezogen!

– Schließlich ist die Lehre Jesu untrennbar verknüpft mit Menschenfreundlichkeit und Gewaltverzicht, die Gegenpositionen aber setzen auf Gewalt. Und im vorliegenden Büchlein habe ich aufgezeigt, dass sich durch Gewalt die Existenz der Menschheit ebenso wenig sichern lässt wie durch ein von Verantwortlichkeit freies, rein selbstbestimmtes und lustbetontes Leben.

... und vielleicht ein Beitrag zur Ethik für Bruder Jedermann

Zwar ist auch ohne vorlaufenden Gottesglauben für alle Menschen die Kenntnis des christlichen Beitrags zur Ethik nützlich, denn jeder kann darüber nachdenken und diskutieren, was davon seinem Leben einen tieferen Sinn gibt. Da dieser Sinn aber erst zusammen mit dem Glauben an Gott seine Fülle entfalten kann, war es keine Übertreibung, wenigstens kurz nach der Grundlage dieses Glaubens zu fragen.

Ich weiß aus eigener Erfahrung, wie fern für Naturwissenschaftler und Techniker und alle, die stärker in dieser modernen Welt beheimatet sind, der Rückgriff auf die Biblische Geschichte und die zugehörigen Weltbilder ist. Während die Sprache der Philosophen und Theologen nicht unsere Sprache ist, sind die Reden Jesu trotz mancher Veränderungen bei der Übermittlung und Übersetzung fast immer direkt verständlich und machen den Einstieg möglich. Außerdem gibt es gute Einführungen, wofür etwa seit meiner Studienzeit J. Ratzingers »Einführung in das Christentum« (1968) sehr geeignet ist, das sich auf das Apostolische Glaubensbekenntnis stützt.

Viele moderne Menschen quälen ja gewisse Fragen kaum, die in früheren Epochen besonders wichtig waren; und viele haben keine Erwartungen an die Religion, weil ihnen Weltbilder angeboten werden, die rein innerweltlich angelegt sind, wozu die Gottesfrage zunächst nicht passt. Ihnen treten daraus keine Naturgottheiten und keine Dämonen mehr entgegen, die eine Entscheidung verlangen. Und von den großen bis zu den ganz kleinen Problemen werden aus der allgemeinen Kultur Lösungsansätze angeboten, deren Durchführung die Kraftreserven ausschöpft, ohne das Ziel zu erreichen.

Wir fragen doch noch weiter nach Gott und untersuchen, welchen fundamental-theologischen Ansatz die hier betrachteten Texte enthalten. Während der Glaube an Göttliches zu Jesu Zeit, und weiter bis zur Neuzeit, weitgehend als selbstverständlich vorauszusetzen ist, sind wir heutigen Menschen bei der Gottesfrage auf unseren Verstand angewiesen. Das erklärt uns der Apostel Paulus im 1. Kapitel seines Briefes an die Römer, und diese Stelle werde ich hier wiederholen. Dort betont Paulus Gottes Zorn wegen des Unglaubens. Und er nennt als die natürliche Grundlage des Glaubens:

– Das Erkennbare an Gott ist durch Gott selbst zum Vorschein gebracht worden.

– Unsichtbar, aber begreifbar an Gott ist seine ewige Kraft und Göttlichkeit, wie sie sich an der Schöpfung zeigt. Daher sei ein fundamentaler Unglaube nicht zu entschuldigen.

Entsprechend öffnet sich uns der Weg zur Gottesfrage, weil hinter dem Angebot des modernen Weltbildes (vgl. Stephan, 2016, Anhang) die entsprechenden Fragen hervorgekrochen kommen. Uns zeigt sich auch ein anderer Zugang, ein sehr praktischer. Das ist die Erfahrung, dass die meisten sonstigen Rezepte zur Lebensführung ungeeignet und zu vordergründig sind, sich aber eine Ahnung von einem großen »DU« hinter den Problemen einstellt, wie auch aus den Erfahrungen der Alten, aus der Tradition. Und dann ist da noch die Erfahrung, mit etwas Glück von der Kindheit an, mit der Liebe von und zu Menschen: Die Erfahrung von ICH UND DU, die nicht nur zum dialogischen Verhalten untereinander führt, sondern auch eine Ahnung von dem transzendenten DU hervorbringt, das wir Gott nennen. Es ist also keineswegs ungewöhnlich, dass sich auf die eine oder andere Weise die Gottesfrage sehr konkret stellt; plötzlich steht sie im Raum, und eine positive Antwort wird erwünscht und erhofft, besonders wenn sie sich im Beispiel der Liebe zwischen Menschen schon als große Chance vorgestellt hatte.

Wohl ist festzustellen, dass »schlagende Argumente« gegen die Erschaffung der Welt zwar gut zum Halbwissen der frühen Neuzeit gepasst hatten, inzwischen aber fast alle widerlegt sind. Beispielsweise ist es inzwischen sehr wahrscheinlich, dass unsere Recherchen die Kosmologie zu einer Singularität, wahrscheinlich in Gestalt eines »heißen Urknalls«, zurückführen und dass sich erst seitdem die Dinge in den vier Dimensionen von Raum und

Zeit als DIE WELT entfalten. So kann der moderne Mensch nicht Gott und die Welt nachdenken, ohne die Geschichte als Evolution und immer wieder auch Degeneration einzubeziehen.

Mit dem persönlichen Reifen kann der Glaube wachsen

Menschwerdung heißt auch, einen Lebenslauf zu bekommen, mit Tod und Himmelfahrt am Ende. Jeder Biologe weiß, dass alle Menschen erblich darauf vorbereitet sind, eine Folge von Lebensphasen zu durchlaufen. Auch Jesu geistige und seelische Entwicklung kennt diese Phasen. Die Evangelien berichten ohne großes Aufheben, dass Jesus im Schoße seiner israelischen Familie und durch die weit entwickelte Unterweisung in die damalige jüdische Kultur eingeführt wurde, und auch seine Erziehung wird Früchte getragen haben. Wohl werden wir nicht dem Jesuskind die Lehre vom Himmelreich unterstellen.

Andere Menschen könnten und können auf vielen Wegen zur Begegnung mit Jesu Lehre kommen, besonders mit seinen Lehren der Geschwisterlichkeit und des Himmelreichs. Dabei besteht, wie oben anhand der Apostelgeschichte berichtet, ein Ziel des gegenseitigen Akzeptierens in der Taufe, die in zeichenhaftem Tun zeigt und als Glaube bestätigt, dass entsprechend dem Vermächtnis Jesu die im bisherigen weltlichen Leben angehäuften Verfehlungen getilgt werden und der Weg frei wird, gemeinsam mit den anderen »den Weg« gehen zu können und keine Rettung von der Welt zu erwarten. Die Taufe macht uns darauf aufmerksam, dass für die Ethik die persönlichen Entwicklungen zu beachten sind. Die Taufe spenden Menschen einander, der Heilige Geist aber weht, wo und wann er will.

Die Kirche hält noch andere Stationen bereit, aber im Sinne unseres Themas wollen wir eher an die Früchte denken, die auf einem christlichen Lebensweg wachsen können: Früchte zum Wohle der Welt und ihrer Bewohner, wie sie nur die Nächstenliebe hervorbringt.

Gott erkennen? Wir verstehen doch kaum unsere Welt

Weiter oben haben wir über den Weg von Jesu Lehre zum aktiven Leben in den darauf gegründeten Gemeinschaften nachgedacht. Wenn nun das Diesseits zunehmend als einzige Grundlage unserer Existenz angenommen wird, und wenn dann – wie angedeutet – diese Selbstgenügsamkeit eben doch nicht mehr genügt und den schließlich unvermeidlichen kulturellen und ökologischen Niedergang nicht mehr kompensieren kann, wie können wir uns dem Sinnangebot Jesu nähern? Jesus konnte seine Lehre, ganz abgesehen von seinem »heißen Draht« zum Vater, sowohl auf den allgemeinen Glauben an den einen Gott als auch auf die Kerndaten der Geschichte seines Volkes, das Gesetz des Moses und die Reden der Propheten aufbauen, die seinerzeit in Israel kaum strittig waren. Heute wird der Gottesglaube oft abgelehnt und nicht mehr allgemein anerkannt, dass unsere Welt und wir selbst Geschöpfe sind. Erst recht wird weithin der Dialog zwischen Gott und den Menschen für unnötig und sogar unmöglich gehalten.

Mir erscheint es als vermessen, mit philosophischen Mitteln zu ergründen, auf welche Weise Jesus Gottes Sohn ist. Und doch hatte der alte Streit darum weltgeschichtliche Konsequenzen. So berichtet beispielsweise Lauster (S. 140), dass in Syrien und vor allem in Ägypten die (miaphysitische) Bevölkerungsmehrheit die Ankunft der Araber als Befreiung vom kaiserlichen Joch und der oktroyierten Zwei-Naturen-Lehre des Konzils von Chalcedon begrüßte. Das christologische Problem ist aber entschärft, wenn man den Satz »Gott ist die Liebe« ernst nimmt, der Gott selbst charakterisiert, nicht erst sein Verhalten zur Schöpfung.

Es ist wichtig, vom Antimodernismus abzugehen und die Bemühung um eine Zusammenschau von Theologie und Naturwissenschaft zu betreiben, was freilich ohne kritische Begleitung der Naturwissenschaft und Teilnahme an deren Gestaltung keinen Sinn hat. Diese Aufgabe wird spätestens seit dem Zweiten Vatikanischen Konzil (Gaudium et Spes) von sehr vielen

Christen anerkannt und ganz entschieden von Kardinal Ratzinger/Papst Benedikt XVI. gefördert (siehe Horn & Wiedenhofer, 2007). Diese Aufgabe ist noch lange nicht erledigt.

Doch das Fehlen eines exakten Gottesbeweises liegt nicht an der Religion. Schließlich können uns weder die Philosophen noch die Naturwissenschaftler einen Beweis der Existenz Gottes geben, denn die wissenschaftlichen Erkenntnismittel und sogar unsere Sprachen sind prinzipiell auf diese Welt beschränkt, aus der sie die Menschen im Laufe von Jahrmillionen mühsam extrahiert haben. Gott selbst ist transzendent. Wohl sagt uns aber die Erfahrung: Von nichts kommt nichts – und dann schon gar nicht das unermessliche Weltall.

Wie wenig wir aber von unserer kleinen Heimat verstehen: von der Milchstraße, unserer Sonne samt ihrer Begleitung, unserer Erde, unserem Land, unserem Zugabteil, das darzustellen ist echt leicht. Obwohl sich die Dinge »hart im Raum drängen«, beweisen Relativitätstheorie und Quantenmechanik gemeinsam eher das Gegenteil; denn nicht nur die Zwischenräume, sondern selbst die Atome selbst sind fast leer, und nur so können sie von den Heeren der Wellen und Teilchen durcheilt werden. Dem bieten selbst ungewöhnliche Vermutungen über ein Nebeneinander oder sogar Ineinander von Gott und Mensch, Körper und Geist keine ernsten Probleme, nicht einmal mitten im »materialistischen« Weltbild. Freilich handelt es sich meistens zugleich um Austausch, und gerade die Quantenphysik demonstriert uns die grundsätzliche Bedeutung von Wechselwirkungen. Allerdings ist es wohl angebracht, wenigstens ein Beispiel für das zu geben, was sich in unserem eigenen Lebensraum abspielt:

> Donnerstag, später Vormittag, ein gut besetztes Abteil in der S-Bahn auf der Fahrt von Rheinbach nach Bonn. Zwischen einigen jugendlichen Smartphone-Nutzern sitzend, packe ich den Tolino-Reader aus, auf dem sich schon die ganze Bibel-Übersetzung 2017 und Goethes Werke langweilen. Ich zapfe über das WLAN die Tolino-Cloud an und lade Schillers

Gedichte herunter, um »Die Bürgschaft« zu lesen: »Zu Dionys, dem Tyrannen, schlich Damon, den Dolch im Gewande …« Dabei wird, von wenigen eingegebenen Wörtern durch mich veranlasst, ein WLAN-Kontakt hergestellt, die Internet-Adresse der Tolino-Cloud aufgerufen, ein Austausch von Nachrichten zwischen meinem Gerät und der Cloud durchgeführt und das gewünschte, von mir bezahlte und dort geparkte eBook auf mein Gerät kopiert, wo ich es (in deutschen Buchstaben auf mild leuchtendem Bildschirm) lese. Es würde einige Zeit dauern, um (sofern ich das kann) die an diesem Prozess von wenigen Minuten Dauer beteiligten elektromagnetischen Wellen samt ihren jeweiligen Umwandlungen ineinander auch nur aufzuzählen. Meine Nachbarin tippt zur selben Zeit eine SMS an ihren Fritz (Namen aus Datenschutzgründen geändert) in ihr Smartphone, wobei sie durch Leuchtzeichen gekennzeichnete Buchstabentasten drückt und dabei einen wohldosierten Stromstoß innerhalb des Gerätes auslöst, der den Buchstaben per Internet an die gewählte Mobiltelefonnummer von Fritz sendet, wo sie umgehend in eine Kopie des Buchstabens umgewandelt wird. Allein für diese beiden Akte werden zahlreiche elektromagnetische Signale über große Strecken erst durch unser Abteil und dann durch den Raum rasen. Ähnliches geschieht im gleichen Abteil zigmal parallel. Ich nehme mir sogar die Freiheit, einen Kontakt nach Paris zum Louvre herzustellen, und hole mir »durch den Äther« eine Kopie des berühmten Gemäldes von Delacroix mit der für die Revolution kämpfenden Marianne oder stattdessen einen Katalog des Musée Bardo in Tunis. Wenn wir allein an die Zahl farbiger Pixel bei einem solchen Bild denken, wird uns klar, welche wahnsinnige Menge an Informationseinheiten unser Abteil durchquert haben. Zum Glück wird die unterschiedliche Musik, die aus mitgebrachten Konserven, teils aber auch aus dem Internet abgerufen wird und unsere Stimmung mitbestimmt, durch die Muscheln der Kopfhörer oder jenem kleinen Knopf im Ohr abgeschirmt; sonst wäre die Geräuschkulisse nicht zu ertragen. Und wir alle haben nicht einmal geahnt, dass es fast gleichzeitig der Polizei gelungen ist, mit gleichartigen Werkzeugen die Fahndung nach einem entkommenen Lustmörder zum Erfolg zu führen, weil sie dessen Handy bzw. die Strahlung dieses Geräts in unserem Abteil orten konnte. So werden wir in Bonn wohl mit Blaulicht empfangen. Schöne neue Welt!

Und eigentlich eine dumme Übertreibung. Denn auch schon ganz ohne alle Technik sehen wir Insassen des Abteils einander, glotzen bemüht aneinander vorbei, betrachten das süße Grübchen von Helga (Namen aus Datenschutzgründen geändert) und die vorbeirasenden Signalmasten, und mir fällt ein, dass uns der Raum um uns herum schon immer mit Licht und anderen elektromagnetischen Wellen versorgt, von lästigen Schallwellen mancher Gespräche um uns herum ganz abgesehen. Es ist sogar schon immer fast so viel leerer Raum in unserer Umgebung, wie überhaupt Raum da ist, und jedenfalls reichlich Platz – nicht nur für HighTech, sondern für einen ganzen Datenkosmos.

Andersherum erklärt uns die Existenz Gottes den Sinn unseres Lebens: Nachdem wir Menschen die Gabe des dialogischen Verhaltens empfangen haben, sind wir grundsätzlich ansprechbar. Nicht nur von anderen Menschen, sondern, was seit Urzeiten immer wieder bezeugt wird, auch von Gott, sei es je direkt, sei es über Sendboten (Engel, Propheten) und mittelbar durch die schriftliche und mündliche Überlieferung. Für mein Anliegen habe ich mich, was die notwendige Quelle »Offenbarung« angeht, weitgehend auf Texte des Neuen Testaments gestützt, die teils direkt auf Jesus von Nazareth zurückgehen oder doch nachvollziehbar gut auf seine Worte und Gedanken zurückweisen. So sind wir schließlich mit Informationen über das der Welt Transzendente doch nicht so viel schlechter versorgt als über unsere eigene Welt selbst.

Barmherzigkeit als Praxis der Sozialethik

Wir haben, ohne uns ein Bild von Gott zu machen, die sehr abstrakte Formel »Deus Caritas« bekommen, dazu dann erfahren, dass auch wir Menschen möglichst viel davon verwirklichen sollen. Eine der wichtigsten Aufgaben auf diesem Weg – und auch das, was wir von Gott selbst erbitten – ist Barmherzigkeit, und darüber müssen wir nun, fast schon am Ende des Buches, noch einige Sätze schreiben.

Barmherzig zu sein gehört nicht nur bei Juden und Christen zu den sehr wichtigen Eigenschaften, denn viele menschliche Gesellschaften erwarten sie von ihren Mitgliedern, und sie gilt geradezu als ein Merkmal des Menschseins. Eine Gesellschaft, die auf diesen Anspruch verzichtet, betrachten alle anderen als irgendwie krank. Bei Juden und Christen ergibt sich diese Forderung aus dem Gebot der Nächstenliebe, dessen Verletzung als schwere Verfehlung gilt. Ganz selbstverständlich leitet sie sich von der Barmherzigkeit Gottes ab, auf die wir, sündig wie wir sind, alle angewiesen sind (eine Einsicht, die wir nicht mit dem »Angstmachen« verwechseln sollten, das zur Festigung von Macht und Einfluss verwendet wird).

Es sind weitgehend Werke der Barmherzigkeit, mit denen Christen versuchen, die Welt ein wenig besser und das Leben der Armen erträglicher zu machen. Barmherzigkeit ist auch das effektivste und zugleich, soweit selbstlos, unverdächtigste Mittel gegen die Ungerechtigkeit.

Solche Werke geschehen meist im Verborgenen, wo Hilfen in einem Maße gegeben werden, das niemand von uns kennt, das aber jedenfalls geradezu riesig ist. Von Einzelnen wird es getan; aber auf dieser Grundlage arbeiten auch kleine und große organisierte Hilfswerke, und eine Unzahl oft anonymer Spender stehen als Geber von Geld und Material und sogar von politischen Beziehungen dahinter. Waren es in den Kirchen zunächst vor allem religiöse Orden, so haben sich inzwischen auch im staatlichen Bereich und abseits von Staat und Kirchen entsprechende Organismen gebildet.

Es ist dabei überhaupt nicht schlimm, dass alle diese großen und kleinen Werke der Barmherzigkeit und Mitmenschlichkeit sich nur selten ganz dem einen oder anderen Träger zurechnen lassen und oft echte Gemeinschaftswerke sind. Jesus, der das persönliche Gebet so gern im Verborgenen halten wollte, wollte das jedenfalls auch für hilfreiche Taten und Gaben gerade so – als ein Stück Himmelreich. Ja, jeder christliche Beitrag zur Sozialethik ist ein Schritt zum Himmelreich mitten im Alltag, und es liegt bei uns, wie weit die Ziele solcher Maßnahmen realisierbar sind und keine bloßen Utopien.

Kein Wein ohne Beeren, keine Weinbeeren ohne Weinstock

Für die notwendige Verbindung zwischen den zahlreichen Handlungsanweisungen und der Ethik selbst möchte ich zu meinem Ausgangsbild zurückkehren. Nehmen wir also an, da will sich jemand den Lehren Jesu anvertrauen und so zu einem guten Leben kommen: Welche Aussicht auf Erfolg hat sie oder er? Wird eine entsprechende Grundeinstellung erreicht, ist der Lohn ein sinnvolles Leben und ein Gewinn an Freiheit; vor allem kann dieser Mensch nun das Wort LIEBE ziemlich groß auf seiner Agenda stehen haben. Aber wie weit wird es für sein Lebensglück genügen, die Lehren Jesu als eine Art Rezeptbuch der Lebenshilfen zu benutzen? Denn dessen Lehre ist viel mehr, nämlich ein Wanderführer für den Weg, der als Ziel das Himmelreich hat und ihm diese oder jene Christen als Wanderfreunde nahelegt.

Es ist das Anliegen des Büchleins, dass Leserinnen und Leser Jesu Verhaltenslehren zu ihrem eigenen Ethos hinzufügen. Wenn sie Christen sind, ist es hoffentlich eine zusätzliche Anregung für den eigenen Weg. Denjenigen aus beiden Gruppen, die der enthaltenen Einladung Jesu aktiv folgen, wünsche ich dabei Freude und Freunde. Ihnen gilt der Hinweis Jesu, dass schließlich auch Weinreben nur Frucht bringen können, wenn ihr Zusammenhang mit ihrem Weinstock bleibt: kein Wein ohne Weinstock und kein Weg zum Himmelreich ohne die freundschaftlichen Beziehungen zu Jesus, zu den »Geschwistern« und so zu Gott.

Nicht zu verdrängen ist freilich die momentan verbreitete Mutlosigkeit in den Kirchen. Es sieht so aus, als ob uns sogar die Kraft fehlt, mit der Unzufriedenheit fertig zu werden, die sich aus dem Gegensatz zwischen den in den Gemeinden aufgeblühten Geistesgaben und der Absicherung der notwendigen Glaubwürdigkeit ergeben hat. Und nun haben sich ganze Gruppen von Christen angewöhnt, ihr Protestgeschrei bis in die profanen Medien hinauszutragen, worüber die Verkündigung des Glaubens zu verstummen droht. Aber es hätte wohl Vorrang, diese unsere Schwierigkeiten vor Gott zu tragen, seine Weisung zu erbitten, ja, ihn mit Gebeten zu bestürmen. Wir sehen ja, dass es nicht ohne seine Hilfe geht. Hat uns Jesus nicht selbst aufgefordert, den Vater um Arbeiter für seinen (und es ist sein eigener!) Weinberg zu bitten? Doch wird seine Antwort nicht in unserem Gezeter untergehen? Und wenn Gebete doch Dialoge sind: Genügt unsere Achtsamkeit für Gottes Antwort? Würden wir beispielsweise Gottes Berufungen erkennen? Und würden unsere von uns gemachten Strukturen die Umsetzung überhaupt erlauben?

FINALE:

Ohne immer darauf hinzuweisen, haben die untersuchten Schriften fast ständig Bezug zur Ethik. Thematische Kristallisationspunkte sind folgende:

– Jesu Beispiel, der uns zum **Machtverzicht** auffordert, wird durch unsere schmerzlichen Erfahrungen als einzig gangbarer Weg bestätigt, so dass nur ein dialogischer Weg als rettender Weg gangbar bleibt, oder sagen wir einfach: die **Liebe**. Man hat immer gewusst, wenn auch immer wieder zuge-schüttet, was schon Sophokles im alten Griechenland die Antigone dem König entgegnen lässt: »Mitlieben, nicht mithassen ist mein Teil.«

– Die von Jesus angemahnte Mitwirkung am Heilswerk, wozu er und der Heilige Geist die Jünger befähigen, setzt **Freiheit** voraus. Gott selbst setzt im dafür notwendigen Maß die Prädestination, die totale Vorherbestimmung der Schöpfungswirklichkeit jedes einzelnen Menschen außer Kraft.

– Die so gereiften Menschen haben eigene **Verantwortung**, übrigens ein Wort mit deutlichem Bezug zum dialogischen Verhalten. Doch sie bleiben, sündig wie sie immer noch sind, auf Gottes Gnade angewiesen.

– Aber ihnen wird berechtigte **Hoffnung** auf ihre Teilhabe am Himmelreich gegeben durch Jesu Tod und Auferstehung.

– Noch programmatischer auf die Ethik bezogen fordert Jesus von allen, die seinem Weg folgen wollen, dass sie nicht herrschen, sondern **dienen**. An vielen Stellen der Evangelien tritt uns dieses Gebot entgegen, so heißt es bei Markus im 9. Kapitel: »... will einer erster sein, so sei er letzter von allen – und aller Diener.« Der Weg zur legitimen Macht führt über Dienst und Verantwortung.

Die **Gegenpositionen**, die sich im **Willen zur Macht** konzentrieren, wurden schon bei Jesu Versuchung deutlich und begleiteten seine Verkündigung bis zur Kreuzigung. Sie lassen keine Verbesserung der katastrophalen Verfassung der Menschheit und des ganzen Planeten erwarten. Wege zur Herrschaft durchkreuzen regelmäßig jene Wege, die Nachhaltigkeit und Heilung anstreben. Personen oder Gruppen, die Herrschaft einfordern, garantieren damit noch keine entsprechenden Fähigkeiten. Sie sind zudem auf fremde Gehilfen angewiesen, und wenn jene stark sind, dann haben sie meist selbst das Verlangen nach eigener Macht. Das ist bekannt, und deshalb lauert bei vielen Erfolgreichen im Hintergrund der Seele große Angst als Antrieb ihrer Aktivitäten. So blockieren sich bei primär auf Macht basierten Projekten die Mächtigen gegenseitig.

Eine besonders üble und sehr verbreitete Unart ist die Käuflichkeit, eine aus dem biologischen Erbe stammende Form der Anpassung, die an vielem Unterlassen wichtiger Entwicklungen schuldig ist.

Wie auch immer (es gibt viele Varianten des Machtspiels), Rettung erscheint nur möglich mit Projekten, die auf christlicher Ethik beruhen. Die Freiheit der Menschen erlaubt uns aber keine Voraussage, ob es dazu kommen wird, oder ob ein großer Umbau der Schöpfung stattfinden wird, vom Wie und Wann ganz abgesehen.

Zwar ist unser Thema nur die Ethik; doch wie sich bei den Zitaten immer wieder zeigt, wollte Jesus eigentlich mehr, und darauf muss im Finale ausdrücklich hingewiesen werden: Schon auf Seite 20 ff., mit dem Gleichnis, das meist als das vom verlorenen Sohn bezeichnet wird, hatte sich gezeigt, dass menschliches Wohlbefinden nur eine Seite des intendierten menschlichen Verhaltens ist, zeigt uns doch das Gleichnis, dass Gottes Ziel, hier als gemeinsames Fest benannt, ein Fest der Liebe zu Gott und zueinander ist – in dieser Reihenfolge! Für Jesus ist das Ziel, das Gott mit den Menschen hat, sein Reich der Liebe, ein Reich gemeinsam mit seinen versöhnten Kindern, das Jesus Himmel nennt.

Bei aller Liebe und allem Erbarmen fühlt – und lehrt – Jesus dennoch, dass unserem Umgang mit den Nöten und Gefahren unserer Erdentage der letzte Ernst fehlt und die Todesfurcht als solche sinnlos ist. Denn sterblich sind wir alle, und sogar unser Planet selbst ist von eher begrenzter Haltbarkeit. In dieser Lage hilft uns unsere Weltklugheit keinen Schritt weiter, und Philosophen wie Staatenlenker extrahieren daraus höchstens die Empfehlung eines ehrenvollen Abgangs. Weltintern geht am Ende nichts mehr. Aber Jesu prophetische Ansage des Himmelreichs, auf dessen Ankunft sein ganzer Auftrag zielt, verheißt ewiges Leben allen, deren Ethos zur Nächstenliebe heranreift und zur Gottesliebe. Seine eigenen Taten hinter seinen Worten und Heilszeichen sind seine Hingabe am Kreuz, Auferstehung und Himmelfahrt und schließlich alle Zeichen des Heiligen Geistes und der Liebe in seinen Gemeinden. Wenn die christliche Ethik die Gottesliebe einschließt, ist sie daher nicht nur eine Option unter anderen, sie meint den Ernstfall. Sie überschreitet unsere übliche Ethik, sie ist nicht rein innerweltlich.

Die Wahrhaftigkeit verlangt von mir zuzugeben, dass die konsequente Anwendung der christlichen Moral, also das Übernehmen der Lehren Jesu, in dieser Welt nicht ohne Risiko ist. Wir wissen es alle: Wenn ich dem Gegner ernsthaft auch meine andere Wange zum Schlag anbiete, muss diese Geste nicht zum Frieden beitragen. Wenn die Politiker eines Landes auf Bewaffnung verzichten, dann kann ihr Land durchaus erobert werden – vielleicht wird ihm alsbald sogar der Rückfall in ein barbarisches Regime aufgezwungen.

Die christliche Ethik war und ist eine Ethik für die kleine Gruppe, ist in Freundeskreis, Familie, Nachbarschaft zu Hause. Beispielsweise wurde die Sklaverei zunächst in den Häusern und Gemeinden abgebaut bzw. eigentlich zu Freundschaft umgebaut. Große Körperschaften aber hatte Jesus links liegen gelassen: Bei Einladungen etwa hat er zwar die vorgefundenen inhumanen Bräuche in Gleichnissen angeprangert, aber ohne die großen Tiere persönlich anzugehen. Er hatte eben wenig Hoffnung für große gesellschaftliche Gebilde (bis zum Staat) und sah, dass ein humanes Ethos nur von kleinen Verhältnissen aus nach oben wachsen kann. Wenn aber eine postmoderne Struktur, etwa ein Betrieb gut läuft – humanisiert sie sich nicht nach dem Muster der christlichen Ethik?

Dem vollen rettenden Programm Jesu schließen sich nur jene an, die das Reich Gottes – samt seiner Ewigkeit – für erstrebenswerter halten als ein unsicheres irdisches Wohlergehen. Das hängt aber vom Glauben ab, und den kann nur der je einzelne Mensch aufbringen, nicht aber die Gesellschaft, was für eine auch immer. Das schränkt zwar den Wirkungsradius der vollen christlichen Ethik ein, die Alternative aber wäre Zwang, der uns die mühsam erworbene Menschenwürde raubt.

Für Christen gibt es immerhin zwei gute Gründe, sich um Verbreitung und Stärkung des nötigen Glaubens zu bemühen: Ganz verständlich ist der

Wunsch, wie ihn Jesus auch hatte, die Freundinnen und Freunde nicht zu verlieren, sondern auch im Reich anzutreffen; und dann die Freude daran, auf diese Weise Jesus in seinem faszinierenden Werk zu helfen, statt sich für vergängliche Erfolge aufzuopfern.

Anhang:
EINFÜHRUNG ZU UNSERER QUELLE

Texte des Neuen Testaments, übersetzt aus uralten Sprachen

Seit es Menschen gibt, müssen diese ihr Verhalten aufeinander abstimmen. Solche Absprachen organisieren gemeinsame Aktionen, führen dabei zu einem gewissen Interessenausgleich und bekommen die Aufgabe, ein sinnvolles Leben zu gestalten. Und das ist Ethik.

Schon die Religionen, die die Menschenvölker von ihren Anfängen an begleiten, lehren Verhaltensregeln – Ethik –, die sie höheren Mächten zuschreiben. Diese sehr alte Quelle hätte sogar mit Vorrang betrachtet werden müssen; aber wie denn? Schließlich gehören die »höheren Mächte«, soweit sie real existieren, zum unzugänglichen Transzendenten – und lassen sich nicht zwingen. Sie öffnen sich nur spontan, in Form von Offenbarungen, die eine entsprechende Offenheit der Menschen voraussetzen.

Für eine uns angemessene Ethik erscheint uns der Beitrag der christlichen Religion besonders geeignet, weil diese auf Offenbarung beruht, weil ihre Quelle kaum durch Privatinteressen verdunkelt ist, sondern im Gegenteil durch Jesu Hingabe gestützt wird. Aus Sorge um diese Reinheit der Motivation konzentriere ich mich weitgehend auf die Lehre Jesu und damit auf das christliche Ethos, wie es sich aus dem Neuen Testament erheben lässt. Weitere Vorzüge sind: die Nähe Jesu zum gesellschaftlichen Leben und seinen Erfahrungen, die Rücksicht auf Not und Elend der Menschen, aber auch die Tatsache, dass Jesu Worte nicht hinter die gesicherten Aufklärungen zurückfallen. Auch die gute Zugänglichkeit des Materials kommt einem solchen Projekt sehr entgegen.

Die Ethik hat zwar auch noch weitere, sogar meist dominante Quellen, wie etwa das Verlangen anderer Menschen, das vor allem als elterliche oder staatliche Gewalt erscheint. Aber da begegnen uns ganz unterschiedliche menschliche Verhaltensweisen. Neben vielfältigem individuellem Willen gibt es Ansprüche aus dem Gesamt der Nachbarn, die Forderungen des »man« mit durchaus chaotischer Herkunft. Dass sich Menschen bemühen, ihre Gedanken über das richtige Verhalten in den gesellschaftlichen Disput einzubringen und möglichst durchsetzen, das ist eine der Grundanliegen des Sprechens überhaupt und alles andere als seltsam. Dass dies sogar weitgehend in Freiheit geschehen kann, ist eine wunderbare Möglichkeit, die unsere Zeit an unserem Ort bietet: Ein Segen, für den wir einerseits dankbar sind und der uns andererseits vor eine hohe Verantwortung stellt.

Die Texte der frühen Kirche als christliche Offenbarung

Wenn wir uns hier sehr weitgehend den Regeln widmen, die aus der Botschaft Jesu Christi kommen, können wir immer schon auf das dialogische Verhalten zurückgreifen; denn das dialogische Prinzip wurde von jüdischen und christlichen Religionsphilosophen aus dem dialogischen Verhältnis von Gott und Mensch und zwischen den Menschen abgeleitet. Bevor wir uns aber darauf einlassen, müssen wir nochmals kurz die Verbindung zu Gott als dem Quellgrund unserer Quelle erinnern. Die Möglichkeit des Dialogs ist schließlich eine Gabe Gottes, und für den Geber lässt sich aus dem Charakter der Gaben ableiten, dass sein Wesen dem von Jesus vorgestellten »Vater« entspricht. Ich bin freilich kein Theologe und beschränke mich weitgehend auf Aussagen zur menschlichen Ethik. Meine primäre Quelle ist weitgehend das, was Jesus – übereinstimmend mit den Aussagen und Gott zugeschriebenen Lehren des Alten Testaments (siehe F. König, 1987/2000) – von Gott und seinen Geboten gesagt hat, und die menschliche Grunderfahrung, dass von nichts nichts kommt.

Göttliche Vorgaben zur Ethik können wir nur durch Offenbarungen empfangen, als Mitteilungen, die von außen in unsere Welt gelangen. Wenn es **Offenbarung** gibt, so erreicht sie aber nur die Menschen, die sie glauben. Das ist der früheste mir bekannte Zeitpunkt, für den **Freiheit** vorausgesetzt werden muss. Damit braucht Offenbarung **Glauben**, Glauben an Personen und an Aussagen. Da es nicht immer genügt, die ethisch wichtigen Aussagen aus den überlieferten Texten herauszuholen, brauchen wir als späte Empfänger zusätzlich ein Wissen von den Situationen – vom Kontext –, um zum Verständnis und oft auch zur Bestätigung der Glaubwürdigkeit der Sendung zu kommen. Dies ist tatsächlich in allen Kulturen und Religionen mehr oder weniger deutlich der Fall. Doch es ist nicht einfach, zu unterscheiden zwischen ethischen Forderungen, die dem menschlichen Nachdenken entspringen, aus Herrschaftsdenken geborenen (neigen doch Herrscher dazu, das Verhalten des Volkes über religiöse Lehren zu steuern) und endlich jenen, die tatsächlich als Offenbarungen von jenseits der Welt kommen.

Ganz ausdrücklich gibt es solche Offenbarungen im Judentum und im Christentum, und ich beschränke meine Betrachtungen weitgehend auf die Verhaltensweisen, die nach Aussage des »Neuen Testaments« Jesus von Nazareth selbst macht und die er für das Erreichen des »Reichs Gottes« oder »Himmelreichs« als nötig erklärt, sowie Untersuchungen des jeweiligen Kontextes, insbesondere Mitteilungen über Jesu Leben und seinen göttlichen Auftrag.

Als typische Form von Kontext stehen zwischen Jesu Worten Sätze der Zuhörer, eben das Geraune der Leute, das dem entspricht, was in unserem Zeitalter von Martin Heidegger als »Gerede« beschrieben und dem »man« zugewiesen wurde. Im Grenzbereich von jüdischer und hellenischer Kultur entspricht dieses Gerede nach Art und Funktion dem Chor in der griechischen Tragödie. Und da fällt auf, dass die Leute das Neue und Göttliche bei Jesus zwar spüren, doch immer wieder versuchen, Jesus als einen Wiedergänger einer alttestamentlichen Gestalt zu sehen: Moses oder Elias etwa. Aber Jesu Sinnen geht nach vorn, in Richtung Himmelreich, während die Leute nach rückwärts schauen. Sie erwarten ihre Rettung aus dem römischen Joch von einem neuen David als dem erwarteten Gesalbten, dem noch heute erhofften Messias: gebunden an Jerusalem und seinen Tempel. Das ist jene Unfähigkeit, sich für die neue Lehre zu öffnen und die Gleichnisse und erst recht deren Auflösung zu verstehen, in denen Jesus zum Volk und zu den Jüngern spricht. Aber Jesu Anliegen ist vielmehr, dass sie sich von schädlichem Verhalten abkehren und für ihn öffnen. Doch für viele ist der Weg zurück in bloße Traditionen der sichere – der von den Schriftgelehrten nicht mit Ängsten besetzt worden ist.

Hier sind einige Worte über die Editionsgeschichte dieser Texte und die neuzeitlichen Kontroversen nötig, soweit mir das im Rahmen meiner persönlichen Begrenzungen möglich ist.

An der Lebenspraxis, an dem, was Ethik eigentlich meint, haben die christlichen Verhaltensnormen weltweit einen besonders großen Anteil, von der Hilfe oder Protektion für Benachteiligte, einzelne Personen oder ganze Bevölkerungen; von medizinischer Hilfe und dem nötigen Wissen bis zum Schutz der natürlichen Ressourcen – und inzwischen der Natur als ganzer, ja unserem Planeten selbst. Die wissenschaftliche Sozialethik selbst begann ja auch zu einem großen Teil als Werk von Christen oder war doch von solchen inspiriert. Also erfordert gerade unser Thema deren Berücksichtigung. Für mich selbst ergibt sich eine direkte Verpflichtung daraus, dass ich lange auf dem Gebiet der Ökologie gearbeitet hatte.

Sollte ich auch das Alte Testament hinzunehmen? Weitgehend kann ich da mit Kardinal König (1987/2000, siehe oben) davon ausgehen, dass Jesu Lehre der damals zeitgemäßen Fassung der Gottesoffenbarung entspricht und zugleich den Übergangspunkt von der langen Vorbereitung zur messianischen Zeit markiert; denn der Messias ist Jesus. Und die späteren Schriften sind die Auslegungen für die jeweilige Zeit. Auch über die ökologischen Grundlagen, die in der Thora gelegt sind, wurde oben berichtet. Die Entfaltung der Lehren Jesu finden ihre späteste Fortsetzung in der christlichen Soziallehre, zum Beispiel mit dem Begriffspaar Solidarität und Subsidiarität, was neue Aspekte einbringt: Insgesamt Erträge aus zwei Jahrtausenden, die hier nicht aufgerollt werden konnten. Die überlieferten Worte Jesu liegen in guten und glaubhaften deutschen Fassungen vor, und ich vertraue mich der Übersetzung von Fridolin Stier (1989) an. Bei der »Einheitsübersetzung 2017« als Gemeinschaftswerk bereitet mir neben der Verschiebung des Erscheinungstermins die Kontrolle durch die Dogmatik Schwierigkeiten. Sicher bringen für die christliche Lehre insgesamt die Beiträge der Theologen von Paulus an durch zwei Jahrtausende bis in unsere Tage entscheidende Fortschritte, einschließlich der modernen Moraltheologie (zum Beispiel Häring, 1989, und die Texte des Zweiten Vatikanum und der Folgezeit). Aber für die vorliegende Arbeit ist eine Beschränkung auf die Jesus-Worte der Evangelien und die ersten Schritte aus dem Judentum zu den anderen Völkern sowie die Erschließung tieferer Schichten angemessen. Wir müssen zwar zugeben, dass wir zunächst zu wichtigen ethischen Problemen, wie die um Gebot und Gewissen sowie schöpferische Freiheit versus Treue, keine unmittelbare Antwort finden. Diese Probleme zeigen sich aber schon zur Zeit von Petrus und Paulus und dann bei der weiteren Entfaltung der Theologie durch die Kirche. Besonders durch das Zudringen von Macht und Kontrolle ist dann der klärende Rückgriff auf Jesu eigene Worte unerlässlich.

Da wir entschlossen sind, die überlieferten Worte Jesu als Grundlage für die christliche Deutung auch der alttestamentlichen Schriften heranzuziehen, können wir für diese, wie sich leicht ausprobieren lässt, nicht gleichzeitig eine durchgängige und wörtliche göttliche Inspiration annehmen. Erstens hat Jesus das auch nicht gesagt, und zweitens zeigen sich sonst unüberwindbare Gegensätze. Insbesondere war das göttliche Liebesgebot manchen alttestamentlichen Autoren offensichtlich noch nicht bekannt (und das hat einige protestantische Autoren veranlasst, sich ausgerechnet auf diese Defizite zu stützen). Eine vorsichtige Wertung ist jedoch bei Beachtung des jeweiligen Kontextes möglich: Was ein Prophet ausdrücklich in Gottes Auftrag verkündet, ist eben anders zu werten als die wichtigen, aber situationsbedingten Gedankengänge eines Predigers. Und das Alte Testament ist weitgehend in der Zeit um die Babylonische Gefangenschaft herum formuliert worden, in einer uns sehr fremden Umgebung. Solche Aussagen muss man an den Lehren Jesu des Christus messen: Er hat uns erlöst und keiner sonst, er hat unsere Lehrer ausgesandt, und er ließ uns sagen, wie wir ewiges Leben erlangen können.

Die Präsentation der Botschaft im Gottesdienst

In der katholischen Messfeier wird im Wortgottesdienst das Buch der Evangelien regelrecht inthronisiert: nicht um es anzustaunen, sondern um den Rang als Jesu Botschaft hervorzuheben! Es handelt sich im Normalfall um die deutsche Übersetzung; denn das letzte Konzil, das Zweite Vatikanum, hat dafür gesorgt, dass der Heilige Text denen, die das Latein nicht beherrschen, und das sind inzwischen fast alle, verständlich vorgetragen werden kann. Das wird auch immer leichter, weil die Bemühungen um die richtige Übersetzung fruchtbar waren und nun sogar ganz neu die deutsche Einheitsübersetzung 2017 vorliegt.

Dies ist jedenfalls eine gute Sache. Es liegt auf der Linie von Jesus, die Heiligen Texte nicht einer Elite vorzubehalten. Bedenken wir doch auch, mit welcher Energie sich Christen vom ersten Pfingstfest bis zu Gutenbergs Erfindung darum bemüht haben, davon zu berichten, sie abzuschreiben und zu verbreiten – oft unter Lebensgefahr. Eine Erleichterung war zunächst dadurch gegeben, dass fast um das ganze Mittelmeer herum für sehr viele Menschen die altgriechische Sprache genügt hatte. Wohl ist es momentan schade um die herrlichen lateinischen Choräle, wahre Reichtümer unserer Kultur: Wer in der Schola sang, konnte sich zeitweise wie im Himmel fühlen.

Der (autorisierte und im Allgemeinen terminlich festgelegte) Text wird also vorgelesen. Darauf kommt es an, das erfordert unsere Aufmerksamkeit. Meist folgt eine Predigt, möglichst über den gehörten Text, und so wird die Verbindung zu unserer Zeit und unserer Lage hergestellt. Wo das möglich ist, wird im Rahmen der Gemeinde, eines Gesprächskreises oder wie auch immer darüber gesprochen. Ich selbst hätte es gern, wenn der authentische Text zum Schluss nochmals verlesen würde.

Die Lesungen aus dem Alten Testament und den Apostelbriefen sind im Licht der Evangelien zu sehen und nicht umgekehrt; denn Christen folgen dem Weg Jesu, um das von ihm verkündete Ziel zu erreichen, worum es schließlich geht.

Bemerkung: Die Angabe der Bibelstellen in meinem Text soll das Finden und Lesen erleichtern, gern in anderer Fassung als hier, etwa in der neuen Einheitsübersetzung.

Ethische Probleme durch eine enorme zeitliche Differenzierung

Aus der Dehnung der Zeitdauer, die zwar kaum ein Problem der Exegese ist, ergeben sich wichtige Probleme des kirchlichen Lebens, und die fechten auch uns an. Dabei geht es für die Lebenspraxis nicht so sehr um die Verzögerung der Wiederkunft Christi wie um das Auftauchen des Phänomens »Alltag«.

Für die meisten Zeitgenossen Jesu war die Zeit des Zusammenlebens mit ihm nur kurz. Ein längeres und intensives Zusammenleben mit Jesus war seinen Jüngern und Freunden (Männern wie Frauen!) und seinen Eltern gegönnt, aber wir erfahren, dass diese Zeit für deren innerer Vorbereitung und für seine Sendung kaum gelangt hatte. Nach Ostern und Pfingsten musste es aber meist ohne den Herrn weitergehen, und zwar erst recht mit und für jene Christen, die Jesus nicht selbst erlebt hatten. Das geschah mit Hilfe des Heiligen Geistes und unter Ausbildung sozialer und kultureller Strukturen – bis hin zu Ämtern, Sakramenten und Versammlungen. Ganz neu ist dabei, dass sich insbesondere für die je neuen Generationen das Glaubensleben über die ganze Zeit der persönlichen Entwicklung mit all ihren Änderungen in Biologie, Verhalten und sozialer Einbettung erstreckt, denken wir nur an die Pubertät. Das tangiert unser Thema, denn in der Jugend müssen sich erst einmal eine Grundeinstellung und das Gewissen selbst ausbilden (Häring, 1989). Und die Anforderung durch ethische Normen entwickelt sich auch weiter. Vor allem gibt es einerseits wechselnde Versuchungen und andererseits lange, teils langweilige Zeiten des Alltags, in denen der Glaube im Blick gehalten werden muss. Ein bedrückendes heutiges Beispiel publizierte Thomas Frings 2017. Um als Person die Gottes- und Nächstenliebe durch solche Zeiten zu bringen, ist Gemeinschaft unter Christen meist unverzichtbar. Doch auch die Gemeinden sind in die lange Folge der Generationen sterblicher Menschen eingebettet, und sie sind von allem Wandel der Geschichte betroffen, manchmal in ihrer Existenz bedroht und zu anderer Zeit unter der Versuchung, ihr Ziel aus den Augen zu verlieren und weltlichen Herren zu dienen oder schlicht zu ermüden. In dieser Lage aber müssen die Leiter der Gemeinden die Christen (und diese auch ihre Leiter) im Glaubensleben halten. Die Anleitung dazu, eine Ethik über die Lebensphasen und die Generationswechsel hinweg, erfordert nach der Grundlegung des Anfangs immer neu Kreativität und Durchhalten.

Unser Trost ist zuletzt die Hoffnung auf ein Leben im Himmelreich, in dem die Liebe Gottes und zu Gott nicht mehr bestritten wird und die Gemeinschaft ewig währt. Das ist nochmals eine viel weitere Zeitdimension.

Wir tun gut daran, über etwas, was völlig transzendent ist, nicht zu viel wissen zu wollen. Zum Glück gibt es in den überlieferten Worten Jesu manche, die sich auf das Himmelreich beziehen, was nicht erstaunen kann, da es doch das zentrale Thema seiner Predigt ist. Es gibt sogar Hinweise darauf, dass sich Jesu Lehren nicht nur auf eine irdische christliche Ethik richten, sondern uns auch schon auf das Verhalten »im Himmel« vorbereiten.

Über Jesus kann man berichten, über das Himmelreich auch, über die erste Zeit der Kirche sicher und auch reichlich über die lange Zeit des Gottes-Bundes mit den Juden. Umgekehrt haben wir Spätgeborenen aber Alltag in einer Welt, über welche die Bibel wenig weiß und die von alledem so weit entfernt scheint, thematisch vielleicht besonders fern von unserem eigentlichen Ziel: vom Himmelreich. Dennoch ziehen wir unsere Lehren aus Jesu Anweisungen – Besseres haben wir nicht! Und es ist sogar überraschend aktuell, wie es als Credo und Vaterunser, dem Kern der Offenbarung Jesu, auf uns zukommt und sich zuspitzt zum »Deus Caritas est« auf Seiten Gottes und auf unserer Seite zum Gebot, Gott und den Nächsten zu lieben.

Wäre nicht doch die Bibel der Juden eine frühere und besonders authentische Quelle gewesen? Aber die jüdischen Schriften sind durch ein wahres Mahlwerk der Geschichte gegangen und haben die Form, in der sie uns heute vor allem durch die deutsche Übersetzung Martin Bubers und Franz Rosenzweigs sowie als Altes Testament in den Bibeln der Christen zugänglich sind, erst seit der babylonischen Gefangenschaft der israelitischen Elite bekommen. Die kurze, aber sehr empfehlenswerte Schilderung von der Siedlungsgeschichte der Stämme Israels bis zur heutigen Gestalt der jüdischen Schriften geben A. P. und A. H. Hüttermann (2002, S. 2–22).

Das Alte Testament wiederum reflektiert bei aller verwandtschaftlichen Anmutung nicht unsere eigene Geschichte, sondern die des Monotheismus in seiner orientalischen Heimat, und um Jahrhunderte später leistete Mohammed als Prophet diesen Dienst für die Araber.

Herkunft unserer Textstellen, »Textkritik« und Bedeutung des Kontextes

Aus dem Christentum kommen praktikable Vorschläge, die das Heil der Menschen zum Ziel haben, und die Evangelien halten schon als verbale Offenbarung Worte Jesu bereit. Spätlese nenne ich meine Auswertung, denn die betreffenden Aussprüche sind mit etwa 2000 Jahren nicht nur wirklich antik, sie haben inzwischen durch gute philologische Arbeit und kulturgeschichtlichen Kenntniszuwachs auch die richtige sprachliche Reife – wie beim Ausbau eines guten Weins. So war die hier verwendete Version bei ihrem »Weingärtner« Fridolin Stier in besten Händen, und er hatte in dieser Sache den jüdischen Religionsphilosophen und Sprachforscher Martin Buber kontaktiert: Das Nachwort der Herausgeber seiner Übersetzung berichtet: »In langen Diskussionen mit Martin Buber (der seine Tübinger Aufenthalte zum Abschluss seiner ‚Verdeutschung' der hebräischen Bibel benutzte) wurde sich Stier seiner eigenen Regeln des Übersetzens sicher.«

Offenbarungen können entweder überwältigende Erlebnisse sein oder in der leiseren Form menschlicher Sprache durch Boten gebracht werden. Das Problem ist dann das Erkennen als Botschaft und das Akzeptieren, also der Glaube; denn wo sich Himmel und Erde berühren, sind die Möglichkeiten der (zum Beispiel wissenschaftlichen) Prüfung gering.

In Jesu Lehre heißt das erstrebenswerte Ziel, dem das menschliche Verhalten zuarbeiten soll, Himmelreich oder Reich Gottes, und es meint genau die Existenzweise, in die hinein der Mensch aus dem Vergehen des sterblichen Körpers gerettet werden soll. Dieses Ziel hat aber Voraussetzungen, die uns mitgeteilt werden müssen, offenbart durch Jesus; und sie sind die hier gesuchte Quelle der Sozialethik – die in dieser Form seit zwei Jahrtausenden sprudelt. Die Christen verkünden sie als Teil von Jesu Lehren und versuchen, ihr eigenes irdisches Leben daraus zu gestalten. Die Kirche stellt sie in den jeweiligen geschichtlichen Kontext und entfaltet sie, wie es ihrer eigenen Ausbreitung in Raum und Zeit und in alle Völker hinein entspricht. Das hier darzustellen würde allerdings den Rahmen der Untersuchung sprengen.

Wir haben lediglich Jesu Lehren aus den Evangelien und der Apostelgeschichte nach wichtigen Gesichtspunkten durchsucht. In diesem Anhang (der ursprünglichen Einleitung) werden Werkzeuge der Textbehandlung gesichtet, vor allem die ihrerseits in die Kritik geratene »Textkritik«. Die Arbeit des Übersetzens in unsere Sprachen ist wohl nie abgeschlossen. Neue Ergebnisse aus dem katholischen Raum, wie momentan die »Einheitsübersetzung 2017«, werden vor ihrer Veröffentlichung mit der Messlatte der Dogmatik geprüft, denn sie sollen den gemeinsamen Glauben präsentieren und bilden eine Grundlage der Liturgie, des gemeinsamen Gottesdienstes. Da aber der hier vorliegende Text weder für Dogmatik noch für den Gottesdienst bestimmt ist, sondern dem Beitrag Jesu zur Sozialethik möglichst eng auf der Spur bleiben will, darf ihn wohl ein Laie wie ich als Grundlage seines Diskussionsbeitrags verwenden.

Zwischen Textfundamentalisten und Textkritikern

Wenn wir eine bestimmte Szene in dem einen oder anderen Evangelium lesen, dann lässt sich die Vorstellung schwerlich durchhalten, die Texte seien den Berichterstattern wörtlich in die Feder diktiert worden; aber genau das setzen die Textfundamentalisten voraus. Zum Glück gehen solche Differenzen im Neuen Testament nicht an die Substanz, im Alten Testament gibt es da viel größere Schwierigkeiten.

Es ist für eine beglückende Lektüre jedenfalls gut, sich beim Lesen gleichsam als Zuhörer des betreffenden Evangelisten zu fühlen und auch darüber nachzudenken, wer seine jeweilige primäre Quelle ist. So macht es einen Unterschied, ob Markus zitiert, was er selbst von Jesus gehört hat; ob ein

Ausspruch von Mutter Maria, gar versehen mit der Bemerkung, sie habe das in ihrem Herzen bewegt – ein früher Hinweis auf die Praxis der Kontemplation –, Johannes wirklich als primäre Quelle haben sollte; und ob es Lukas ist, der über Heilungen berichtet, der selbst mit der Heilkunde jener Zeit vertraut war, extra ins Heilige Land gefahren war und Zeitzeugen befragt hat. Wir erfahren aus den Texten, dass Jesus die notwendigen Zeugen ausgesucht hat und gegen alle Widerstände, die aus ihrem Weltbild, der jüdischen Tempelkultur und der allgemeinen Hoffnung auf einen ganz andersartigen Messias kamen, zum Glauben an seine Sendung gebracht hat.

Aussagen zu Jesus von späteren Generationen zu erwarten wird der Situation in keiner Weise gerecht. Es ist nämlich ganz normal, wenngleich vielleicht am Schreibtisch nicht zu erfahren, dass ein Wegbegleiter staunt, wenn Jesus eine unerwartete Aussage macht, sei es über sich oder sonst wie – und dass er diese eben nicht vergisst. Faszinieren konnte der Herr ja allemal! Nur von sich aus versuchen die Leute immer wieder, alte Modelle anzuwenden, insbesondere Propheten, deren Wiederkehr sie erwarten. Dass die Jünger erst später von sich aus auf neue Gedanken kamen, ist eher unwahrscheinlich – so helle waren sie nun wieder nicht, wohl bis auf Johannes.

Die Apostel sind also Zeugen, die nach Jesu Himmelfahrt mit tiefem Glauben, heißer Liebe und voll Hoffnung gegen das Vergessen angeschrieben haben, und mit diesem Wissen ist es nicht so schwer für uns, an die Texte heranzugehen. Diese Sicht steht nun zwischen dem Fundamentalismus und der Textkritik.

Bemerkung zur sogenannten Textkritik

Mit dieser gehen aber inzwischen viele Theologen an die Texte der Bibel heran. Ihr Hauptargument heißt: »Für ihn [gemeint ist Paulus. Anmerkung des Autors] ist der Auferstehungsglaube das Herzstück christlicher

Glaubensgewissheit. Die Evangelien berichten darüber eine Generation später.« So lesen wir es in Lausters Kulturgeschichte (2015) auf S. 32. Diese Richtung setzt nämlich darauf, dass nicht Jesus, sondern erst die Jünger die Zerstörung Jerusalems (65 n. Chr.) erlebten und darüber berichten konnten. Und sogar grundlegende Reden und Gedanken Jesu wären angeblich Produkte der Gemeinden und Jesu Auferstehung ihr Gründungsmythos. Außerdem misst die »Bibelkritik« immer auch das Transzendente an der realen Welt und sieht es also als weltimmanent an. Bei Licht besehen ist die Behauptung, Jesu Lehre sei nur eine Erfindung der nächsten oder übernächsten Generation, ein Persilschein für Leute, die dies und jenes durch eigensinnige Vorhaben ersetzen möchten.

Nun wird man Menschen, die an ein göttliches Wesen Jesu nicht glauben, auch wenn sie von der Person fasziniert sind, nicht schelten, wenn sie ihn ganz in dieser Welt ansiedeln und ihn auf dieser reduzierten Grundlage so gut wie möglich verstehen wollen. Aber wir halten ihre Voraussetzung nicht für wahr, die alles herausfiltert, was zu den alltäglichen Erfahrungen nicht passt, und eben nur das erlaubt, was dann noch sein darf. Ihr Argument war zunächst, dass es keine schriftlichen Berichte aus der Zeit vor dem Fall Jerusalems gäbe. War diese Festlegung nicht dumm, solange neues Material entdeckt werden kann? Und es war auch nur »Jesus-Forschung« und nie Theologie, denn eine solche kann sich nicht um das Akzeptieren eines »Jenseits dieser Welt« herumdrücken. Inzwischen hat sich wohl das Grundargument ihrer Kritik an den Evangelien erledigt, denn es wurden Fragmente der Evangelien gefunden, die nach Carsten Peter Thiede, der selbst vor Ort tätig war, nachweislich vor der Zerstörung Jerusalems geschrieben worden waren (Thiede, zum Beispiel 2002) – und das Hauptargument der Textkritiker hat sich damit als falsch erwiesen.

Da möchte ich doch besonders auf Thiedes Buch »Ein Fisch für den Römischen Kaiser. Juden, Griechen, Römer: Die Welt des Jesus Christus« aufmerksam machen, das eine Alltags- und Kulturgeschichte der

Zeit von Kaiser Augustus (43 v. Chr.–14 n. Chr.) bis Kaiser Domitian (81–96 n. Chr.) bietet.

Es ist ohnehin absurd, dass der Christus-Glaube erst aus dem Jerusalem-Debakel entstanden sein soll. Andersherum jedoch wird ein Schuh daraus. Wenn die zwingende Voraussetzung erfüllt ist, dass die Urgemeinde lebt und ihr Pfingsten erlebt hat, dann bringt sie für manche der vom hohen Ross gestürzten Pharisäer und Zeloten auf einmal die Lösung. Dann können sich auch ihnen – wie dem Saulus – die Augen öffnen. Wie so oft musste erst der eigene Hochmut zu Fall kommen, damit der Blick auf Gottes Wege frei wird. Kann sein, dass im Lukas-Evangelium sogar die Angst vor einer feindlichen Übernahme der Gemeinde der Jesus-Jünger durch Pharisäer nachklingt.

Die Christus-Deutung als Folge der jüdischen Katastrophe ist nicht glaubhaft, denn die Kirche stand da schon bereit und das Pfingstwunder hatten so viele Menschen erlebt, dass Lukas es nicht erst nachträglich erfinden musste. Und Saulus wurde durch die Zeugnisse seiner Opfer auf seinen Paulus-Auftrag vorbereitet. Das war immer ein Modell für die Mission. Blutzeugen sind keine Nebenerscheinung: Gerade durch sie beginnt die Ausbreitung der Kirche. Zu Recht werden sie geehrt und gefeiert.

Wohl ist ein sorgsamer und insofern kritischer Umgang mit den Quellen nötig, wir müssen die Entstehungsumstände der überlieferten Texte beachten. Wie schon gesagt, ist es wichtig, wer etwas gesagt hat; von wem es dem Schreiber berichtet wurde (direkt von Jesus gehört, von Mutter Maria »in ihrem Herzen bewegt« und weitergegeben, von einem Jünger oder einem Außenstehenden an Lukas berichtet, einem bereits geschriebenen Bericht entnommen?); und wie wahrscheinlich ein späterer Eingriff ist, wenn Unterschiede sichtbar werden. Und unbedingt ist eine Schriftauslegung auf Grund eines plakativen Zitats ohne Rücksicht auf seinen Kontext zu vermeiden. Nicht umsonst studieren unsere Theologen die Texte als ganze, und wenn ich mich einmal als Laie dazu äußere, um eben die besondere Sicht eines Laien vorzubringen, dann will auch ich dies aus dem Volltext heraus versuchen und mit Hilfe einer dem Ursprung nahen Übersetzung. Dann nur wird der Christ (nicht jeder Kritiker ist ein solcher!) hierbei wie schon bei der »Kanonisierung« die Hilfe des Heiligen Geistes erhoffen dürfen.

Quellen und Textstellen

Die mich und meine Mitchristen erreichte Offenbarung, die von Jesus aus Nazareth ausgeht, kam auf mehreren Wegen. Ich beschränke mich weitgehend auf vier Evangelien, die Apostelgeschichte und des Paulus Brief an die Römer.

Das Neue Testament wurde kurz nach Jesu Himmelfahrt verfasst und nach und nach in fast alle Sprachen übersetzt, Christen hören es in den Kirchen, lesen es zu Hause und denken darüber nach, was es ihnen sagen mag. Es gibt auch immer einige, die darüber etwas schreiben, es drängt sie dazu; denn wir Menschen sind kommunikative Wesen. Wie Sie sehen, mache ich das hier auch; denn es gibt immer wieder etwas darin zu entdecken, was man gern weitersagen möchte. Vielleicht lesen Sie das eine oder andere in der Bibel nach, wir sind dann gleichsam im Gespräch, und das gefällt mir.

Um aber den Unterschied zwischen Natur und Transzendenz noch von einer anderen Seite her zu fassen, ist nach Bernhard Häring (1989, S. 45) die Wissenssoziologie geeignet, bei der er mit Max Scheler zwischen Seinswissen, Heilswissen und Herrschaftswissen unterscheidet. Stark mit dem Seinswissen beschäftigt, habe ich 2016 versucht, dieses vom Heilswissen abzugrenzen und doch auch zu verknüpfen und dazu das dialogische Verhalten herangezogen, dem eine Mittlerrolle zukommt. Nun aber konnten wir von der Welt auf die Ebene der Transzendenz gehen und sehen, was sich da durch die Lehren Jesu erschließen lässt. Es geht also um das Heilswissen, das in den vier Evangelien und der Apostelgeschichte ausgebreitet ist, und die daraus erwachsenden Hinweise auf eine entsprechende Sozialethik. Als eine Art Grundgesetz konnten Gebote der Thora herangezogen werden.

Wenn wir in die Gesellschaft schauen, oder auch nur in unsere Kirchgemeinden, finden wir immer weniger sichere Verhaltensregeln. Selbst zwischen Pastoren gehen die Ansichten drunter und drüber. Nicht einmal über die Ehe und die sexuelle Ausrichtung besteht Einvernehmen, wie sich bei Gesprächen zeigt. Aber umso wichtiger ist der direkte Weg zu den Lehren Jesu, und zum Glück können wir phantastisch gute Übersetzungen der Evangelien finden. Diesen Weg versuchte ich mit Umsicht und Vorsicht zu gehen, und zwar möglichst ohne ideologische Rücksichten. Manche jener Texte sind irritierend, die meisten aber lebendig und schön und oft auch in ihrem Zusammenhang erstaunlich.

Hinreichend gute Übersetzung noch nach 2000 Jahren

Die meisten von uns Laien, mich eingeschlossen, können weder das Alte noch das Neue Testament in der ursprünglichen Sprache lesen, und überdies wurde das Neue Testament in Griechisch verfasst, während Jesus und seine Jünger wohl meist Aramäisch sprachen, vielleicht sogar mit Galiläischer Färbung. (Bemerkung: Da Galiläa nördlich und Judäa mit Jerusalem südlich von Samaria liegt, ist das zu erwarten; und dann konnte man einen Galiläer wie Petrus in Jerusalem an seinem Dialekt erkennen, während manchmal in den Berichten von »den Juden« geschrieben wird, eben von den Nichtgaliläern). In der feierlichen Liturgie der Katholischen Kirche wurde überdies bis ins 20. Jahrhundert ausschließlich das Einheit stiftende Latein verwendet, das aber nur noch wenige Gläubige erreicht.

Inzwischen gibt es sehr gute Übersetzungen aus dem Griechischen ins Deutsche, die uns vor textlichen Peinlichkeiten bewahren. Ein grausames Spiel ist es, wenn der katholisch erzogenen Braut einer »ökumenisch« geschlossenen Ehe vom evangelischen Pfarrer als Geschenk die Luther-Bibel überreicht wird: Nicht als übersähe ich die starke Sprache Luthers und den guten Willen des Reformators; aber davon abgesehen, dass es diesem ohne Melanchthon gar nicht gelungen wäre, kann man heute nicht einfach die neuen, viel genaueren Übersetzungen übergehen. Natürlich musste auch ich, der nicht zum Altphilologen taugt, nach einer Übersetzung suchen, die heutigem Wissen entspricht. Was das Neue Testament angeht, so konnte ich mich leichten Herzens für die *Übersetzung durch Fridolin Stier* entscheiden, zumal Dr. Klaus Dick, Weihbischof zu Köln, zu den Förderern der Edition gehört hat. Die neueste »Einheitsübersetzung«, der die Evangelische Kirche zu Ehren Luthers ein eigenes Produkt zur Seite stellt, ist erst jetzt (2018) als Neues Testament in einem handlichen Format verfügbar, was für den vorliegenden Text zu spät war. Um das Alte Testament musste ich mir in unserem Zusammenhang weniger Sorgen machen, zumal mir die von *Martin Buber und Franz Rosenzweig* für deutsche Juden übersetzte Ausgabe der jüdischen Bibel zu Händen ist. Übrigens liest man dort im Vorwort, dass Stier und Buber über ihre Übersetzungen gesprochen hatten. Hilfreich waren mir zudem Bücher über das Leben Jesu, von *Romano Guardinis* »Der Herr« bis zu *Benedikt XVI.* Bänden über »Jesus von Nazareth«. Beim Papst Benedikt vermisse ich den Brückenschlag zu den Büchern *Carsten Peter Thiedes*.

Unangenehm ist dagegen die postmoderne Edition »BIBEL in gerechter Sprache«. Da haben die Herausgeber es gewagt, die Meute der heutigen »political correctnes« als theological correctnes auf die heiligen Texte loszulassen. Das ist keinesfalls hilfreich, weil der mündige Mensch, um die Geschichtlichkeit wissend, den Schritt in unsere Zeit selbst gehen dürfen soll und nicht an einem ideologischen Gängelband. Dieses Buch taugt nur als warnender Hinweis auf die Überhand nehmende Bevormundung, der wir alle durch die Medien zunehmend ausgesetzt werden.

Über die Reinheit dieser Quellen

Um die Lehre Jesu zu uns in unsere Zeit hinein zu holen, dazu brauchen wir allerdings immer wieder direkte Hilfe. Und dieser Bedarf ist sogar gut; denn er hält in der Kirche das Bemühen um die Texte der Bibel lebendig und uns in der Nähe Jesu, wenn auch immer wieder verbunden mit der Gefahr, den Sinn zu verfehlen, was auch schon mal zu Streit führt. Das Vertrauen darauf, dass es gelingen kann, und das heißt ja, dass es überhaupt Kirche geben kann, haben wir noch von Jesus selbst. Zwar war es bisweilen seine Sorge, ob es noch Glauben geben wird, wenn er wiederkommt. Aber schließlich, vielleicht erst als sein Ostergeschenk vom Vater, konnte er seinen Jüngern etwas unerhörtes versprechen: die Sendung des Heiligen Geistes. In der mir vertrauteren Sprache des dialogischen Verhaltens heißt das: Das Zwischen, das wir schon immer zwischen Ich und Du erwarten, ist dann aufgeladen mit der ewigen Wahrheit. Die Physik hat dafür ein schönes Bild: Die unheimliche Leere des Weltraums, das Vakuum, ist erfüllt von Feldern, die Dinge repräsentieren und Informationen durch die Weiten des Alls transportieren, von denen Licht und Radiowellen nur Beispiele sind. Analog dazu fußt das Leben der Kirche auf dem Heiligen Geist, den wir auch unserer eigenen Existenz wegen respektieren.

Sie sind umstritten, aber gewiss sind die kirchlichen Leitungsfunktionen ebenso nötig, wie es die Kanonisierung von Glaubensquellen und Sakramenten schon in der jungen Kirche waren – wir sind doch auf beides angewiesen. Da erzählte mir jemand von einem Evangelium, in dem von Jesus, dem Kind, die Rede wäre, das spielend mit allerlei Zauber aufgetrumpft hätte. Doch welche zuverlässigen Quellen könnte es dafür geben? Und woher hätte das Kind die Reife haben können, um die der erwachsene Jesus später, in der Wüste, mit Fasten und Beten und durch Versuchungen hindurch gerungen hat? Solche geistige Fehlernährung meide ich allein schon aus Liebe zur Wahrheit.

An dieser Stelle hätte ich früher aufgezeigt und die Lehre von der Unfehlbarkeit der Päpste moniert. Mit meiner heutigen Erfahrung kann ich das nicht mehr. Erstens ist »Unfehlbarkeit des Papstes« eine verkürzte (und dadurch vielleicht nicht ungern entstellte) Bezeichnung. Es handelt sich um die Unfehlbarkeit des Papstes bei Entscheidungen zu Glauben und Sitte, wenn er sie »ex cathedra«, also offiziell von seinem Lehrstuhl aus verkündet, wofür sein Leitungsauftrag und der zugesicherte Heilige Geist ihm Rückhalt geben. Auch geht es dabei meist um Entscheidungen über in der Kirche schon verbreitete Glaubenssätze, die der Bestätigung oder Verwerfung harren und auf die sich oft große Gruppen von Christen stützen. Andere Dogmen aber werden aus Sorge um den richtigen Weg der Kirche erlassen. Doch manchmal kann und muss ein Papst solche Lehrsätze wegen Änderungen im Sprachgebrauch oder zur Verdeutlichung des gemeinten Anliegens neu formulieren. Sollte er dabei auf einen Irrtum eines Vorgängers (oder einen eigenen) stoßen, so wird er der Wahrheit die Ehre geben müssen.

Literatur

Benedikt XVI. (2010): Licht der Welt. Der Papst, die Kirche und die Zeichen der Zeit. Ein Gespräch mit Peter Seewald. – 2. Auflage, Freiburg, Basel, Wien, Herder, 255 S.

Buber, Martin (1964): Reden über Erziehung. – 8. Auflage, Heidelberg, Lambert Schneider, 73 S.

Escrivá, J. M. (z. B. 1961): Camino. – Madrid, Ediciones Rialp, 320 S.

Fink, A. (2020): Der Wutkontinent. – Focus 04/20, S. 44–49.

Fornet-Betancourt, R. (Hg.) (1997): Befreiungstheologie: Kritischer Rückblick und Perspektiven für die Zukunft. – Mainz, Matthias Grünewald, 3 Bände.

Frings, Thomas (2017): Aus, Amen – Ende? So kann ich nicht mehr Pfarrer sein. – 2. Auflage Freiburg, Basel, Wien, Herder, 175 S.

Guardini, Romano (1951, 12. Auflage, 1961): Der Herr. Betrachtungen über die Person und das Leben Jesu Christi. – Würzburg, Werkbund, 672 S.

Häring, Bernhard (Sonderausgabe 1989): Frei in Christus. Moraltheologie für die Praxis des christlichen Lebens. – Freiburg, Herder, 3 Bände.

Hawking, Stephen (2002): Die illustrierte kurze Geschichte der Zeit. Aktualisierte und erweiterte Ausgabe. – Reinbek, Rowohlt Taschenbuch Verlag, 248 S.

Heidegger, Martin (2006): Sein und Zeit. – Tübingen, Max Niemeyer, 19. Aufl., 445 S.

Hinkelammert, Franz J. (1997): Zur Artikulation in der Ökonomie: Die Befreiungstheologie im wirtschaftlich-sozialen Kontext Lateinamerikas. Wirtschaft und Theologie oder die Irrationalität des Rationalisierten. – In: Fornet-Betancourt, R. (Hg.) (1997): Befreiungstheologie, S. 191–219.

Horn, Otto SDS, & Wiedenhofer, S. (2007): Schöpfung und Evolution. Eine Tagung mit Papst Benedikt XVI. in Castel Gandolfo. – Augsburg, Sankt Ulrich Verlag, 192 S.

Hüttermann, A. P. & A. H. (2002): Am Anfang war die Ökologie. Naturverständnis im Alten Testament. – München, Antje Kunstmann, 189 S.

König, Franz: Der Monotheismus ist die Grundlage. S. 5–8, in Lessing, Erich (1987/2000): Das Heilige Land. Landschaften, Archäologie, Religion. Mit Beiträgen von Franz Kardinal König, Rainer Albertz, Frank Crüsemann, Jürgen Ebach, Manfred Görge. – München: Bertelsmann/Orbis.

Lauster, J. (2015): Die Verzauberung der Welt. Eine Kulturgeschichte des Christentums. – 2. Auflage, München, C.H.Beck, 734 S.

Lerner, L. S., & Gosselin, E. A. (1987): Galileo Galilei und der Schatten des Giordano Bruno. – Spektrum der Wissenschaft, Januar-Heft, S. 102–113.

Meidinger, H.-P. (2017): Bildungsgerechtigkeit. Anmerkungen zu einem »fuzzy concept«. – Profil 11/2017, Deutscher Philologenverband, S. 26–34.

Meier, J. (2018): Bis an die Ränder der Welt. Wege des Katholizismus im Zeitalter der Reformation und des Barock. – Münster, Aschendorff, 308 S.

Papst Franziskus (2015): Die Enzyklika »Laudato si'« über die Sorge für das gemeinsame Haus. – Freiburg/Breisgau, Herder: E-Book.

Patzek, Martin (2004): Caritas plus … Qualität hat einen Namen. – In: Patzek, M. (Hg.), 2820049

Portmann, Adolf (1956): Zoologie und das neue Bild des Menschen. – Hamburg, Rowohlt, 145 S.

Press, Frank, & Siever, Raymond (1995): Allgemeine Geologie. Eine Einführung. Heidelberg, Berlin, Oxford, Spektrum Akademischer Verlag, 602 S.

Rahner, K., und Vorgrimler, H. (1966): Kleines Konzilskompendium. – 29. Auflage, Freiburg i. Br., Herder, 775 S.

Ratzinger, J. (1971/1977): Einführung in das Christentum. – 1968 München, Kösel; 1977 München, DTV, 274 S.

Richter, Cornelia: laut Christ in der Gegenwart, Freiburg, Jahrgang 71, Februar 2019, 46.

Schaik, Carel van, und Michel, Karl (2016): Das Tagebuch der Menschheit. Was die Bibel über unsere Evolution verrät. – Reinbek, Rowohlt e-Book, 526 S.

Schirmers, M. (2018): Bis an die Ränder der Welt. – Christ in der Gegenwart, 2018, Nr. 49, S. 549–550.

Schlier, Heinrich: Theologie der Johanneischen Schriften (SS 1960) – (Bonn, Uni, Skriptum).

Sophokles (1955): Antigone, übersetzt von W. Kuchenmüller, Vers 523 – Stuttgart, Reclams Universalbibliothek, 64 S.

Stephan, S. (2016): Naturgeschichte und dialogisches Verhalten als Quellen der Sozialethik. Mit Einführung in das aktuelle naturgeschichtlich fundierte Weltbild. – BoD Books on Demand, 261 S.

Stier, Fridolin (1989): Das Neue Testament. Übersetzt von Fridolin Stier. Aus dem Nachlass herausgegeben von Eleonore Beck, Gabriele Müller und Eugen Sitarz. – München, Kösel, sowie Düsseldorf, Patmos, 580 S.

Wilhelmy, H., & Rohmeder, W. (1963): Die La Plata-Länder Argentinien – Paraguay – Uruguay – Braunschweig, Georg Westermann, 584 S.

Wurzbacher, G. (1960): Die junge Arbeiterin. – München, Juwenta.

Wohlmuth, J. (2016): Theologie als Zeit-Ansage. – Paderborn, 2. Auflage, 163 S.

Zierer, O. (1983): Islam. – München, Kiesel, 151 S.